बीसवीं शताब्दी का

हिन्दी नाटक और रंगमंच

(आलोचना)

बीसवीं शताब्दी का हिन्दी नाटक और रंगमंच

गिरीश रस्तोगी

भारतीय ज्ञानपीठ

लोकोदय ग्रन्थमाला : ग्रन्थांक 757

ISBN 81-263-1081-2

प्रकाशक :
भारतीय ज्ञानपीठ
18, इन्स्टीट्यूशनल एरिया, लोदी रोड
नयी दिल्ली-110 003

आवरण : अफ़ज़ल
आवरण-सज्जा : अशोक भौमिक

मुद्रक : शिवशक्ति प्रिंटर्स, दिल्ली-32

BEESAVEEN SHATABDI KA
HINDI NATAK AUR RANGAMANCH
(Criticism)
by Girish Rastogi

Published by
Bharatiya Jnanpith
18, Institutional Area, Lodi Road, New Delhi-110 003
Ph. : 011 24698417, 24626467; 23241619 (Daryaganj)
Mob. : 9350536020; e-mail : bjnanpith@gmail.com
sales@jnanpith.net, website : www.jnanpith.net

Fourth Edition : 2020
Price : Rs. 280

आरम्भ

बीसवीं शताब्दी का हिन्दी नाटक और रंगमंच अपने आप में बहुत बड़ा कैनवेस है। इस लम्बे काल की नाट्य-यात्रा में बहुत सारे उतार-चढ़ाव और कई दिलचस्प मोड़ आए हैं। एक ओर हमारी समृद्ध नाट्य-परम्पराएँ और दूसरी ओर युग-परिवर्तन की माँग के कारण पश्चिम से आते आधुनिक प्रभावों और प्रवृत्तियों का यह क्रान्तिकारी समय है। इस लम्बी यात्रा में नाट्यशास्त्र, लोकनाट्य, पारसी नाटक, असंगत नाटक, यथार्थवादी नाटक, नुक्कड़ नाटक आदि विभिन्न प्रवृत्तियों और रंग-प्रयोगों की विविधता और जटिलता के साथ नाटक और रंगमंच दोनों ने अपने-अपने रास्ते तलाशे। रंगमंच से प्रत्यक्षतः जुड़े होने के कारण और '55-'56 से लगातार लिखते-पढ़ते नाटक, रंगमंच, नाट्य समीक्षा के अनेक पहलुओं पर विचार मुझे उत्तेजित करते रहे हैं-नाटककार, निर्देशक, अभिनेता, दर्शक, भाषा और रंगभाषा, रंगमंच की प्रकृति के अन्वेषण को लेकर! आवश्यक नहीं है कि वे विचार क्रमबद्ध ढंग से यहाँ उस प्रकार के विभाजित अध्यायों के अन्तर्गत आये हों। दरअसल मेरी एक स्वतन्त्र दृष्टि रही है जो आरम्भ से अन्त तक इस पुस्तक में अनुभव की जा सकती है। बीसवीं शताब्दी के नाटक और रंगमंच का इतिहास-मात्र यह पुस्तक नहीं है, वह मेरा उद्देश्य भी नहीं है और न प्रकाशित लेखों का संकलन मात्र। विभिन्न पत्रिकाओं में प्रकाशित कुछ लेख हैं जिनका उपयोग पुस्तक की परिकल्पना और रचना के अनुसार किया है लेकिन बहुत से पक्षों पर पुनः आज के सन्दर्भ में चिन्तनपरक दृष्टि से नये-नये बिन्दुओं और मौलिक प्रश्नों को उठाया गया है जैसे कविता मंचन, कथा मंचन, बाल रंगमंच, रंगमंच के स्वरूप और प्रकृति को लेकर। इसलिए नाटक और रंगमंच के उस इतिहास से-वह भी बनते जाते, पुनःसृजित इतिहास के बीच से उठते सवालों से टकराने की कोशिश ज्यादा है जो नाटक रंगमंच, आलोचना, कला, चिन्तन और सृजन में उठते रहे हैं। दृश्यात्मक विधा में उनका उठना और भी स्वाभाविक और अनिवार्य है। इसलिए प्रायः चिन्तन-पुनर्चिन्तन की प्रक्रिया से गुजरना लाजिमी है।

हम सब जानते हैं कि हिन्दी में नाटक और रंगमंच के सम्बन्ध बने, टूटे, उलझे और फिर दोनों अलग-अलग जा पड़े। हमारी समृद्ध और ठोस नाट्यपरम्परा होते हुए भी नाट्यसाहित्य और रंगमंच दोनों की स्थिति बहुत सीधी और सुगम नहीं रही। सारे उन्मेष के बीच भी द्विविधा-ग्रस्त स्थिति और अनवरत खोज का क्रम चलता रहा। नये-नये प्रयोगों के लिए उत्सुक मन के उत्साह के कारण यह तो निश्चित है कि न नाटककार के मन में, न रंगकर्मी के मन में कोई निश्चित अवधारणा बन पायी और न प्रतिमान निश्चित हो पाये।

मैं मानती हूँ कि भारतेन्दु हरिश्चन्द्र और जयशंकर प्रसाद हमारे आधारस्तम्भ नाटककार हैं इसलिए उन पर अलग से विस्तृत विचार किया है। भारतेन्दु की लोकधर्मी चेतना 'हिन्दी नाट्यशास्त्र' की उनकी चिन्ता को प्रसाद के भारतीय नाट्यचिन्तन और रंगमंच सम्बन्धी अवधारणा को पिछले दशकों में रंगमंच ने ही पुनर्मूल्यांकन नवनाट्य समीक्षा के नये मानदण्डों तक पहुँचाया। यह एक सर्जनात्मक प्रक्रिया का आरम्भ था जो यहीं समाप्त नहीं हो जाता। शम्भु मित्र ने अगर रवीन्द्रनाथ टैगोर के 'अरंगमंचीय' मान लिए गये नाटकों के लिए नयी रंग-शैली तलाश की तो ब. व. कारन्त ने जयशंकर प्रसाद के अनभिनेय कहे जाने वाले नाटकों को नयी, मौलिक रंग-भाषा, नाट्यसंगीत और प्राकृतिक परिवेश दिया। आजादी के बाद के नाट्यान्दोलन और रंगान्दोलन के सक्रिय सर्जक मोहन राकेश पर अलग से न लिखकर 'बीसवीं शताब्दी का हिन्दी नाटक और रंगमंच' में विस्तृत चर्चा है।

प्राय: कहा जाता रहा है कि हिन्दी में मौलिक नाटकों का अभाव है। आज भी कहा जाता है। इसलिए कुछ चुने हुए मौलिक नाटकों पर गम्भीर चिन्तन है। ये अधिकतर वे नाटक हैं जिनमें विश्व-सन्दर्भ में उठे हुए प्रश्न हैं, प्रतिरोध की आन्तरिक शक्ति है, नयी नाट्यभाषा की चमक है, रंगमंच की सम्भावनाएँ हैं, चरित्रों की, रंगशिल्प की संवेदना और सघनता है। इस अर्थ में स्वभावत: नाटककार का क्षोभ भी महत्त्वपूर्ण है कि 'अच्छे नाटक भी खेले नहीं जाते।' नाटककार और निर्देशक के बीच की संवादहीनता में संवाद को इसीलिए महत्त्व दिया है।

पुस्तक में रंगमंच का व्यापक फलक है। देशव्यापी हिन्दी रंगमंच और रंगकर्म का, भारतीय रंगमंच का विस्तृत परिप्रेक्ष्य है जिसमें मौलिक नाटकों के साथ भारतीय भाषाओं, विदेशी भाषाओं के नाटकों के अनुवादों, रूपान्तरणों, भारतीयकरण और उनके मंचन की नयी-नयी सम्भावनाओं की तलाश के सौन्दर्य, उत्साह और अभिव्यक्ति के मुहावरों का आकलन है। कविता, कहानी, उपन्यास, नुक्कड़ मंच, बाल रंगमंच के साथ जहाँ साहित्य और रंगमंच के अन्तरंग रिश्ते जुड़ते हैं, वहीं सर्जनात्मक प्रयोगों की स्वतन्त्रता से निर्देशक ने जो मुठभेड़ की है और पूरे समाज और संस्कृति से सरोकारों के साथ हम आज के बदले समय में एकल अभिनय तक पहुँचे हैं-आदि के

सौन्दर्यबोध से भी, रचनात्मक बुनावट से भी साक्षात्कार की कोशिश की है और उनसे उठते चिन्तन से भी। आठवें दशक के बाद से ठहराव क्यों है? एक ओर उत्सवधर्मिता, ग्लैमर बढ़ा है, दूसरी ओर देशव्यापी रंगमंच उदासीन, ठण्डा, आर्थिक दृष्टि से संकटग्रस्त है। विकेन्द्रीकरण आज की आवश्यकता है।

सिनेमा और रंगमंच को भी लिया है। क्योंकि आज के दौर में दोनों माध्यम एक दूसरे के बहुत निकट आ चुके हैं। महत्त्वपूर्ण नाटकों पर फिल्में भी बन रही हैं और महान निर्देशक फिल्म में रंग-स्थापत्य, रंग-संगीत के सौन्दर्य को अपनी कल्पना और रचनाशीलता से माध्यमगत भिन्न दीप्ति दे रहे हैं।

इस प्रकार प्रत्यक्ष-अप्रत्यक्ष रूप में आज के बदले दौर में पूरी शताब्दी के नाटक और रंगमंच की उपलब्धियों और विरोधाभासों को एक साथ देखने-समझने का प्रयास किया है। इस माने में इस पुस्तक में खण्ड-खण्ड में कुछ भी नहीं है बल्कि आरम्भ से अन्त तक समग्र चिन्तन उभरता मिलेगा। उससे सहमति-असहमति हो सकती है पर वह महत्त्वपूर्ण नहीं है, महत्त्वपूर्ण है शाश्वत प्रश्नों का उठना जिनसे हमें टकराना चाहिए। अगर यह सम्भव हुआ तो सचमुच मुझे प्रसन्नता होगी।

अन्त में आत्मकथ्य, साक्षात्कार और एक नाट्यालेख के बनने की सृजन-प्रक्रिया है। आत्मकथ्य और साक्षात्कार बड़े परिप्रेक्ष्य में हिन्दी प्रदेश में दूर-दूर तक फैले रंगमंच के संघर्ष और सामाजिक सांस्कृतिक परिवेश को और किसी भी गतिशील व्यक्तित्व को उजागर करता है। साक्षात्कार एक भिन्न दृष्टि है और अभिव्यक्ति की स्वतन्त्रता ही कलाओं की शक्ति है।

मैं उन सभी परिवार जनों, मित्रों की आभारी हूँ जिन्होंने मुझे बराबर सहयोग दिया और उनकी भी जिन्होंने मुझे बार-बार कुरेदा। अपने रंगकर्मियों और कलाकारों की भी बहुत आभारी हूँ जिनके अनुभवों ने मुझे सजग रखा। मैं भारतीय ज्ञानपीठ की विशेष रूप से आभारी हूँ जिसने इस पुस्तक को इतने सुन्दर ढंग से प्रकाशित किया।

–गिरीश रस्तोगी

समकालीन भारतीय साहित्य, रंग-प्रसंग, कथाक्रम, नटरंग,
वागर्थ, छायानट, कसौटी, कला-प्रयोजन, कलावार्ता
आदि पत्रिकाओं के प्रति आभार जिनमें
कुछ लेख प्रकाशित हुए।

अनुक्रम

1

संस्कृत नाटक का सौन्दर्यशास्त्र

संस्कृत के महान नाटककार कालिदास ने अपने नाटक 'मालविकाग्निमित्र' में अत्यन्त मनोहर नृत्य-अभिनय का उल्लेख किया है। वह चित्र अपने में इतना प्रभावशाली, रमणीय और सरस है कि समूचे प्राचीन साहित्य में अप्रतिम माना जाता है। 'मालविकाग्निमित्र' नाटक में दो नृत्याचार्यों में अपनी कला निपुणता के सम्बन्ध में झगड़ा होता है और यह निश्चित होता है कि दोनों अपनी-अपनी शिष्याओं का नृत्य-अभिनय दिखाएँ और अपक्षपातिनी भगवती कौशिकी निर्णय करेंगी कि दोनों में कौन श्रेष्ठ है? दोनों आचार्य तैयार हुए। मृदंग बज उठा। प्रेक्षागृह में दर्शकगण यथास्थान बैठ गये। भिक्षुणी की अनुमति से रानी की परिचारिका मालविका के शिक्षक आचार्य गणदास यवनिका के अन्तराल से सुसज्जिता शिष्या (मालविका) को रंगभूमि में ले आये। यह पहले ही स्थिर हो गया था कि छलिक नृत्य-जिसमें अभिनेता दूसरे की भूमिका में उतरकर अपने ही मनोभाव व्यक्त करता है-के साथ होने वाले अभिनय को दिखाया जाएगा। मालविका ने गान शुरू किया। मर्म यह था कि दुर्लभ जन के प्रति प्रेमपरवशा प्रेमिका का चित्त एक बार पीड़ा से भर उठता है और फिर आशा से उल्लसित हो उठता है, बहुत दिनों के बाद फिर उसी प्रियतम को देखकर उसी की ओर वह आँखें बिछाये है। भाव मालविका के सीधे हृदय से निकले थे, कण्ठ उसका करुण था। उसके अतुलनीय सौन्दर्य, अभिनयव्यंजित अंग-सौष्ठव, नृत्य की अभिराम भंगिमा और कण्ठ के मधुर संगीत से राजा और प्रेक्षकगण मन्त्र-मुग्ध से हो रहे। अभिनय के बाद ही जब मालविका परदे की ओर जाने लगी, तो विदूषक ने किसी बहाने उसे रोका। वह ठिठककर खड़ी हो गयी-उसका बायाँ हाथ कटिदेश पर विन्यस्त था, उसका कंकण कलाई पर सरक आया था, दाहिना हाथ शिथिल श्यामालता के समान सीधा झूल पड़ा था, झुकी हुई दृष्टि पैरों पर अड़ी हुई थी, जहाँ पैर के अँगूठे फर्श पर बिछे हुए पुष्पों को धीरे-धीरे सरका रहे थे और कमनीय देहलता नृत्यभंगी से ईषदुन्नीत थी। मालविका उसी प्रकार खड़ी हुई थी, जिस सौष्ठव के साथ देहविन्यास करके उसको रंगभूमि में खड़ा होना उचित था।

परिव्राजिका कौशिकी ने दाद दी–अभिनय बिल्कुल निर्दोष है। बिना बोले भी अभिनय का भाव स्पष्ट ही प्रकाशित हुआ है, अंगविक्षेप बहुत सुन्दर और चातुरीपूर्ण हुआ है। जिस–जिस रस का अभिनय हुआ है, उस–उस रस में तन्मयता स्पष्ट लक्षित हुई है। भावचेष्टा सजीव होकर स्पष्ट हुई है, मालविका ने बलपूर्वक अन्य विषयों से हमारे चित्त को अभिनय की ओर खींच लिया है। कालिदास ने इस श्लोक में भारतीय संस्कृति, कला, सौन्दर्य और अभिनय का सजीव आदर्श प्रस्तुत कर दिया है। वैसे भी कालिदास रंगमंच को 'चाक्षुष यज्ञ' कहते हैं। उनका यह श्लोक इसका उदाहरण है कि संस्कृत नाटक का सौन्दर्यशास्त्र भारतीय संस्कृति और परम्पराओं से निकला हुआ है और चिन्तन, आनन्द, सौन्दर्यबोध से जुड़ा है। संस्कृत में हमेशा अच्छे नाट्यप्रयोग पर बल दिया गया है। अच्छे नाट्यप्रयोग में जितना 'क्रीड़ा तत्त्व' जरूरी माना गया, उतना ही उसका परिष्कारकर्ता और शुभ, मांगलिक रूप भी। लेकिन कहीं भी वह लोक से अलग नहीं है, लोक का भावानुकीर्तन है, जीवन के विभिन्न भावों, क्रिया–व्यापारों के साथ नाटक हमें सामरस्य की ओर ले जाता है इसीलिए हमारा संस्कृत नाटक जीवन के उल्लास का, आनन्द का प्रतीक है, पश्चिम की तरह अनुकरण और ट्रैजेडी का नहीं। संस्कृत नाटक और रंगमंच इसीलिए लोकधर्मी और नाट्यधर्मी दोनों परम्पराओं से विकसित हुआ है। लोक व्यवहार और मानव स्वभाव को ही प्रमाण मानते हुए संस्कृत नाटक परिष्कृत बुद्धि, समृद्ध कल्पना और कलात्मकता का प्रयोग करता है। वह एक निश्चित दर्शन और संस्कृति का परिचायक है। भारतीय नाटक और रंगमंच के देवता नटराज शिव स्वयं सामरस्य और मांगल्य के, कल्याण के प्रतीक हैं।

हमारे यहाँ नाटक और रंगमंच का उदय ही धार्मिक कृत्य, धार्मिक अनुष्ठान के रूप में हुआ था। इसलिए उसका स्वरूप अनुष्ठानपरक है। पूर्वरंग की सारी प्रक्रिया में एक सम्पूर्ण विधान है–प्रत्याहार से लेकर प्ररोचना आदि तक, इन्द्रध्वज आदि सारा विधान धार्मिक और अनुष्ठानपरक है। इस आनुष्ठानिक वातावरण की सृष्टि कई नाट्यरूढ़ियों और धर्मिताओं के आधार पर की जाती है। नाट्यशास्त्र में भरतमुनि ने इसीलिए कहा है कि यह नाट्य तो 'पंचमवेद' है जिसमें कहीं धर्म है, कहीं क्रीड़ा, कहीं अर्थ, कहीं शान्ति...यह नाट्य–रस, भाव, कर्म तथा क्रियाओं के अभिनय द्वारा लोक में सबको उपदेश देने वाला है।... वस्तुतः यह संस्कृत नाटक का सामाजिक पक्ष भी व्यक्त करता है। हमारा मूल स्वर संघर्ष का न होकर, फल का, आनन्द का है। नाटक के कथानक, कथाविधान, कार्यावस्थाएँ आरम्भ और प्रयत्न से शुरू होकर प्राप्त्याशा, नियताप्ति से होते हुए फलागम की ओर अग्रसर होती है। इसीलिए संस्कृत नाटक में भाग्य का नहीं कर्म का महत्त्व है और कर्म करने वाला नायक धीरोदात्त नायक है जिसमें लक्ष्य–प्राप्ति के सभी भारतीय गुण मौजूद हैं। रस आधार है पूरे नाटक और रंगमंच का। 'तेन रस एव नाट्यम' (अभिनव) रसानुभूति ही नाट्य

का फलक है इसीलिए हमारे यहाँ नाना रसों, संचारी भावों, स्थायी भावों की योजना की गयी है और 'रसनिष्पत्ति' एवं साधारणीकरण को महत्त्व दिया गया है। 'असुर पराजय', 'अमृत मन्थन', 'त्रिपुरदाह' नाटकों के प्रसंग भी यह दिखाते हैं कि नाटक जीवन से जुड़ा हुआ था और भरतमुनि के समय में ही नाटक के विविध अवयव निश्चित हो चुके थे–(1) नट, (2) नटी, (3) नृत्य-वाद्य, (4) संगीत, (5) संवाद, (6) कथावस्तु, (7) रंगमंच। 'मालविकाग्निमित्र' में कालिदास ने भी नाट्याचार्य गणदास के मुख से स्पष्ट कहलाया है–'नाट्यं भिन्नरूपेर्जनस्य बहुधात्येकं समाराधनम्'। मनुष्यों की रुचि भिन्नता के आधार पर ही नाटक-रचना होती है। नाटक को एक ऐसी कला माना गया जिसे हर श्रेणी का व्यक्ति भेद-भाव रहित होकर देख सके। देवदत्त शास्त्री ने कहा भी है कि 'सम्भवत: वर्ग-संघर्ष को मिटाने का यह सर्वप्रथम प्रयत्न नाटक के माध्यम से किया गया था।'

संस्कृत नाटक जिस वैविध्य, आनन्द और परिष्कार की ओर ले जाता है उसमें संगीत की बहुत बड़ी भूमिका है। उत्सवधर्मिता, विभिन्न रागों का ऋतुओं, उत्सवों, समय और भावों से, रसों से सम्बन्ध नाटककार मानकर चलते हैं–ताल, लय, नृत्य, वाद्य-वादन, गीत का शास्त्रीय विधान एक सम्पूर्ण सौन्दर्यशास्त्र रचता है जो बहुत समृद्ध और गम्भीर, सार्थक, सर्जनात्मक है। 'स्वप्नवासवदत्ता' का उदयन और 'मृच्छकटिकम्' का चारुदत्त तो स्वयं कुशल संगीतकार हैं। सूत्रधार, नट-नटी आदि द्वारा मंगलाचरण, गायन, नान्दीपाठ एक ऐसी सौन्दर्य-सृष्टि करता है और उससे पूर्व पूर्वरंग विधान रंगशाला में ऐसे वातावरण की रचना करता है, प्रेक्षक की मनोभूमि तैयार करता है कि हम एक भिन्न लोक में ही पहुँच जाते हैं। यह संगीत और विधान प्रेक्षक को आकृष्ट ही नहीं करता, नाटक के विषय से सम्बन्धित वातावरण की ओर भी ले जाता है। तन्मयता, तल्लीनता पूरा मनोविज्ञान ही बदल देती है। 'वेणीसंहार' नाटक में संगीत आरम्भ करने के लिए सूत्रधार की आज्ञा होने पर परिपार्श्विक पूछता है–'कतमं समयमायित्य गीयताम्' अर्थात् किस ऋतु के आधार पर गाया जाए? ये सभी प्रयोग ऋतु, समय, संगीत के आन्तरिक सम्बन्ध को भी व्यक्त करते हैं और 'नाट्यप्रयोग' में यह स्वतन्त्रता भी देते हैं कि सूत्रधार आवश्यकतानुसार उसमें परिवर्तन भी कर सके। यह भी विशेष बात है कि संस्कृत नाटक में नृत्य और वादन का प्रयोग अधिक है, गीतों का कम। कहीं-कहीं रचनाकार उस काल के प्रचलित महत्त्वपूर्ण संगीत पक्ष का संकेत भी देता है जैसे 'मृच्छकटिकम्' में नायक चारुदत्त के लिए 'गान्धर्व श्रोतुं गतस्य' का प्रयोग शूद्रक ने किया है जिससे गान्धर्व संगीत के प्रचलन का आभास होता है। लोकरंजन, काव्यानन्द आत्मानन्द संस्कृत नाटक का अभिन्न अंग रहे हैं।

जाहिर है इस आनन्द तक पहुँचने के लिए प्रेक्षक भी विशिष्ट रुचि-सम्पन्न, संस्कारयुक्त अपेक्षित था। कीथ का तो कहना है कि 'असभ्य, मूर्ख, नास्तिक और

निम्नवर्गीय पुरुष प्रेक्षकशालाओं में प्रवेश नहीं कर सकते थे।' वे दर्शक रस-शास्त्र के नियमों के ज्ञाता, नृत्य और संगीत, अभिनय से परिचित होते थे। नाट्यशास्त्र में स्पष्ट कहा है कि प्रेक्षक की सभी इन्द्रिय दुरुस्त होना चाहिए, ऊहापोह में उसे पटु होना चाहिए-(आज की भाषा में 'क्रिटिकल आडिएन्स') दोष का जानकार और रागी होना चाहिए। उसे संवेदनशील, सहृदय होना चाहिए। वह सद्‌गुणशील हो, कला, शिल्प का मर्मज्ञ हो, ताकि नाटक जैसी जटिल, संश्लिष्ट कला का पूर्ण आनन्दानुभव वह कर सके। प्रेक्षक का सीधा प्रत्यक्ष सम्बन्ध अभिनेता से होता है। हमारी भारतीय नाट्यपरम्परा में निर्देशक का नहीं, अभिनेता का महत्त्व है-समस्त अभिव्यक्ति का वही आधार है, मुख्य माध्यम है इसीलिए हमारे नाट्यशास्त्र में अभिनेता का, उसके व्यक्तित्व, गुणों, क्रियाओं का इतना विशद और गम्भीर वर्णन है। अभिनेता का शरीर उसकी वाणी, गति, हाव-भाव, क्रिया-व्यापार सब नये अर्थ देते हैं इसीलिए आंगिक, वाचिक, आहार्य, सात्विक प्रकारों के साथ-साथ आँख, सिर, हाथ, पैर आदि की इतनी मुद्राएँ बताई गयी हैं-विभिन्न अंग-उपांग, मुद्राएँ, अंगहार, करण, चारी आदि का विस्तृत निरूपण हुआ है कि उसका वास्तविक प्रशिक्षण सही मानों में अभिनेता को 'रचता' है और बिना बाह्य उपकरणों के सृजन की कल्पनाओं को साकार करता है। अभिनय का वह अद्‌भुत भण्डार है जिसका प्रयोग भरतनाट्यम नृत्य में तो हो रहा है लेकिन रंगमंच में उतना नहीं। अभिनय का पूरा शास्त्र संस्कृत नाटकों का आधार है। वह एक सुव्यवस्थित कार्य-प्रणाली, साधना, आस्था, और विशेषज्ञता माँगता है जैसी कि संगीत के घरानों में, शास्त्रीय कला में अपेक्षित होती है।

यद्यपि संस्कृत नाटक राजप्रासादों और मन्दिरों में होते थे पर उस समय के स्थापत्य सम्बन्धी शास्त्र और नाट्य मण्डपों का भी उल्लेख मिलता है। बड़े-बड़े मन्दिरों में या अन्य स्थानों पर मण्डप खड़े कर दिये जाते थे। नाट्यशास्त्र में शैलगुहाकार का उल्लेख है। भरत ने तीन प्रकार के नाट्यमण्डप बताये हैं-विकृष्ट, चतुरस्र, त्रयस्र। इनके भी भेद बताए गये हैं। मंच पर रंगपीठ, रंगशीर्ष, नेपथ्य, मत्तवारिणी, यवनिका, तिरस्करणी आदि की व्यवस्था एक पूरी प्रस्तुति-परिकल्पना को, सौन्दर्यबोध को व्यंजित करती है। वस्तुतः संस्कृत मंच अनुमानाश्रित था, सत्याभास विरोधी था। दृश्यविधान हो अथवा कोई दृश्यात्मक कार्य हो, दृश्य हो-उपवन, फूल लताओं, सागर, पानी, आँधी, तूफान आदि के, या रथ के, पक्षी के तो उनकी कल्पना कर ली जाती है। 'अभिज्ञानशाकुन्तलम्' में रथ की तीव्र गति, मृग का दौड़ना, दुष्यन्त का स्वर्गावतरण आदि के दृश्य अभिनेता ही अपनी मुद्राओं और गतियों से अनुमानित कराता है। यही नाट्यधर्मी विधियों का संकेतात्मक विधान है जो मानवीय है, यान्त्रिक और चमत्कारी नहीं है। प्रायः संस्कृत नाटकों में पर्वत, विमान, अन्धकार, सूर्योदय, आखेट आदि के दृश्य चित्राभिनय द्वारा किये जाते हैं। कालिदास, भवभूति, शूद्रक

के नाटकों में वर्षा, मेघ-गर्जन, चन्द्रोदय मृग शावक, वानर, ग्रीष्म और शरद ऋतु, सिंह, सर्प आदि के दृश्यों को अभिनय ही प्रत्यक्ष करता है। आकाशभाषित, जनान्तिक, अपवारित नाट्यरूढ़ियाँ भी अभिनय-कौशल का और संस्कृत नाटक और रंगमंच की प्रकृति का आभास कराती है। संस्कृत रंगमंच मूलतः काव्यात्मक रंगमंच है इसलिए उसमें भावानुकीर्तन, भावधर्मिता का, संवेदना का वैशिष्ट्य है। यह काव्य समग्र रचना से, अभिनय से, संगीत से, भाषा से सृजित होता है। नाटक प्रेक्षक के भावों को उद्‌बुद्ध करता हुआ उन्हें रसास्वादन कराता है। रस निष्पत्ति सम्बन्धी सारी दृष्टि नाट्य पर ही आधारित है। प्रेक्षक को संस्कृत मंच ने कभी नहीं भुलाया। उसे सन्तुष्ट करना ही नाटकीय सिद्धि मानी गयी। 'अभिज्ञानशाकुन्तलम्' 'मालविकाग्निमित्र' और 'मालतीमाधव' की प्रस्तावना में स्पष्ट कहा गया है कि उनकी विद्वित् परिषद् के सामने प्रस्तुत किया गया। इससे संस्कृत में नाट्यप्रयोग के महत्त्व और नाट्यप्रयोग और प्रेक्षक के गहन सम्बन्ध का पता चलता है। हिन्दी में इस प्रकार का कोई निजी सौन्दर्यशास्त्र नहीं बन पाया। एक रचनात्मक प्रयास भारतेन्दु और प्रसाद ने किया था लेकिन वह उन्हीं तक सीमित रह गया। दोनों नाटककार अपनी लोकधर्मी और नाट्यधर्मी परम्पराओं के आधार पर भारतीय नाटक और पाश्चात्य नाटक के आधार पर हिन्दी नाटक और रंगमंच की प्रकृति का, शास्त्र का अन्वेषण कर रहे थे जो उन्हीं तक सीमित होकर रह गया।

अपनी रचना-प्रक्रिया में नाटक मूलतः काव्य का ही एक प्रकार है। सूसन के लैंगर के अनुसार भी नाटक रंगमंच का काव्य ही नहीं, रंगमंच में काव्य भी है। हमारी संस्कृत नाट्यपरम्परा में भी नाटक काव्य है और एक विशेष प्रकार का काव्य है...दृश्यकाव्य। 'काव्येषु नाटकं रम्यम्' कहकर उसकी विशिष्टता ही रेखांकित की गयी है। लेखन से लेकर प्रस्तुतीकरण तक नाटक में कई कलाओं का संश्लिष्ट रूप होता है-तब कहीं वह अखण्ड सत्य और काव्यात्मक सौन्दर्य की विलक्षण सृष्टि कर पाता है। रंगमंच पर भी एक काव्य की सृष्टि होती है विभिन्न माध्यमों से, कलाओं से जिससे रंगमंच एक कार्य का, कृति का रूप लेता है। आस्वादन और सम्प्रेषण दोनों साथ-साथ चलते हैं। अनेक प्रकार के भावों, अवस्थाओं से युक्त, रस, भाव, क्रियाओं के अभिनय, कर्म द्वारा संसार को सुख-शान्ति देने वाला यह नाट्य इसीलिए हमारे यहाँ विलक्षण कृति माना गया है-

न तज्ज्ञानं न तच्छिल्पं न सा विधा न सा कला।
नासौ योगो न तत्कर्म नाट्योऽस्मिन्यत्र न दृश्यते॥

2

लोकनाट्य का उन्मुक्त सौन्दर्य

लोकधर्मी भवेत्त्वन्या नाट्यधर्मी तथापरा।
स्वभावो लोकधर्मी तु विभावो नाट्यमेव हि॥203॥

बहुत पहले ही भरतमुनि ने नाट्य की मूल प्रेरणा-भूमि लोकजीवन, लोकमानस, लोकधर्म-प्रवृत्ति को मानते हुए दोनों नाट्यधर्मिताओं को स्वीकार किया था-नाट्यधर्मी और लोकधर्मी। जो मानव स्वभाव है वह लोकधर्मी है और जो विशिष्ट, कला और शास्त्र के तत्त्वों से निर्धारित है वह नाट्यधर्मी है। उन्होंने प्रथम को 'आभ्यन्तर' कहा और दूसरी को 'बाह्य'। 'स्वभावो लोकधर्मी' कहकर भरतमुनि ने उसके सम्पूर्ण अर्थ को और व्यक्तित्व को स्पष्ट कर दिया है। इस प्रकार के नाटकों में लोकवार्ता लौकिक क्रियाओं-चेष्टाओं, स्वाभाविक अभिनय और अनेक प्रकार के स्त्री-पुरुष पात्रों के होने की बात कहते हुए उन्होंने यह भी कहा है कि उनके अभिनय में अंगलीला वर्जित है। भरतमुनि के इतने ही संकेत लोकनाट्यरूपों की विशिष्टता, उनके स्वभाव और स्वरूप, परम्परा और प्रभावशीलता को व्यक्त कर देते हैं। वस्तुतः लोकनाटक सारी औपचारिकताओं को तोड़ता हुआ सहज उमंग के समुद्र की तरह है। देश की रंग परम्परा की आधारभूत कड़ी के रूप में अपनी स्थानीय विशेषताओं और मौलिक सौन्दर्य के साथ भारत के विभिन्न प्रदेशों और अंचलों में लोकनाट्य की विविधता और लोकमंच का स्थायित्व आज भी हमें आश्चर्यचकित करता है। अनेक कारणों से संस्कृत रंगमंच का भले ही ह्रास हो गया हो लेकिन सारी समस्याओं और आर्थिक संघर्ष के बावजूद पाम्परिक लोकनाट्य लोकजीवन में जीवित हैं और रंगमंच का, लोक संस्कृति का सम्पूर्ण इतिहास और विकास-शृंखला बनाते हैं। लोकनाट्यों और लोकमंच की विकसित परम्परा ने ही वस्तुतः नाट्यशास्त्र की रचना की और अन्य शास्त्रीय सिद्धान्तों की ठोस आधारभूमि भी तैयार की। नाट्य की वास्तविक प्रेरणाभूमि ही लोक है क्योंकि वहाँ उसे लोक मानस और मनुष्य के असंख्य भावों-इच्छाओं-व्यवहारों को देखने, उनके माध्यम से नाट्य-प्रयोग की निरन्तर प्रेरणा

मिलती है। लोकनाटक में सम्पूर्ण लोकजीवन अपनी उन्मुक्तता और सहज स्वाभाविकता के साथ व्यक्त होता है, उत्सव, पर्वों जैसा उछाह, जनसमूह, अनुष्ठानपरक रूप और सामूहिक भावना उससे इतनी गुँथी है कि हम उसे किसी प्रकार के बन्धन में तो बाँध ही नहीं सकते। लोकनाटक शास्त्र की सीमाओं को तोड़कर जीवन की असीमता के बीच से निकलता है इसलिए वहाँ अभिनय की सहजता और मानवीय भावों का घना संसार है इसीलिए लोकमंच खुले आकाश के नीचे, जनजीवन के बीचोंबीच अपनी जगह बनाता है–आँगन, चौपाल, मन्दिर, गली-गलियारा, सड़क–कहीं भी। वहाँ विशिष्ट मंच की परिकल्पनाएँ, तकनीकी प्रयोग, दृश्यबन्ध आदि या दृश्य-परिवर्तन, स्थान-परिवर्तन नहीं है। अभिनय से, सूचनाओं से ही वह खुला मंच अनेक दृश्यों और स्थानों का मंच बन जाता है। इसलिए संस्कृत नाटकों की तरह ही सूत्रधार नट-नटी, विदूषक के संवाद और दर्शकों से बातचीत, अभिनेता का लचीला अभिनय, स्वच्छन्द प्रवाह लोकमंच की विशेषता है। संस्कृत नाटकों की नाट्यरूढ़ियाँ–नान्दीपाठ, मंगलाचरण, भरतवाक्य, मुखौटे आदि भी लोकनाट्य का अभिन्न अंग हैं। गीत, संगीत, नृत्य लोकमंच का अद्‌भुत पक्ष है जो जीवन्तता और दर्शक से तादात्म्य बनाये रखता है। यह दूसरी बात है कि किसी लोकनाटक में नृत्य अधिक प्रधान और चमत्कारिक है, किसी में गीत, संगीत। चारों ओर या तीन ओर बैठा दर्शक समूह लोकनाटक का प्रत्यक्ष भागीदार होता है–उसकी टिप्पणियाँ, प्रतिक्रियाएँ, संवाद नाटकीय प्रवाह में रोचकता, सजगता दोनों पैदा करती हैं। नाटक चाहे ऐतिहासिक हों, चाहे पौराणिक चाहे धार्मिक-सामाजिक हों, या लोककथा से जुड़े, लोकमंच का नितान्त अनौपचारिक और सादगी भरा वातावरण ही उसका प्राणतत्त्व होता है जिसमें पात्रों के प्रवेश-प्रस्थान का लचीलापन भी शामिल है। प्रत्येक लोकनाटक की अपनी-अपनी स्थानीय विशेषताओं के अनुसार मंच पर पात्रों का आकर बैठना, फिर वहीं से अपनी भूमिका के अनुसार उठना, फिर बैठना, अभिनेताओं द्वारा गायन-वादन, स्वयं अपने गायन से, कभी कथन से, गतियों से कथा-स्थल बताना, आत्मपरिचय, कथा-विकास, हँसी-मजाक आदि ऐसी विशेषताएँ हैं जो उनके स्वभाव और उन्मुक्त प्रवाह की परिचायक हैं। सभी लोकनाटकों में पुरुष ही स्त्रीपात्र का अभिनय करते हैं। यह एक सर्वमान्य सत्य है। इन समस्त गुणों और वैशिष्ट्य के साथ देश भर में अनेक लोकनाट्य हैं जो आज भी अपने-अपने प्रदेश और क्षेत्र में प्रचलित हैं। नौटंकी, रामलीला, रासलीला, भगत, स्वांग, नकल, ख्याल, यात्रा, माच, भवई, यक्षगान, अंकिया, नाचा, भाँड, बिदेसिया, तमाशा, करियाला आदि। सभी की प्रकृति अपने स्थानीय सौन्दर्य को लिये हुए, एक दूसरे से भिन्नता भी लिये हुए आन्तरिक और पारम्परिक रूप में अत्यन्त जीवन्त है और मूलतः समान है।

महाराष्ट्र की लोकधर्मी नाट्यपरम्परा सबसे अधिक सम्पन्न, उर्वर और वैविध्यपूर्ण है; वहाँ की संस्कृति का व्यापक अंग भी है और बहुत बड़ी जाति का, जन-जीवन का, लोक-कलाकारों की आजीविका का भी बहुत समृद्ध पक्ष है। वहाँ के लोकमंच का धर्म, अध्यात्म और सांस्कृतिक जागरण से भी सम्बद्ध है और व्यावसायिक, आर्थिक पक्ष से भी। तमाशा, गोंधल, ललित, बहुरूपिया, दशावतार आदि महाराष्ट्र के प्रसिद्ध और लोकप्रिय लोकनाट्य हैं। इस दृष्टि से तमाशा वहाँ के जातीय परिवेश का बड़ा तेज, चुटीला, संगीतप्रधान लोकनाटक है जो अपने सम-सामयिक विषयों की प्रखरता, जिन्दादिली, वाक्चातुरी और तात्कालिक आशु व्यंग्यों एवं आधुनिकतम प्रवृत्तियों और प्रसंगों के कारण बड़े समुदाय का आधार है। जितना यह लोकनाटक जनसमूह में प्रचलित है उतना ही आधुनिक जीवन में, बल्कि समाज के हर वर्ग में प्रतिष्ठित है। जिस उद्दाम आवेग और संगीत के लिए उत्तर प्रदेश का नौटंकी लोकनाटक प्रसिद्ध है, प्रस्तुतीकरण का वही आवेगपूर्ण तरीका तमाशा का भी है। नौटंकी के नगाड़े की तरह यहाँ नर्तकी तमाशा की पहचान है, उसकी प्राण है जिसमें मुद्राएँ कम, घुँघरूओं की, पैरों की अत्यन्त तीव्र गति भीड़ को आकृष्ट करती है। ढोलक की तेज थाप पर नर्तकी पीठ किये आती है और फिर नृत्य करते-करते सामने होती है। तमाशा का सम्मोहक पक्ष उसकी लावनी भी है। लावनी का मधुर गायन और दर्शकों की फरमाइशें तमाशा का जीवन्त पक्ष है। वैसे तमाशा में शृंगारपरक गीत, हास्य, भक्ति के गीत, स्तुति भी गायी जाती है। तमाशा के कई केन्द्र पूना, जलगाँव, कोल्हापुर, मुम्बई, सोलापुर में बहुत संगठित रूप में व्यावसायिक और रचनात्मक कार्य करते हैं। पूना में तो तमाशा का नियमित थियेटर है। वस्तुतः महाराष्ट्र में जन-संरक्षण, सरकारी संरक्षण दोनों होने से वहाँ के लोकनाटक-विशेषकर तमाशा सांस्कृतिक पुनरुत्थान और मनोरंजन का मुख्य आधार है। अपनी लोकप्रियता, सांस्कृतिक विस्तार के कारण ही फिल्म व्यवसाय और रंगमंच का ध्यान भी इसकी ओर गया। मराठी नाटककार विजय तेंदुलकर का एक नाटक 'सरी ग सरी' तमाशा शैली में ही प्रस्तुत किया गया। लोकमंच का लचीलापन यहाँ भी है। एक ही नर्तकी फिर गायिका भी बन जाती है, इसी प्रकार गायक वादक अभिनेता भी बन जाते हैं। इससे प्रस्तुतीकरण की विशेष पद्धति होते हुए भी क्षिप्र, स्वच्छन्द सजीव वातावरण बना रहता है।

महाराष्ट्र की तरह उत्तर प्रदेश भी लोकनाट्यों की दृष्टि से बहुत समृद्ध, वैविध्यपूर्ण और रचनात्मक रहा है यद्यपि जन-संरक्षण और सरकारी संरक्षण के अभाव में वहाँ आर्थिक संघर्ष और लोककलाकारों की समस्याएँ ज्यादा हैं। जो प्रयास हुए भी, उनसे प्रतिदिन के जीवन का अंग वह नहीं बन सका। यद्यपि यहाँ नौटंकी जैसा उत्तेजक, आवेग-भरा, शृंगारपरक थियेट्रिकल मंच है और दूसरी ओर रामलीला,

रासलीला जैसे धार्मिक और अनुष्ठानपरक लोकनाटक भी हैं जो बड़े जनसमुदाय से·संबद्ध हैं। नौटंकी संगीत प्रधान होने के कारण यहाँ का सबसे सशक्त, जनप्रिय लोकमंच है। हाथरसी नौटंकी और कानपुरी नौटंकी दो शैलियों की तरह विकसित हुयीं। एक के प्रवर्तक नत्थाराम गौड़ हैं, दूसरी के श्रीकृष्ण मेहरोत्रा। दो गढ़ की ये नौटंकी अपने स्वभाव, प्रवृत्ति और कलात्मक स्वरूप में दो प्रकार की है। हाथरस की नौटंकी शास्त्रीय रागों पर आधारित है, इसके गायक भी शास्त्रीय संगीत के, बुलन्द आवाज के गायक होते हैं। कानपुर की नौटंकी में पारसी थियेटर और फिल्मों के प्रभाव-स्वरूप चलती धुनों, नाटकीयता और चमक दमक ज्यादा है। इस तरह दोनों के छन्दों में अन्तर है, गायन-शैली में अन्तर है। महाराष्ट्र के तमाशा के नर्तकी की तरह नौटंकी में नक्कारा मुख्य आकर्षण है। सारा उद्दाम आवेग, लयात्मक सौन्दर्य, वातावरण-सृष्टि और अभिनय कला का जीवन्त निखार और उत्कर्ष उसी से बनता है। वैसे नौटंकी में अभिनय मुख्य नहीं है। नृत्य और प्रदर्शनमूलक मुखर अभिव्यक्ति ही मुख्य है। नक्कारे की टंकार उसकी गूँज के कारण, साथ ही नौ रसों में टंकी होने के कारण ही इसे नौटंकी कहा जाता है। नौटंकी के छन्द बड़े प्रसिद्ध हैं-चौबोला, बहरे तबील, दौड़ आदि छन्दों से कथानक की सुन्दर संरचना होती चलती है जिनकी गायन-शैली में अद्‌भुत उतार-चढ़ाव है और उसमें नक्कारा विशेष ताल, सम देता चलता है। इन छन्दों के साथ ठुमरी, दादरा, ग़ज़ल, भजन, कव्वाली, दोहा, चौपाई, कीर्तन, आदि गायन नौटंकी की लोकप्रियता और सशक्तता के महत्त्वपूर्ण अंग हैं। पारसी रंगमंच के प्रभाव से 'कॉमिक' का प्रवेश भी इसमें हुआ। रंगा (विदूषक) लोकरंजन का सक्रिय प्रस्तुतकर्ता बना रहता है। नक्कारे की आवाज से ही एकत्र होने वाली भीड़ रात-रात भर नौटंकी देखती है जिसके विषय ऐतिहासिक, पौराणिक, सामाजिक, धार्मिक होने के साथ-साथ लोककथाओं, प्रेमकथाओं, समसामयिक विषयों पर भी आधारित होते हैं। धीरे-धीरे नौटंकी का स्वरूप विकृत, अश्लील, भोंडा होता गया-उसके ठेठ पारम्परिक रूप की सुरक्षा के प्रयास किये गये और आधुनिक रंगमंच पर भी सातवें-आठवें दशक में नये सर्जनात्मक प्रयोग किए गये। मुद्राराक्षस और बंसी कौल का 'आला अफसर' नौटंकी की पुनर्रचना के रूप में एक ऐतिहासिक घटना की तरह आया। सर्वेश्वरदयाल सक्सेना ने हिन्दी नाटक और रंगमंच को आम आदमी से जोड़ने के लिए 'बकरी' नाटक की रचना ही नौटंकी विधा में की जो देश भर में खेला गया। उर्मिल थपलियाल ने नयी तर्ज की नौटंकी जैसा प्रयोग किया। 'अबू हसन' की इस शैली की प्रस्तुति में लोगों ने परदों, रंगीनी, तड़क-भड़क, प्रकाश-उपकरण की आधुनिकता, वेशभूषा के भड़कीलेपन, फिल्मी धुनों और सिनेमाई स्टाइल का अनुभव किया। उत्तर प्रदेश के स्वाँग, नकल आदि भी व्यावसायिकता की ओर बढ़े पर यहाँ ये मण्डलियाँ उपेक्षित हैं। इनके कलाकारों को

सम्मानजनक दृष्टि से भी नहीं देखा जाता इसलिए उन्हीं परिवारों की युवा पीढ़ी इन लोकनाट्यों को कला और जीवन-निर्वाह का आधार नहीं बनाना चाहती। धीरे-धीरे ये लोककलाएँ लुप्तप्राय अथवा उपेक्षित पड़ी हैं। लेकिन रामलीला और रासलीला धार्मिक और अनुष्ठानपरक होने के कारण, उत्सवों और पर्वों से जुड़े होने और लीलापरक नाट्य होने के कारण सांस्कृतिक निधि के रूप में जीवित है। मध्ययुगीन भक्ति-आन्दोलनों के कारण इनकी पृष्ठभूमि, स्वरूप, प्रवृत्ति भिन्न है, रामलीला मंडली बनाकर तुलसीदास ने भ्रमणशील परम्परा से मैदान में तम्बू गाड़कर रामचरितमानस, रामकथा जन-जन तक पहुँचायी। रामलीला कथाप्रधान, संवादमय और अभिनयप्रधान है जो कथा के अनुसार कई दिन चलती है और स्थान-स्थान पर चलती है। रामलीला की झाँकियाँ, उसके दृश्य-स्थल आज भी लोकमानस में एक पर्व की तरह हैं। बिल्कुल इससे भिन्न रासलीला लीलापरक होने पर भी नृत्य और संगीत प्रधान है, अभिनय वहाँ गौण है। वल्लभाचार्य के कृष्णभक्ति आन्दोलन से सम्बद्ध रासलीला को हम गीतिनाट्य के रूप में देख सकते हैं। कृष्ण-लीलाओं का गायन, कृष्ण की झाँकियाँ, बेशभूषा, सजावट, आभूषण, फूलों की रूप-सज्जा उसका आकर्षण है। रासलीला की सबसे प्रमुख विशेषता उसका संगीत है। शास्त्रीय संगीत, संगीत में ध्रुपद गायन, सधे कण्ठ में छोटी-छोटी लीलाओं का गायन अर्थात् संगीत का उच्च स्तरीय वैभव इसकी विशेषता है। यहाँ रामलीला की तरह न कथानक है, न घटनाएँ, न नाटकीयता। यद्यपि आज ध्रुपद गायन के साथ फिल्मी धुनें, शेरो शायरी रासलीला में प्रविष्ट कर चुकी हैं लेकिन फिर भी ये लीलानाटक उतने विकृत और लुप्त नहीं हुए हैं और अवध क्षेत्र एवं व्रज प्रदेश में इनकी बृहद् लोक-परम्परा है। डॉ. रामनारायण अग्रवाल, डॉ. सुरेश अवस्थी, डॉ. इन्दुजा अवस्थी ने इन लीलानाटकों पर गम्भीर कार्य किया है। जयदेव का 'गीत गोविन्द' रासलीला शैली पर ही लिखित है। अमानत का 'इंदरसभा' रासलीला शैली पर लिखा गया लीलानाटक है। स्वयं अमानत भी उसे 'जलसए रहस' कहते हैं। भारतेन्दु हरिश्चन्द्र की 'चन्द्रावली' नाटिका रासलीला पद्धति पर ही है-इसकी रचना उन्होंने नृत्य, संगीतमय रूप में की है। कथातत्त्व, नाटकीयता के स्थान पर यहाँ रासलीला की तरह प्रेम का आवेश, उन्माद, भक्तिमय रसिक धरातल, भावप्रवणता है। पार्श्वगायक की कल्पना रासलीला के कथा-गायक का ही एक रूप है। कृष्ण का छद्मवेश रखकर चन्द्रावली के पास आना रासलीला का ही कौशल है। परदा, पात्रों का प्रवेश-प्रस्थान, दृश्य-परिवर्तन, राधा-कृष्ण की झाँकी, घटना-स्थल वृन्दावन, केले का वन, वीथी आदि और अन्त में राधा-कृष्ण की युगल जोड़ी 'चन्द्रावली' को रासलीला शैली की रचना सिद्ध करता है। उसकी प्रस्तुति रासलीला शैली में हो भी चुकी है। भारतेन्दुयुगीन कई नाटककारों के नाटक हमें रासलीला शैली में लिखित मिलते हैं।

वैष्णव भक्ति से पूर्ण जात्रा लोकनाटक भी बंगाल का अत्यन्त पारम्परिक, प्रतिष्ठित गीत प्रधान संगीतात्मक नाट्य है! चैतन्य महाप्रभु के प्रभाव से कृष्ण-जीवन की, उनकी लीलाओं की छोटी-छोटी झलकियाँ कथाएँ, जागा का आकर्षक पक्ष है। इसीलिए इसका आरम्भ वैष्णव भक्ति रस से होता है जिसमें चण्डीदास, जयदेव, विद्यापति के गीत बड़ी निष्ठा और तन्मयता से गाये जाते हैं। खुला चौकोर मंच होता है। चारों ओर दर्शकों की अपार भीड़ बैठती है। मंच और दर्शकों के बीच में वादकगण बैठने की परम्परा है। जात्रा मंच की निजी विशेषता में कुछ दूरी पर बने साजघर से आने-जाने का रास्ता है जो मंच का ही एक अंश होता है। पारम्परिक रूप में मंच के एक सिरे पर दिये जलाये जाते हैं। यद्यपि धीरे-धीरे जात्रा पर आधुनिकता का प्रभाव पड़ा है और अब उसके विषय वैष्णव भक्ति और कृष्णलीलाओं के अतिरिक्त सामाजिक, राजनीतिक, राष्ट्रीय चेतना और सांस्कृतिक उत्थान भी, समसामयिक प्रश्न भी उसके विषय होते गये जिससे जात्रा की लोकप्रियता, व्यावसायिक वृत्ति और प्रगतिशील तत्त्व का सामंजस्य बढ़ता गया है। आज वह मात्र देवस्थान की यात्रा नहीं है, बदलते समय के साथ जनसमाज की ओर उसका प्रस्थान विकास का ही सूचक है। जात्रा बंगाल का भ्रमणशील सांस्कृतिक नाट्य है और अपनी आर्थिक समृद्धि में एक उदाहरण है। जात्रा ने वहाँ के लेखकों-नाटककारों को, रंगमंच को भी प्रभावित किया है। उदाहरणार्थ जात्रा की अपनी विशेषता क्लाइमेक्स से आरम्भ करने में है जिससे दर्शक का बृहद् समुदाय अचानक चौंककर एकाग्र हो जाता है और दर्शक अभिनेताओं के अभिनय पर ध्यान केन्द्रित कर लेते हैं। जात्रा में उपकरणों से नहीं, अभिनेता अपने कण्ठ-स्वरों, क्रियाओं, गतियों, आदि से ही दृश्यानुभव कराता है और दर्शकों की कल्पना को जगाता है। नाटककार, निर्देशक बादल सरकार ने जात्रा की इसी मौलिकता को अपने 'जुलूस', 'भोमा' आदि नाटकों में, उनकी प्रस्तुतियों में लिया। गुरु फणिभूषण विद्याविनोद की जात्रा में आज पारम्परिक रूप के स्थान पर एक प्रकार का शहरीपन आ गया है और उसे 'अर्द्धनागरिक नाट्य प्रकार' की संज्ञा भी दी जाती है लेकिन मुख्य है उसका बंगाल की संस्कृति, जन-जीवन के बीच प्रतिष्ठित और समृद्ध स्थान!

ऐसे भी भारतीय लोकनाटक हैं जो आधुनिक प्रभावों से, व्यावसायिकता से और शहरी सभ्यता से अपने को बचाये हुए हैं और केवल देहातों में किसानों, मजदूरों या विशेष जातियों द्वारा खेले जाते हैं। उदाहरणार्थ मालवा का माच। माच जमीन से ऊपर उठे हुए मचान, बनाये गये स्थल यानी माच बाँधकर खेले जाते हैं। इसमें दर्शक तीन ओर बैठते हैं। मशालें जलायी जाती हैं। नृत्य की सीधीसादी गतियाँ, शास्त्रीय संगीत, लोकसंगीत माच की पहचान है। अभिनय में भी आंगिक चेष्टाओं की बहुलता है। सबसे सुन्दर है मालवी बोली का माधुर्य, सहजता और लयविधान।

माच में चाहे ग़ज़ल, कव्वाली, लावनी गायी जाएँ, दर्शक मालवी बोली से मुग्ध रहते हैं। माच ने मालवी के सौन्दर्य को विकृत नहीं होने दिया है। ऐतिहासिक, पौराणिक लौकिक कथानकों को लेकर माच खेला जाता है पर समय की आवश्यकता के साथ, नौटंकी, जात्रा, तमाशा की तरह माच ने अपने स्वरूप में परिवर्तन और निखार नहीं पैदा किया। इसलिए उसमें एक प्रकार की स्थिरता और बासीपन आता गया। आधुनिक रंगमंच में बंसी कौल ने माच शैली में बहुत गम्भीर और सर्जनात्मक रंग-कार्य किया है। समकालीन रंगमंच में भारतीय निर्देशक अपनी नाट्यप्रस्तुतियों में माच लोकमंच की नाट्य-रूढ़ियों, नाटकीय युक्तियों का सर्जनात्मक प्रयोग करते रहे हैं।

गुजरात के 'भवई' लोकनाट्य को हम 'जस्सा ओडन' लोकनाट्य के माध्यम से अच्छी तरह जानते हैं। समकालीन रंगमंच पर शान्ता गाँधी ने 'जस्मा ओड़न' को भवई शैली में आधुनिक सन्दर्भों, व्यंजनाओं के साथ रचा और उसका मूल लोक स्वभाव और शक्ति को भी सुरक्षित रखा। यह प्रयोग बहुचर्चित और अविस्मरणीय रहा। वैसे गुजरात में भवई खेल, 'वेश' कहलाते है। हास्य और व्यंग्य का उत्कर्ष इसे जन-रंजन की ओर ले जाता है। अधिकतर धार्मिक पाखण्ड सामाजिक विडम्बनाओं और किसी भी समसामयिक स्थिति पर व्यंग्य इसमें ताजगी भरता है और जिन्दादिली, चुटीलापन, विनोद-वृत्ति इसका सौन्दर्य बन जाता है। इसीलिए भवई में संवादों का, नाटकीय स्थितियों और उनके संयोजन का गत्यात्मकता का महत्त्व है, नृत्य का उतना नहीं। नृत्य का सरल रूप ही भवई में रहता है। भवई का मंच दर्शकों के निकट होता है जिसे 'पौढ़' कहते हैं। मूंगल इसका निजी वाद्य है जिससे भवई की प्रकृति उजागर अनुभूत की जा सकती है। जहाँ तक नागरीकरण और व्यवसायीकरण की बात है, वह अब 'भवई' को भी प्रभावित कर रही है। लोकनाट्यों के प्रति उपेक्षाभाव और उदासीनता ने भी उनके आन्तरिक सौन्दर्य का ह्रास किया है। बाह्य प्रभावों से भवई में एक प्रकार का अधकचरापन आ गया था। प्रसन्नता की बात है कि गुजरात सरकार ने भवई की मण्डलियों को संरक्षण देने का गम्भीर कार्य किया। यही स्थिति राजस्थान के ख्याल और हरियाणा के साँग की है। समय के साथ अपना विकास न करने के कारण ये व्यापक लोकप्रियता जनसमाज में प्राप्त नहीं कर पाये। ये अपने नाटकीय स्वरूप के कारण, अपनी स्थानीय विशेषताओं के कारण ही प्रसिद्ध हैं। नाटककार मणि मधुकर ने अपने नाटकों 'दुलारीबाई', 'बुलबुल सराय' आदि में राजस्थान के ख्याल तथा अन्य लोकनाट्यों का बहुत ही सार्थक प्रयोग किया है।

लोकनाट्यों की शक्तिशाली, समृद्ध परम्परा के रूप में दक्षिण भारत भी बहुत प्रतिष्ठित है। यक्षगान, तुरुकुट्टु, आन्ध्र प्रदेश के कुचिपुडि, वीथिनाटक, केरल का

कुडिआट्टम दक्षिण भारत के अत्यन्त प्राचीन और अपनी प्रकृति में पारम्परिक लोकनाटक है जो बहुत श्रम-साध्य और शैलीबद्ध हैं। वेशभूष रूपसज्जा, अलंकरण, प्रदर्शन-शैली और गतियों की इतनी प्रधानता है कि उनके संरक्षण और उनके प्रदर्शन बहुत निष्ठा लगन, परिश्रम माँगते हैं-खासकर सज्जित चेहरे और अभिनय से, पात्र के चरित्र और प्रकृति से, उसका रंगों और रेखाओं का गहरा रिश्ता उल्लेखनीय है। नृत्य-गतियाँ भी बड़ी नाटकीय और विशिष्ट होती हैं, सरल नहीं। वस्तुतः दक्षिण के सभी लोकनाट्यों का कथानक धार्मिक, पौराणिक है और सभी का स्वरूप आज भी पारम्परिक और प्राचीन है। इन लोकनाटकों की जटिलताएँ, परिश्रम देखते हुए, परम्परा की प्राचीनता के कारण इनका संरक्षण भी किया जाता है। यक्षगान, तुरुकुट्टु, और कुडिआट्टम के प्रयोग भी समकालीन रंगमंच पर 'पुनःसृजन' के रूप में हुए जो आधुनिक रंगमंच की सृजनधर्मिता का अंग बने। ब. व. कारन्त ने 'अंधेर नगरी' और 'वरनमवन' को लेकर यक्षगान शैली के नये, मौलिक प्रयोग किये जिनसे रंगमंच का नया इतिहास बना। दरअसल नृत्यप्रधान गतियाँ लयबद्धता, संगीत, अभिनय की अलग शैली, भाव-प्रदर्शन के शास्त्रीय आधार, और पात्रों की वेशभूषा और रूप सज्जा से, उसके रंगों से दर्शकों को अद्‌भुत सांकेतिक चमत्कार मिलता है। इस अर्थ में दक्षिण भारत का लोकमंच विशिष्ट स्वरूप और शैली में बँधा है और अन्य लोकनाटकों से अलग ही दीखता है।

भारत के अन्य प्रदेशों में भी लोकनाटकों की विभिन्न शैलियाँ प्रचलित हैं। उदाहरणार्थ मध्यप्रदेश में छत्तीसगढ़ की 'नाचा' शैली और बुन्देलखण्ड की 'राई' बहुत प्रसिद्ध है। संगीत और नृत्य इनका भी आधार होता है पर इनके मंच की सादगी और नृत्य की गतियों और अभिनय-शैली में सन्तुलन और स्थानीय बोली का सौन्दर्य एवं लचक ध्यान आकृष्ट करता है। बुन्देलखण्ड की तो छाऊ शैली अपनी मुद्राओं और गतियों में अनोखी है जिसका प्रशिक्षण और प्रयोग बड़े पैमाने पर आधुनिक रंगमंच पर नाट्य-प्रस्तुतियों में होता रहा है। अनेक महत्त्वपूर्ण भारतीय रंगमंच के निर्देशकों ने बुन्देलखण्ड की बोली और शैली में देशी-विदेशी रचनाओं को प्रस्तुत किया है। स्वयं हबीब तनवीर ने छत्तीसगढ़ी नाचा को लेकर 'चरनदास चोर' जैसी अन्तर्राष्ट्रीय स्तर की प्रस्तुतियाँ मूल लोककलाकारों के साथ तैयार कीं और अन्य नाटकों में भी नाचा और राई शैली का सर्जनात्मक प्रयोग किया। म. प्र. के अतिरिक्त कश्मीर का भाँड और हिमाचल प्रदेश का करियाला भी गीत-संगीत-नृत्य और संवाद प्रधान लोकनाटक हैं जो पहाड़ी क्षेत्रों में देहातों तक सीमित हैं लेकिन केमू और एम. के. रैना आदि निर्देशकों ने उनके प्रयोग महानगरों में अपनी समग्र रचनाशीलता के साथ किये हैं। कहीं की लोककथाओं को लेकर भी आधुनिक रंगमंच पर सर्वथा मौलिक परिकल्पना की गयी है। भाँड में हास्य-व्यंग्य, सामाजिक कुरीतियों पर गहरा कटाक्ष

सादगी और मनोरंजन प्रधान तत्त्व है। दूसरी ओर आसाम का अंकिया लोकनाट्य धार्मिक भावना से सम्बद्ध है और रासलीला जैसा वैशिष्ट्य संगीत, नृत्य और काव्य का अद्भुत प्रयोग उसमें होता है। अंकिया के संवाद नाटकीय तत्त्वों के कारण अपनी अदायगी के कारण भाषण में विलक्षण होते हैं। अंकिया की प्रदर्शन-पद्धतियों में भी अनेक सम्भावनाएँ और कल्पनाशीलता का वैभव भरा होता है जो हमारे समकालीन रंगकर्म को बराबर प्रेरित करता रहा है और बहुत मूल्यवान सिद्ध हुआ है।

बिहार का, पूर्वांचल का 'बिदेसिया' लोकनाटक भी अत्यन्त समृद्ध, लोकप्रिय, वर्तमान दृष्टि से सशक्त लोकनाट्य है जिसका सारा श्रेय भिखारी ठाकुर को है। 'बिदेसिया' संगीतात्मक और अभिनयात्मक नाटक है, साथ ही अनन्त सम्भावनाओं से परिपूर्ण भी। छोटी सी लोककथा और गीतों ने इस लोकनाटक को केवल मनोरंजन से ऊपर उठाकर सामाजिक गरिमा, उच्च मूल्य दिए। पेशे से नाई भिखारी ठाकुर नाटक को ही अपना पेशा बनाया और संगीत, नृत्य, अभिनय में रमकर उसके जादूगर के रूप में विख्यात हुए। बालविवाह, अनमेल विवाह, दहेज, गरीबी, विधवा विवाह जैसे विलाप और नाटकों से भिखारी ठाकुर ने दर्शक समुदाय को इतना भाव-विह्वल किया कि पारसी थियेटर की तरह जनता भागी चली आती थी। शास्त्र और अन्य अनुशासनों का कोई अध्ययन नहीं था पर भोजपुरी बोली का माधुर्य, संगीत, मार्मिक दृष्टि, रागात्मकता, विद्रोह और मानव-मन की संवेदनशीलता का सजीव अभिनय उनमें था। अकेले भिखारी ठाकुर का व्यक्तित्व इतना विलक्षण था कि वह मंच पर एक से अधिक पात्रों के रूप में अपने को ढालकर जनता को चकित कर देते थे। 'बिदेसिया' एक व्यथा-कथा है। पूरी कथा गीति शैली में है जिसमें विरह गीत मुख्य हैं जिन्हें भिखारी ठाकुर ने ऐसी धुनों और गीतों में रचा है और स्थितियों को उन धुनों से बाँधा है कि संगीत और नाट्य दोनों का आनन्द आता है, नौटंकी के नगाड़े की तरह इसमें ढोल जन-मन को रोमांचित करता है। पूरा नाटक नायिका, नायक और बटोही के साथ चलता है। इसमें पात्रों की वेशभूषा, रूपसज्जा सामान्य होती है। गायक वादक पीछे बैठते हैं और आगे अभिनय चलता रहता है। विदूषक बीच-बीच में दृश्य-परिवर्तन करता रहता है। भिखारी ठाकुर की अपनी रचनात्मक क्षमता और सामाजिक विषयों, ताजा समस्याओं, विशेषकर नारी केन्द्रित शोषण, व्यथा और गीतात्मक सौन्दर्य और छन्दों के कारण, भोजपुरी बोली की लयात्मकता के कारण इसकी शैली ही बिदेसिया कहलाने लगी। जिसने फिल्मों और आधुनिक रंगमंच दोनों को प्रभावित किया। बिदेसिया पर कई फिल्में बनीं। सतीश आनन्द ने पटना में 'अमली', 'मिट्टी की गाड़ी', 'मैला आँचल' प्रस्तुतियाँ बिदेसिया शैली में कीं। बिहार में आज भी पारम्परिक रूप में और समकालीन रंगमंच पर इसके प्रयोग हो रहे हैं लेकिन यह दुखद स्थिति है कि जिस 'बिदेसिया' को भिखारी ठाकुर ने एक व्यवसाय की तरह, जन-

चेतना की तरह अपनाया और जनसमूह में लोकप्रिय, संघर्षपरक बनाया, आज वह उपेक्षा और दरिद्रता, सिनेमा और दूरदर्शन के कारण, धनोपार्जन की विवशता के कारण या तो नष्ट हो रहा है या विकृत हो गया है।

मुख्य प्रश्न लोकसंस्कृति, लोकपरम्पराओं के लुप्त होने का है। लोकपरम्पराओं के समृद्ध कलाकार पुनः अज्ञात हैं अथवा आर्थिक दृष्टि से विपन्न। आधुनिकता के नाम पर उनका मूल सौन्दर्य नहीं रह गया है। बीच में काफी समय से लोक कलाओं, लोकनाट्यों के संरक्षण का, पुनःसृजन का स्वर उठा और बहुत अच्छे सांस्कृतिक कार्य हुए भी। आठवें दशक में लोकनाट्य शैली के प्रयोगों की, पुनःसृजन की एक लहर-सी आयी। कुछ बहुत सर्जनात्मक कार्य हुए भी लेकिन वहीं जहाँ लोक में गहरी जड़ें थीं अन्यथा सायास प्रयोगों में आलेख, अभिनय संगीत-रचना सर्वत्र असंगतियाँ और अपरिपक्वता दृष्टिगत हुई। मूल लोककलाकारों में प्रायः प्रदर्शनों और गोष्ठियों के अवसर पर गहरा असन्तोष और आक्रोश देखा गया है, इसलिए आवश्यक है संरक्षण, सामाजिक गरिमा, आत्मसम्मान, आर्थिक सुरक्षा। वे जहाँ हैं उन्हें उस जमीन से उखाड़ना, भ्रमित और सम्मोहित करना घातक है। तीजनबाई की अपनी वास्तविक ऊर्जा और विजय उनकी संघर्ष शक्ति ही है। भिखारी ठाकुर, पृथ्वीराज कपूर, आगा हश्र जैसे व्यक्तित्व हमें एक गहरी नाट्य-दृष्टि देते हैं।

3

पारसी रंगमंच और हिन्दी रंगमंच में पारसी रंगमंच

हिन्दी रंगमंच का सटीक, सार्थक, अविच्छिन्न इतिहास अभी तक लिखा ही नहीं गया है–जो है भी, यह फुटकर या बिखरा हुआ या असम्बद्ध है। शोध-दृष्टि, विचार और गम्भीर चिन्तन के साथ हिन्दी रंगमंच के इतिहास के पुनर्लेखन की जरूरत है, पूर्वाग्रहजन्य नहीं। आज भी हिन्दी रंगमंच के इतिहास की जो परम्परा बन रही है या पिछले बीस-पच्चीस वर्षों में जो कुछ भी इधर-उधर लिखा जा रहा है, वह जल्दबाजी में या बेहद आत्मसीमित ढंग से लिखा जा रहा है, वह हिन्दी भाषा, हिन्दी नाटक, हिन्दी रंगमंच को नुकसान पहुँचा सकता है। निर्धारित तथ्यों के आधार पर रचनात्मक और व्यापक मूल्यपरक दृष्टि का इतिहास नहीं बन सकता। इतिहास-लेखन बहुत दायित्व, सजगता, दूरगामी दृष्टि-सम्पन्नता की माँग करता है, निष्पक्षता और तटस्थता की माँग करता है। इतना बड़ा देश, इतना लम्बा काल, इतने भीतरी-बाहरी प्रभाव, इतने पड़ाव, इतने संकट और सवाल हैं–प्रदेश-प्रदेश तक फैला हिन्दी रंगमंच है, पर आश्चर्य है उतनी आवाजें नहीं हैं, उतनी सुगबगाहट नहीं है। क्या देशव्यापी लम्बी रंग-परम्परा नगण्य है? इस लम्बे काल के 'विस्तार' में ही पारसी रंगमंच आता है, जो हिन्दी रंगमंच की एक महत्त्वपूर्ण कड़ी है। उसका सही आकलन होना शेष है। क्यों हमारी धारणाएँ शुरू से ही सौ-डेढ़ सौ वर्ष के इतिहास में काट-छाँट की हैं, भेद-दृष्टि की हैं और प्रतिक्रियात्मक, नकारात्मक है–साथ ही एकपक्षीय हैं। पहले हम लोकमंच से नाक-भौं सिकोड़ते थे–उसे पिछड़ा मानकर। बाद में हमारी भटकन, जरूरतों से वह एक प्रयोग बनते-बनते 'फैशन' बन गया और जल्दी ही निष्प्राण हो गया। पहले हमने पारसी थियेटर को अपने से बिल्कुल काटा, भटककर अलग हो गये। नाटककार लक्ष्मीनारायण लाल ने उस पर गम्भीर काम किया और उसके महत्त्व एवं प्रभावों को रेखांकित किया। उन्होंने ही सबसे पहले भारतेन्दु और प्रसाद के नाटकों में पारसी रंगमंच के प्रभावों की बात खुलकर कही। उनसे पहले हम केवल विरोध की चर्चा करते थे। बाद में हिन्दी रंगमंच में पारसी रंगमंच भी

शामिल हुआ–प्रशिक्षण और प्रदर्शन के रूप में।

हिन्दी रंगमंच ने संस्कृत मंच और लोकमंच की सुदृढ़ परम्परा के प्रभाव अवश्य ग्रहण किये, लेकिन हिन्दी क्षेत्र और उसके बाहर हिन्दी नाटक के जो प्रयोग और अव्यावसायिक रंगमंच जिस तरह बहुत सक्रिय था, उसका शोधपरक अध्ययन और मूल्यांकन होना चाहिए। यद्यपि पारसी रंगमंच के व्यावसायिक रूप ने उस समय के अव्यावसायिक रंगमंच की सक्रियता को आघात पहुँचाया, लेकिन उसके दृढ़ संगठन से, रंगमंच की अत्यन्त सजग सक्रियता से नाट्यलेखन और नाट्य-प्रदर्शन के नये मानदण्ड सामने आये, जिन पर तत्कालीन साहित्यकारों, समीक्षकों ने विचार करना आवश्यक नहीं समझा और उसे सस्ता मानकर प्रतिक्रियात्मक दृष्टिकोण व्यक्त किया। बलवन्त गार्गी ने पारसी रंगमंच से हिन्दी रंगमंच का सूत्रपात काफी पहले मान लिया था। वह कहते हैं, 'जिस समय बंगाल 1870 में व्यावसायिक थियेटर की नींव रख रहा था, तब कुछ पारसी बम्बई में नाटक और ललित कलाओं में रुचि लेने लगे। परिणाम यह हुआ कि पारसियों ने व्यावसायिक हिन्दी नाटक की स्थापना करने में पहल की। बम्बई, कलकत्ता में पारसी हिन्दी रंगमंच के लिए भारतीय कथानकों को लेकर नाटक करने लगे। पारसी नाटककार नसरवान जी खान साह 'आराम' ने 'गोपीचन्द', 'शाकुन्तल', 'चन्द्रावली', 'पद्मावत' आदि अनेक ऑपेरा लिखे जिनके प्रदर्शन पारसी नाटक मण्डलियों ने किये। शायद इन्हीं के संगीत-प्रधान 'शाकुन्तल' में दुष्यन्त को कमर मटकाते देख स्वयं भारतेन्दु और अन्य नाटककार रंगशाला से बाहर चले गये। विक्टोरिया नाटक मण्डली द्वारा 1877 में प्रस्तुत इस नाटक के अतिरिक्त विनायक प्रसाद 'तालिब' कृत 'सत्य हरिश्चन्द्र' नाटक का मंचन किया गया और विनायक प्रसाद पारसी नाटक मण्डली के नाटककार हो गये। देखा देखी न जाने कितनी पारसी नाटक मण्डलियाँ रंगमंच को व्यावसायिक रूप देकर प्रेक्षक वर्ग जुटाती रहीं, जिनके नाम गिनाना यहाँ जरूरी नहीं है। मुख्य है उनकी दृष्टि और कर्म। पारसी नाटक कम्पनी ने हिन्दी और उर्दू के नाटकों के प्रदर्शनों से रंगमंच की नियमित परम्परा डाली। एक ओर आगा हश्र कश्मीरी, मु. अनवर हुसैन 'आरजू', मुंशी मेंहदी हसन 'अहसन' से नाटक लिखवाये, जो उर्दू-हिन्दी दोनों के थे, दूसरी ओर नारायण प्रसाद बेताब, तुलसीदत्त शैदा, हरिकृष्ण जौहर, विश्वम्भर नाथ शर्मा ने ऐतिहासिक-पौराणिक कथानक लेकर धर्म, भक्ति, संस्कृति को लेते हुए और साथ ही उस समय की समस्याओं को आधार बनाकर नाटक लिखे और प्रदर्शन कराये। 29 जनवरी, 1913 को पारसी अल्फ्रेड नाटक कम्पनी द्वारा दिल्ली के संगम थियेटर में मंचित नारायण प्रसाद बेताब का नाटक 'महाभारत' एक नया प्रयोग और रंग-क्षेत्र में क्रान्तिकारी कदम माना गया–यह नाटक तीन-चार दिन लगातार चला। 'रामायण' आदि अनेक नाटकों के क्रमबद्ध लेखन और मंचनों से

बेताब युग ही प्रसिद्ध हो गया। दूसरी तरफ राधेश्याम कथावाचक के नाटक 'वीर अभिमन्यु', 'परमभक्त प्रहलाद' से लहर-सी आ गयी। आगा हश्र के 'बिल्वमंगल उर्फ भक्त सूरदास', 'आँख का नशा' बहुचर्चित हुए। तुलसीदत्त शैदा और हरिकृष्ण जौहर का केन्द्र कलकत्ता रहा तो कौशिक का वाराणसी। चूँकि हिन्दी नाटक का यह काल पुनरुत्थानवाद, राष्ट्रीयता, संक्रमण और परिवर्तन का था, साहित्यिक और सांस्कृतिक चेतना के पुनर्जागरण के प्रसार का काल था, इसलिए उस समय पारसी हिन्दी रंगमंच को न पहचाना गया और न उसे एक रचनात्मक-कलात्मक सरोकार की दृष्टि से देखा गया। लक्ष्मीनारायण लाल ने हिन्दी रंगमंच के इतिहास और पारसी रंगमंच के इतिहास और प्रकृति का अध्ययन करते समय यह अनुभव किया कि 'अन्य सब भाषाओं की अपेक्षा सबसे अधिक पारसी नाट्य-लेखन और उनका रंगमंच-प्रदर्शन हिन्दी भाषा में ही हुआ है। डॉ. लाल ने इसीलिये उसे हिन्दी भाषा, हिन्दी क्षेत्र और हिन्दी संस्कृति के सन्दर्भ में पारसी हिन्दी रंगमंच कहना अधिक युक्तिसंगत माना।'

निस्सन्देह पारसी थियेटर शुद्ध व्यावसायिक रंगमंच था-आज उस पर हम भिन्न दृष्टि से बात कर सकते हैं। उसने अपनी अलग रंग-शैली की तलाश की। भारतीय लोकरंगों और प्रेक्षकों को जुटाने वाले तत्त्वों को भरपूर लिया-शेरो-शायरी, उर्दू जुबान की अदायगी, अतिनाटकीयता, आवेग, बुलन्द स्वर, संवाद अदायगी, की खासियत, गीत-संगीत-नृत्य, ऐन्द्रजालिक वातावरण, दो दृश्यों के बीच में इण्टरल्यूड, उसमें कॉमिक जो दर्शकों के आकर्षण का केन्द्र बन गया। हास्य, व्यंग्य, श्रृंगार के साथ-साथ यूरोप के ऑपेरा की रंग-तकनीक का उपयोग आदि-आदि ऐसी भौतिक विशेषताएँ पैदा कीं जिनसे पारसी रंगमंच फैलता चला गया।

संस्कृत, अँग्रेजी, उर्दू, हिन्दी के नाटकों में अपनी रंग-शैली मिलाकर पारसी नाटक कम्पनियाँ प्रेक्षकों की टूट पड़ती भीड़ को एकत्र करती थीं, फिर भी 'महाभारत', 'आँख का नशा', 'रुस्तम सोहराब', 'श्रीकृष्ण अवतार', 'रामायण' पारसी रंगमंच की व्यापक दृष्टि और उपलब्धियों को रेखांकित करते हैं। उनके शुद्ध दृश्य, ट्रिक सीन्स स्मरणीय बन गये। एक प्रकार से उस जमाने में आगा हश्र, राधेश्याम कथावाचक, नारायण प्रसाद बेताब के नाटक पूरे हिन्दीभाषी क्षेत्र के बड़े दर्शक समुदाय के लिए आकर्षण-केन्द्र थे। आगा हश्र के साथ तो हिन्दी के लेखकों की स्वाभाविक स्पर्धा थी, हिन्दी-उर्दू के सवाल को लेकर भी तनाव रहता था। मेरे ख्याल से अगर यह प्रतिस्पर्धा-भाव पनपा होता तो हिन्दी रंगमंच की जड़ें काफी मजबूत हुई होतीं। पारसी रंगमंच की मूल शक्ति और अपेक्षाओं को समझना चाहिए था।

पारसी रंगमंच ने सही मानों में रंगमंच की शक्ति को समझा। चूँकि रंगमंच प्रत्यक्ष कला है और सम्प्रेषण उसकी विशेषता है, इसलिए सम्प्रेषित करने के विभिन्न

सूत्रों को उसने तलाशा। सबसे पहले अपने निजी रंगविधान की खोज की और उसके लिए अपने युग और अपने प्रेक्षक को समझने का प्रयास किया। हम आज भी यह नहीं बता सकते कि क्या हिन्दी का अपना कोई रंगविधान है? क्या हिन्दी रंगमंच की कोई निजी, मौलिक, निश्चित प्रकृति है? और क्या हमारा दर्शक है? क्या हमने दर्शक को पहचाना? अभिनेता नाटक का प्राण था और निर्देशकीय प्रतिभा भी दर्शक के लिए थी, अपने लिए नहीं। उस समय रंगकर्म की स्वतन्त्र सत्ता प्रतिष्ठित करना, अभिनेता के स्वतन्त्र अस्तित्व के साथ-साथ निर्देशक-नाटककार-अभिनेता के समीकरण बनाना पारसी रंगमंच का बहुत महत्त्वपूर्ण कार्य था। सबसे बड़ी बात यह कि नाटककार को रंगमंच और विशुद्ध नाट्य-मण्डलियों से जोड़ना और युग की आवश्यकता के अनुसार नाटक लिखवाना, 'पूर्णतः नाटककार' की आज की परिकल्पना को साकार करना है। हिन्दी में क्यों नाटककार नहीं है? जो हैं या थे, वे क्यों पलायन कर गये? क्यों, 'अभिनेता का जादू' नहीं हैं? रंगमंच और रंगशाला को, लाखों की भीड़ को हिला देने वाला अभिनेता कहाँ हैं? पारसी रंगमंच ने, लोक मंच ने, यहाँ तक कि संस्कृत मंच ने अभिनेता को, 'मांसल रंगतत्त्व' को जीवित रखा। उसने नाटक में केवल भाषा और साहित्य नहीं, कार्यतत्त्व और लय, संवाद अदायगी पर बल दिया। साहित्य और रंगमंच की दूरी को भी मिटाया और पूरी हिन्दी भाषी जनता से संरक्षण प्राप्त किया। उनके नाटककार भी इतिहास, पुराण से कथानक, हिन्दी के छन्द, गीत आदि नाटकों में लाने लगे। यह बहुत बड़ी बात थी कि हिन्दी भाषी जनता की भावना और ब्रिटिश शासन के भय की दोधारी तलवार पर चलते हुए रंगमंच जैसे साक्षात्कार के माध्यम को पारसी थियेटर ने चुनौती की तरह लिया। हिन्दी नाटककारों, समीक्षकों और बुद्धिजीवियों ने पारसी रंगमंच की इन मौलिक विशेषताओं को नहीं पहचाना-न उसमें अपने संस्कृत मंच और लोकमंच की पद्धतियों के मिश्रण को देखा। क्या यह ट्रेजेडी नहीं है कि समूची हिन्दीभाषी जनता जिसे स्वीकार ही नहीं, संरक्षित कर रही थी, उसे हिन्दी लेखक ने 'विदेशी वस्तु' मानकर अपने से दूर रखा, अछूत माना और पूर्ण असहयोग की मुद्रा में उसे कृत्रिम, अश्लील, भ्रष्ट, शत्रु कहा। उसे पश्चिम का 'थियेटर' और 'ड्रामा' तो माना, पर उसमें निहित हिन्दीभाषी क्षेत्र की शक्ति के स्वर को नहीं पहचाना बल्कि उल्टे एक भेद पैदा हो गया-साहित्यिक नाटक और रंगमंचीय नाटक। इससे बड़ी भ्रान्ति और बड़ा दुर्भाग्य हिन्दी नाटक और रंगमंच के इतिहास में और कोई नहीं था। नाटक को रंगमंच की दूषित छाया से बचाने के प्रयास में विषय पक्ष और कृत्रिम भाषा से इतना आरोपित करने और 'साहित्यिक' बनाये रखने की प्रतिक्रियात्मक कोशिश हुई कि नाटक शास्त्र, दर्शन अध्यात्म, इतिहास, राष्ट्रप्रेम, भारतीयता से मण्डित तो हुआ पर एक दृश्य-माध्यम का प्राण-तत्त्व जैसे सूख गया। डॉ. लक्ष्मीनारायण लाल ने कहा कि

'अतिशुद्धि' और 'अर्थभावना' के कारण उसे हिन्दी का अपना नहीं स्वीकार किया गया और रंगमंच-दर्शक, रंगमंच-नाटक, विषयवस्तु-नाटक, पाठक-दर्शक, व्यवसाय और साहित्य के बीच पचास वर्षों का भयानक अन्तराल पैदा हो गया। आश्चर्य की बात यह है कि पारसी रंगमंच के प्रभाव से न भारतेन्दु बच पाये, न प्रसाद। दोनों की अभिनय-शैली, रंग-शैली, गीत-संगीत, पात्रों के प्रवेश-प्रस्थान में उसके प्रभाव मिलते हैं।

चौथे दशक में फिल्म एक बहुत बड़ा कारण था जिससे कलकत्ता, बम्बई, कानपुर, दिल्ली में बनी बहुत सी नाटक-मण्डलियाँ बिखर गयीं और पारसी रंगमंच फिल्मों की स्पर्धा में अधिक तड़क-भड़कपूर्ण और फिल्मी नकल के नाटक करने लगे। ऐसी भी नाट्य-मण्डलियाँ थीं-इण्डियन आर्टिस्ट एसोसियेशन, कलकत्ता, शाहजहाँ थियेट्रिकल कम्पनी और पवार थियेटर्स-ये प्रमुख भ्रमणशील नाट्य-मण्डलियाँ थीं, जो व्यावसायिक रंगमंच के इतिहास को, रंगमंच के 'घुमन्तू व्यक्तित्व' को जीवित रखे थीं। इनके इतिहास से यह भी स्पष्ट होता है कि जो विद्वान 1932-33 तक पारसी रंगमंच को तिरोहित मान रहे थे, वह भ्रामक था। वस्तुतः 'फिल्मों से लड़ाई' के सन्दर्भ में और रंग-चेतना को जगाये रखने के प्रयत्न में 1969 तक पारसी रंगमंच जीवित रहा जो आज के 'दूरदर्शन प्रभाव-काल' में रंगमंच के लिए अनुकरणीय है। गाँधी जी के राष्ट्रीय आन्दोलन और क्रान्ति चेतना की लहर में बहुत-से नाटक लिखे गये। उस समय का युवा वर्ग उस चेतना से बहुत प्रभावित हुआ। पारसी रंगमंच भी उस समय अपनी पूरी व्यावसायिकता के साथ राष्ट्रीय चेतना को अपने नाट्य में पूरी चमक-दमक के साथ चमत्कार और विलक्षण रंग-शैली के साथ प्रस्तुत कर रहा था। इस माने में हिन्दी लेखकों की उस समय आगा हश्र के नाटकों के साथ प्रतिस्पर्धा भी थी। पारसी रंगमंच की प्रतिक्रिया में और राष्ट्रीय आन्दोलन के साथ शौकिया, अव्यावसायिक नाट्य-संस्थाएँ गठित हुईं और आर्थिक संकट एवं अन्य साधनों की कमी के कारण मिटती भी रहीं-साथ ही लोग परम उत्साह में नाट्य मंचन भी करते रहे। हिन्दीभाषी क्षेत्र में रंगमंच की सक्रियता, संघर्ष और उमंग को न उस समय के साहित्यकारों ने समझा, न हमारे राजनेताओं ने, जबकि यह स्वर्णिम अवसर था जिस समय नाटक और रंगमंच के अन्तःसूत्र प्रगाढ़ बन्धन में बँधते और समूचे राष्ट्रीय चरित्र-निर्माण, सांस्कृतिक जागरण में युवा चेतना को संगठित करने में और हिन्दी रंगमंच की जड़ें मजबूत करने में उस सक्रियता का सर्जनात्मक उपयोग किया जाता। सामाजिक, राजनीतिक, साहित्यिक उपेक्षा के कारण साधनों और संरक्षण के अभाव में अन्त में हिन्दी का यह रंगकर्म बिल्कुल उद्देश्यहीन होकर समाप्त हो गया-यही समय हिन्दी रंगमंच की मृत्यु का, उसके शून्य में भटकने का सिद्ध हुआ। हिन्दी का दर्शक-समूह इस समय भी अल्फ्रेड और कोरन्थियन की नकल में बनी

भ्रमणशील पारसी रंगमण्डलियों के नाटक देखने में व्यस्त था। पारसी रंगमंच की 'कमियों' से ज्यादा अगर हमने उसकी 'कोशिशों' पर ध्यान दिया होता, और उसकी 'विरोध-शक्ति' और 'व्यावसायिक चातुर्य' को अपनी दृष्टि से ग्रहण किया होता तो शायद इतिहास कुछ और ही होता।

समकालीन हिन्दी रंगमंच के उत्थान और पुन:सृजन के साथ पारसी रंगमंच की ओर हमारा ध्यान गया है। पठन-पाठन में, प्रशिक्षण में, प्रस्तुतीकरण में, पुस्तक-लेखन में पारसी रंगमंच केन्द्र में आया है, लेकिन यह अपाहिज-सा है। जितनी धूम लगातार लोकमंच की हुई, उसका एक अंश भी पारसी थियेटर की नहीं। शायद इसलिए भी कि उसके लिए साधन-सम्पन्नता-आर्थिक और व्यावहारिक-दोनों चाहिए। शौकिया संस्थाएँ तो कर ही नहीं सकतीं। कुछ लखनऊ-इलाहाबाद में रंगकर्म हुआ, कुछ दिल्ली में, कुछ कलकत्ता नाट्य शोध संस्थान में। लेकिन अभी इस रंगमंच का शुद्ध ज्ञान प्राय: रंगकर्मियों को नहीं है। उसके तकनीकी पक्ष, उसकी भव्यता के अलावा जो बहुत सारे पक्ष हैं-अभिनय शैली, दर्शक-समूह की समझ, दर्शक और अभिनेता, संवाद अदायगी, कण्ठ की बुलन्दी और लय, गीत-संगीत, कॉमिक, उत्तेजना, गतियाँ, ऐक्शन। कहाँ हैं इनके निरन्तर अभ्यास और इनके विशेषज्ञ? जो हैं वे कितनों को उपलब्ध हो पाते हैं? सिर्फ इतना हुआ है कि पारसी रंगमंच अब स्वीकृत है, उसके प्रति नकारात्मक और घोर प्रतिक्रियात्मक भाव नहीं है। इधर कुछ वर्षों में वह शिक्षा जगत से भी जुड़ा है-प्रश्न-पत्रों में, शोध में, सेमिनार में, लेकिन हमारे शिक्षा जगत और रंगकर्म में कोई रिश्ता नहीं है बल्कि एक विरोधी भाव है दोनों में एक दूसरे के लिए, इसलिए एक वैचारिक दृष्टि और प्रैक्टिकल अनुभव की कमी से जिस प्रकार की अपरिपक्वता और अस्वाभाविकता आती है, यह आज भी है। हम अपनी 'अतिरिक्त' सतर्कता और प्रयास से पारसी रंगमंच की प्रकृति और हिन्दी रंगमंच के इतिहास में उसके महत्त्व को नहीं समझ सकते, न ही स्थापित कर सकते हैं। जयशंकर प्रसाद पर कार्य करते या समीक्षा लिखते समय अगर हम प्रसाद के हर पक्ष में पारसी रंगमंच को देखने लगें तो वह अस्वाभाविक कदम है और हमें चौंकाता है। निश्चय ही हिन्दी रंगमंच के इतिहास की पारसी रंगमंच एक अनिवार्य कड़ी है। पर उसकी इस 'अनिवार्यता' को बहुत दूरगामी दृष्टि और स्वस्थ चिन्तन एवं रंगकर्म के 'विस्तार' के साथ समझने की जरूरत है। हिन्दी नाटक और रंगमंच के इतिहास को कई टुकड़ों में बाँटकर हम स्वयं उसे छोटा करते हैं। हिन्दी नाटक और रंगमंच का इतिहास बहुत समृद्ध और उतार-चढ़ाव के साथ लिखा जा सकता है, हो सकता है-अगर हमारी सारी परम्पराएँ और बाहरी प्रभाव उसमें आत्मसात् करते हुए विचार किए जाएँ। पारसी रंगमंच ने सर्जनात्मक बिन्दु भी दिये सोचने करने को और आक्रोश, विरोध, गुस्सा भी पैदा किया। सुगबुगाहट भी दी।

आज जो उदासीन मानसिकता, शून्यता और ठण्डापन है या एकरसता है, वह तो मृत्यु है।

वीरेन्द्र नारायण जी ने यह सही ही कहा था कि 'नाटक का इतिहास लिखने वाले रंगमंच का इतिहास भुला देते हैं और रंगमंच का इतिहास लिखने वाले नाटक को भूल जाते हैं।' जाहिर है इससे अनेक प्रकार की भ्रान्तियाँ घर कर जाती हैं। पारसी रंगमंच ने एक विशिष्ट प्रकार की शैली अपनायी और नाटक लेखक स्वतन्त्र नहीं था फिर भी आगा हश्र ने अन्य नाटकों की तुलना में 'रुस्तम सोहराब' नाटक की रचना अपने परिपक्व अनुभवों के साथ पारसी रंगमंच की उस विशिष्ट शैली और व्यावसायिक आवश्यकताओं से मुक्त होकर की। इस नाटक की संरचना आग हश्र के अन्य नाटकों से एकदम भिन्न है। इसमें भी तो और मजाकिया लटकों की भरमार नहीं है जबकि पारसी रंगमंच का वही प्राणतत्त्व थे केवल एक नृत्यगीत है। शेक्सपियर के आधार पर आगा हश्र, अपने नाटकों का पूरा ढाँचा ही खड़ा करते थे लेकिन शेक्सपियर के नाट्य रूप का सबसे सशक्त और कलात्मक उदाहरण 'रुस्तम सोहराब' इतना अलग दीखता है कि मानों वह अपने समय के पारसी थियेटर के लिए नहीं, भविष्य के लिए, पश्चिम के रंगमंच और सिनेमा, हिन्दुस्तानी रंगमंच की टक्कर में एक स्थायी नाट्य रूप के साथ नये प्रतिमानों और चुनौतियों का नाटक लिख रहे हों। 'रुस्तम सोहराब' लगभग शास्त्रीय शैली का गम्भीर नाटक है। आगा हश्र के अन्य नाटकों की तुलना में इसकी भाषा भी अपनी जटिलता और संश्लिष्टता में आम दर्शक समूह की भाषा नहीं है। आगा हश्र के नाटकों में इतनी गहराई तो नहीं है पर नाटक की बनावट को, कथानक को विकसित करने की शैली उन्होंने 'रुस्तम सोहराब' में ली। अपनी इस स्वतन्त्रता और मौलिक रचना-विधान के कारण यह नाटक अपने समय में पारसी रंगमंच के दर्शकों में बिल्कुल सफल नहीं हुआ लेकिन आगे चलकर अर्थात् 1960 में जब यह पहली बार मंचित हुआ तो आधुनिक रंगमंच पर अत्यन्त सफल हुआ और क्रमशः यह प्रतिष्ठित हुआ कि कालिदास, शूद्रक, शेक्सपियर, ब्रेष्त, बेकेट, मोलियर आदि की तरह आगा हश्र भी एक बड़े नाटककार के रूप में कथानक और शिल्प का नया मार्ग तलाशते हैं। समूचे भारतीय रंगमंच और अन्तर्राष्ट्रीय रंगमंच की दृष्टि से महत्त्वपूर्ण नाटककार के रूप में वह एक उदाहरण प्रस्तुत करते हैं। पारसी रंगमंच के नाटकों में जो भारतीय स्वभाव और भारतीय परिवेश है और जो अपने को पश्चिम के रूपों में ढालते हुए निरन्तर नयी संरचना, नये कथानक, चरित्रों और संवादों को तलाशने में लगाये रखना है। नाटककारों और रंगकर्म के लिए वही अनुकरणीय है। 'रुस्तम सोहराब' और 'यहूदी की लड़की' से पारसी रंगमंच ने आगे चलकर सिनेमा और रंगमंच दोनों में अपना गम्भीर स्थान बनाया। वाणी, कण्ठ, उच्चारण, रंगभाषण, अभिनय की अदायगी, संवादों की अदायगी एक नये

अन्दाज के साथ अभिनेताओं के लिए चुनौती बन गयी। अपनी इन्हीं विशेषताओं और सर्जनात्मक चुनौतियों के कारण 'रुस्तम सोहराब' और 'यहूदी की लड़की' नाटक राष्ट्रीय नाट्य विद्यालय, दिल्ली में छात्रों के पारसी नाटक और रंगमंच के प्रशिक्षण का आधार बने रहे हैं। पारसी नाटक और रंगमंच के विशेषज्ञ मास्टर फिदा हुसैन 'नरसी' आज हमारे बीच नहीं रहे पर उन्होंने उस प्रशिक्षण के द्वारा सोचने की और रंग विधान की नयी दृष्टि को भी जन्म दिया। पारसी रंग शैली की सबसे विशिष्ट चीज है अतिरंजना जो आधुनिक रंगमंच और वर्तमान यथार्थवादी अभिनय में असंगत लगती है इसलिए मुख्य है आज के समय के अनुसार नये और आकर्षक विकल्प सोचना और ऐसी सन्तुलित दृष्टि से प्रस्तुति करना कि दर्शक उससे जुड़ें भी। नाटक का सम्पादन और अपेक्षित परिवर्तन इस सृजन-प्रक्रिया का अनिवार्य अंग हो जाते हैं। शेरो शायरी, छन्द, कविता, शारीरिक गतियाँ, मुद्राएँ, तलवारबाजी, आदि ऐसी रूढ़ियों और युक्तियों के साथ निश्चित है कि अभिनेता की शारीरिक-मानसिक रूप से तैयारी और फुर्ती-चुस्ती एक अनिवार्य शर्त है। उस शैली और अन्दाज को पूरी तरह जान समझकर ही कोई नयापन लाया जा सकता है।

1960 में हबीब तनवीर ने भी आधुनिक रंगमंच की दृष्टि से जब 'रुस्तम सोहराब' किया तो यह नाटक पहली बार बहुत सफल हुआ था। पारसी नाटक और रंगमंच की कमियों को छोड़कर, तामझाम और अतिरिक्त अतिरंजना को छोड़कर उन्होंने उसे नये सौन्दर्य के साथ प्रस्तुत किया। वेशभूषा, परदों की चित्रकारी अभिनय, अभिनेताओं की गतियों, समूहनों में आधुनिक रंगमंच के सिद्धान्तों का प्रयोग किया-अभिनय और नाटक के अधिनिरूपण में भी नयी पद्धतियों का प्रयोग किया। दृश्य-परिवर्तनों में पारसी रंग-शैली और आधुनिक रंग-शैली दोनों का समन्वित रूप लिया। हबीब तनवीर को पारसी थियेटर की दो चीजें बेहद पसन्द थीं-एक, संगीत का ठाठ और दूसरा, परदों के उठने-गिरने का शिल्प-कौशल। अपनी प्रस्तुति में उन्होंने इन तत्त्वों को लिया पर परदों पर बने रंग-रेखाओं के संयोजन आधुनिक चित्रकला के नमूने थे। हबीब तनवीर की भी यह मान्यता है कि फार्मूलों या पुरावृत्ति से नहीं, कई कलाओं के समन्वय से ही नये रंग और ताजगी पैदा की जा सकती है। वह मानते हैं कि 'रुस्तम सोहराब' मैंने मंचन के लिए चुना इसलिए क्योंकि यह बीसवीं सदी के सबसे सफल पेशेवर रंगमंच का नाटक था और इसके मंचन की सफलता ने इस विश्वास को प्रगाढ़ किया कि 'पारसी थियेटर' की सफलता केवल अस्थायी और आकस्मिक नहीं थी, वह हर वर्ग के, हर प्रकार के स्वभाव के दर्शकों के लिए रोचक थी और आधुनिक रंगमंच के प्रयोगों ने भी उस सफलता में सहयोग दिया। यद्यपि आगा हश्र ने 'रुस्तम सोहराब' अपनी आन्तरिक सन्तुष्टि के लिए पारसी रंग विधान के विरुद्ध लिखा, लेकिन साथ ही इस नाटककार ने अन्य नाटककारों और

रंगकर्मियों को यह मार्ग भी दिखाया कि पारसी रंगमंच के नाटकों को उनकी शैली और आधुनिक शैली के सन्तुलित प्रयोग के साथ करना होगा। कई पारसी नाटक ऐसे हैं भी जो नये रूप में प्रस्तुत किये जा सकते हैं और किये भी जाते रहे हैं। हिन्दी रंगमंच की प्रगति में पारसी नाटक और रंगमंच एक महत्त्वपूर्ण कड़ी है।

4

नाटककार भारतेन्दु हरिश्चन्द्र : सन्दर्भ आज का

('अन्धेर नगरी' और 'भारत दुर्दशा' के माध्यम से)

आज के सन्दर्भ में भारतेन्दु की यह दृष्टि अनुकरणीय है कि नाट्यलेखन हो या रंगकर्म, उन्होंने नाटक और रंगमंच को किसी अतिरिक्त गम्भीरता, बौद्धिकता, तार्किकता या विशिष्टता से नहीं बाँधा बल्कि इस तत्त्व पर बल दिया कि 'यदि कोई प्रत्यक्ष अनुभव करा दे, उससे चतुर्गुणित आनन्द होता है।' भारतेन्दु नाटक शब्द की अर्थग्राहिता ही 'रंगस्थ खेल' में करते हैं और कहते हैं कि 'नाटक शब्द का अर्थ है नट लोगों की क्रिया।' यह 'खेल' शब्द ही वस्तुतः भारतेन्दु और उनके युग के नाटककारों की खुली दृष्टि और विचार को प्रस्तुत करता है। अपनी भाषा द्वारा, अपनी संस्कृति द्वारा, अपनी जनता के लिए यह 'खेल' करने और दिखाने की तड़प उनकी रचनाधर्मिता का नया और भीतर से अत्यन्त गम्भीर आयाम है। नाटक के चमत्कार और प्रभाव को उनकी तरह समझना आज जरूरी है। उन्होंने नाटक को कई नाम दिल-दिल्लगी, खेल, तमाशा, क्रीड़ा, कौतुक, चमत्कार। बड़ी से बड़ी समस्या को 'दिल्लगी' भाव से हास्य-व्यंग्य के साथ चित्रित कर देना उनकी विशेषता है-कहीं से भी वह कृत्रिम या आरोपित व्यंग्य नहीं होता। जितने बेलाग, बेधड़क, मुहावरों, किस्सागोई और चुटकुलों की रवानगी के रोचक ढंग से वह नाटक रचते हैं, वह उनके जीवन्त रचना-कौशल का प्रमाण है। उनके हास्य में विदूषक की भोंडी सृष्टि नहीं है और न उनके व्यंग्य में राजनीतिक स्थूलता। वह इस प्रकार परिस्थितियों का चयन करते हैं कि दृश्य एवं संवादों की बुनावट से व्यंजनाओं से स्वतः हास्य, कौतुक, खेल जन्म लेता चला जाता है? निश्चय ही ऐसे कौशल के लिए बहुत ठोस आधार, मौलिक चिन्तन और जीवन के अनुभवों से परिपक्व व्यक्तित्व चाहिए। भारतेन्दु शास्त्रीय और लोक परम्पराओं के जितने मर्मज्ञ थे, उतने ही पश्चिम की नाट्यदृष्टि के भी और इन्दरसभा के मंच और स्वरूप के भी और पारसी नाटकों के भी। वे सबको आत्मसात, करते हुए चलते हैं। किसी भी नियम को ज्यों का त्यों मानने के पक्षपाती वह नहीं थे,

न एकदम अमान्य कर नकारने के हिमायती थे, जनजीवन से निकटता और मानवीयता उनकी पहली शर्त थी। उनकी उन्मुक्त हँसी और स्वतन्त्र स्वर हमेशा एक ताजगी पैदा करता है। इस प्रकार के 'बेधड़कपन' और सच्चाई कहने के साहस की 'समग्र राजनीतिक मुक्ति' के लिए सांस्कृतिक वैचारिक संघर्ष की आज आवश्यकता है। उनके 'अन्धेर नगरी' और 'भारत दुर्दशा' का सम्बन्ध न एक देश से है, न ब्रिटिश शासन से, न एक काल सीमा से। चाहे स्वतन्त्र भारत के बदलते शासन की परम्परा का लम्बा इतिहास हो, चाहे विश्व के किसी भी कोने का, ये नाटक आज का यथार्थ है। भारतेन्दु का नाटककार के रूप में राजनीतिक दृष्टिकोण बहुत स्पष्ट और प्रखर है और अपने सांस्कृतिक दृष्टिकोण और वैचारिकता को वह इस तरह नाटक से जोड़ देते हैं कि नाटक वर्तमान अवरोधों के ध्वंस का, परिवर्तन की प्रक्रिया का सशक्त, सक्रिय माध्यम बन जाता है। उदासीनता और जड़ता को तोड़ता है 'अन्धेर नगरी' और बहुत तीखी, अप्रत्यक्ष मार का नाटक सिद्ध होता है। वह नाट्यविधा की सामाजिकता और 'सामूहिकता' का, राजनीतिक चेतना का बहुत सघन, तेज प्रयोग करते हैं। जिस 'स्वत्व' की बात भारतेन्दु ने कही कि 'स्वत्व निज भारत गहै,' 'भारत दुर्दशा' का वह परिदृश्य, उसका दुःस्वप्न अधिक ठोस और सजीव रूप में 'अन्धेर नगरी' में अंकित हुआ है। राजतन्त्र की हिलती हुई बुनियादों और जागती हुई जन-चेतना हम ब्रेष्त, गोर्की, तॉल्सताय की रचनाओं में पाते हैं–हबीब तनवीर के 'आगरा बाजार' में भी पाते हैं। वहाँ भी बाजार है लेकिन भारतेन्दु ने जिस युग में जिस तरह नाटक रचा वह आज भी अकेला और प्रासंगिक है। आज विश्वभर में चारों ओर फैला हुआ बाजार एक दृष्टान्त की तरह सामने आता है। यह बाजार दृश्य ही इस नाटक का प्राण है, आकर्षण, आनन्द का केन्द्र है और रंगमंच की अनन्त कल्पनाओं, सम्भावनाओं का रंगस्थल भी जहाँ हर चीज टके सेर बिकती है। प्रत्येक दृश्य सांकेतिक भी है, यथार्थ भी और समसामयिक भी। यह नाटककार भारतेन्दु ही थे कि अभिव्यक्ति की स्वतन्त्रता पर पाबन्दी और ब्रिटिश सत्ता के इतने कठोर रुख के बावजूद उन्होंने सब कुछ कहा और शायद इसीलिए प्रहसन में कहा, जनता की पीड़ा को विश्व सन्दर्भों को उन्हीं की भाषा और लय में कहा। मानवीय यन्त्रणा, जनाक्रोश चेतन रूप में, अपनी रंग-शैली में व्यक्त हुआ है। अत्यन्त सामान्य से दीखने वाले कथानक में सामन्ती व्यवस्था, भ्रष्टाचार, विवेकहीनता, सत्ता की निरंकुशता और निरीह जनता की स्थिति को यह चित्रित करता है। पूरे नाटक का केन्द्रबिन्दु कर्मफल है–लोभवृत्ति और चौपट राजा की परिणति। लेकिन नाटक का मूल स्वर सारी मूल्यहीनता, झूठ, अराजकता, अन्याय, शोषण के बीच भी यह दिखाता है कि जीवन फिर भी गतिशील है। चारों ओर फैली अंध-व्यवस्था के बीच भी, लोभ और उससे उत्पन्न अमानवीयता के बाद भी जीवन चक्र चल रहा है–यहाँ तक कि न्याय भी

अन्धा है। कोई भी दण्डित हो सकता है। बाहर से अत्यन्त सुन्दर, आकर्षक दीखने वाली यह नगरी लोभ-ग्रस्त करती है। 'अन्धाधुन्ध मच्यौ सब देसा, मानहुँ राजा रहत बिदेसा'-'टके के वास्ते धर्म और प्रतिष्ठा दोनों बेचें, टके के वास्ते झूठी गवाही दें-टके के वास्ते नीच को भी पितामह बनावें-जैसी पंक्तियाँ सार्वजनीन अनुभव बनकर आयी हैं। इस मूल्यहीन युग में वेश्या, पत्नी, गाय-बकरी, राजा-मन्त्री, भँडुए-पण्डित सब एक जैसे हैं। महत्त्वपूर्ण है कि भारतेन्दु इन अन्तर्विरोधों, मूल्यों के लोप की गम्भीर त्रासदी को बड़ी ही सहजता से और भीतरी सौन्दर्य के साथ दिखा देते हैं। बाहर के इस विद्रूपत्व को वह इस तरह चित्रित करते हैं कि 'अन्धेर नगरी' 'असमाप्त नाटक' बन जाता है। शमशेर बहादुर सिंह को अगर 'बात के कवि' कहा गया और मुक्तिबोध को 'भयानक खबर के कवि' तो भारतेन्दु 'बदरंग दृश्य' के बेहद जिन्दादिल नाटककार हैं। यह जिन्दादिली ही बहुत कठिन है और यही आज चाहिए। आज के यथार्थ को कहने का अन्दाज, नया मुहावरा 'अन्धेर नगरी' की संरचना में है। आखिर क्यों रंगकर्मी और समीक्षक बार-बार इस नाटक की ओर आकृष्ट होते हैं? इसके कथ्य और फार्म में अजीब-सी जीवन्तता, मोहकता, क्रीड़ातत्त्व, कौतुक और गहरा यथार्थ है जो खुलता ही चला जाता है। सबसे ज्यादा प्रभावित करता है यह सत्य कि जनता अब जानती है कि इन साहबों ने, हाकिमों ने सारा हिन्द हजम कर डाला। पुलिस बेईमान, कानून खत्म। हर आदमी फूट डालता हुआ-'टके के वास्ते नीच को भी पितामह बनावें'। सारी सीमाओं का अतिक्रमण करते हुए यह नाटक रंगकर्मी को 'स्वतन्त्र' होने की प्रेरणा देता है और युग-परिवर्तन के भविष्य के दृश्य को, भावी कार्य को देखना महत्त्वपूर्ण है। हर चीज के बिकने पर भारतेन्दु खुलकर हँसते भी हैं और हँसाते भी हैं-साथ ही उन्होंने इस अन्धेरगर्दी को समाप्त करने के लिए भारतीय जनता को राजनीति से जुड़ने की सीख भी दी है।

भारतेन्दु 'अन्धेर नगरी' को बहुत लचीला और गत्यात्मक नाट्यशिल्प देते हैं। यह न विशिष्ट और आभिजात्य मंच का है, न मात्र लोकमंच का, न यथार्थवादी शैली का-यह सबका है। पारसी रंगमंच के विरोधी होते हुए भी इस नाटक में वह पारसी रंगमंच की अभिनय शैली, उसकी उत्तेजना और आवेग को लेते हैं पर किसी एक फार्म में नाटक को नहीं बाँधते इसलिए प्रस्तुतीकरण की, प्रयोगों की अनन्त सम्भावनाएँ नाटक में हैं। एक छोटा-सा नाटकीय व्यंग्य है कि किसने दीवार गिरायी?-और अपराध, अपराधी खोजा जाता रहा। नाटककार और प्रस्तुतकर्ता दोनों की मौलिकता इसकी व्यंजनाओं को बेहद चुस्त और लयात्मक सौन्दर्य के साथ इस व्यंग्य को प्रस्तुत करने में है। हर निर्देशक किसी भी प्रकार की शैली में अपनी कल्पनाशक्ति से 'अन्धेर नगरी' को नया आस्वाद दे सकता है। ब. व. कारन्त इसीलिए

इसे सदाबहार नाटक कहते हैं यानी ऐसा नाटक जो पूरे इतिहास को तो प्रतिबिम्बित करता ही है रंगमंच की विभिन्न शैलियों को, समस्त आंगिक, वाचिक कार्यव्यापार को भी नयी शक्ति देता है। अगर इस नाटक में कोई विशेष कथानक नहीं है, घटनाएँ और शिल्प की प्रयोगात्मकता नहीं है, तो पात्रों के चरित्र-चित्रण जैसी अलग से कोई विशिष्टता भी नहीं है। पात्रों की परिकल्पना और चित्रण में भारतेन्दु जितना जरूरी स्थितियों, सन्दर्भों और मानवीय संवेदना को मानते हैं उतना ही जरूरी उनकी सम्प्रेषणीयता दर्शकों से तादात्म्य और अभिनयशीलता को भी। उनके हर नाटक के पात्र आत्मकेन्द्रित नहीं हैं, स्वतन्त्र, व्यंजक और चारों ओर मौजूद हैं। 'अन्धेर नगरी' के पात्र वर्ग या व्यंग्य के प्रतिनिधि अधिक हैं, वहाँ उनकी वैयक्तिक विलक्षणता मुख्य नहीं है जैसी कि 'नीलदेवी' और 'सत्य हरिश्चन्द्र' की माँग है। 'भारत दुर्दशा' में भी उनके पात्र अपनी व्यापक व्यंजनाओं में जीवित हो उठते हैं और समय के साथ-साथ समूचे विश्व-सन्दर्भ में और व्यवस्था-तन्त्र में बार-बार जीवित होते हैं और हमें गुदगुदाते हुए जीवन के अराजक और अवरोधक तत्त्वों के प्रति जागरूक बनाते हैं। यथार्थ और लोकजीवन के ये पात्र कृत्रिम नहीं हैं, गढ़े गये नहीं हैं, हमारे बहुत परिचित हैं। महन्त, गोवर्धनदास और राजा इन तीन पात्रों से नाटक का केन्द्रीय व्यंग्य संचालित होता है। महन्त का चरित्र भ्रष्ट युग में मूल्य चेतना का संकेत करता है। वहीं लगातार सचेत करता है और उसी की नाटकीय युक्ति से अन्धेर का अन्त होता है। नाटकीय स्थिति का सुन्दर मोड़ और राजा जैसे व्यक्ति का अन्त भी अर्थात् समकालीन व्यंग्य की प्रखरता की सम्भावनाओं का विस्तार भी उन्हीं से होता है– एक प्रकार से वह भरत वाक्य का आधुनिक रूप है। शायद इसीलिए अलग-अलग निर्देशकों ने उसे अपनी-अपनी दृष्टि से नयी जीवन्तता दी। निर्देशक सत्यव्रत सिन्हा ने अपनी नितान्त 'आधुनिक' प्रस्तुति-परिकल्पना में महन्त को विदेशों की राजनीति से सम्बन्ध रखने वाले धनी योगी के रूप में देखा तो ब. व. कारन्त ने महन्त को बिल्कुल नयी अर्थव्यंजना दी कि वह राजा को फाँसी पर चढ़ाकर स्वयं राजा के आसन पर बैठ जाता है। इस परिवर्तन से जनता के शोषण की प्रवृत्ति का संकेत भी मिला। यह वैशिष्ट्य महन्त के अत्यन्त छोटे, सूक्ष्म लेकिन लचीले चरित्र-चित्रण का है जो प्रस्तुतीकरण में निर्देशकीय स्वतन्त्रता के अवसर देता है। यही बात गोवर्धन में है, उत्सुक, भोक्ता, प्रत्यक्षदर्शिता की आनन्दमय वृत्ति, भोग की ललक से भरा भोलाभाला शिष्य! वही इस अन्ध-व्यवस्था के लोभ का शिकार बनता है। लोभवृत्ति का यह सांकेतिक पात्र भी अभिनेता और निर्देशकों के लिए प्रेरक रहा है। नाटक के शुरू से अन्त तक आने वाले मोड़ों और परिणति का द्रष्टा-भोक्ता वह बनता भी है और दर्शकों को अनुभूत भी कराता है। राजा प्रमाद, आलस्य, मूर्खता, अज्ञान और आज के शास्त्र तन्त्र और साम्राज्यवादी प्रवृत्तियों का पात्र है–मन्त्री जैसे चाटुकारों,

स्वार्थियों से घिरा हुआ। उस एक राजा पात्र से ही भारतेन्दु उन सारे अराजक तत्त्वों का पर्दाफाश कर देते हैं जो हमारे सामाजिक-सांस्कृतिक जागरण में मानवीय संवेदना के विकास में बाधक है। भारतेन्दु स्वयं राजा पर हँसते दीखते हैं, उसका मजाक उड़ाते हैं-वैसे ही जैसे निराला का कुकुरमुत्ता सारे साहित्यकारों, कलाकारों, दर्शनशास्त्रियों और वैज्ञानिकों पर हँसता है। यह राजा अपने क्रूरपन में खिलवाड़ी वृत्ति का है। जीवन की गति में ऐसे शासक कितने घातक हैं जिन्हें फरियादी की आवाज ही नहीं सुनाई देती। राजसभा में एक-एक करके जनवर्ग को बुलाना, वापस भेजना शाहीवृत्ति की जड़ता के साथ-साथ लालफीताशाही, जनता के साथ निर्मम उपेक्षा भरा व्यवहार का क्रूर चित्र है। इसमें भारतेन्दु ने ही अभूतपूर्व ढंग से प्राण फूँके हैं। चाटुकारों के कन्धों से टिका, मदिरा में डूबा, मूर्खों की बैसाखी पर चलने वाला शासक क्या न्याय करेगा? वह स्वयं ही अपना विनाश करता है! विभिन्न निर्देशकों ने राजा के चरित्र से सत्तावादी प्रवृत्तियों और अन्धाधुन्ध आदेशों से उत्पन्न जड़ता का प्रस्तुतीकरण किया, किसी ने उसे विशिष्ट राजनीतिक व्यक्ति के रूप में देखा, तो किसी ने युगयुगान्तर से चली आ रही महत्त्वाकांक्षा के प्रतीक के रूप में। राजा की शराब और पान उसकी मानसिकता और पूरे इतिहास के प्रतीक बन जाते हैं। चारों ओर फैली स्वेच्छाचारी दमनकारी प्रवृत्तियों की व्यवस्था के रूप में राजा केंद्रिय पात्र हो जाता है। इन मूर्त पात्रों में सबसे ज्यादा प्रभावित करता है जो अमूर्त है, अप्रत्यक्ष होते हुए भी प्रत्यक्ष है और नाटकीय मोड़, करुणा, मानवीय छटपटाहट और व्यंग्य एक साथ प्रस्तुत करता है और वह है बकरी। यह पात्र दर्शक को बराबर उत्सुक किये रहता है, भारतेन्दु ने अन्य सभी पात्रों को एक पूरा जनसमूह मानकर लिया है-कबाबवाला, घासीराम से लेकर भिश्ती, कसाई, कोतवाल, सिपाही, सेवक, नौकर, नारायणदास तक सब सामूहिक चेतना बनकर आते हैं। ये पात्र भीड़ भी हैं और नाटककार ने इनसे दृश्य-संरचना भी करायी है। बाजार दृश्य, राजसभा दृश्य, फाँसी दृश्य सभी की संरचना इस समूह से ही होती है। यहाँ भी व्यक्ति चरित्र नहीं है इसलिए महत्त्वपूर्ण है उनसे व्यंजित समकालीन सन्दर्भ और विसंगतियाँ जो उनमें लेखक ने गूँथी हैं। ये पात्र इतने संश्लिष्ट और जीवित पात्र हैं जातियों और वर्गों के मनुष्य हैं जहाँ स्त्री-पुरुष का भेद भी नहीं है। भारतेन्दु ने बड़ी कुशलता से पारसी रंगमंच और नौटंकी से जोड़ते हुए मछली वाली के, नारंगीवाली के साथ भी श्रृंगारतत्त्व रसिकता को जोड़ा है जो लोकव्यवहार, लोकभाषा, लोकमानस, संस्कार और लोकरंजन का एक अनिवार्य अंग है। दरअसल कार्य की जिस त्वरित गति को, दिल्लगी को, बात कहने की अपनी मौलिक शैली को भारतेन्दु ने जिस तरह पकड़ा है, वह इस नाटक को कालजयी बनाता है। 'नाटक देखहु सुख पायी' यह बात भारतेन्दु कभी नहीं भूलते। दर्शक की उपस्थिति का एहसास 'अन्धेर नगरी' में बराबर

होता रहता है। वह ड्राइंगरूमी नाटक नहीं लगता। भारतेन्दु के कथा-विन्यास और संयोजन में, संक्षिप्त कथा और प्रसंगों, नाटकीय स्थितियों और दृश्य-रचना में गजब की कसावट है क्योंकि जरा-सी भी असावधानी से बाजार दृश्य में ही बिखराव, एकरसता, पुनरावृत्ति, निरर्थक भरमार और मिथ्या चमक-दमक आ सकती थी पर यह दृश्य प्रस्तुति-पद्धति को हमेशा नयी कल्पना और विस्तार देता है। अगर पूरे दृश्य में वह मुगल, जातवाला, हलवाई को अधिक विस्तार देते भी हैं तो उसके पीछे आन्तरिक व्यंजनाओं का रचनात्मक कौशल है। राजसभा-दृश्य तो लगातार नये-नये पात्रों के प्रवेश-प्रस्थान, प्रश्न-उत्तर की लय से सजीव, गयात्मक बना रहता है। पूरे नाटक के कथा-सूत्र भी इसी दृश्य में बँधते चले जाते हैं और फरियादी की ट्रैजेडी से नाटक की समकालीन सार्थकता पुष्ट होती चलती है? श्मशान दृश्य कर्मफल की भूमि बन जाता है-यह चमत्कार अचानक भारतेन्दु ही कर सकते थे? 'सत्य हरिश्चन्द्र' और 'चंद्राबली' का आदर्श और नाट्य-प्रणाली देखकर 'अन्धेर नगरी' की विविधता, और विलक्षणता पर सहसा विश्वास नहीं होता? 'भारत दुर्दशा' का कथानक और पात्र चूँकि प्रतीकात्मक हैं इसलिए नाटककार और निर्देशक वहाँ उतनी स्वतन्त्रता नहीं ले सकते फिर भी 'भारत दुर्दशा' की प्रयोगशीलता, प्रासंगिकता आकृष्ट करती है। पारसी नाट्यविधान और लोकनाट्य का प्रभाव वहाँ भी है। नाटक का आरम्भ करने में लावनी की सुन्दर रचना इस नाटक को शाश्वत बनाती है-'रोअहु सब मिलिकै आबहु भारत भाई। हा हा! भारत-दुर्दशा न देखी जाई॥' पूरी लावनी में भारतेन्दु ने उन सारे दोषों का गान किया है जो हमें गुलाम बनाते हैं और जो आज भी हैं। इस नाटक का भी प्रत्येक अंक सांकेतिक है और हर पात्र का प्रवेश नाटककार विशेष शैली में, नये अन्दाज में कराता है। मसलन भारत दुर्दैव नौटंकी के लोकछन्द में गाता-नाचता आता है। सत्यानाश फौजदार पारसी और लोक परम्परा के अनुसार नाचता हुआ आता है और प्रतीकों के द्वारा अपने लम्बी फौज का बयान करता है। आलस्य का प्रवेश और आत्मपरिचय सबसे अलग ढंग से नाटककार ने रचा है। लोकोक्ति, मुहावरों, चुटकुलों से भरी है उसकी दास्तान। उसके स्वभाव के अनुरूप पर बेहद रोचक। ग़ज़ल भी गवायी गयी है। पूरा स्थल ही अभिनय की मौलिकता के भरपूर अवसर देता है। मदिरा इससे नितान्त भिन्न भाषा में बोलती है। वेद, स्मृति, पुराणों से लेकर मुगलकाल, ब्रिटिश शासन-काल और आज तक का इतिहास उसमें आ जाता है-यह भाषा-रचना का कमाल है। बिल्कुल इसके विपरीत जब अन्धकार आता है तो अन्धेरे में, आँधी में गाता हुआ और स्खलित नृत्य करता हुआ। प्रतीकात्मक पात्रों से एकरसता और बोझिलपन को कई प्रयोगों से बचाया गया है क्योंकि भारतेन्दु नाटक के दृश्यकाव्यत्व के प्रति निरन्तर सजग हैं। सबसे अधिक व्यंजक है किताबखाना का दृश्य जहाँ सभ्यों की कमेटी है-एक सभापति, एक बंगाली, एक

मराठी, एक एडिटर, एक कवि और दो देशी महाशय। यहाँ राजनीतिक सूझबूझ, प्रहसन-कला और नाटक की तेज धार वाली भाषा से सभी के चरित्र एक्सपोज होते हैं बल्कि पूरे राष्ट्र का चरित्र भी! सरकारी निरंकुशता, अराजकता का, पतनोन्मुख प्रवृत्तियों का खुलकर मजाक उड़ाया है। भारतवासियों का आलस्य, अविद्या, प्रमाद, उन्हें अत्यन्त पीड़ित करती है और वह उसी को 'भारत दुर्दशा' का कारण सिद्ध करते हैं। इस नाटक में 'अन्धेर नगरी' जैसी चुस्ती नहीं है क्योंकि करुणा और भावावेग ज्यादा है इसलिए स्वगत कथन और लम्बे काव्य-स्थल बाधित करते हैं लेकिन इसकी प्रासंगिकता और नाटककार की पात्र-रचना, उनकी भाषा की विविधता, नयी-नयी शैलियों का लचीलापन प्रभावित करता है। व्यंग्य, संगीत, काव्य, यहाँ भी है पर वह तीखापन और संघर्ष नहीं है, न उतनी गत्यात्मक स्थितियाँ। परन्तु संवेदनात्मक छटपटाहट अवश्य है और है विचार-स्वातन्त्र्य की निर्भीक अभिव्यक्ति! वह चाहे कवि और दो देशी महाशयों के द्वारा हो, चाहे एडीटर के गोले दागते वाक्यों से और चाहे डिसलायलटी की कार्रवाई से। भारतेन्दु ने जिस नाट्यधर्मी, लोकधर्मी परम्परा को आत्मसात् करके नया सृजन किया है, वह वास्तविक नाट्यकला है।

वस्तुतः भारतेन्दु के नाटकों की शक्ति उनकी भाषा है। उनकी भाषा बने बनाये ढाँचे की भाषा नहीं है, स्वतःस्फूर्त, अनुशासित छन्द और लय से पूर्ण, विभिन्न कलाओं, अभिनय, रंगोपकरणों के हस्तक्षेप की क्षमता से और ऊर्जा से मुखर भाषा है। 'अन्धेर नगरी' में तो भीतरी बुनावट के रूप में प्रतिक्षण यह सौन्दर्य मिलता है। कविता में जो छन्द है, वही 'अन्धेर नगरी' में वाक्छन्द हैं-शब्द का सम्भाव्य अर्थ और लय का वैविध्य और उसके द्वारा अर्थ-सृष्टि। व्योगत्सकी के अनुसार 'रंगमंच शब्द के पीछे छिपे अर्थ की समस्या से जूझता रहा है' यह शक्ति पहले उस नाट्य भाषा में होना आवश्यक है। स्तानिस्लावस्की अगर अभिनेता से निहितार्थ (सबटेक्स्ट) की गहराई में पहुँचने की बात कहता है तो भी भाषा वहाँ अनिवार्य अंग है। नाटक का शरीर वाचिक अभिनय है यह भरतमुनि भी मानते हैं और भारतेन्दु भी। भाषा की बनावट से ही भारतेन्दु नाटक को 'साहित्यिकता से मुक्ति' देते हैं-यह मुक्ति आज नाटक की जरूरत है। भारतेन्दु 'साहित्यिकता' और 'गम्भीरता' के प्रति अतिरिक्त रूप से सतर्क होकर नहीं लिखते। वह 'नाटक' निबन्ध में ही 'वाक्प्रपंच' को एक दोष मानते हैं। 'नाटक' में वाचालता की अपेक्षा मितभाषित के साथ वाग्मिता है। बाह्य कार्यों और मानसिक भावों को भाषा-रचना द्वारा एक साथ सहज रूप में व्यक्त करने वाले रचनाकार को ही वह वास्तविक नाटककार मानते हैं-उसी के 'प्रणीत ग्रन्थ' को वह नाटक में परिगठित मानते हैं। भाषा के कारण ही 'अन्धेर नगरी' इतना जीवन्त, चुटीला, अराजक तत्त्वों से टकराने वाला सदाबहार नाटक बन सका है। सारे विश्व-बाजार का बाजारूपन, अवसरवादिता, जातिवाद,

सांस्कृतिक अवमूल्यन उजागर हो जाता है। शब्दों के उल्टे-पुलटे, फूहड़ प्रयोग स्वयं नाटकीय युक्ति बन गये हैं और 'खेल' भी। जो पैनापन, जो रवानगी उससे उत्पन्न चमत्कारिकता आती है, वह नाटक को सामान्य प्रहसन और उसके व्यंग्य को क्षणजीवी व्यंग्य होने से बचाती है। मनोरंजक गुदगुदी और जनजागरण को साथ लेकर चलती है उनकी भाषा। 'भारत दुर्दशा' में पारसी रंगमंच की शैली, तद्‌भव रूपों, मुहावरों, तुकबन्दी, लक्षणा-व्यंजना, तोड़-मरोड़ से अभिनय पक्ष बहुत समृद्ध हुआ है। 'अन्धेर नगरी', में तो लय का आवेग है, एक नया तेवर है। नागार्जुन की कविताओं की तरह 'अन्धेर नगरी' और 'भारत दुर्दशा' भी अपने समय के साक्षी नाटक हैं। लोकजीवन, लोकभाषा, समकालीन चेतना और जीवनानुभवों में गहरी पैठ के कारण ही वे अपने नाटकों में लय, टोन, भाषा-शक्ति का बेजोड़ उदाहरण प्रस्तुत कर पाते हैं-जहाँ अतिरंजना भी है, और उचित समय पर उनका उस पर अधिकार भी है। हलवाई के एक साँस में जल्दी-जल्दी मिठाइयों के नाम गिनाने पर दूसरा बेचने वाला तुरन्त अपनी भाषा, अपने ढंग और हाँक से काटता है। सचमुच जीवित भाषा की, उच्चरित भाषा की लय को पात्रों के अनुरूप शब्द-चयन को वह व्यवहार और अभिनय में ले आते हैं। प्रायः हम नाट्यभाषा में बिम्बों, प्रतीकों पर बहुत गम्भीर समीक्षा करते हैं। 'अन्धेर नगरी' और 'भारत दुर्दशा' आद्यन्त प्रतीकों-बिम्बों में ही हैं पर कुछ भी सायास योजना की तरह आरोपित और क्लिष्ट नहीं। मुक्तिबोध की 'अँधेरे में' कविता और धर्मवीर भारती के 'अन्धायुग' की तरह यहाँ भी अन्धेर नगरी और भारत-दुर्दशा स्वयं अपने आप में प्रतीक हैं-विवेकशून्य, अमानवीय क्रूर व्यवस्था की हास्यास्पद नगरी, निरकुंश सत्तावादी प्रवृत्तियों और अन्याय की प्रतीक। 'बाह्य प्रान्त' आनन्द पाने का स्थान, कोई भी स्थान जहाँ अन्धेर नहीं है। बाजार का दृश्य एक पूरा दृश्य-श्रव्य बिम्ब है। रंगकर्मियों को अनन्त सम्भावनाएँ यहीं मिलती हैं। बाजार पूरा हिन्दोस्तान है, पूरा विश्व है, जहाँ हर चीज बिकती है, जंगल मूल्यहीन संस्कृति का, शून्य का जहाँ आदमी अकेला है, फँस गया है, राजसभा पूरे शासनतन्त्र का जहाँ विवेकशून्य, मूर्ख व्यवस्था में मनुष्य का न्याय नहीं होता, शेष सब होता है; अरण्य भी पुनः लोभी के अकेले भटकने, पकड़े जाने का प्रतीकार्थ देता है। अन्त में श्मशान भी व्यंजनात्मक हो जाता है। अपने-अपने कर्म से सब फल प्राप्त करते हैं। इन सबसे भी अधिक महत्त्वपूर्ण प्रतीक हो जाता है बकरी का। इस प्रतीक को देखते ही सर्वेश्वरदयाल सक्सेना का 'बकरी' नाटक याद आ जाता है। सारी क्रूरता और करुणा को यही अप्रत्यक्ष प्रतीक उभारता है और नाटक के कथ्य को यही बनाता भी है। भारतेन्दु प्रतीक को अनिवार्य बना देते हैं और जीवन का हिस्सा भी, मात्र प्रयोग नहीं। 'भारत दुर्दशा' में लावनी का प्रयोग नाटक की रीढ़ है। अमेरिकन नाट्यसमीक्षक बेण्टले की मान्यता है कि 'जन्मजात नाटककार को दृश्य संकेतों की

आवश्यकता नहीं होती'। अद्भुत सम्भावनाएँ भारतेन्दु नाट्यभाषा में, संवादों की रवानगी और चुहलबाजी में, लोक जीवन की धुनों में, बिम्बों-प्रतीकों में भर देते हैं जिससे नारंगी और मछलीवाली, घासीराम और पाचकवाला के 'चने जोर गरम' और 'चूरन' में यथार्थ की व्यंजकता भर जाती है। सारे व्यंग्य समय के साथ-साथ आज के बदलते युग के प्रति सघन होते जाते हैं। 'दुष्ट, लुच्चा, पाजी। नाहक हमको डरा दिया?'-'क्यों बे खैर सुपाड़ी चूने वाले', 'क्यो बे भिश्ती गंगा यमुना की किश्ती', 'क्यों बे ऊँख पौड़े के गड़ेरिये' जैसे अनेक प्रयोग भाषा और संवादों के परिचित ढाँचे को, भाषा के अनुशासन को तोड़ते हैं और विश्वव्यापी स्थिति और नाट्य प्रयोजन को भी सिद्ध करते हैं, संवेदनहीनता को भी प्रमाणित करते हैं। हर पात्र के साथ भाषा का स्वरूप बदल जाता है। पारसी रंगमंच और नौटंकी की उत्तेजनात्मक अदायगी का प्रभाव गोबरधनदास के वाक्यों में लिया है-वही अभिनय शैली है। उन जगहों पर वाचिक, कायिक सात्विक, अभिनय तलाशने की आवश्यकता नहीं है।

बराबर हिन्दी रंगमंच के लिए उत्साहित सक्रिय और प्रगतिशील रहनेवाले भारतेन्दु के 'अन्धेर नगरी' में रंगमंच अलग से खोजी जाने वाली चीज नहीं है। यह जब से लिखा गया तभी से जनजीवन और रंगमंच का अंग है। इसका तो लेखन ही रंगमण्डली के आग्रह पर रातोंरात, रंगमंच पर प्रस्तुत होने के लिए ही हुआ। इस नाटक को लेकर कभी यह बहस नहीं उठी कि यह 'शब्द बहुल' नाटक है या सिर्फ रंगमंचीय मुहावरे का 'एक्शन प्रधान' नाटक है या यह कि यह केवल मार्क्सवादी विचारधारा में फिट होता है या मात्र एक लोकनाटक है। इस नाटक की ओर सबका ध्यान गया और आज उसे समकालीन रंगमंच की बहुचर्चित अधिक प्रांसगिक और सर्जनात्मक कृति कहा जा सकता है। इसकी ताजगी भरी नयी-नयी कल्पनाशील प्रस्तुतियों ने हिन्दी रंगमंच में नये मोड़ पैदा किये।

आजादी के बाद का समय राजनीतिक, ऐतिहासिक, सांस्कृतिक दृष्टि से बिल्कुल भिन्न था। एक ओर स्वाधीन भारत में नयी सांस्कृतिक क्रान्ति की आकांक्षा जागृत थी, दूसरी ओर जन-आकांक्षाओं के सर्वथा विपरीत वातावरण था, राजनैतिक षड्यन्त्रों के बीच जन-मानस मोहभंग के बाद त्रासदी को झेल रहा था कि अचानक खामोश पड़ा प्रहसन सर्जनात्मक प्रयोगों से इतना प्रासंगिक हो गया! 1960 हिन्दी रंगमंच का प्रयोग-काल नहीं बन पाया था, आरंभ ही था। ऐसे परिवर्तन-काल में 1965 में उत्तर प्रदेश के प्रसिद्ध प्रखर निर्देशक सत्यव्रत सिन्हा ने प्रयाग रंगमंच द्वारा इलाहाबाद में एकदम आधुनिक वेशभूषा, प्रयोगधर्मी शैली और नये मंच-विधान से 'अन्धेर नगरी' का मंचन किया। राजसभा में आने वाले जन-वर्ग के लिए पारम्परिक मुखौटों का प्रयोग किया। मन्त्री कोट-पैण्ट में, तो सब्जी वाली स्लैक्स में। स्वयं

सत्यव्रत सिन्हा ने आधुनिक वेशभूषा में राजा की भूमिका की। बाद में 1968 में हिन्दी रंगमंच शतवार्षिकी के अवसर पर पुनः यह नाटक सत्यव्रत सिन्हा ने और भी नयी परिकल्पना के साथ किया। उनका ध्यान देश की नयी पीढ़ी में बदलती हरकतों पर गया। स्वयं उन्हीं के शब्दों में 'पुरानी हो गयी भाषा पर नितान्त नयी हरकत को आरोपित किया जाए तो वर्तमान की अर्थहीनता, जीवन का बेडौलपन और खोखलापन प्रायः सब कुछ उजागर हो सकता है। मेरी दृष्टि में यह नाटक समसामयिक हो गया।' निर्देशक ने सारे दृश्यों की नयी परिकल्पना की ओर 'अन्धेर नगरी चौपट राजा...' की टेप्ड धुन पर पात्र सब्जीवाली, बनिया, जातवाला, गोबरधनदास, नारायण दास ट्विस्ट और रॉक नृत्यशैली में आये। स्थान-स्थान पर जड़वत स्थितियों की भी अवधारणा की और मूक और सम्मोहन की स्थितियाँ भी। समूहन की अनेक स्थितियों की सर्जना भी की। 'मैंने राजा का प्रवेश सभी पार्टियों के बिल्ले पहनकर लम्बे डगों से मार्कटाइम की पद्धति से कराया। दस फीट के अन्दर ही वह ऐसा चले कि मालूम पड़े जैसे युगयुगों से राजगद्दी पर बैठने के लिए तड़प रहा है। ... फाँसी दृश्य में मैंने भूखी नंगी जनता की भी अवधारणा की थी जो फाँसी को स्वीकार किए राजा को फाँसी से उतरने न दे।' निर्देशक के अनुसार यह कोरस न था, यह संवादहीन संकेतात्मक प्रयोग था। इस प्रकार अनेक स्तरीय मंच-विधान, प्रकाश परिकल्पना, शब्दों, रंगों, स्वरों, जीवन की स्थितियों के संयोजन ने इस प्रस्तुति को मौलिक सूझबूझ में नया सौन्दर्य प्रदान किया। निर्देशकीय प्रयोग, समकालीन सन्दर्भ और रंगमंच की सृजन-शक्ति के कारण यह प्रस्तुति दर्शकों को अभिभूत करनेवाली, कुरेदनेवाली नाट्यप्रस्तुति कही गयी। अनेक चर्चाएँ, बहस, उत्तेजक विवाद भी उठे, 'नटरंग' में पूरी प्रस्तुति का निर्देशकीय अनुभव, वक्तव्य और प्रयोग भी छपा। नाट्यकृति, प्रस्तुतीकरण का यह बहुत सार्थक पक्ष है।

'अन्धेर नगरी' की दूसरी महत्त्वपूर्ण प्रस्तुति प्रसिद्ध निर्देशक ब. व. कारन्त के निर्देशन में 1978 में राष्ट्रीय नाट्य विद्यालय के खुले मैदान में बहुत बड़े क्षेत्र को रंग-स्थल के रूप में कल्पित करके हुई। यक्षगान शैली के रूप में सजी-बनी यह प्रस्तुति एक भिन्न परिवेश और लोकसंस्कृति को लेकर रची गयी जो रंगमंच के क्षेत्र में एक ऐतिहासिक घटना बन गयी? इमरजेंसी के लगने और हटने से, अखिल भारतीय कांग्रेस की भयंकर पराजय से, जनता पार्टी के शासन से राजनैतिक पटल पर जो स्थितियाँ आई', जो क्रूर शासन-व्यवस्था दीखी-उसने निर्देशक को 'अन्धेर नगरी' की पूरी भिन्न प्रकार की संरचना के लिए तैयार किया। गोलाकार मंच, पीछे कपड़े पर एक चित्र-दृश्यबन्ध, चारों ओर फैला खुला स्थान पूरे परिवेश की रचना कर रहा था और अभिनय-क्षेत्र की तरह प्रयोग में भी आ रहा था। सभी पात्रों का गाते, नृत्यवत् गतियाँ करते हुए प्रवेश और फिर अन्त तक घेरा बनाकर बैठना और

वहीं से अलग-अलग दृश्यों की रचना और अभिनय दर्शनीय था। मुझे इस प्रस्तुति को देखने का अवसर 78 में ही मिराण्डा कॉलेज में एक सेमिनार के समय मिला। यह प्रस्तुति अपने रंगों, वेशभूषा, उपकरणों, गीत-संगीत में बड़ी सधी हुई, पारम्परिक, अनुष्ठानपरक लग रही थी। बाजार दृश्य में तो अनेक भाषाओं और बोलियों का संगम था-पूरा भारतवर्ष, देश-विदेश सब व्यंजित हो रहा था-अर्थात् उत्सवधर्मिता और व्यंग्य की चुभन का फरियादी की ट्रैजेडी का इतना करुण स्वर नितान्त मौलिक था। यह निर्देशकीय परिकल्पना और सृजनशीलता ही थी कि सारे रंगों, ध्वनियों, गतियों, दृश्यों के बीच स्त्री फरियादी का 'मेरी बकरी' करुण संगीत-स्वर लगातार हस्तक्षेप करता था और दर्शकों को विचलित करता था। सबसे आकर्षक लगा था लोभी गोबरधनदास को मोटा दिखाने के लिए दो अभिनेताओं को एक ढीली पोशाक में बन्द करके उनकी शारीरिक क्रियाओं की कल्पना करना। यह लोकतत्त्व की ही देन थी। कारन्त जी ने युग-परिवर्तन की दृष्टि से नाटक के अन्त की भी अपनी कल्पना के अनुसार मौलिक व्याख्या की थी अर्थात् राजा की फाँसी के बाद महन्त ही राजा बन बैठता है और दोनों चेले दरबारी बन जाते हैं। राजा की तरह महन्त भी शराब मँगाता है अर्थात् निर्देशक ने संकेत कर दिया कि व्यवस्था के चरित्र में, कार्यशैली में कोई अन्तर नहीं। कारन्त जी की इस व्याख्या ने प्रस्तुति को विश्व-व्यापी अर्थ-विस्तार और सम्भावनाओं की खोज के और अधिक द्वार खोले। सत्यव्रत सिन्हा और कारन्त जी की प्रस्तुति के स्वभाव में ही अन्तर था। सत्यव्रत सिन्हा हमेशा अभिनेता को प्रधानता देते थे। उनकी प्रस्तुति में राजा और गोबरधनदास का व्यक्तित्व अभिनेता का व्यक्तित्व पूरी तरह उभर सका लेकिन कारन्त जी की प्रस्तुति में एक ओर पूरा जन-वर्ग था दूसरी ओर अनुष्ठानपरक सौन्दर्यविधान। कभी-कभी लगता था मानों मेले के बीच लोग हों पर परिकल्पना संश्लिष्ट, सटीक, सघन समन्वय का अद्‌भुत प्रमाण थी।

'अन्धेर नगरी' की अनेक बार नयी-नयी व्याख्याएँ हुईं और अनेक निर्देशकीय प्रयोगों से यह छोटा-सा नाटक बहुचर्चित हुआ, समीक्षा के केन्द्र में आया। डॉ. जीवनलाल गुप्त ने भी 'अन्धेर नगरी' को राजनीतिक परिवेश से जोड़ा-राजा की परिकल्पना राजनीतिक सोच के तहत की। राजा गाँधी टोपी में और शेष घटनाक्रम लाल-फीताशाही प्रवृत्ति से सम्बद्ध। समसामयिक स्थितियों, सन्दर्भों से जुड़ने का यह सिलसिला आज तक चला आ रहा है। कभी मुक्ताकाशी मंच पर कोरस के रचनात्मक प्रयोग द्वारा, कभी पात्रों की धूसर रंग की चादर को रंगोपकरण की तरह प्रयोग करके उसे दृश्यबन्ध का अंग बनाना, कभी उसी चादर से भिन्न पात्र के रूप में बदल जाना आदि विभिन्न प्रयोगों ने यह सिद्ध कर दिया कि 'अन्धेर नगरी' में, भारतेन्दु के नाटकों और उनके रंगमंच में हमें अपना वर्तमान लोकतन्त्रीय रंगमंच मिलता

है। प्रत्येक दृश्य के भीतर से ऐसा नाटकीय व्यंग्य और अर्थ-विस्तार उभरता है कि सारे लोकव्यवहार, बोलियों की लय, अभिनय और गतियाँ, उनके अर्थ उद्घाटित होते चलते हैं। इस नाटक का मंचन बालरंगमंच पर भी होता रहा है। कॉलेज, विश्वविद्यालय, मोहल्ले, झोपड़पट्टी, नुक्कड़ सब जगह यह पहुँचता रहा है। बड़ी आसानी से 'अन्धेर नगरी' का सामंजस्य हर आयुवर्ग, हर प्रकृति और क्षेत्र से हो जाता है।

'अन्धेर नगरी' नाटक और उसके मंचन यह प्रश्न अवश्य उठाते हैं कि वर्तमान रंगकर्म में क्या ठहराव इसलिए है कि आज वैसी साहित्यिक-राजनीतिक दृष्टि का अभाव है जैसी भारतेन्दु की थी अथवा जैसी 'अन्धेर नगरी' की प्रस्तुतियों से सामने आयी। और यह भी कि क्या हिन्दी की अपनी अस्मिता और मुहावरे से जुड़े बिना आज का नाटककार और रंगकर्मी वस्तुत: अपना दायित्व निभा सकता है? जिस तरह निराला और मुक्तिबोध ने कविता की संरचना में क्रान्तिकारी परिवर्तन किया और नये सौन्दर्यशास्त्र की रचना की, उसी तरह उनसे भी पहले भारतेन्दु ने नाट्य-संरचना में नवीन सर्जनात्मक मोड़ पैदा किये और हिन्दी के नाट्यशास्त्र, दृश्यविधा नाटक के नवीन सौन्दर्यबोध की परिकल्पना की। भारतेन्दु ने नाटककार का यह आदर्श अवश्य सामने रखा कि अन्य साहित्यकारों की विधाओं की तुलना में नाटक एक भिन्न प्रकार की सम्पृक्ति, जानकारी, गतिशीलता और तटस्थता एक साथ चाहता है। 'अन्धेर नगरी' (1881) के आरम्भ में ही श्री रामदीन सिंह ने जो पंक्तियाँ लिखी हैं, वह द्रष्टव्य है- ''बनारस में बंगालियों और हिन्दुस्तानियों ने मिलकर एक छोटा-सा नाटक समाज दशाश्वमेध घाट पर नियत किया है जिसका नाम हिन्दू नेशनल थियेटर है।' यह सचमुच विरोधाभास की स्थिति है-लेखक, दर्शक, निर्देशक, समीक्षक में सामंजस्य कहाँ रहा? केवल यह कहना अपर्याप्त है कि 'हिन्दी का अपना रंगमंच नहीं है' या यह कि 'हिन्दी में पूर्णत: नाटककार नहीं है।' पूर्णत: नाटककार किसके लिए लिखेगा? इस विरोधात्मक और असंगत स्थिति का उल्लेख नामवर सिंह ने भी किया है-'आधुनिक भारतीय भाषाओं में हिन्दी को ही यह गौरव प्राप्त है कि आधुनिक काल का इसका इतिहास नाटक से शुरू होता है। 19वीं सदी के उत्तरार्द्ध में भारतेन्दु ने नाटक से शुरू किया यह गौरव बांग्ला को नहीं प्राप्त है और मराठी को भी नहीं, दक्षिण की भाषाओं को नहीं है। जिस हिन्दी को यह गौरव प्राप्त है उस हिन्दी की विपन्नता देखिए कि ××× नाटक है पर मंच नहीं।' यह सचमुच असंगत स्थिति है कि पहले मंच था पर नाटक नहीं थे या नाटक था पर रंगमंच समृद्ध नहीं था। आज मंच है पर नाटक नहीं है। उपन्यास या कहानी नाटक के विकल्प नहीं हो सकते। निर्देशक सत्यदेव दुबे का भी इस विसंगति की ओर संकेत है कि 'रंगमंच की अपनी आवश्यकता होती है। लोग इकट्ठे होंगे और अगर नाटक

नहीं हैं तो नाचेंगे, गाएँगे, कभी-कभी ऐसा भी होता है कि जब नाटक की सप्लाई, कम होती है तो दूसरी विधाओं से लेकर मंचन करेंगे।' उनके अनुसार भी 'नाटक लिखा जाता है। पर कोई पढ़ता नहीं, कोई करता नहीं।'

विशेष बात यह है कि सारी बहसों, चिन्ताओं, विसंगतियों और समकालीन रंगमंच की पूरी सक्रियता और रचनात्मकता के बीच 'अन्धेर नगरी' वर्तमान चुनौतियों का नाट्य सिद्ध हुआ है-'नाटक कैसा हो', 'नाटक और रंगमंच के व्यावहारिक और व्यावसायिक सम्बन्ध कैसे बनें', 'एक भ्रमणशील नाट्यपरम्परा कैसे कायम हो', 'रंगमंच को जन-संरक्षण कैसे मिले', लोकरुचि-परिष्कार, लोकरंजन, आवेग-उत्तेजना और हास्य-व्यंग्य को, हिन्दी प्रदेश की शैली को जाग्रत करके किस प्रकार विश्व-सन्दर्भ में साकार किया जाए-इन सबका उत्तर इस नाटक में है। आज वही नाटक चाहिए जिसे सम्भ्रान्त दर्शक भी देख सके-हजारों की भीड़ में अपढ़ से लेकर किसी भी प्रदेश का, किसी भी देश का, किसी भी भाषा और बोली का मनुष्य बार-बार देखना चाहे।

5

नाटककार जयशंकर प्रसाद : पुनर्विचार

('स्कन्दगुप्त' और 'चन्द्रगुप्त' के माध्यम से)

जयशंकर प्रसाद हिन्दी नाटक में ऐसे व्यक्तित्व हैं जिन्होंने भारतीय शास्त्रीय एवं सांस्कृतिक परम्पराओं को आत्मसात् करते हुए समूचे राष्ट्रीय संघर्ष, चरित्र और आधुनिक मानवीय द्वन्द्व–चेतना से, नवीन सौन्दर्यबोध से नाटक को समृद्ध किया–देश, काल के साथ जिनकी अर्थच्छायाएँ खुलकर विस्तार पाती जाती हैं और उनका रचनालोक अनन्त उदात्त सौन्दर्य से व्याप्त होता जाता है। प्रसाद के नाटकों से जो भारतीय क्लासिक तत्त्व, जो भारतीयता और आधुनिकता का संघर्षमूलक सन्तुलन, जो संगीत और काव्य की आन्तरिक लय, मनःस्थितियों की सूक्ष्म जटिल संवेदना मिली, वह अपनी विशिष्टता और मौलिकता में आज भी अकेली है। प्रसाद के प्रथम चार नाटक 'सज्जन', 'कल्याणी परिणय', 'करुणालय', 'प्रायश्चित्त' नाटक तो प्राचीन नाट्यपरम्परा से मुक्त नहीं है यद्यपि 'करुणालय' में उन्होंने गीतिनाट्य शैली का प्रयोग किया है और अपने सम्पूर्ण विकासकाल में 'एक घूँट' की रचना कर उन्होंने हिन्दी की एकांकीकला का आरम्भ किया लेकिन अपने कई नाटकों में विशेषकर 'स्कन्दगुप्त', 'चन्द्रगुप्त', 'ध्रुवस्वामिनी', से उन्होंने यह अवश्य सिद्ध किया कि वह भारतीय इतिहास के अन्वेषण के साथ–साथ, अध्ययन–चिन्तन के द्वारा, अतीत के गौरव की स्मृति दिलाकर एक ओर सांस्कृतिक पुनर्जागरण का प्रयास कर रहे थे दूसरी ओर हिन्दी नाट्यकला, नाट्यभाषा की नयी संरचना के साथ 'रंगमंच' शीर्षक गम्भीर निबन्ध लिखकर हिन्दी रंगमंच की चिन्ता भी कर रहे थे। यह दूसरी बात है कि पारसी नाट्यविधान और रंगमंच की प्रतिक्रिया में लिखकर भी उनके नाटक उस प्रभाव से मुक्त नहीं हो पाये हैं और काव्य को आत्मा की संकल्पात्मक अनुभूति माननेवाला कालिदास और शेक्सपियर के समकक्ष यह नाटककार अपनी मौलिक रंगशैली नहीं तलाश पाया–उनके नाटकों में ऐतिहासिकता, दार्शनिकता, प्रजातान्त्रिक मूल्यों, मानवीय चेतना, धार्मिक संघर्ष आदि का रूप इतना मुखर हुआ कि उनमें

बिखराव-सा अनुभव किया जाता रहा और आरम्भ से ही उनके नाटकों को वर्गीकृत एवं कोरी सैद्धान्तिक दृष्टि से तौलते हुए साहित्यिक और रंगमंचीय कह दिया गया। हिन्दी नाट्य समीक्षा एवं हिन्दी रंगमंच की कोई पृथक् सत्ता न होने के कारण वर्षों तक प्रसाद के नाटक सीमित दृष्टि से, कोरी एकांगी दृष्टि से समीक्षा के केन्द्र में रहे। प्रसाद के नाटकों का पुनर्मूल्यांकन आजादी के बाद हिन्दी रंगान्दोलन एवं नवनाट्यसमीक्षा के साथ आरम्भ हुआ है और अब जहाँ प्रसाद की देन स्वीकार की जाती है कि प्रसाद ने भारतीय और पाश्चात्य नाट्यकला का समन्वय किया, अगर रसनिष्पत्ति सिद्धान्त को लिया तो पश्चिम के संघर्ष तत्त्व और व्यक्तिवैचित्र्य सिद्धान्त को भी; अगर बहिर्द्वन्द्व को लिया तो अन्तर्द्वन्द्व को भी, यहाँ तक कि सुखान्त और दु:खान्त का एक मिश्रित रूप भी प्रस्तुत किया जिसे 'प्रसादान्त' कहा गया। सुख-दु:ख की इस मिश्रित अनुभूति के पीछे जहाँ हमारी दार्शनिक चेतना है, वहीं आधुनिक चेतना भी। पहली बार प्रसाद ने नाटक के पात्रों को उनका स्वतन्त्र, मानवीय व्यक्तित्व दिया-उन पात्रों के अन्तर्जगत् के सूक्ष्मतम संवेदना तत्त्वों को छुआ और क्रमश: प्रसाद नाट्यभाषा में निरन्तर क्रिया-प्रतिक्रिया, टकराहट से उत्पन्न होने वाली नाटकीयता में परिष्कार करते गये हैं-'ध्रुवस्वामिनी' इसका प्रमाण है। पहली बार प्रसाद ने नारी पात्रों को विशिष्ट, मौलिक ढंग से रचा और उनके नारी पात्र पुरुष पात्रों की तुलना में अधिक संवेदनात्मक सिद्ध हुए। उनके सभी पात्र भारतीय नायक-नायिका की परिभाषा की सीमा से मुक्त होकर हमसे टकराने की कोशिश करते हैं-इसी प्रकार पारसी नाटकों की सस्ती लोकप्रियता से क्षुब्ध होकर प्रसाद ने नाट्यगीतों और संगीत को छायावादी काव्यात्मक सौन्दर्य, रोमाण्टिक दृष्टि और 'प्रसाद संगीत' दिया।

अक्सर यह प्रश्न उठता रहा है कि प्रसाद के नाटक समकालीन नहीं हैं, प्रासंगिक नहीं हैं। जबकि मंचनों के बाद उनकी जन-शक्ति, उनका 'जन-समूह' उजागर हुआ? दरअसल जयशंकर प्रसाद के नाटकों की समकालीन प्रासंगिकता पर विचार करते समय 'समकालीन प्रासंगिकता' प्रयोग को व्यापक और अधिक गम्भीर अर्थ में लेना होगा। प्राय: प्रासंगिकता के नाम पर एक प्रतिबद्ध दृष्टि से आलोचक समसामयिक घटनाओं और जन-जीवन के यथार्थ को रचना में ढूँढ़ने लगते हैं। प्रसाद के नाटक में समसामयिक घटनाओं का चित्रण नहीं है पर गहरे स्तर पर समसामयिक चेतना उनमें अवश्य अन्तर्निहित है। प्रसाद के नाटकों पर विभिन्न प्रकार के समीक्षकों द्वारा बहुत बड़ी संख्या में लिखा जा चुका है। आचार्य रामचन्द्र शुक्ल, हजारीप्रसाद द्विवेदी, डॉ. नगेन्द्र, नन्द दुलारे वाजपेयी आदि अगर उनके नाटकों की सांस्कृतिक चेतना, राष्ट्रीय भावना, भारतीय अन्तर्चेतना को महत्त्व देते हैं तो साथ ही उनमें निहित आधुनिक चेतना, मानवीय द्वन्द्व, युग-संघर्ष और जीवन-तत्त्व की विशेषताओं का उल्लेख भी करते रहे हैं। इतिहास, दर्शन, अध्यात्म, काव्य वे महत्त्वपूर्ण पक्ष रहे

हैं जिन पर स्वभावत: सबका ध्यान ज्यादा केन्द्रित हुआ और प्राय: समीक्षाएँ उसी में उलझकर रह गयीं। साहित्यिक और रंगमंचीय नाटकों की भेद-दृष्टि के कारण भी प्रसाद के नाटक पूर्वाग्रह जनित समीक्षा के और साथ ही शास्त्रीय एवं वर्गीकृत समीक्षा के शिकार हुए। आसानी से उनके नाटकों को पाठ्यक्रमीय एवं विश्वविद्यालयीय सीमा में बाँध दिया गया। हिन्दी रंगमंच की कोई अविच्छिन्न परम्परा न होने से, उसका समृद्ध विकसित रूप न होने और पारसी रंगमंच के कारण एक प्रतिक्रियात्मक दृष्टिकोण होने के कारण भी प्रसाद ने जितना नाट्य साहित्य लिखा और 'रंगमंच' शीर्षक निबन्ध में अपने विचार प्रकट किये वे भी एक भ्रामक और निश्चित समीक्षा के कारण इसलिए बने और वर्षों तक बनते रहे क्योंकि वातावरण में रंगमंच के, रंग-कला के संस्कार नहीं थे। हिन्दी रंगमंच और रंगकर्म की सत्ता स्थापित हो जाने और उनकी लम्बी सक्रियता के बाद प्रसाद के नाटकों को सातवें-आठवें दशक में मंचन और गोष्ठियों का विषय बनाया गया। इसी बीच उनके नाटकों का वर्तमान परिप्रेक्ष्य में पुनर्मूल्यांकन भी शुरू हुआ। डॉ. गोविन्द चातक, डॉ. सिद्धनाथ कुमार की पुस्तकों ने प्रसाद के नाटकों पर हुई समीक्षा को नयी दिशा दी। राम गोपाल बजाज और शान्ता गाँधी के 'स्कन्दगुप्त' पर प्रयोग, ब. व. कारन्त द्वारा निर्देशित 'स्कन्दगुप्त' और स्वयं इस लेखिका द्वारा निर्देशित 'ध्रुवस्वामिनी' के प्रदर्शनों के साथ बहुत से नये प्रश्न उठे और यह अनुभव किया गया कि बहुत बड़ा दर्शक वर्ग प्रसाद के नाटकों से परिचित और प्रभावित है। आज बहुत आवश्यक है कि उनके नाटकों पर पुरानी बातों को न दोहराकर उन महत्त्वपूर्ण मुद्दों पर सोचा जाए जो साहित्य या कला के साथ निरन्तर चलते हैं। बाद में कारन्त ने प्रसाद के कई नाटकों के मंचनों के बाद नये अनुभवों को व्यक्त किया। बल्कि स्वयं 'चन्द्रगुप्त' नाटक में भारतीय जनता को नायक के रूप में देखा।

प्रसाद के नाटक अपने युग की अभिव्यक्ति है। उनमें तत्कालीन राष्ट्रीय सांस्कृतिक चेतना का उज्ज्वल स्वरूप है। इतिहास और इतिहास में भी वह काल है जिनमें उत्थान-पतन, चरित्र-दुश्चरित्र, मूल्य-मूल्यहीनता सब एक साथ दीखती है। इतिहास वहाँ मात्र आधार नहीं है, बहाना नहीं है वरन् अनिवार्यता है-युग की, वर्तमान, भविष्य दोनों की। अतीत, वर्तमान, भविष्य को प्रसाद ने अलग करके नहीं देखा-'कामायनी' में भी नहीं। इतिहास वहाँ अध्ययन, अन्वेषण, चिन्तन को, भारतीयता और सांस्कृतिक चेतना को और आधुनिकता के द्वन्द्व को साकार करता है। इतिहास नाटक जैसी मौलिक विधा की शक्ति बनकर आया है। अगर डॉ. नगेन्द्र यह सोचते हैं कि यह वर्तमान से पलायन है या छायावादी कवि के रोमाण्टिक काल्पनिक लोक की ओर लौटने की विवशता है तो यह गलत है। वस्तुत: प्रसाद का युग संक्रान्ति का, संघर्ष और द्वन्द्व का था-संस्कृति-मूल्यों, चरित्र, समाज, धर्म,

राजनीति सबमें संक्रमण का, विरोधाभासों का समय था–एक बदलता हुआ समय जिसने निराला से 'राम की शक्तिपूजा' और 'तुलसीदास' जैसे काव्य लिखवाये। 'कामना', 'जनमेजय का नागयज्ञ', 'चन्द्रगुप्त', 'स्कन्दगुप्त', 'ध्रुवस्वामिनी' में केवल इतिहास, दर्शन का सामंजस्य होने के कारण यह नहीं कहा जा सकता कि वे अतीत की रचनाएँ हैं और वर्तमान की नहीं। प्रसाद उस इतिहास को आज बार-बार दोहराया जाता भी देखते हैं–राजनीतिक, छल-छन्द, आन्तरिक गृह-कलह, भोग-विलासिता, युद्ध-आक्रमण, हिंसा-प्रति हिंसा, ईर्ष्या-द्वेष, मिथ्याहंकार-लोभ, महत्त्वाकांक्षा और बहुत सारी घटनाएँ लेकिन हम न उन्हें इतिहासकार कहेंगे, न राजनीतिज्ञ, वह संवेदनशील, सृजनशील रचनाकार हैं जो इतिहास और राजनीति को सूक्ष्म सौन्दर्य और आधुनिक व्यंजनाएँ देता है। कुछ विद्वान प्रसाद को 'अतीत जीवी', जनतन्त्र विरोधी, सामन्तवादी, राजा-महाराजाओं पर लिखनेवाला नाटककार भी प्रायः घोषित कर देते हैं। साहित्य ऐसी संकीर्ण दृष्टि से मापी जानेवाली चीज नहीं है। प्रश्न यह है कि क्या प्रसाद अपने नाटकों में सामन्तवादी प्रवृत्तियों का पोषण करते दीखते हैं। अथवा क्या उनके नायक, उनके पात्र मात्र राजे-महाराजे हैं? क्या 'स्कन्दगुप्त' नाटक की सार्थकता सिर्फ यह है कि वह युद्ध के इतिहास का सफल अंग है। प्रसाद ने इतने सीमित अर्थ में कुछ लिखा ही नहीं है। सत्य तो यह है कि उनका सम्पूर्ण साहित्य व्यक्ति की स्वाधीन चेतना और विश्व-दृष्टि का एक समन्वित सौन्दर्य-पुंज है। प्रसाद व्यापक, उदात्त, शाश्वत और विश्वजनीन, मानवीय मूल्यों के नाटककार हैं। उन्होंने अपने युग की समसामयिक संघर्ष-चेतना को उद्वेग-आवेग को और स्थायी सवालों को स्वयं भी गहरे अनुभव किया है और अपने नाटकों द्वारा उसे सम्प्रेषित कर लोगों को सचेत जागरूक, अनुभव-सम्पन्न भी बनाया है। साहित्य समसामयिकता और स्थायी मूल्यों को एक साथ लेकर चलता है उसी से रचना की तात्विक शक्ति बढ़ती है। इतिहास ने इस तात्त्विक शक्ति का संवर्धन किया है–उसे विस्तार दिया है। इतिहास, पुराण तो हमारे बहुत से रचनाकारों की रचनाओं का आधार है फिर प्रसाद की ही समकालीनता पर प्रश्नचिह्न क्यों? प्रसाद उदात्त सांस्कृतिक मूल्यों के नाटककार हैं और उनमें ऐसा रागात्मक चेतना एवं धनी संवेदनात्मकता है, जो हृदय को अभिभूत करती है। हृदय और बुद्धि दोनों की प्रेरणा उनके नाटकों में है। यथार्थवादी शैली में लिखने से ही कोई समकालीन नहीं हो जाता और न जन चेतना से सीधे जुड़ने से ही कोई प्रतिबद्ध साहित्यकार कहलाता है। प्रसाद उच्चतर मूल्यों के रचनाकार हैं पर उनके नाटकों में जहाँ भव्य भारतवर्ष, अखण्ड एकता का स्वर है वहीं जर्जर हो बिखरती स्थितियों, खण्डित एकता, टूटते-बनते सम्बन्ध भी हैं। प्रसाद के नाटक से बाह्य संघर्ष, आन्तरिक द्वन्द्व, विघटन, अकेले होते जाने की मनोभूमि का जो आरम्भ हो गया, वही भिन्न विकसित रूप

में मोहन राकेश या अन्य नए नाटककारों में दिखायी दिया। प्रसाद में परिस्थितियों से जूझता हुआ राष्ट्र और मनुष्य प्रतिबिम्बित होता है।

विषय प्रसाद के लिए महत्त्वपूर्ण है पर निश्चय ही कथा तत्त्व घटनाएँ, शिल्प-तत्त्व नहीं। ध्यान देने योग्य है कि उन्होंने नाटक का केन्द्र चरित्र को बनाया है। यह समय भारतीय दृष्टि-राष्ट्रीय और सांस्कृतिक दृष्टि थी। इन कारणों में हमारे आधुनिक युग के बहुत सारे सवाल, दुर्बलताएँ भी हैं। स्वयं स्कन्दगुप्त इतिहास, दर्शन, मनोविज्ञान, आधुनिकता सबसे मिलकर रचा गया चरित्र है-वह स्वयं प्रसाद के जीवन-मूल्यों की अभिव्यक्ति भी है। सैनिक की कर्मठता, राष्ट्र गौरव की रक्षा का दायित्व, संघर्ष, शक्ति, अधिकारों के प्रति उदासीनता, हृदय की कोमलता, अकेलेपन की पीड़ा, व्यक्ति-मन की स्वतन्त्र-चेतना, मानवीय दुर्बलता और अन्त में जनतान्त्रिक मूल्यों के प्रति उसकी निष्ठा, लोकनायकत्व सब उसमें एक साथ है। व्यापक अर्थ में देखें तो उसकी प्रासंगिकता असन्दिग्ध है। चन्द्रगुप्त और विशेषकर चाणक्य जैसे कूटनीतिज्ञ को प्रसाद ने जो हृदय सुलभ कोमलता, सरसता, अन्तर्द्वन्द्व के स्वर दिये वह उनकी मौलिकता है और वह उस युग के रचना-द्वन्द्व को उजागर करती है। क्यों हम यह पूछते हैं कि 'चन्द्रगुप्त' नाटक में नायक कौन है-चाणक्य या चन्द्रगुप्त? अथवा 'अजातशत्रु' में बिम्बसार या अजातशत्रु? क्या चन्द्रगुप्त की तुलना में चाणक्य को प्रधानता प्रसाद ने केवल इसलिए दी कि वह शासन की डोर अपनी कूटनीति से अपने हाथ में सँभाले था? सम्भवतः इसके पीछे युग का दृष्टि-परिवर्तन, वातावरण और युग की आवश्यकताओं का बदलना था। वर्तमान सन्दर्भ, वर्तमान राजनीतिक-वातावरण में चाणक्य जैसे पात्र का व्यक्तित्व, उसकी सृष्टि, उसका महत्त्व एक आवश्यकता भी थी। क्योंकि स्वयं भारतेन्दु ने भी 'मुद्राराक्षस' का अनुवाद किया था। नाट्य रचनाओं में तत्कालीन राजनीतिक परिस्थितियाँ कहीं अवश्य तीव्रतापूर्वक कार्य कर रही थीं। चाणक्य को माधुर्य और प्रणय की सरसता और वेदना एक साथ देना प्रसाद का निजी व्यक्तित्व है जो उनके हर पात्र को प्रभावित करता है। चरित्रों के चयन और चित्रण में प्रसाद की दृष्टि निश्चय ही सजग, आत्मीय दोनों है। 'ध्रुवस्वामिनी' का पुरोहित धर्मशास्त्र के पुनः अध्ययन करने पर, समय के अनुसार उसके पुनर्विश्लेषण पर बल देकर जिस तरह उसकी व्याख्या करता है और तर्क प्रस्तुत करता है-वह समकालीन चेतना को उद्‌बुद्ध करने वाला प्रशंसनीय स्थल है। कोमा, ध्रुवस्वामिनी, मन्दाकिनी में स्वतन्त्र चेतना, अन्तर्द्वन्द्व, जटिलता, अस्तित्व-बोध के परस्पर अन्तःसम्बन्ध और टकराहट के सूक्ष्म सूत्रों का जुड़ते जाना प्रभावित करता है। तीनों से समकालीन जीवन की तीन स्थितियाँ सामने आती हैं। जो अलग भी हैं और पूर्ण भी हैं-मिलकर भी पूर्ण परिदृश्य प्रस्तुत करती हैं। इनमें संघर्ष की ज्वाला है। केवल उसका बाहरी रूप भिन्न दीखता है। जीव, समाज और

राष्ट्र के लिए जूझता-समर्पित होता इनका व्यक्तित्व प्रेरक और मोहक है। अन्य बहुत सारे पात्र ऐसे हैं जिनमें आधुनिक जीवन, मानवीय स्वभाव अनेक रूपों में दीखता है–भटार्क, छलना, अनन्तदेवी, विजया, मागन्धी जैसे पात्र आज के स्वभाव हैं, प्रसाद ने महत्त्वाकांक्षा के तत्त्व को बहुत बलपूर्वक अपने प्रत्येक नाटक में लिया है। गृह-कलह और बाह्य राजनीति के अन्त:सूत्रों को भी जोड़ा है। राजनीतिक अराजकता और राष्ट्रीय सांस्कृतिक चेतना के खण्डित होने का एक कारण हमारी अन्दरूनी फूट, वैरभाव, ईर्ष्या-वृत्ति और हमारी अधिकार-लोलुपता भी रही। विजया, मागन्धी दोनों इस अर्थ में बहुत नाटकीय स्वाभाविक मानवीय पात्र हैं–बहुत जीवन्त भी क्योंकि वहाँ प्रसाद किसी द्वन्द्वात्मक मन:स्थिति में नहीं हैं। प्रसाद की कलम से ही रामा और शर्वनाग जैसे पात्रों की सृष्टि भी हुई है जो आज के व्यंग्य को और प्रखर करते हैं। स्कन्दगुप्त को देखकर रामा का पागल की तरह हँसना, बोलना, गाली देना, युद्धोपरान्त की विभीषिका, विकृति और स्वयं अकेले पड़ गये स्कन्दगुप्त की यन्त्रणा, अपमान और ज्वाला को बखूबी प्रस्तुत करता है। पुरगुप्त वर्तमान शासन-व्यवस्था पर खासा व्यंग्य है तो 'अजातशत्रु' भी यह प्रश्न जरूर उठाता है कि उस जैसे क्रूर उद्दण्ड व्यक्ति को नायक बनाने की आवश्यकता प्रसाद को क्यों हुई? क्या ऐसा नहीं लगता कि बिम्बसार की मानसिक शिथिलता, दार्शनिक मन:स्थिति, आकर्षण-विकर्षण का द्वन्द्व बीतते हुए युग, जाते हुए समय का फलक है–एक स्थिति-चित्र है और अजातशत्रु एक व्यक्तित्वहीन दुर्बल शासक का। यह समय नाटक में भी नायकत्व की अवधारणा बदलने का है। प्रसाद ने अपने विदूषकों को भी स्वतन्त्र व्यक्तित्व और राजनीतिक दृष्टि प्रदान की है। मुद्गल और वसन्तक संस्कृत नाटकों के विदूषक से भिन्न नवीन सजग दृष्टि के साथ विचरते दीखते हैं। विरुद्धक जैसे पात्र में भी प्रसाद प्रणय कुसुम की कोमल भावना और माधुर्य देखते हैं लेकिन साथ ही उसके चरित्र को एक वैचित्र्य भी प्रदान करते हैं। देवसेना जैसी अलौकिक आनन्द में डूबी, गीतात्मक, समर्पणशीला लेकिन स्वाभिमानी नारी में प्रसाद ने प्रणय-वेदना की कसक और प्रेम का उदात्तीकरण, सूक्ष्म द्वन्द्व अप्रत्यक्ष और मनोवैज्ञानिक अर्थ में प्रस्तुत कर दिया है। उनके नाटकों में जिस तरह व्यष्टि और समष्टि पर अनेक प्रश्न उठते रहे हैं, उसी तरह समाज के भीतर घुसे हुए कापालिकों, देशद्रोहियों, विषाक्त परिवेश की कटुता, धर्म-संघर्ष, साम्प्रदायिक वाद-विवाद, क्षुद्रता को, बौद्ध धर्म की विकृति और ह्रास को प्रत्येक नाटक में अभिव्यक्त किया गया है। मानवीय जीवन की क्रियाएँ-प्रतिक्रियाएँ दोनों उनके नाटकों में हैं। इन सबके बीच उनके नाटकों का मूल-स्वर विश्वव्यापी मानवीय मूल्यों का, सांस्कृतिक चेतना का, जीवन-चेतना के जागरण का है और वही शाश्वत है। विश्व की अनेक कृतियाँ क्लिष्ट और अरंगमंचीय होते हुए भी अथवा रंगमंच और दर्शक के लिए बहुत सुविधापूर्ण न होते

हुए भी श्रेष्ठ और अमर मानी जाती हैं–जैसे गेटे का 'फास्ट' शेक्सपियर के नाटक भी अपने बहुत से विस्तार या कठिनता के कारण क्लिष्ट माने जाते हैं, पर उन पर निरन्तर होने वाले प्रयोगों और दृष्टि–सम्पन्नता ने उनकी अधिक गहरी पहचान करायी है। जयशंकर प्रसाद पर नवीन दृष्टि से पुनर्विचार और उनके नाटकों पर निरन्तर नये–नये प्रयोगों की अपेक्षा है। संवाद समीक्षा और प्रदर्शनों द्वारा विषय और कला दोनों दृष्टि से प्रसाद के प्रत्येक नाटक पर विस्तार से विचार और रंग–कार्य एक साथ होना चाहिए।

स्कन्दगुप्त : नाटक और रंगमंच के सन्दर्भ में एक बहस की शुरुआत

कारन्त जी के निर्देशन में 'स्कन्दगुप्त' के प्रदर्शन और अनुभव के बहाने जयशंकर प्रसाद के साहित्यिक व्यक्तित्व, नाट्यदृष्टि और जीवन–दर्शन के साथ–साथ सम्पूर्ण हिन्दी रंगमंच के ऐतिहासिक विकास, रंगमंच के मूल तत्त्वों–शैलियों और भारतीय अवधारणा के ऐसे गम्भीर मुद्दे उठे जिन पर अच्छी–खासी रचनात्मक बहस की शुरूआत हो सकती थी और न केवल प्रसाद के नाटकों को समझने, खोजने के लिए नयी–नयी रंगशैलियों की या किसी एक व्यापक, उदात्त रंग–परिकल्पना की खोज का दौर चल सकता है, बल्कि एक गैर रंगमंच के आपसी सम्बन्ध, निर्देशक और नाटककार के अस्तित्व, समीक्षक के दायित्व, की कसौटी पर नये सिरे से सार्थकता है और प्रसाद के नाटकों के प्रदर्शन पर बहस एवं प्रयोगों के जरिये हिन्दी रंगमंच की अपनी शैली स्वरूप एवं रंग–मूल्यों की तलाश की जा सकती है। यह दुर्भाग्य ही है कि शेक्सपियर के नाम से न केवल नाटक जाना जाता है, बल्कि पूरे थियेटर के स्वरूप और विकास, प्रयोगों एवं शिल्प की पहचान भी होती है। हिन्दी रंगमंच की गतिविधियाँ न होने के कारण, पारसी रंगमंच के प्रति प्रतिक्रियावादी होने और स्वयं रंगमंच से भारतेन्दु की तरह क्रियात्मक रिश्ता न होने के कारण प्रसाद के नाटक केवल साहित्य के रूप में जाने जाते रहे। वर्तमान रंगान्दोलन के लम्बे समय में भी थियेटर और रंगकर्म पर अनुवादों और प्रयोगों पर ध्यान अधिक जाता रहा। आत्मनिष्ठ प्रवृत्ति अधिक काम करती रही। पूर्ण समर्पण के बाद निरपेक्ष रह कर रंगकर्म करने की आस्था नहीं दिखाई दी। कारन्त ने भारतेन्दु और प्रसाद को ज्यादा से ज्यादा खेलकर अपनी जड़ें पहचानने की बात पर अगर बल दिया है, तो स्वयं वह इस यात्रा से प्रभावित हैं। यह भूमिका सचमुच देश के एक मात्र राष्ट्रीय नाट्य विद्यालय को या उत्तर प्रदेश के भारतेन्दु नाट्य केन्द्र, सांस्कृतिक कार्य विभाग और संगीत नाटक अकादेमियों को मिलना चाहिए।

इस सारी बातचीत को कारन्त और प्रसाद, रंगकर्म और हिन्दी रंगमंच, निर्देशक और नाटककार में अर्थ में देखा जा सकता है, मूल्यों की तलाश की बेचैनी और चिन्तन के विभिन्न तैरते चले आते हुए बिन्दुओं के रूप में महसूस किया जा सकता है। चुनौती के तौर पर प्रसाद के नाटकों को लेना एक प्रकार से उपन्यास, कविता, कहानी, फिल्म आदि की तुलना में नाट्यविधा और रंगमंच की शक्ति और सम्भावनाओं के प्रति विश्वास और संकल्प, संघर्ष, चेतना का परिणाम है।

यद्यपि कारन्त की बातचीत और सोच में एक बहुत बड़ा परिवर्तन देखकर बड़ा आश्चर्य भी होता है, क्योंकि कुछ साल पहले जब मिराण्डा हाउस में आयोजित नाटक अध्यापन संगोष्ठी में उनसे भेंट हुई थी–तब वे प्रसाद से पूर्णतः निराश थे। भारतेन्दु के नाटक वह कर रहे थे–भारतेन्दु की जीवन्त शक्ति के प्रति आश्वस्त थे। प्रसाद का 'चन्द्रगुप्त' वाराणसी में कर चुके थे और बहुत उत्साहित नहीं थे, बल्कि युवा रंगकर्मी के रूप में वह नये थियेटर में प्रसाद की असफलता को पूरी तरह स्वीकार कर रहे थे। उनके टोन और कथन में कहीं कोई द्विविधा भी नहीं थी। आज वही प्रसाद के नाटकों में गहरे निहितार्थ को सफल प्रस्तुति बनाने और उनके नाटकों की एपिक क्वालिटी के प्रति, उनमें छिपे सार्वजनीन मूल्यों के प्रति अत्यन्त निष्ठा एवं सजगता से बात कर रहे हैं। जो कारन्त अन्य महत्त्वपूर्ण युवा निर्देशकों की तरह यह कहते थे कि–रंगकर्म बिना नाटक के भी हो सकता है रंगमंच को कन्टेण्ट या नाटककार नहीं चाहिए–वे ही बाद में यह कहते हैं कि–रंगमंच अपने आप में कभी महत्त्वपूर्ण नहीं होता, अच्छा नाटक रंगमंच को प्रेरणा देता है–रंगमंच क्या कर सकता है?

अच्छा नाटक ज्यादा प्रेरणा देता है–तो थोड़ी देर के लिए तो हमारे सोचने-समझने में एक व्यवधान पैदा होता है, लेकिन गम्भीरतापूर्वक विचार करने पर मैंने पाया कि यह कोई अन्तर्विरोध या दुराग्रह नहीं है, बल्कि यह एक रंग-यात्रा के अनुभवों, उसके विकास-सोपान, एक निरन्तर सोच और कार्य के परिणाम, उनकी अभिव्यक्ति है और ये ही रंगमंच, रंगकर्म और निर्देशक के सृजनशील व्यक्तित्व की परख है। यह बिल्कुल उसी तरह है जैसे लोकमंच पर निरन्तर कार्य करने वाले कारन्त दिनमान में लोकमंच को अस्वीकार भी कर रहे थे। वस्तुतः आम आदमी के मुहावरे और लोक नाट्य-शैली का हिन्दी नाट्यलेखन और रंगकर्म पर कुछ ऐसा प्रभाव पड़ा कि लेखन और रंगकर्म की सीमाएँ भी बनने लगीं और एक खतरनाक ठहराव-सा नजर आने लगा। क्योंकि रचना में ठहराव और मात्र प्रतिबद्धता का दृष्टिकोण ही उसकी हत्या करता है, मौलिकता और स्वतन्त्र चिन्तन को कुण्ठित करता है। काव्यधर्मी, उदात्त और समस्त सांस्कृतिक चेतना से गहरे जुड़े साहित्य की उपेक्षा क्यों? यह अनुभव की बात है कि आज भी दर्शक पौराणिक, ऐतिहासिक,

काव्यात्मक, घनी-संवेदना से भरे और जीवन मूल्यों से सम्बद्ध नाटक में जीवन-शक्ति पाता है, केवल राजनीतिक व्यंग्य, लोकधर्मी प्रयोगों से वह ऊब चुका है। मानसिकता बदलने और सम्भावनाओं को बनाये रखने के लिए परिवर्तन और प्रयोग हमेशा जरूरी है।

प्रसाद के नाटकों के सन्दर्भ में कारन्त का यह कथन पर्याप्त है कि उनके नाटकों में अपने को पहचानना ही सबसे मुखर स्वर है। जो प्रसाद को हिन्दुत्ववादी या पारसी थियेटर का कहते हैं, वह एकान्त और संकीर्ण दृष्टि है। प्रसाद के पूरे साहित्य में मूल दृष्टि सांस्कृतिक और संवेदनात्मक है, भारतीय या हिन्दू उसमें केवल माध्यम हैं, क्योंकि सांस्कृतिक चेतना और संवेदनशीलता पैदा करना, नैतिक मूल्यों और मानवीय भावनाओं को उठाना उस समय अनिवार्य था। प्रसाद ने इसके लिए सशक्त माध्यम के रूप में नाटक को चुना। नाट्यविधा के माध्यम से विभिन्न प्रकार के पात्रों की सृष्टि करके, विविध सूक्ष्म भाव स्तरों को चित्रित करके, जटिल मानवीय द्वन्द्व-बाह्य द्वन्द्व एवं अन्तर्द्वन्द्व को, धार्मिक संघर्ष और पारिवारिक एवं राजनीतिक अराजक तत्त्वों को इस प्रकार पूरे ऐतिहासिक, काव्यात्मक, भावात्मक, दार्शनिक और आधुनिक स्तर पर प्रस्तुत किया कि हम सचमुच गहरे रागात्मक सम्बन्ध, उदात्त सांस्कृतिक चेतना और भावों के उत्थान का अनुभव करते हैं, इसलिए उन पर नारेबाजी, वादविशेष, जाति या धर्म विशेष का आरोप लगानेवालों को पहले अपने को ही पहचानना होगा।

प्रसाद नाटक की काव्यात्मक-विशिष्टता और शक्ति से तो परिचित थे, लेकिन न भारतेन्दु की तरह सक्रिय रंगकर्मी थे और न किसी प्रकार का समझौता करने के लिए तैयार थे। इसे हमारे समीक्षकों ने एक मिथ्या अहं और अज्ञान का नाम दे दिया। कारन्त ने प्रसाद के बार-बार दोहराये गये कथन को आज जिस बल और रचनात्मक आग्रह के साथ उठाया है-अर्थात् नाटक के लिए रंगमंच की तलाश और रंगमंच के लिए नाटक नहीं-वह हिन्दी नाट्य साहित्य का पूरा इतिहास तो बदलेगा ही, युवा रंगकर्मियों में पनपी हठवादी, अहंवादी प्रवृत्ति को और विदेशी प्रभावों को झटककर हटाएगा भी।

निश्चय ही हिन्दी प्रदेश में प्रसाद के नाटक नहीं के बराबर होते हैं। एमेच्योर संस्थाएँ प्रसाद के नाटक नहीं उठातीं, जिसका कारण वर्तमान लहर भी है। प्रसाद के नाटकों का कष्टसाध्य, व्ययसाध्य होना भी है और मुख्यत: धीरे-धीरे साहित्य, अपनी भाषा, अपने भारतीय औदात्य मूल्यों, अपनी संस्कृति से हमारा कटते जाना भी है। कारन्त ने सही कहा है कि प्रसाद के नाटक संस्कार चाहते हैं, संवेदनशीलता चाहते हैं, परम्परा से जानकारी और उदात्त भाव-दृष्टि और भाव-सृष्टि चाहते हैं। यह बात जोर देकर कही जा सकती है कि हिन्दी रंगमंच के विकसित चरणों में ही प्रसाद के नाटकों पर एक प्रकार से कटिबद्ध होकर रंगमंचीय शोध किया जा सकता

है और हिन्दी रंगमंच इस तरह अपनी रंगशैली तलाशने में लगा हुआ है कि प्रसाद के नाटक एक नया मोड़ पैदा कर सकते हैं। प्रसाद ने मूल भारतीय दृष्टि रसास्वादन को पकड़ा और आधुनिक द्वन्द्व को भी–वहाँ अनुकरण नहीं है, सारे अध्ययन चिन्तन, अनुभव से एक नये रूप को आकार देने की आस्था है। केवल नाटक के लिए समय रंगमंचीय परिकल्पना नहीं है, इसलिए बिखराव और असंगतियाँ तो हैं ही। पारसी थियेटर के तत्त्व, अभिनय शैली, चामत्कारिक वृत्ति, दरबारी नृत्य, गीत, उत्सव, दृश्ययोजना भी है। कम से कम राज्यश्री, विशाख, कामना, नाटकों में बहुत मूर्त रूप में है। बाद में धीरे-धीरे प्रसाद नाटक और रंगमंच के प्रमुख तत्त्वों पर केन्द्रित होते गये। जैसे रागात्मकता काव्यात्मक लय, दो विरोधी स्थितियों या पात्रों की टकराहट से उत्पन्न होता हुआ तनाव। लेकिन इसके क्रम बहुत टूटते हैं। बार-बार झटके गे टूटते हैं। बहुत बड़ा फलक होने, असंख्य पात्रों के होने, नाटक के अन्तिम भाग में भी किसी नये पात्र की सृष्टि होने–सारी दुनिया को एक ही नाटक में समेट लेने के मोह के कारण बहुत सारे दृश्यों के निरन्तर बदलने के कारण नाटक की एकतानता में, रंगमंचीय अनुभव में बाधा पड़ती है। इसलिए यह उचित ही है कि प्रसाद के नाटकों के लिए विशिष्ट रंगस्थापत्य की कल्पना करनी पड़ेगी। उसके लिए पारसी थियेटर की परदे की स्थूल कल्पना अत्यन्त भोंडी होगी और शेक्सपियर की तरह विभिन्न स्तरों पर दृश्य दिखाने से भी क्रम तो टूटेगा ही, भारतीय आस्वादन तत्त्व में भी बाधा पड़ेगी। प्रोसेनियम मंच की छोटी सीमा में प्रसाद के नाटक का विराटत्व नहीं आ सकता। अगर प्रसाद के नाटकों में न एक प्रकार की शैली हो सकती है, न एक प्रकार का अभिनय, न एक जैसी भाषा, न एक रंगमंच–तो पारसी रंगमंच लोकमंच, भारतीय दृष्टि, पाश्चात्य दृष्टि आदि सारे वैविध्य को समेटकर, घुला-मिलाकर किस प्रकार प्रसाद की एपिक क्वालिटी को सुरक्षित रखा जाएगा और आज के दर्शक की संवेदना उसके अनुकूल बन सकेगी, यह सचमुच एक चुनौती और साहस भरा काम है।

मूल को संरक्षित रखते हुए सहायक तत्त्वों की तलाश क्या रूप लेगी, यह रोमांचक और अपने में सर्जनात्मक अनुभव हो सकता है। यह निर्विवाद है कि प्रसाद के नाटकों में गति–दृश्यबन्ध या उसके परिवर्तन से नहीं आ सकती–वह उनमें निहित तत्त्वों को प्रस्तुति में आने से ही सम्भव है। प्रसाद की भावदृष्टि केवल भावात्मक नहीं है, वह दार्शनिक धरातल पर और आन्तरिक सूत्रों में लिपटी हुई है, जिसमें गीत तो सहयोग देते ही हैं, लेकिन तभी गीतों के सम्पादन, उपयोग और उनकी शक्ति के सार्थक उपयोग का दायित्व भी आता है। प्रसाद के साहित्य और काव्य का उपयोग तो उनके नाट्यप्रदर्शनों में ही हो सकता है, क्योंकि प्रसाद के बहुत से अच्छे गीत कामायनी, झरना, लहर में हैं। इससे और अधिक भाव-विस्तार और

नवीन रमणीयता की सृष्टि हो सकती है।

प्रसाद की भावदृष्टि को एकसूत्र में पिरोने का काम उनके पात्र भी करते हैं। प्रसाद के नाटकों में कभी-कभी यह बात ज्यादा खटकती है कि वे बहुत सुनिश्चित, पूर्व-निर्धारित ढंग से अंक, दृश्यों, पात्रों और कार्यों में विभाजित लगते हैं, अतिरेक के साथ-साथ यह सम-विभाजन और निश्चित क्रमबद्धता भी कृत्रिमता लाती है। आकस्मिकता, कृत्रिमता और दुरूहता से बचते हुए अगर प्रभाव की एकतानता और एपिक क्वाल्टिी लाई जा सकती है तो प्रस्तुतीकरण सही सम्भव होगा। प्रसाद के नाटक जितने सिद्धहस्त संवेदनशील संस्कारयुक्त अभिनेता की माँग करते हैं, उतने ही सृजनशील निर्देशक की भी और सहृदय प्रेक्षक की भी। प्रसाद ने तो कहा ही था कि दुअन्नी-चवन्नी वाले प्रेक्षकों के लिए उनके नाटक नहीं हैं। उन्होंने स्वयं रंगमंच पर सुरक्षित और कुशल अभिनेता तथा मर्मज्ञ सूत्रधार के सहयोग पर बल दिया है। यहाँ तक कि भाषा की सरलता की पुकार पर भी उन्होंने टिप्पणी दी कि अभिनय तो सुरुचिपूर्ण शब्दों को समझाने का काम रंगमंच से अच्छी तरह करता है। देश काल के अनुसार सांस्कृतिक दृष्टि से भाषा में पूर्ण अभिव्यक्ति होनी चाहिए। वह स्वयं हिन्दी रंगमंच की अकाल मृत्यु पर क्षुब्ध थे, लेकिन भारतीय विशेषता के समर्थक. थे।

इतिहास के आधार पर यह लिखा कि काव्यों के अनुसार प्राचीन रंगमंच विकसित हुए और रंगमंचों की नियमानुकूलता मानने के लिए काव्य बाधित नहीं हुए-काव्यों की सुविधा जुटाना रंगमंच का काम है।

रंगमंच ने सुविधानुसार काव्यों के अनुकूल समय-समय पर अपना स्वरूप-परिवर्तन किया है। प्रसाद के नाटकों के पीछे यही दृष्टि है। अभिनय के सम्बन्ध में भी उन्होंने कहा है कि-नाट्यधर्मी अभिनय को देश, काल, पात्र के अनुसार रंगमंच में संगृहीत रहना चाहिए, अपना सब-कुछ छोड़कर नये को नहीं पाया जा सकता। यह प्रसाद का ऐसा पक्ष है, जो आज के रंगकर्म के लिए प्रेरक-स्रोत हो सकता है। कारन्त का ध्यान प्रसाद के इस कथन की ओर पहले से ही केन्द्रित है कि हिन्दी रंगमंच की स्वतन्त्र चेतनता को सजीव रखकर रंगमंच की रक्षा करनी चाहिए। प्रसाद के 'रंगमंच' निबन्ध से उनकी दृष्टि बहुत स्पष्ट हो जाती है। उस निबन्ध में वह अहं कहीं भी नहीं है, जिसे वर्षों तक उद्धृत किया जाता रहा। बल्कि प्रसाद ने नाटक और नाटक की भाषा को ही रंगमंच और अभिनेता के लिए एक चुनौती माना है। जीवन मूल्यों के प्रति संवेदनशीलता, भारतीय संस्कार, समकालीन रंगमंच की चेतना प्रसाद के नाटकों के माध्यम से लगाने में अगर ब. व. कारन्त सफल होते हैं तो हिन्दी रंगमंच साहित्य और समीक्षा की यह एक महत्त्वपूर्ण उपलब्धि है। प्रसाद के नाटक एक पूर्ण विकसित, समृद्ध और चेतन रंगमंच की माँग करते हैं।

एक बात कारन्त जी ने और कही कि अभिनय शैली में प्रादेशिकता या स्थानीयता समाप्त होती जा रही है। इस पक्ष पर खुलकर बात होनी चाहिए। यह सही है कि भारतवर्ष के विभिन्न प्रदेशों-जनपदों की अपनी भाषाएँ-बोलियाँ, लहजा-टोन, लय और अभिव्यक्ति का ढंग है जिसका प्रभाव व्यक्ति के एक्शन, मूवमेंट्स पर पड़ता है। पहली चीज तो यह कि हम आधुनिकता और फैशन के नाम पर खिचड़ी होते जा रहे हैं, प्रादेशिकता और स्थानीयता पिछड़ेपन का प्रतीक मान ली जाती है-अँग्रेजियत ने हमें बहुत असंगत-सा बना दिया है। प्रश्न यह है कि क्या हिन्दी नाटक में प्रादेशिक/स्थानीय प्रभाव अटपटे नहीं लगेंगे? जैसे मैंने जब बाणभट्ट किया तो बंगाली कलाकारों के उच्चारण और अभिनय में बंगालीपन की झलक पर टिप्पणी की गयी। इसी प्रकार भोजपुरी बोली के अभ्यस्त कलाकारों को उनके रंग-ढंग से प्राय: 'भोजपुरिया' या 'गोरखपुरिया' कहा गया। अगर उस स्थानीय स्पर्श या शैली की जरूरत नाटक में या पात्र विशेष में नहीं है तो उसे क्या कहेंगे? हिन्दी प्रदेश में भाषा, बोली, व्यवहार, तरीकों, चाल-ढाल के वैविध्य को देखते हुए हिन्दी रंगमंच पर उसका उपयोग किस रूप में होगा? भोजपुरी बोली में श-स, ण-न का अन्तर नहीं होता, 'ने' कर्त्ता-चिह्न का प्रयोग नहीं होता और उनके बोलने में खास लय-सी, खास तरह की गन्ध होती है जो हिन्दी भाषी लोगों को पिछड़ापन लगता है। इस अंचल के लोगों के हाव-भाव, उठने-बैठने में भी वह कृत्रिम सॉफिस्टीकेशन नहीं होता जो वे स्वयं अपने पर लादे रहते हैं। अभी यह कहना और समझना मुश्किल है कि कारन्त जी अपने कथन या सोच को कितनी दूर तक देख रहे थे। अभिनय शैली में प्रादेशिकता-स्थानीयता की कहाँ तक सीमा है? क्या उपयोग है? यह विचारणीय है।

एक और बात, प्राय: टिप्पणी की जाती है कि प्रसाद के पात्र स्थावर हैं। यह टिप्पणी बड़ी भ्रामक है। स्कन्दगुप्त, विजया, चाणक्य, भटार्क, रामगुप्त, ध्रुवस्वामिनी आदि असंख्य पात्र हैं, जिनमें गति ही गति है, तनाव ही तनाव है। अजातशत्रु की श्यामा, चन्द्रगुप्त की अलका, ध्रुवस्वामिनी की कोमा कितनी जीवन्त पात्र हैं। जिन पात्रों में चरित्र-वैचित्र्य है, संघर्ष है, वहाँ अभिनय के स्तर ही स्तर हैं। मुख्य प्रश्न यह जरूर उठता है कि जो पात्र लोकोत्तर है या आज जो कल्पनातीत है, विलक्षण है-जैसे देवसेना, मल्लिका-उसकी कल्पना और सम्प्रेषण अभिनेता और दर्शक तक कहाँ तक सफल होगी? देवसेना में तो फिर भी असामान्य, दार्शनिक तत्त्वों के साथ मानवीय द्वन्द्व के सूक्ष्मतम सूत्र हैं लेकिन मल्लिका तो शुद्ध अवतार जैसी है-संयमित, शान्त और सबके पात्रों का शमन करनेवाली। ऐसे पात्रों के लिए क्या कल्पना की जाए?

यह प्रतिक्रिया तभी की है जब 'स्कन्दगुप्त' का प्रदर्शन कारन्त के निर्देशन

में भोपाल में हुआ था। 'कलावार्ता' में यह टिप्पणी प्रकाशित हुई थी और कारन्त के नाम लिखी मेरी चिट्ठी भी। उसके बाद से आज तक के लम्बे दौर में प्रसाद के नाटकों के रंगमंच पर पर्याप्त 'समग्र सामग्री' आ चुकी है, नयी समीक्षा-दृष्टि से प्रसाद के नाटकों का मूल्यांकन हो चुका है, विशेषकर 'स्कन्दगुप्त' पर कई रंग-विशेषज्ञों के विचार आ चुके हैं फिर भी मैं इस प्रतिक्रिया को देना जरूरी समझ रही हूँ क्योंकि इसमें कुछ भिन्न सन्दर्भ-संकेत भी हैं। जाहिर है कि बहुत से बिन्दु आज स्पष्ट हुए हैं-वह भी कारन्त के रंग-प्रयोग और 'स्कन्दगुप्त' के अनुभव प्रसाद को अधिक सहज, संवेदनात्मक, समकालीन बनाने में, उसके महाकाव्यत्व को उभारने में अधिक महत्त्वपूर्ण हैं। प्रसाद के नाटक एक 'निरन्तर खोज' हैं-वह भी रंगमंच की दृष्टि से। क्योंकि रंगमंच में कभी अन्त नहीं। बातें निकलती रहती हैं-चाहिए भी। इस माने में 'स्कन्दगुप्त' के सम्पादनों, संशोधनों, मंचनों ने एक इतिहास दृष्टि, एक मौलिक रंग-दृष्टि दी है, साथ ही उन पर अनेक प्रकार से विचार करने की समीक्षा-दृष्टि भी। मेरा उद्देश्य 'स्कन्दगुप्त' पर समीक्षा या आलेख लिखने का नहीं बल्कि प्रसाद के नाटकों के मंचन से आनेवाले नये विचार, नयी अन्तर्दृष्टियों के आविष्कार, रंग-चिन्तन के नये स्तरों के उभारने में और संवाद-हीनता, जड़ता, भ्रमों, पूर्वाग्रह-ग्रस्त आलोचना को अतिरिक्त साहित्यिकता के दबाव को ताजगी में बदलने का है। हमें प्रसाद को निश्चित फ्रेम से, मोहान्धकार से बाहर निकलकर देखने की स्वतन्त्रता लेनी चाहिए। प्रसाद ने अपने समय की अपेक्षाओं को समझकर रंगमंच के स्वरूप को पहचानते हुए, नये समकालीन संकेत कथ्य में, चरित्रों में, रंगशिल्प और भाषा में दिये। 'स्कन्दगुप्त' अत्यन्त संघर्ष-प्रधान नाटक है-संघर्ष की लम्बी प्रक्रिया का नाटक है। कारन्त भी प्रसाद को ही खोजने और प्रस्तुत करने में लगे रहे, संघर्ष की-बाह्य और आन्तरिक दोनों की-उस लम्बी प्रक्रिया को अभी चरितार्थ नहीं कर पाये थे। जो बाह्य-आन्तरिक तनाव, चरित्रों, दृश्यों, भाषा में, संवादों में, अभिनय और क्रियाओं में इस नाटक का सौन्दर्य है, वह अपनी समग्रता में, सूक्ष्म संवेदना और जटिलताओं के साथ नहीं आ सका। 'स्कन्दगुप्त' की प्रासंगिकता भी बहुत प्रखर होकर नहीं आयी। निश्चय ही 'स्कन्दगुप्त' में बिखराव है, भावान्विति की कमी है। लेकिन पारिवारिक, राजनैतिक, धार्मिक, सामाजिक और वैयक्तिक संघर्षपरकता का प्रभावशाली, सार्थक, सशक्त रूप नहीं उभरा था क्योंकि जितना ध्यान निर्देशक का राष्ट्रीय पक्ष पर चला जाता है उतना 'सामूहिक संघर्ष-चेतना के स्वरों' को प्रस्तुत करने पर नहीं विशेषकर वैयक्तिक द्वन्द्व और वैचित्र्य का अभिनय प्रसाद के नाटकों में सबसे बड़ी चुनौती है। कारन्त या तो शास्त्रीय और लोक-परम्पराओं के पात्रों की सुन्दर अभिनय-शैली निकाल पाये-जैसे मुद्गल, प्रपंचबुद्धि, या गौण पात्रों की क्षिप्रता, क्रियात्मकता जैसे शर्वनाग, रामा, गोविन्दगुप्त आदि, या

वैषम्य स्वरों के पात्रों की तीव्रता, जैसे अनन्तदेवी, भटार्क, विजया आदि क्योंकि ये क्रियाओं के, मुद्राओं और गतियों के चरित्र बनाये जा सके लेकिन कठिनाई स्कन्दगुप्त और देवसेना जैसे पात्रों के अभिनय में, व्यक्तित्व में, उस 'प्रसादमय' किन्तु आधुनिक मानवीय चरित्र को दर्शक-मानस तक पहुँचाने में नजर आ रही थी, एक तो हिन्दी में प्रसाद के स्कन्दगुप्त, चन्द्रगुप्त-व्यक्तित्व की गरिमा और भाषा के काव्य के साथ-आन्तरिक सूक्ष्म संवेदना के, आज के द्वन्द्व के चरमोत्कर्ष के सामंजस्य के कुशल अभिनेता मिलते नहीं। देवसेना जैसे अन्तर्मुखी पात्र तो बिल्कुल ही प्रभावित नहीं कर पाते-वहाँ अभिनय, गहन संवेदना की, साहित्य और भाषा की बड़ी समझ और अनुभूति चाहिए-भारतीय अभिनय-शैली में प्रशिक्षण, संस्कार और विश्वास चाहिए। विजया और देवसेना के विरोधी स्वर उनके प्रणय-प्रसंग, उनकी सूक्ष्म संवेदना शब्दों के धरातल तक सीमित रह गयी अन्यथा वह बहुत सुन्दर दृश्य है। नाटक में स्कन्दगुप्त, देवसेना, विजया के प्रेम-प्रसंग इतने सूक्ष्म, क्षिप्र, तीव्र और व्यंजक हैं-सांकेतिक कि रंगमंच जैसे दृश्य माध्यम के विस्तार और दर्शक से दूरी के होते हुए भी अभिनेता के अभिनय की विलक्षणता और निर्देशक के प्रशिक्षण, कल्पना-शक्ति, सृजन का प्रमाण है। प्रेम की व्यंजना बहुत कम समय में अति चमत्कृत ढंग से कराने की कला प्रसाद मर्यादा और अप्रत्यक्ष अभिव्यक्ति के रूप में तलाश रहे थे, जो निर्देशक, अभिनेता उस अबूझ सौन्दर्य को पकड़ लेगा, वही चरित्र अभिनय, रंगभाषा को साकार कर देगा। मात्र शब्द, संवाद वहाँ कुछ भी नहीं हैं। निश्चय ही यह अभिनेताओं की कमी है। लगातार भाषा, काव्य, आन्तरिक संवेदना में दक्ष, सुसंस्कृत होते जाते अभिनेता ही, प्रसाद से रागात्मक रिश्ता, भाषा से लगाव वाले अभिनेता ही चमत्कृत सृष्टि कर सकते हैं। 'स्कन्दगुप्त' में प्रसाद बदलाव की प्रक्रिया से भी गुजर रहे हैं। वह शास्त्रीय परम्परा के 'नायकत्व' की नयी कल्पना, रचना करते दीखते हैं इसलिए स्कन्दगुप्त का अभिनय सबसे जटिल है। अलग-अलग प्रकार की मनःस्थितियाँ हैं। 'अधिकार सुख कितना मादक और सारहीन है' भी है और सैनिक कर्म से वह राष्ट्र-संग्राम में भी कूदता है, लोकजागरण भी करता है और प्रेम-प्रसंगों में भी वैचित्र्य-पूर्ण धरातलों को छूता है। 'अन्तरंग दृश्यों' का भी नाटक है यह। निर्देशक की सारी क्षमता, कल्पना, शक्ति बहिरंग दृश्यों की रचना और अभ्यास में ही लग जाती है।

'स्कन्दगुप्त' नाटक में दृश्यों का, रंगस्थापत्य और प्रसाद के मंच-विधान पर कारन्त की सोच, उनका रंगकार्य बहुत उत्प्रेरक है। उन्होंने स्थल को, खुलेपन को, प्राकृतिक परिवेश को, संगीत को महत्त्व दिया-दृश्य एक दूसरे में घुलते-मिलते, एक लय बनाते हुए। कृत्रिम थियेट्रिकल प्रभाव 'स्कन्दगुप्त' में नहीं चाहिए। राम गोपाल बजाज, शान्ता गाँधी के सम्पादित संस्करणों से भी 'स्कन्दगुप्त' के अर्थ, उसके

प्रस्तुतीकरण पक्ष उजागर हुए। दरअसल प्रसाद के नाटकों में जो मानवीय पक्ष, मानवीय सम्बन्धों की अन्तरंगता, संवेदना, जो अनुभूति है उसे पहचानने और सम्प्रेषित करने की भी अपेक्षा है। साथ ही हर बार 'स्कन्दगुप्त' को आधुनिक बदलते व्यापक परिप्रेक्ष्य में देखने-प्रस्तुत करने की जरूरत है। यही नहीं इस नाटक में स्वयं स्कन्दगुप्त के स्वगत अभिनेता के लिए चुनौती है। जरा-सी भी असावधानी या कौशल के अभाव में सचमुच वह इस संघर्षशील कर्मठ पात्र को 'देवदास' या दार्शनिक बना देगा। अभिनय की दृष्टि से यह पात्र बहुत लम्बी प्रक्रिया का, अध्ययन अनुभव, चिन्तन और अभिव्यंजना-शक्ति की, लय-वैचित्र्य की माँग करता है। 'हैमलेट' की तरह यह अनेकस्तरीय चरित्र है जिसकी खोज अभी बाकी है। स्कन्दगुप्त के भीतर ही भीतर गम्भीर, मानवीय संघर्ष छिड़ा है-वह प्रश्नों से जूझ रहा है, व्यक्तित्व प्राप्ति, राष्ट्र-लक्ष्य, प्रेम सभी स्तरों पर उसकी असफलताएँ सघन हैं। क्या हम प्रेम के उस 'सम्मोहन', 'काव्य की उस अन्तरंगता' दुर्घर्ष संघर्ष की भीतरी तीव्रता के क्षणों को, उसके मानवीय, साधारण मनुष्य-रूप को, ऊर्जा और वेदना, प्रेम और पीड़ा के क्षणों को प्रत्यक्ष कर पाये हैं? निश्चय ही कवि शमशेर के अनुसार, बहुत से सहृदय दर्शकों के अनुसार 'कारन्त ने प्रसाद को सजीव किया और असम्भव को सम्भव कर दिखाया।' इस रचनात्मक रंगकर्म का निरन्तर अन्वेषण ही सम्भवतः प्रसाद के नाटकों के सूक्ष्म अर्थ खोलेगा।

प्रसाद के नाटकों से हिन्दी नाटक और रंगमंच की पहचान उसी तरह बन जानी चाहिए थी, जिस तरह कालिदास, शेक्सपियर, ब्रेष्त से संस्कृत, अँग्रेजी, जर्मन नाटक और रंगमंच की पहचान बनी हुई है। दो तीन बातें बहुत स्पष्ट हैं-एक, प्रसाद के नाटक सहसा किसी उत्साहवश नहीं किये जा सकते। उनके लिए निश्चित समय, सुविचार, सुनियोजित व्यवस्था, हृदय और मस्तिष्क का सन्तुलन, संवेदनापूर्ण वातावरण और व्यापक दृष्टि अपेक्षित है। दूसरे प्रत्येक दल, शौकिया या प्रशिक्षित उनके नाटकों की सार्थक, सर्जनात्मक प्रस्तुति नहीं कर सकता, इसलिए नहीं कि उनकी भाषा जटिल है, या काव्य-बोझिल है, या दर्शन भरा है बल्कि इसलिए कि उनके नाटकों की प्रस्तुति के लिए जिस आन्तरिक प्रशिक्षण, भावनात्मक संस्कार और व्यक्तित्व की अपेक्षा है, उसकी हमारे रंगकर्म में कमी है। प्रसाद के नाटक वैसा ही पूर्ण सुसंस्कृत, अपने-अपने कार्य में निपुण नाट्यदल माँगते हैं जिसका वर्णन हमें भरतमुनि के नाट्यशास्त्र में मिलता है। नृत्य, नाट्य, संगीत, काव्य और ललित कलाओं का एक प्रशिक्षित और भारतीय समूह। अन्यथा हम प्रसाद के नाटकों के दृश्यों को ही पकड़ पाएँगे आत्मा को नहीं। मेरी यह निश्चित धारणा है कि प्रसाद की नाट्यप्रस्तुति में चरित्र को प्रधानता दी जानी चाहिए, रंगशिल्प को नहीं। भारतीय दृष्टि से उनके नाटक अभिनेता और अभिनय-कला एवं व्यक्तित्व-सम्पन्नता की

माँग करते हैं, शिल्पगत कौशल की नहीं। प्रसाद का रंगमंच अभिनेता का रंगमंच है। अभिनेता को प्रतिष्ठित करने में प्रसाद के नाटकों की बहुत सारी समस्याओं का स्वतः समाधान मिल सकता है। संवेदन तत्त्व और अन्तर्जगत को हम जितनी सूक्ष्मता, तन्मयता से साकार कर पाएँगे, प्रसाद उतने ही सफल होंगे। प्रसाद घटना और शिल्प के रचनाकार हैं ही नहीं उनकी घटनाएँ हैं भी तो कहानी नहीं कहतीं, पात्रों के अन्तस्तल को प्रभावित करती और उसकी आन्तरिक उथल-पुथल और तनाव से स्वयं अपने को तोलती चलती हैं यह बात अवश्य ध्यान आकृष्ट करती है कि प्रसाद के प्रत्येक नाटक में नाटकीयता की सृष्टि विरोधी चरित्रों की, स्थितियों की, बहिर्द्वन्द्व और अन्तर्द्वन्द्व की टकराहट से ही जन्म लेती है–सारा नाटकीय तनाव अपने आप बनता जाता है--अगर निर्देशक और अभिनेता ने उसकी नब्ज और लय को पकड़ लिया है, तो यहाँ भी अभिनेता ही सजीव होता है, स्टेजक्रॉफ्ट नहीं।

प्रसाद के नाटकों में भारतीय रंग-परिकल्पना, रंग स्थापत्य अन्तर्निहित है 'वह मूलतः अनुमानाश्रित है।' प्रतीक, काव्य और भाषा उनके नाटकों को ऐसा प्राणतत्त्व है, जिसके भीतर से नाटक की कल्पना की जा सकती है। प्रसाद के एक-एक नाटक पर कई-कई प्रयोग हों। लन्दन में रॉयल शेक्सपियर थियेटर में मैंने शेक्सपियर के 'एज यू लाइक इट' नाटक के एक ही दिन में दो निर्देशकों के दो प्रयोग देखे। यह क्रम वहाँ निरन्तर चलता है। बड़े संस्थानों को 'प्रसाद रंगमंच' या 'प्रसाद रंगशाला' की स्थापना करना चाहिए और प्रसाद के नाटकों पर विभिन्न प्रयोगों की निरन्तरता और बहसों से एक रचनात्मक स्थिति को स्थायित्व देना चाहिए। इसके लिए सुनियोजित आन्दोलन की तरह नाटककार, रंगकर्मी, साहित्य समीक्षक, नाट्य समीक्षक, और दर्शक सबका शामिल होना अनिवार्य है। प्रसाद की कल्पना का उन्नत हिन्दी रंगमंच उनके नाटकों में छिपा हुआ है।

जयशंकर प्रसाद के नाटक–'स्कन्दगुप्त', 'चन्द्रगुप्त' और 'ध्रुवस्वामिनी'– हिन्दी नाट्य साहित्य में एक नया अध्याय खोलते हैं और बार-बार विचार, मूल्यांकन और मंचन की चुनौतियों के साथ हमारे सामने खड़े होते हैं। प्रसाद ने समस्त परम्पराओं, दर्शन, चिन्तन, शास्त्र और भारतीय संस्कृति को आत्मसात करते हुए अपने व्यक्तित्व की निजी विशेषताओं और आधुनिक युग की चुनौतियों के साथ नाट्यरचना की। हम उन्हें केवल अतीतजीवी आभिजात्य के दार्शनिक, भावुक, पलायनवादी कवि नहीं कह सकते। कामायनी, प्रलय की छाया, स्कन्दगुप्त, आकाशदीप, पुरस्कार, कंकाल, तितली, सालवती सबमें वह आपने ही प्रश्नों को, चरित्रों के वैचित्र्य, भाषात्मक संरचना, आधुनिक द्वन्द्व को तलाश रहे थे। शाश्वत मानवीय मूल्यों के

रचनाकार प्रसाद मनुष्य को उसकी समग्रता में खोज रहे थे–मनुष्य को बाहर भीतर दोनों तलाश रहे थे। भारतेन्दु और निराला की तरह उनके सामने भी प्रश्न उस समय मनुष्यता की रक्षा का, भारतीय सांस्कृतिक चेतना के जागरण का था। उनके नाटकों में युद्ध और आक्रमण बाहरी ही नहीं हैं, आन्तरिक, मानवीय सम्बन्धों की टूटती-बनती परिभाषाओं पर, भारतीयता पर और भारतीय जनमानस के आत्मविश्वास और राष्ट्रीय चरित्र पर भी हैं। आज का दौर भी जिस संक्रमण, विघटन, तीव्र बदलावों और यान्त्रिकता का, उपभोक्तावादी, संस्कृति और व्यावसायिक प्रवृत्तियों की जकड़न का है, 'चन्द्रगुप्त' भारतीय प्रसुप्त मानसिकता को 'जागो फिर एक बार' की तरह कई-कई स्तरों पर सचेत करता है, लुप्त होती हुई मनुष्यता और खण्ड-खण्ड विभाजित होते राष्ट्र में पनपती जीवन-संघाती प्रवृत्तियों के बीच मानव-कल्याण जीवन-शक्ति, संवेदना और अखण्डता की प्रेरणा देता है। 'चन्द्रगुप्त' विराट जीवन-सत्य की खोज के लिए उद्‌बुध करता है और उस अर्थ में समकालीन दृष्टि से साहित्य की सार्थकता का, साहित्यकार के व्यक्तित्व और लक्ष्य का अनुसन्धान भी करता है। 'कर्म का भोग, भोग का कर्म' कहकर प्रसाद 'कामायनी' में पश्चिम की भोगवादी संस्कृति पर भी गहरी चोट करते हैं और नियतिवाद में गहरी निष्ठा होते हुए भी 'नियति सम्राटों से भी प्रबल है' कहते हैं पर पूरे साहित्य में महत्त्व कर्म और कर्मठता को देते हैं। यह कर्म गीता-दर्शन है। 'चन्द्रगुप्त' तो कर्मस्थल है जहाँ प्राचीनता और यान्त्रिक सभ्यता को, अमानवीय पक्षों और रूढ़ियों, अन्धविश्वासों की जकड़न को प्रसाद स्वीकार नहीं करते बल्कि जकड़न से मुक्ति के प्रयास में संघर्षशील रहते हैं। प्रसाद 'चन्द्रगुप्त' में संस्कृतियों की टकराहट के बीच राष्ट्रीय चेतना की व्यापक अवधारणा देते हैं जिसमें जनमानस भी अनिवार्य अंग है, उसकी आशाएँ-आकांक्षाएँ संघर्ष और विक्षोभ की प्रतिध्वनियाँ हैं जिन्हें पहचानने की आवश्यकता है।

प्रसाद के व्यक्तित्व के मूलाधार भारतीय उपनिषद, शैवदर्शन का आनन्दवाद, बौद्धों की करुणा, अद्वैतवाद, इतिहास के गौरवशाली पृष्ठ, भारतीय चरित्र और विश्व-सन्दर्भ में निरन्तर एक चिन्तन और गहन संवेदना है। प्राचीन भारतीय वाङ्मय के धनी रचनाकार प्रसाद अपने व्यक्तित्व के इसी विराटत्व और आत्म-सजगता के कारण अपने चिन्तन, संवेदना, भाषा, नाट्यकला सबमें निरन्तर अन्वेषण करते और नए मूल्य प्रतिष्ठित करते हुए दीखते हैं। 'स्कन्दगुप्त' और 'चन्द्रगुप्त' नाटकों में-विशेषकर 'चन्द्रगुप्त' में करुण अवसाद के ऊपर विलक्षण ओज की सृष्टि प्रसाद ही कर सकते हैं। उस समय अधिकांश नाटक पौराणिक कथानकों पर आधारित थे। प्रसाद ने इतिहास को मुख्यतः चुना। स्वयं इतिहास-सम्बन्धी शोध, अन्वेषण से एक ओर उन्होंने ब्रिटिश दासता के युग में भारत का समृद्ध सच्चा राजनीतिक, सांस्कृतिक इतिहास प्रस्तुत किया, दूसरी ओर इतिहास का पुनःसंस्कार, साहित्य में पुनःसृजन किया, अतीत के

इतिहास और व्यक्तित्वों को अपनी कल्पना शक्ति और सर्जनात्मकता से आधुनिक सन्दर्भों में प्रासंगिक बनाया साथ ही उस आर्य संस्कृति की विराटता और उदात्त सौन्दर्य से विश्व के समक्ष ऐसा नाट्य साहित्य, चरित्र और सांस्कृतिक गरिमा खड़ी की जिसकी अनन्त छुपी सम्भावनाएँ आज भी रंगमंच और नाट्यसमीक्षा में तलाशी जानी हैं। काव्य के सम्बन्ध में उनकी अपनी कसौटी है जो एकदम अलग है–'काव्य आत्मा की संकल्पात्मक अनुभूति है जिसका सम्बन्ध विश्लेषण, विकल्प या विज्ञान से नहीं है, वह एक श्रेयमयी प्रेम रचनात्मक ज्ञान धारा है।' प्रसाद का यही साहित्यिक दृष्टिकोण और परिष्कृत भावना 'चन्द्रगुप्त' में है। 'वह एक द्रष्टा कवि का सुन्दर दर्शन है।' भारतीय संस्कृति की आध्यात्मिकता के वह विरोधी नहीं हैं। 'चन्द्रगुप्त' का ऋषि दाण्ड्यायन आध्यात्मिकता के बल पर ही विजेता सिकन्दर को सावधान करता है कि देखो भारत का भावी सम्राट सामने खड़ा है। जीवन-दर्शन की उदात्तता भी विदेशियों को पराभूत करती है। लेकिन प्रसाद अतीतजीवी नहीं हैं अपने समय के यथार्थ से, सामाजिक-सांस्कृतिक-राजनीतिक-धार्मिक को पूर्ण सजग दृष्टि से देख रहे थे। युगबोध और समसामयिक सन्दर्भों ने उन्हें नयी, पैनी और व्यापक दृष्टि दी। प्रसाद का रचना-काल वस्तुतः चतुर्दिक क्रान्ति का, उथल-पुथल का काल था–यह राष्ट्रीय आन्दोलन का युग था। गाँधीवादी जीवन-दर्शन, उनके स्वतन्त्रता-आन्दोलन से जनमी जन-शक्ति और परिवर्तनों को, और युग की आवश्यकता को पकड़ते हुए 'चन्द्रगुप्त' में पराधीन देश से मुक्ति और संघर्ष की इच्छा ही राष्ट्रीय भावना की प्रबल अभिव्यक्ति है। यह राष्ट्रीयता न संकीर्ण है, न ही पश्चिम के उग्र राष्ट्रवाद जैसी है, बल्कि वह युगीन परिप्रेक्ष्य में धीरे-धीरे बनती है–नाटककार सजीव और प्रेरक प्रसंगों की उद्‌भावना करता है। असहयोग आन्दोलन की असफलता और साइमन कमीशन का विरोध करते हुए लाला लाजपतराय की मृत्यु ने प्रसाद को भारतीय सांस्कृतिक जागरण, आत्मसम्मान और राष्ट्रीय चेतना की सघन अभिव्यक्ति के लिए प्रेरित किया। चन्द्रगुप्त जैसा नायक नन्द जैसे कठोर शासक से प्रजा को मुक्ति दिलाता है। चाणक्य का लक्ष्य अखण्ड आर्यावर्त है उसे वह राजनीतिक कुचक्रों, छल-प्रपंच से नहीं, अपनी बुद्धि, संकल्प, कर्मठता, कूटनीतिक कौशल और राष्ट्र के प्रति निष्ठा एवं सोद्देश्यता से प्राप्त करता है। वर्तमान खण्डित स्थितियों, दुरभिसन्धियो में, नितान्त व्यक्तिगत महत्त्वाकांक्षाओं से जन्मे वैयक्तिक द्वेष में, भयानक आतंक के वातावरण में 'चन्द्रगुप्त' प्रतिगामी शक्तियों और तत्त्वों के प्रति सचेत और सक्रिय करता है। 'चन्द्रगुप्त' नाटक में प्रसाद उन बाधक तत्त्वों की ओर सीधे संकेत करते हैं और उन्हें पूरे कथानक में विकसित करते हैं जो वर्तमान समय में राष्ट्रीयता और सामाजिक समानता को बाधित करते हैं अर्थात् साम्प्रदायिक संघर्ष, क्षेत्रवाद, प्रान्तीयता का तनाव और भेद-दृष्टि, जाति-भेद, ब्राह्मण-बौद्ध संघर्ष,

एकजुटता का अभाव, स्त्री-पुरुष के बीच असमानता और मानवीय सम्बन्धों, मूल्यों का विखण्डन, बाहरी आक्रमण, राजनीतिक अस्थिरता किसी भी देश को खोखला कर देते हैं, विवेकहीन बना देते हैं। 'सच है बौद्ध अमात्य, परन्तु यवन आक्रमणकारी बौद्ध और ब्राह्मण का भेद नहीं रखेंगे।' नन्द की सभा में चाणक्य का राक्षस से यह कथन स्पष्ट करता है कि आक्रान्ता हिन्दू-मुस्लिम का अन्तर नहीं करता। 'चन्द्रगुप्त' में वर्तमान भारत और विश्व की सारी विघटित स्थितियाँ हैं-सम्प्रदायवाद, अलगाव, आक्रमण, विस्फोट, अमानुषिकता, राष्ट्र की केंद्रीय शक्ति की अस्थिरता, जन-समाज में पनपता असन्तोष बिखराव, विद्रोह की चिनगारी आदि! देश की अराजकतापूर्ण कमजोर स्थिति का ही लाभ उठाकर विदेशी आक्रमण करता है। वैसे सिकन्दर का आक्रमण सुनियोजित और भारत के विजय के स्वप्न से जुड़ा है और वह भी यहाँ की वीरता और सांस्कृतिक उदात्तता से प्रभावित होकर जाता है-' ...मैं तलवार खींचे हुए आया था, हृदय देकर जाता हूँ, विस्मय विमुग्ध हूँ।' विदेशी आक्रान्ता से प्रशस्तिगान प्रसाद की राष्ट्रीयता और सांस्कृतिक चेतना का स्वर है। प्रसाद एक प्रकार से अपनी आशावादी और प्रवृत्तिमूलक दृष्टि से हमेशा भारतीय जीवन के पुनर्गठन और आधुनिकता के प्रबल स्वर के साथ विराट, समग्र आर्यावर्त की चिन्ता करते दीखते हैं।

भारतीय अस्मिता की खोज, नारी व्यक्तित्व की स्वतन्त्रता की तेजस्विता और प्रकृति के कण-कण, उसके नैसर्गिक सौन्दर्य के साथ-साथ मानवीय भावनाओं और अन्तर्जगत का विस्तार इस नाटक को अनन्त सौन्दर्यानुभूति से भरता है। एक ओर कार्नेलिया कहती है कि 'और देश तो मनुष्यों की जन्मभूमि हैं, भारत मानवता की जन्मभूमि है' और उसका गीत 'अरुण यह मधुमय देश हमारा' समग्र विश्व को एकसूत्रता में बाँधता है। कल्याणी को भी इस शान्त, स्निग्ध भूमि में भारतीयता और मनुष्यता की खोज हो जाती है। शिवत्व की यह प्राप्ति 'चन्द्रगुप्त' नाटक की सांस्कृतिक उपलब्धि है। इस वैशिष्ट्य को अलका अपने ओजस्वी व्यक्तित्व, नवजागरण की चेतना और 'हिमाद्रि तुंग शृंग से...' गीत से राष्ट्रीय उद्बोधन का स्वर भारतीय स्वतन्त्रता-संग्राम में नारी शक्ति की प्रत्यक्ष भागीदारी द्वारा परतन्त्रता से मुक्ति-संघर्ष, जिजीविषा और जनता की नारी चेतना की अदम्य इच्छाशक्ति को उजागर करता है बल्कि यह क्रान्ति का उद्बोधन बन जाता है जो युग की विश्वव्यापी माँग बन जाता है। अलका का जागरण गीत उत्साह और देशानुरागपूर्ण नेतृत्व की शक्ति का प्रतीक है जो आज के नारी विमर्श से बहुत आगे है और शब्दों, बहसों के स्थान पर कर्म को प्रतिष्ठित करता है। दर्शन किस प्रकार युगानुकूल और व्यावहारिक दृष्टि, नवचेतना, स्वतन्त्र मानवीय मनोजगत का विस्तार करता है, यह प्रसाद के व्यक्तित्व से ही जाना जा सकता है। किस प्रकार वह अपने व्यक्तित्व

का प्रक्षेप बेहद तटस्थ होकर और उसे व्यापक मानवीय अर्थ देकर अभिव्यक्त करते हैं। उनमें कुछ भी टुकड़े-टुकड़े करके देखना बेमानी है। भारतीय जीवन के पुनःसंगठन की चुनौतियाँ उनके सामने थीं, चाणक्य और चन्द्रगुप्त के सामने थीं। हम प्रसाद या 'चन्द्रगुप्त' नाटक को मात्र सामाजिक-सांस्कृतिक उन्नयन की परिभाषा में सीमित नहीं कर सकते। राजनीतिक-सामाजिक वातावरण के साथ-साथ सारा परिवर्तित साहित्यिक वातावरण था, अँग्रेजी कवियों की रचनाएँ, पश्चिम की विचारधाराएँ तीव्र प्रभाव डाल रही थीं। हिन्दी कवि शेली, कीट्स, वर्ड्सवर्थ आदि को पढ़ रहे थे तो रूसो, वाल्टेयर के मतों को भी ग्रहण कर रहे थे। प्रसाद, पन्त, निराला, महादेवी वर्मा में भी कविता को, भाषा को भाव और कला की उन्मुक्त, और अत्यधिक सूक्ष्म जटिल भंगिमाएँ देने की आकुलता खुलकर सामने आयी। छायावाद और उत्तरयुद्धकालीन अँग्रेजी कविता दोनों की प्रतिध्वनियाँ, नये युग की माँग, अनुशासन के जकड़न से मुक्ति की सार्थक कोशिश, मनुष्य की कोमल, सूक्ष्म भावनाओं का 'अनुभूतिमय आत्मस्पर्श' कविता के साथ-साथ नाटकों में भी प्रत्यक्ष शक्ति, दृश्यात्मक सौन्दर्य बनकर उजागर होता दीखा। प्रसाद के 'यथार्थवाद और छायावाद' निबन्ध और नाटक, रंगमंच पर उनके निबन्धों से बहुत-सी सम्भावनाओं को तलाशा जा सकता है।

प्रसाद काल में बांग्ला के द्विजेन्द्रलाल राय के ऐतिहासिक नाटक विशेषकर उनका 'चन्द्रगुप्त' बहुत प्रसिद्ध था। प्रसाद विशाख के 'मुद्राराक्षस' और डी. एल. राय के 'चन्द्रगुप्त' दोनों से बहुत प्रभावित थे यद्यपि डी. एल. राय में कथानक, घटनाओं की और बंगाल के रंगमंच के विकास की चिन्ता अधिक थी, प्रसाद के पूरे साहित्य में घटनाएँ प्रधान नहीं रहीं-नाटक में भी वह मुख्यतः चरित्रों की द्वन्द्वात्मकता, अन्तर्जगत, साहित्य, भाषा से और रंगमंच न होते हुए भी भारतीय नाट्य-परम्परा को मूर्त करने में जूझ रहे थे। साथ ही भारतीय एवं पाश्चात्य नाट्य सिद्धान्तों के भीतर से हिन्दी की नाट्यकला का स्वरूप निर्धारित कर रहे थे। हिन्दी नाट्यकला के लिए भारतीय और पाश्चात्य तत्त्वों का समन्वय हमें 'चन्द्रगुप्त' में भी मिलता है? उसमें आधिकारिक कथा और प्रासंगिक दोनों हैं यद्यपि कई उपकथाएँ और पात्र मुख्य कथा-प्रवाह को अवरुद्ध करते हैं क्योंकि कई गौण प्रसंगों का अधिक विस्तार हो गया है। अनेक कारणों से 'चन्द्रगुप्त' की वस्तु योजना बहुत शिथिल हो गयी है। कथानक में सात कथा-सूत्र होने से जटिलताएँ, उलझाव पैदा हुआ है। अन्य नाटकों की तरह 'चन्द्रगुप्त' में भी भारतीय नाटक का प्राण-तत्त्व रस भी है, पात्रों से रस सिद्धान्त के अनुसार साधारणीकरण भी हो जाता है और पाश्चात्य नाट्य सिद्धान्त उनमें व्यक्ति-वैचित्र्य और मनोविज्ञान की दृष्टि से द्वन्द्व-चेतना भी उन पात्रों को मानवीय बनाती है। यद्यपि 'चन्द्रगुप्त' में इतनी आकस्मिक स्थितियाँ आती हैं और

जीवन और युग का कठोर संघर्ष इतना प्रबल है कि उद्देश्य-सिद्धि और रस परिपाक दोनों का सामंजस्य चुनौती बन जाता है। इस दृष्टि से नाट्यगीत, संगीत भारतीय पद्धति को सामने लाता है। इस गीत-संगीत से नाटक में नाटकीय स्थिति, पात्र की मन:स्थिति की अभिव्यंजना, संघर्ष और चेतना, रस-निष्पत्ति सब में प्रसाद सहयोग ले लेते हैं। यह उनका नाट्य कौशल है। 'चन्द्रगुप्त', 'स्कन्दगुप्त', 'ध्रुवस्वामिनी' में इसीलिए हम लोकोत्तर आनन्द और ट्रैजेडी एक साथ अनुभव कर लेते हैं। 'प्रसादान्त' भी नाटक के अन्त की नयी मौलिक परिकल्पना है-सुखान्त दुखान्त का सम रूप। करुणा, त्याग, मंगलभावना से युक्त इस अन्त की कल्पना प्रसाद की एकान्त भावना है।

'चन्द्रगुप्त' में इतनी हत्याएँ, आत्महत्याएँ, युद्ध, मृत्यु के दृश्य हैं कि भारतीय दृष्टि से वे वर्जित हैं। भारतीय दर्शन आत्महत्या को तो पाप मानता है पर 'चन्द्रगुप्त' उनसे भरा हुआ है। शेक्सपियर के नाटकों में ऐसे दृश्यों की बहुलता है। इसे पश्चिम के प्रभाव के रूप में देखा जा सकता है-दरअसल यह समय नये परिवर्तनों का और हिन्दी नाट्यकला का अपना स्वरूप तलाशने और गढ़ने का था जिसे क्रमश: विकसित होता हुआ देखा जा सकता है। भारतीय पुनर्जागरण की विशेष प्रवृत्ति के रूप में उनकी नाट्यकला को देखना चाहिए। ज्यादा महत्त्वपूर्ण और कठिन दायित्व है नये मानदण्डों की आगामी सम्भावनाओं को उजागर करना। नाट्यविधान, पात्रों के स्वतन्त्र व्यक्तित्व, नाट्यभाषा की मौलिकता, संगीत को सौन्दर्य, गीतों की काव्यात्मक, लाक्षणिक श्रेष्ठता, रंगमंच पर गहरी पकड़ और भारतीय शास्त्रीय नाट्यपरम्परा एवं संस्कृत नाटक और मंच का अध्ययन, उनका कवि और समृद्ध व्यक्तित्व नाट्यकला को कई आयाम देता है।

'चन्द्रगुप्त' जैसे क्लासिक नाटक के कथ्य और स्वरूप को चरित्रों की विशिष्टता और वैचित्र्य से रचा है। 'चन्द्रगुप्त' नाटक में कर्मयोग की उदासीनता नहीं है, कर्म की कठोरता है। यहाँ आन्तरिक चेतना और बाह्य चेतना के बीच बड़ा गहरा सामंजस्य है। प्रसाद भारतीय धरातल पर मानवीय सम्बन्धों को पूरी व्याप्ति और समकालीन अनुभव के साथ प्रस्तुत करते हैं। प्रसाद यहाँ पूरे संकल्प से, अभिन्य की समस्त सम्भावनाएँ और नवीनताएँ, प्रयोगशीलता देते हुए चरित्र-रचना करते हैं इसीलिए 'चरित्र-चित्रण' उनकी बहुत बड़ी मौलिकता मानी गयी। भारतीय नाट्यशास्त्र और संस्कृत मंच की तरह अभिनेता हमेशा उनके सामने है और पाश्चात्य शास्त्र का संघर्ष, मनोविज्ञान अन्तर्बाह्य यथार्थ, व्यक्ति-वैचित्र्य भी। 'चन्द्रगुप्त' में प्रसाद का विश्वास जितना अभिनेता की कला पर है उतना ही दर्शक की सहृदयता, रसज्ञता, सौन्दर्यबोध, अभिनेता और दर्शक की समझ और आधुनिक युगबोध पर। 'चन्द्रगुप्त' के पात्रों की सार्थकता उनके व्यावहारिक पक्ष में है। राष्ट्रीय उद्देश्य के व्यापक सन्दर्भों में उनमें

राजनैतिक प्रखरता अधिक है जो नाटकीय क्षणों और प्रासंगिक पक्ष को अधिक दृढ़ बनाती है पर 'स्कन्दगुप्त' की तरह प्रेम-प्रसंगों का आन्तरिक सौन्दर्य इसमें उतना नहीं उभर पाया। पूरा नाटक युद्ध, हत्या, आत्महत्या, कुचक्रों से भरा हुआ है जिसमें कार्नेलिया-चन्द्रगुप्त, सुवासिनी-राक्षस, चाणक्य-सुवासिनी, चन्द्रगुप्त-कल्याणी, चन्द्रगुप्त-मालविका, सिंहरण-अलका आदि पात्रों के अनुभूतिमय सम्बन्धों को उभार और नाटकीय मोड़ नहीं मिल पाता। यहाँ तक कि नाटक के महत्त्वपूर्ण पात्र होते हुए भी राक्षस, सिंहरण, अलका, यहाँ तक कि चन्द्रगुप्त को नाटक में अपेक्षित विकास स्थितियाँ नहीं मिल पातीं। इसका प्रभाव पूरे नाटक की संरचना पर, उसमें उभरते राजनैतिक परिवेश की शक्ति पर भी पड़ता है। इतने पात्र और इतने प्रकार की स्थितियाँ हैं कि पात्र या तो अपने कथनों, कार्यों से अपने होने का औचित्य सिद्ध करते दीखते हैं या मालविका और कल्याणी आत्मोत्सर्ग और बलिदान का मार्ग चुनती हैं या नैराश्य में अनेक पात्र हत्या, आत्महत्या का मार्ग चुनते हैं। लेकिन प्रसाद संक्रान्ति युग के बहुत बड़े परिवर्तनों, विक्षोभ, तनाव, असन्तोष को, नारी चेतना को पात्रों के माध्यम से व्यक्त कर रहे थे, वहीं भारतीय अस्मिता, स्व आत्मनिर्णय, चरित्र की उन्मुक्त, द्वन्द्वमय भंगिमाओं, जटिलताओं को, ओज और स्वस्थ विद्रोह को, सौन्दर्य की अपनी विराट परिकल्पना को और भारतीय संस्कृति के मानवीय गुणों को एक साथ व्यक्त कर रहे थे जो 'चन्द्रगुप्त' नाटक का नया नाट्यालेख तैयार करने और उनके पात्रों की आन्तरिक सम्भावनाओं को विकसित करने की पूरी प्रक्रिया लिए हुए है। यहाँ पात्र मात्र अन्त:संघर्ष से जीवन्त नहीं है, समय और जीवन की क्रूर वास्तविकता के अनुभव और जीवट तत्त्व के पात्र हैं। वे स्वतन्त्रचेता हैं, सजीव हैं। प्रसाद की यह बहुत बड़ी देन है कि उन्होंने चरित्रों को 'असाधारणता' से मुक्त कर मानवीय और द्वन्द्वमय बनाया! अपने हर नाटक की तरह प्रसाद यहाँ भी कवि-मन से, राग तत्त्व और रोमानी चेतना से, स्वच्छन्दतावादी प्रवृत्ति से अनुभूति, प्रेम और सौन्दर्य की अभिव्यंजना करते हैं पर उस भावनात्मक प्रवाह को उनकी गहरी सांस्कृतिक दृष्टि निर्दिष्ट करती है। यहाँ व्यक्ति वैचित्र्य सिद्धान्त के स्थान पर भारतीय दृष्टि ही उन पर हावी है। 'चन्द्रगुप्त' में उनके नारी पात्र कई रूपों में अपना योगदान देते हैं। उसकी नायिकाएँ कल्याणी, मालविका, कार्नेलिया मात्र प्रेमिकाएँ नहीं हैं–उनमें अनुभूति प्रवणता भी है और आत्मसम्मान की ज्योति भी। कल्याणी का पर्वतेश्वर द्वारा अपमान और युद्ध में बदला लेना, पुन: अपनी रक्षा हेतु पर्वतेश्वर की हत्या नारी की कर्मठता का प्रतीक है। मालविका का आत्म-बलिदान, कार्नेलिया का सम्राज्ञी बनना प्रसाद की अपनी कल्पना है पर अलका एक नयी दिशा सशक्त हस्तक्षेप बनकर, आजादी के पचास वर्ष बाद भी युवावर्ग और राष्ट्र की प्रेरणा बनकर उदित होती है। सुवासिनी के चरित्र में जटिल स्तर खोलने की सम्भावनाएँ प्रसाद ने छोड़ी हैं।

वह चाणक्य और राक्षस दोनों की प्रेमिका है। उसकी संवेदनात्मकता भी बड़ी सघन है पर समय की त्रासद स्थिति ने उसे संवेदनहीन बना दिया है लेकिन उसमें उसके निजी व्यक्तित्व्य की विशिष्टता, मर्यादा, गहरी पीड़ा, प्रेम की वेदना और टीस, छटपटाहट है। चरित्र के अनेक स्तरों की दृष्टि से सुवासिनी इस नाटक का जीवन्त, सघन, वैषम्यपूर्ण, 'स्मृति को ही मकरन्द' मान लेनेवाला चरित्र है जो प्रसाद की ही परिकल्पना से आ सकता था। उनकी सर्वकालीन चेतना नारी की जटिल त्रासद स्थिति से 'सालवती' कहानी और अपने उपन्यासों में भी बहुत व्यग्र है।

प्रसाद के हर नाटक में नायक से अधिक तीव्र और संघर्षमय वैविध्यपूर्ण, विश्वसनीय होते हैं उनके प्रतिनायक, विरोधी चरित्र! 'चन्द्रगुप्त' का सारा द्वन्द्व ही छल, प्रपंच, महत्त्वाकांक्षा, राज्यलिप्सा, राजनैतिक कुचक्रों, धार्मिक उन्माद के बीच पनपता है। राक्षस का चरित्र सशक्त और विवादास्पद है। 'मुद्राराक्षस' के राक्षस और 'चन्द्रगुप्त' के राक्षस में विशेष साम्य नहीं है। प्रसाद ने चाणक्य और राक्षस दोनों का ही चरित्र बदल दिया है इसलिए यहाँ राक्षस चाणक्य के बुद्धिवैभव का भी विरोधी है, उसके घात-प्रतिघात का भी और चाणक्य और सुवासिनी के सम्बन्धों के प्रति आशंकाओं से भी ग्रस्त है। प्रसाद ने उसके स्वाभिमान, कर्त्तव्यबोध, पुरुषत्व को, उसके हृदय-परिवर्तन को स्थापित किया है। उसके इन्हीं गुणों के कारण अन्त में चाणक्य उसे चन्द्रगुप्त का मन्त्री नियुक्त करता है। राक्षस के चरित्र में विविध रंग और शेड्स उसके और चाणक्य के संघर्ष और प्रेमानुभूति की अन्तरंगता, तीव्रता के कारण ही आते हैं। आम्भीक का चरित्र भी अपनी राज्यलिप्सा, देशद्रोही रूप, अपनी उद्दण्डता और संशयात्मक मनोवृत्ति एवं भय के कारण अनेक बार कथानक और घटनाओं को गत्यात्मकता और नयी दिशाएँ देता है। वह भी आत्मग्लानि से पीड़ित होता है? 'चन्द्रगुप्त' में पात्रों की इतनी अधिकता और विविधता है कि बहुत से पात्रों को स्वतन्त्र व्यक्तित्व नहीं मिल पाता यद्यपि कोई भी पात्र निरर्थक नहीं है लेकिन उनकी उपस्थिति से नाटकीय गति बार-बार अवरुद्ध, शिथिल होती है और दर्शक मानस में, स्मृति में कोई बिम्ब भी नहीं बन पाता। इसके अतिरिक्त प्रसाद की पात्र योजना सम-विषम, प्रतिपक्ष-सत्पक्ष में, विभाजित और पूर्वनिश्चित भी दीखती है। लेकिन वे चरित्र नये मार्ग की खोज के विभिन्न पड़ाव अवश्य हैं। आगे के लक्ष्य के लिए गति, संवेदना, ऊर्जा के साथ उनकी पहचान की जा सकती है। वर्तमान राजनैतिक स्थितियों, राष्ट्र में पनप रही देशद्रोही और विध्वंसात्मक शक्तियों के बीच प्रसाद भारतीय उदात्तता और सांस्कृतिक स्वरों को स्थापित करते हैं। दाण्ड्यायन, सिंहरण, कार्नेलिया आदि ऐसे ही पात्र हैं।

वस्तुतः चन्द्रगुप्त और चाणक्य की वैयक्तिक और कालजयी विशेषताओं में प्रसाद ने बहुत अवसर और विस्तार दिया है। प्रायः प्रसाद साहित्य में उनके नायक

कमजोर लगते हैं। 'चन्द्रगुप्त' भी मूलत: चाणक्य का नाटक है। वर्षों से यह विवाद चला आ रहा है कि इस नाटक का नायक कौन है? भारतीय नाट्यशास्त्र की दृष्टि से धीरोदात्त नायक के गुणों और फल-प्राप्ति के कारण चन्द्रगुप्त नायक है लेकिन चाणक्य के व्यक्तित्व की विशालता, असाधारण बुद्धि-वैभव, उसका नियामक और सूत्रधार रूप उसे महानायक बना देता है। पूरे नाटक में चाणक्य का अभेद्य व्यक्तित्व कथा-संगठन को अपने लक्ष्य के अनुसार बनाता जाता है। आज यह समझने की आवश्यकता है कि यह दौर प्रसाद के नाटकों में, भारतेन्दु में भी पारम्परिक नायकत्व और अवधारणाओं में परिवर्तन का था। आखिर अजातशत्रु को क्यों नायक बनाया? एक सर्वथा उद्दण्ड और जल्दबाजी करने वाला अस्थिरचित्त शासक। यह देश की उस समय की अजीब स्थिति का सामना है, युवा वर्ग की हलचल और अनागत भविष्य की चिन्ता है जहाँ 'नायकत्व' समाप्तप्राय हो रहा था। स्वयं चन्द्रगुप्त मात्र गढ़ा गया चरित्र नहीं है, सच्चे अर्थों में ऐतिहासिक खोज के बाद, यथार्थपरक और सांस्कृतिक दृष्टि के कारण अँग्रेजों के सामने पहले प्रसाद ने यह सिद्ध किया कि वह शूद्र नहीं, क्षत्रिय है। अगर उन्होंने विशाख के 'मुद्राराक्षस' के चाणक्य को नयी चेतना दी तो चन्द्रगुप्त को भी नये आयाम दिये। चाणक्य शायद उस समय की, आज की जरूरत है। देश को ऐसे ही दूरदर्शी, कूटनीतिज्ञ, कठोर नियामक, बौद्धिक, कर्मठ सूत्रधार की अपेक्षा है। सशस्त्र आन्दोलनों की असफलता ने सिद्ध कर दिया था कि स्वतन्त्रता और राष्ट्र के लिए केवल युद्ध की नहीं, शत्रु को कूटनीति, भेदनीति, बुद्धि-वैभव और अखण्ड एकता, प्राकृतिक-सांस्कृतिक गरिमा द्वारा नतमस्तक कराने की जरूरत है। उसका ब्राह्मणत्व भारतीय सांस्कृतिक तेज, ओज, विराट पौरुष बनकर उभरता है। उसकी आँख केवल लक्ष्य पर है, आर्यावर्त की रक्षा! चाणक्य का चरित्र नाटक की नहीं, युग की आवश्यकता थी। प्रसाद ने उसे युगानुरूप सृजित किया। चाणक्य का केन्द्रीय, असीम बौद्धिक महानायकत्व ही 'चन्द्रगुप्त' नाटक को विश्व-सन्दर्भ में एक क्लासिक कृति बनाता है और तब ये प्रश्न बहुत छोटे, बेमानी, पुराने हो जाते हैं कि नायक कौन है? उस तरह तो 'चन्द्रगुप्त' की नायिका कौन है? यह प्रश्न भी अधूरा है। ब. व. कारन्त ने सही ही कहा था कि न कोई नायक है न नायिका, जनसमूह ही उसका नायक है। मुख्य बात है बार-बार पुनर्मूल्यांकन और मंचनों, नये सम्पादित रंगालेखों से नाटक के शाश्वत प्रश्नों और संघर्ष को उसकी अन्तर्निहित चेतना और समकालीनता को, विश्वत्व को तलाशने की। कार्नेलिया यूँ ही नहीं कहती-कि यह युद्ध ग्रीक और भारतीय के अस्त्र का ही नहीं, इसमें दो बुद्धियाँ भी लड़ रही हैं। यह अरस्तू और चाणक्य की चोट है...। यह वाक्य जहाँ दो संस्कृतियों की टकराहट का एहसास कराता है, वहीं समकालीन सांस्कृतिक प्रक्रिया पर भी तीखी प्रतिक्रिया, टिप्पणी व्यक्त करता है। चाणक्य की एकनिष्ठता, राष्ट्र के प्रति

समर्पण, उसके चरित्र की विशालता ही उसके इस कथन में है कि 'भाषा को ठीक करने से पहले में मनुष्य को ठीक करना चाहता हूँ'–, उसका आत्मबल इतना अधिक है कि अन्य सारे पात्र बौने नजर आते हैं। प्रसाद ने बाल्य-स्मृतियों, सुवासिनी के प्रति उसके प्रेम, द्वन्द्व को उतना ही उभरने दिया है जिससे उसकी केन्द्रीय शक्ति प्रभावित न हो। ऐसा नहीं है कि वह मात्र कठोर प्राणी है। वहाँ भी कोमल भावनाएँ हैं पर व्यक्तिगत स्वार्थ कहीं भी उसे दुर्बल नहीं करता। अधिक से अधिक वह अपने आक्रोश के कारण खम्भा खींचकर गिरा देता है। यह प्रसाद का अनुशासन और संवेदनात्मक सृजन है। चन्द्रगुप्त भी नायक के रूप में विश्वमानवतावाद, सैनिक के कर्तव्य, आत्मबोध, स्वतन्त्र आत्मशक्ति के साथ सारे कार्य करता है। उसका प्रेम भी जाति या देश की सीमाओं से मुक्त है। कार्नेलिया, कल्याणी, मालविका तीन नारियाँ उसके जीवन में आती हैं पर राष्ट्रप्रेम, इस प्रेम से बहुत ऊपर है। चन्द्रगुप्त के प्रेम को अनूठी वेदना और लगाव के साथ प्रस्तुत किया गया है। कार्नेलिया का प्रेम तो भारतीय और यवनों के सम्बन्धों का आधार बनता है। लेकिन चूँकि चाणक्य ही केन्द्रीय शक्ति है अतः उसके गरिमापूर्ण व्यक्तित्व और निर्देशों के अनुसार वह कार्य करता है। उसकी वीरता, साहस, कर्मठता और अन्तर्बाह्य संघर्ष के अनेक अवसर नाटक में हैं। कभी-कभी अपनी आज्ञाकारिता, विनम्रता के कारण भी, कर्तव्य, राष्ट्र-समर्पण के कारण भी उसका अन्तर्द्वन्द्व और नायक के व्यक्तित्व का विस्तार सिमट जाता है और वह चाणक्य के आदर्शों का अंग बन जाता है। एक स्थल पर आकर चन्द्रगुप्त के भीतर अपने अस्तित्व का द्वन्द्व अवश्य पैदा होता है कि भीषण संघर्ष करके भी वह कुछ नहीं है, उसकी सत्ता एक कठपुतली जैसी है। यह परतन्त्रता कब तक चलेगी? पर यह आन्तरिक द्वन्द्व बहुत आगे तक नहीं जा पाता। लेकिन फिर भी चन्द्रगुप्त लगातार क्रियाशील, व्यक्तित्व सम्पन्न नायक की तरह हर विषम परिस्थिति का सामना करता है और लक्ष्य-प्राप्ति करता है। अन्य पुरुष पात्रों में सिंहरण की निर्भीकता अगर अच्छी लगती है तो पर्वतेश्वर जैसे पात्र का व्यक्तित्व समूची व्यवस्था के, संवेदना के अभाव में सीमित सा लगता है। सिकन्दर की उदारता, उदात्तता नाटकीय प्रभाव को समग्रता की ओर ले जाती है। प्रसाद का युगबोध उनके चरित्रों के व्यक्तित्व निर्धारण में अमिट छाप छोड़ता है। अपनी वैयक्तिकता, सांस्कृतिक उदात्त चेतना और आधुनिक गरिमा के कारण उनकी सम्भावनाएँ तलाशी जा सकती हैं। 'चन्द्रगुप्त' बृहत्तर प्रश्नों से जूझते चरित्रों और राजनैतिक चेतना की प्रखरता के पात्रों का नाटक है। चाणक्य और चन्द्रगुप्त की टकराहट मानवीय त्रासद क्षणों और करुणा से भरी है चन्द्रगुप्त के शब्द, उसकी चुनौतियाँ चाणक्य को अपने त्याग, संघर्ष की व्यर्थता का अनुभव कराती हैं फिर भी वह पलायन न करके, गहरी छटपटाहट के साथ कर्तव्य से नहीं चूकता, बस अपने को समेट लेता है। वह चन्द्रगुप्त

को जननायक बनाकर राजनीतिक चातुरी में दक्ष करके प्रस्तुत करता है। डी. एल. राव के चाणक्य में यह विशालता, गरिमा नहीं है। यहाँ चाणक्य की आत्मग्लानि, करुणा, उसका तेज-भरा आत्म-साक्षात्कार, और उसमें मिली उसके निर्वेद, त्याग, पीड़ा उसे विलक्षण दीप्ति दे जाती है। प्रसाद ऐसे सांस्कृतिक-महा-बौद्धिक व्यक्तित्व को जैसे लगातार खोज रहे थे। इसलिए उसे भारतीय इतिहास और संस्कृति, आधुनिक जीवन की अनिवार्य सृष्टि के रूप में देखना चाहिए। पूरे साहित्य में चाणक्य अकेला ऐसा व्यक्तित्व है।

रंगमंच पर प्रसाद के नाटकों के अभिनय, नवनाट्यसमीक्षा और प्रसाद के नाटक और रंगमंच सम्बन्धी निबन्धों को पढ़ने और रंग-चिन्तन की ताजगी भरी प्रक्रिया के बाद प्रसाद की नाट्यभाषा के सम्बन्ध में प्रचलित धारणाएँ बिल्कुल बदल गयी हैं। प्रसाद की नाट्यभाषा में एक परिष्कृत संस्कृति, काव्यात्मक संवेदना और अन्तनिर्हित पाठ-सौन्दर्य है जिसके लिए निर्देशक, अभिनेता दोनों को विशेषण, अलंकरण-प्रधान शब्दों, ध्वनि, व्यंजनाओं, संकेत, लयविधान पर पूरा अधिकार चाहिए। एक अनुकूल भाषिक, वाचिक, सात्विक अभिनय, भारतीय संस्कार, भारतीय राग चाहिए। अप्रचलित शब्दों के प्रयोग, प्रसंग, उसकी संस्कृति और चारित्रिक वैशिष्ट्य को समझकर ही प्रसाद प्रयोग करते हैं। उनकी भाषा तभी बोझिल, एकरस, कार्यविहीन लगती है जब हम ऊपर-ऊपर से शब्दों की दुरूहता देखते हैं, उसके भीतर प्रवेश न कर पाने के कारण आरोह-अवरोह, और क्रियाओं के, लय-ध्वनि के सौन्दर्य को पहचान ही नहीं पाते। शब्द के भीतर उसके संयोजन, लय-टोन के वैचित्र्य-वैविध्य और पात्रों की मनःस्थिति, व्यक्तित्व और टकराहट भाषा से ही 'चन्द्रगुप्त' में अनुभूत होता है। प्रथम अंक का पंचम दृश्य भाषा से सृजित ध्वनियों, क्रियाओं, गतियों, अभिनय-भंगिमाओं का दृश्य है। आवेग और वक्तृता, लय और संघर्ष, सांस्कृतिक गुणों का प्रस्फुटन और ओज इस नाटक में आरम्भ से ही मिलता है। 'चन्द्रगुप्त' में भाषा तो कहीं भी बाधक नहीं है, दृश्यविधान अवश्य संकट पैदा करता है। बल्कि उसमें जगह-जगह पर अद्भुत थियेट्रिकेलिटी है पर वाणी, अभिनय, ध्वनि लय की असाधारण विशेषताएँ सहसा एक चमत्कार, एक चटक, या छवि को जन्म दे देती हैं जिसके लिए भारतीय नाट्यशास्त्र, संस्कृतनिष्ठ भाषा, हिन्दी भाषा की निजी विशेषताओं बल्कि 'चन्द्रगुप्त' नाटक के क्लासिक आयाम और हिन्दी भाषी मानस की अन्तश्चेतना से, वाक्शक्ति और वाक्छन्द से गहरे संवेदनशील रंगकर्मी का आन्तरिक जुड़ाव और रचनात्मक सरोकार अपेक्षित है। 'ध्रुवस्वामिनी' के प्रस्तुतीकरण में अपने अनुभवों में मैंने न अभिनेताओं में, न दशर्कसमूह में सम्प्रेषणीयता की कोई कठिनाई पायी। 'चन्द्रगुप्त' चूँकि अन्तर्द्वन्द्व से ज्यादा कर्म का नाटक है इसलिए उसमें वक्तृता, ताण्डव जैसी क्रिया, गति, हाव-

भाव और एक कसा हुआ वातावरण उभरता है। वाग्जाल का आरोप निरर्थक सिद्ध होने लगता है जब हम छोटे, तेज, गतिमान, संवादों में चारित्रिक क्षमताओं की सूक्ष्म समझ, वर्तमान और भावी स्थितियों का गुम्फन और सघन बुनावट देखते हैं। 'शीघ्र भयानक विस्फोट होगा'–सिंहरण, आम्भीक, चाणक्य के संवाद इसका प्रमाण है बल्कि चाणक्य का चुप रहना 'मौन' की सर्जनात्मकता, उसका गौरव संवाद की नाटकीय लय बनाता है, वाक्यों का अभिनयात्मक सौन्दर्य 'नयी रंगभाषा' का एहसास करा जाता है। भाषा के अनुकूल कसे और तने हुए तेवर से ही प्रसाद राक्षस और चाणक्य, नन्द को जैसे साकार कर देते हैं। शब्दकार की साहित्यिकता और रंग-परिकल्पना दोनों का साकार रूप नाट्यभाषा की समस्त आन्तरिक, अपेक्षाओं के साथ 'चन्द्रगुप्त' नाटक में है। नाटक के व्यापक फैलाव, महागाथा–रूप के अनुसार उसकी भाषा में भी वैसा ही फैलाव, वैविध्य, महाकाव्यात्मक संवेदना है–पात्रों के निजी व्यक्तित्व के अन्तर भाषा में मूर्त हैं। 'स्कन्दगुप्त' 'ध्रुवस्वामिनी' जैसी निजी रागात्मकता का नाटक 'चन्द्रगुप्त' नहीं है इसलिए उसकी भाषा में भी 'वाचिक पक्ष' बहुत सबल है लेकिन प्रेम, माधुर्य, वेदना, आत्मपीड़ा, दार्शनिक उदासी, करुणा, अन्तर्द्वन्द्व, मादकता और प्रेम की टीस और समर्पण के क्षणों को भी भाषा रचती है। चन्द्रगुप्त की मानसिक उधेड़बुन, विषम परिस्थितियों में उसका द्वन्द्व, अनिश्चय उसके स्वगत में भाषा की बुनावट से ही प्रत्यक्ष हो आती है। दरअसल हिन्दी में प्रसाद के नाटक कालिदास और शेक्सपियर के नाटकों की तरह रंगमंचीय वैविध्य इसलिए नहीं पा सके क्योंकि हिन्दी की समृद्ध रंगमंचीय सत्ता नहीं थी, प्रयोगशील मंचन नहीं था। 'चन्दगुप्त' ही नहीं, प्रसाद का हर नाटक सतत, सतर्क गम्भीर रंगकर्म, आन्तरिक चेतना, भाषा–अधिकार, हिन्दी के प्रति प्रेम, और भारतीय दृष्टि और संस्कारों का विधिवत, प्रशिक्षण चाहता है–रंगमंच की मुख्य चुनौती है कि वह समझे कि ये नाटक भावात्मक, रागात्मक, और भारतीय दृष्टि से शारीरिक, मानसिक, बौद्धिक समृद्धि की माँग करते हैं। निर्देशक, समीक्षक, अभिनेता की समझ, राग और प्रयोगशीलता के साथ 'चन्द्रगुप्त' की भाषा दर्शक को अपने साथ बाँधे चलती है। कुछ भी 'क्लिष्ट' नहीं रह जाता। भाषा के माध्यम से चरित्र इतने सहज, संवेदनात्मक हैं, कि नाटक के संवादों पर परिस्थिति और पात्र के अनुकूल न होने का जो आरोप या आभिजात्य और साहित्यिकता का जो आरोप लगाया जाता है, आज वह बेमानी है। सबके व्यक्तित्व का निजत्व उसकी भाषण–प्रणाली, भंगिमाओं में है। अलका का तेज, मालविका का समर्पण, कोमलता, सिकन्दर की उदारता, चन्द्रगुप्त की मर्यादा, चाणक्य का तेज सब भाषा की बुनावट और तेवर में है। दार्शनिक एनिसाक्रीटीज और दाण्ड्यायन के संवादों में निर्द्वन्द्व गूढ़ भाषण–शक्ति का निर्वाह है। वस्तुत: 'चन्द्रगुप्त' नाटक में मौलिकता जहाँ संस्कृत शब्दावलियों और सांस्कृतिक

उद्‌बोधन को स्वर देने में है, वहीं भाषा के बदलते स्वरूप को गढ़ने, नया नाट्यात्मक संस्कार देने, व्यक्तित्व और संवेदनाओं की नयी भाषा रचना तलाशने में है। अपनी क्लासिक भाषिक सम्भावनाओं, भाषा की उच्चारण-भंगिमाओं, शुद्धता, वैविध्य, समग्रता की दृष्टि से आज भी प्रसाद के नाटक रंगमंच और अभिनेता के लिए चुनौतीपूर्ण हैं।

पिछले पच्चीस वर्षों में प्रसाद के नाटकों की रंगमंचीयता पर–विशेषकर 'स्कन्दगुप्त', 'चन्द्रगुप्त', के मंचनों, सम्पादनों के माध्यम से, बाद में 'ध्रुवस्वामिनी', 'विशाख', 'एक घूँट', 'कामना' 'जनमेजय का नागयज्ञ' के मंचनों से प्रसाद के नाटकों के रंगमंच पर बने पूर्वाग्रह, रूढ़ियाँ टूटी हैं और नयी नाट्यसमीक्षा के साथ उनके नाटकों का न केवल पुनर्मूल्यांकन हुआ, समीक्षा के नये प्रतिमानों और निर्देशकों की रंग–परिकल्पनाओं से उनके नाटकों के भीतर छिपे क्लासिक तत्त्वों, शास्त्रीय औंर सांस्कृतिक परम्पराओं के साथ आधुनिक मंच और वर्तमान संघर्ष तत्त्व को, प्रसाद के विराट रंग–स्थापत्य को तलाशा गया। बहुत पहले मैंने 'प्रसाद रंगमंच की परिकल्पना' और उनकी रंगमंच सम्बन्धी अवधारणा का सवाल उठाया था और यह भी उनके नाटकों के मंचनों से हिन्दी नाटक और रंगमंच की, भारतीय रंगमंच की पहचान वैसे ही बन जानी चाहिए थी, जिस तरह कालिदास, शेक्सपियर, ब्रेष्त की संस्कृत, अँग्रेजी, जर्मन अर्थात् विश्व रंगमंच पर बनी हुई है। 'चन्द्रगुप्त', 'स्कन्दगुप्त' में सारे बिखराव के बावजूद जो भारतीयता और आधुनिकता का संघर्षमूलक सन्तुलन है, जो संगीत, काव्य और भाषा की आन्तरिक लय है, जो मन:स्थितियों की सूक्ष्म, जटिल संवेदना है और जो 'रंगमंच' की उदात्तता और विस्तार है, वह अपनी विशिष्टता और मौलिकता में आज भी अकेली है। इसलिए वह लगातार प्रयोग–प्रक्रिया, अनवरत चिन्तन, बहस, एक खोज चाहती हैं। प्रसाद के नाटक भरतमुनि के नाट्यशास्त्र में विहित पूर्ण सुसंस्कृत, अपने–अपने कार्य में निपुण दल माँगते हैं। नृत्य, नाट्य, संगीत, काव्य और ललित कलाओं का प्रशिक्षित और 'भारतीय संस्कारों में स्नात' समूह। प्रसाद का रंगमंच अभिनेता का रंगमंच है, रंगशिल्प का नहीं। 'रंगमंच के सम्बन्ध में उनकी स्पष्ट अवधारणा थी' और वह भारतीय एवं पाश्चात्य रंगमंच के संघर्ष के बीच हिन्दी रंगमंच के लिए, उसके स्वरूप, उसकी स्वतन्त्र सत्ता और निजी प्रकृति के अन्वेषण के लिए बहुत चिन्तित थे। आज उनके सारे कथनों पर पुनर्विचार, व्यापक चिन्तन की अपेक्षा है। आज उनकी यह मान्यता बहुत सही है कि रंगमंचों को काव्यों के अनुसार अपना विस्तार करना चाहिए...काव्यों के अथवा नाटकों के लिए रंगमंच होते हैं। यह शाश्वत सत्य है, और अहम बात है, सर्जनात्मक चुनौती है जो नाटक जैसी प्रत्यक्ष विधा में ही हो सकती है। पारसी रंगमंच की एक स्वाभाविक प्रतिक्रिया में वक्तव्य देते हुए भी 'चन्द्रगुप्त' और अन्य नाटकों में पारसी रंगमंच का सुन्दर

प्रभाव और प्रयोग लक्षित किया जा सकता है जो सायास नहीं है विशेषकर दृश्य योजनाओं, भीड़, भाषा और संवादों के आवेग और वक्तृता में, उत्तेजनात्मक प्रतिक्रियाओं में, अभिनय की विशेष भंगिमाओं में।

'चन्द्रगुप्त', 'स्कन्दगुप्त' के रचनाकाल में ही नन्ददुलारे वाजपेयी ने यह प्रश्न उठाया था कि 'हिन्दी के स्वतन्त्र रंगमंच की स्थापना के बिना प्रसाद जी के नाटकों की सर्वांग समीक्षा नहीं हो सकेगी। उसका नाट्य-चमत्कार तो हम तभी देख सकेंगे।' 'चन्द्रगुप्त' का प्रथम मंचन काशी में रत्नाकर रसिक मण्डल ने 14, 15 दिसम्बर 1933 को न्यू सिनेमा हाल में हुआ जिसमें स्वयं प्रसाद का होना, काशी के साहित्यकारों, कलाकारों, सहृदयों, सामाजिकों का एकजुट होकर चुनौती का अत्यन्त रचनात्मक उत्साह के साथ सामना करना, एक बृहद् नाट्य रचना के सन्दर्भ में इतना व्यापक राग और गम्भीरता, सामूहिक चेतना वस्तुतः ऐतिहासिक और अविस्मरणीय घटना थी। यह नाटक अपने मूल रूप में 'कल्याणी परिणय' (1912) के रूप में लिखित नागरी प्रचारिणी पत्रिका में छप चुका था। उसी का परिवर्द्धित रूप चन्द्रगुप्त मौर्य '(1931) अभिनय के समय सभी को क्लिष्ट और आकार में बड़ा लगा। पूरे समूह ने प्रसाद से इसे संक्षिप्त करने और पारसी नाटकों की तरह उसमें प्रहसन इण्टरल्यूड की तरह लिखने को कहा। बाद में यह 'अभिनव चन्द्रगुप्त' (1933) के रूप में प्रकाशित हुआ। मुख्य और रचनात्मक था कई महीने की रिहर्सल में कलाकारों, अध्यापकों, छात्रों, कवियों, समीक्षकों के बीच नाटककार प्रसाद का आना और 'चन्द्रगुप्त' का रंगमंचीय संस्करण तैयार करना। एक प्रकार से कई चरणों में यह नाटक लिखा गया। 'सम्राट चन्द्रगुप्त मौर्य' नामक निबन्ध स्वतन्त्र पुस्तक के आकार में 1909 में छपा, फिर 'चित्राधार' में संकलित (1918) हुआ और संशोधित होकर नाटक की भूमिका बना। एक गम्भीर, बृहद् नाट्य-रचना के पीछे कितना लम्बा अन्वेषण, सृजन की चिन्ताएँ और आधुनिकता के साथ नाट्यचिन्तन छिपा होता है! यद्यपि रस और भाव की अभिव्यक्ति के अभाव में प्रसाद को यह मंचन छोड़कर जाना पड़ा, लेकिन इतने वर्षों के लम्बे काल में पहले ही अनिवार्य, ताजे रंग-प्रश्न उठ गये थे-नाटककार-निर्देशक का सह-अस्तित्व, रचना-प्रक्रिया और प्रस्तुतीकरण-प्रक्रिया का सम्बन्ध, नाटककार की भूमिका, नाटककार-समीक्षक, निर्देशक-दर्शक का समीकरण, संशोधित संस्करण और हिन्दी रंगमंच की स्वतन्त्र परिकल्पना का। यहाँ अभिनेता-समूह में काशी वि. वि. के युवा छात्र, कलाकार सब थे और थीं खुली प्रतिक्रियाएँ-समीक्षाएँ-बहसें-नाटक की कमियों पर जो आज नहीं है! जब 22 मई 1960 को पैलेस थियेटर में लक्ष्मीकान्त वर्मा ने इस नाटक का मंचन किया तब भी अनेक समीक्षकों ने नाटक में 'अनियन्त्रण', 'नाटकीय अन्विति और संवेदन की एकसूत्रता के अभाव' पर बेबाक टिप्पणियाँ की। निश्चय ही 'चन्द्रगुप्त' नाटक में

अनेक कमियाँ हैं–नाटक का आकार बहुत बड़ा है, 44 दृश्य हैं, कथा-विन्यास में असंगतियाँ हैं। बहुकथानक घटनाएँ, पात्रों की भीड़, नाटक में एकोन्मुख संघर्ष और प्रभावान्विति नहीं बनने देती जो प्रौढ़ नाटक में चाहिए। पच्चीस वर्ष का लम्बा काल है। इतने विस्तार में घटना-प्रसंगों, पात्रों की उपस्थिति, सार्थकता–कुछ को छोड़कर अपना बिम्ब दर्शक मानस में अंकित ही नहीं कर पाती। पात्र आते जाते अनुभव होते हैं और अधिकतर पात्र अपने यथार्थ रूप का अनुभव नहीं कराते। दर्शक उन्हें इतने वर्षों उतनी ही आयु और स्वरूप का मानने को तैयार नहीं होता। स्थान और समय दोनों का नियम 'चन्द्रगुप्त' नाटक में नहीं है। नाटक वस्तुतः प्रथम तीन ही अंक में पूरा हो जाता है। चौथे अंक को प्रस्तुति में कभी-कभी निकाल भी दिया जाता है। एक अन्य व्यवधान विद्वान प्रसाद के इस अनिर्णय को भी मानते हैं कि नाटक का नायक कौन है? इस प्रश्न पर काफी बहस हो चुकी है। एक पक्ष यह भी है कि इस नाटक में पात्र का 'वाचक' पक्ष अधिक है, कार्यव्यापार द्वारा स्थितियाँ कम दिखायी हैं। साथ ही बहुत-सी बातें पूर्व निर्धारित लगती हैं–जैसे पात्रों का प्रवेश-प्रस्थान, उनकी हत्या-आत्महत्या आदि। स्वगतों पर भी आरोप लगाये गये और गीतों पर भी पर 'स्कन्दगुप्त' पर शान्ता गाँधी और राम गोपाल बजाज के रंग-प्रयोगों के बाद से रंग-दृष्टि, प्रसाद के प्रति रंग-अवधारणाएँ, नाट्यसमीक्षा बहुत भिन्न है। इसलिए आज 'चन्द्रगुप्त' पर नवीन शोध-दृष्टि के साथ देखा जा सकता है मसलन सिद्धेश्वर अवस्थी ने उसको नौटंकी शैली में प्रस्तुत किया। निश्चय ही 'चन्द्रगुप्त' ही क्या, प्रसाद के अधिकतर प्रौढ़ नाटक नौटंकी के रंग-विधान, लय और भाषा में एक नया ही आलेख चाहेंगे। दरअसल 'चन्द्रगुप्त' पर रंग प्रयोग के अन्वेषण का सर्जनात्मक कार्य 1972 में वाराणसी में नाट्य प्रशिक्षण शिविर के अन्तर्गत ब. व. कारन्त द्वारा आरम्भ हुआ। उनका बल रंग-संस्करण तैयार करने पर नहीं, उसको मूल रूप में ही करने पर था लेकिन संवादों की काट-तराश, दृश्यों की कम संख्या, फिर उनका पुनर्गठन, एकालापों का घटाना, गीत-संख्या में कमी, कई अस्वाभाविक प्रसंगों को कम करना आदि कार्य किये और उसे करने के लिए निर्देशक की सर्जनात्मक ऊर्जा को महत्त्वपूर्ण माना। नायकत्व के प्रश्न का उत्तर कारन्त ने समस्त जनता को नायक के रूप में प्रतिष्ठित करके और चाणक्य-चन्द्रगुप्त की वैयक्तिक विशेषताओं को उसी जनसमूह का हिस्सा बनाते जाना कारन्त जी की परिकल्पना थी। 'चन्द्रगुप्त' और 'स्कन्दगुप्त' दोनों ही मुक्ताकाशी मंच, विराट 'रंगस्थापत्य और विस्तृत प्राकृतिक परिवेश में, ग्रीक नाटकों जैसा महाकाव्यत्व' देकर अधिक सफल होते हैं। बहुधरातलीय सोपान मंच पर दृश्य-रचना, दृश्यबन्ध, प्रकाश, समूहन, संगीत द्वारा दृश्य-परिवर्तन कारन्त जी की पहचान है–बेहद अर्थपूर्ण संयोजन उन्होंने किया और प्रसाद की भाषा को कभी क्लिष्ट न मानकर उसमें अन्तनिर्हित कल्पना, सौन्दर्य

को साकार करना निर्देशक का दायित्व मानते हैं और उसे 'प्राकृतिक ध्वनियों की भाषा' कहते हैं। यह उनकी मान्यता है लेकिन उनकी 'चन्द्रगुप्त', 'स्कन्दगुप्त' प्रस्तुतियों में 'प्रसाद की भाषा का वह काव्य', आन्तरिक लय, ध्वनि-वैचित्र्य, वह भीतरी संवेदना अभिनेताओं में नहीं थी। कुँवरजी अग्रवाल ने भी कहा था कि कारन्त जैसे सिद्धहस्त निर्देशक, तमाम आर्थिक व अन्य सुविधाओं के बावजूद 'चन्द्रगुप्त' की प्रस्तुति को काशी के स्तर से बहुत ऊँचा नहीं उठा पाये। सही मानों में कारन्त स्वयं हताश थे और उन्होंने घोषित किया था कि प्रसाद के नाटकों को रंगमंच पर लाने का प्रयास निरर्थक है। बाद में पुनः आठवें-नवें दशक में उनके अनेक नाटकों पर अलग-अलग रंग-प्रयोगों ने समकालीन रंगमंच ओर नाट्यसमीक्षा में पुर्नचिन्तन की ठोस भूमिका निभायी।

निश्चय ही 'स्कन्दगुप्त' पर निर्देशकों का ध्यान ज्यादा जाता है-उसकी समकालीन प्रासंगिकता और द्वन्द्वात्मकता, आन्तरिक सूक्ष्म संवेदना के कारण! 'चन्द्रगुप्त' का महागाथा का कलेवर और उसमें कथानक की असम्बद्धता, केवल बाह्य संघर्ष आदि चीजें अधिकांश निर्देशकों को संकोच में डालती हैं। सुविधा-संपन्न, साधन-युक्त संस्थाओं द्वारा ही ऐसा प्रौढ़, विराट और महाकाव्यत्वपूर्ण नाटक मंचित हो सकता है। उसमें जिन तत्त्वों का अनोखापन है, प्रासंगिकता है, उसे उभारना चाहिए। मसलन प्रसाद का 'भावोन्मेष'। इसके अतिरिक्त हम संस्कृत मंच, पारसी मंच, ग्रीक मंच और अभिनय-शैलियों को जितना समझेंगे, उतना ही 'चन्द्रगुप्त' के लिए नवीन कल्पनाएँ कर पाएँगे, उसके महागाथा के संघर्ष को साकार कर पाएँगे। अनामिका, कलकत्ता ने विमल लाठ के निर्देशन में (1974), नीलकमल चटर्जी ने राजघाट वसन्त स्कूल, वाराणसी में (1976), यायावर लखनऊ ने विश्वनाथ मिश्र के निर्देशन में (1988), धीरेन्द्र कुमार के निर्देशन में, कालिदास आकदमी, उज्जैन (1989), सतीश आनन्द के निर्देशन में दर्पण कानपुर (1989) ने, 'चन्द्रगुप्त' के प्रदर्शनों से यह अनुभव किया कि उसे रंग-युक्तियों से नहीं खेला जा सकता। अभी 'रंग प्रसंग' का कारन्त विशेषांक आया है जो प्रसाद के नाट्यप्रदर्शनों की दृष्टि से सोचने की अनेक दिशाएँ देता है। सचमुच 'चन्द्रगुप्त' हो या प्रसाद का कोई भी नाटक, उसकी प्रस्तुति में सहानुभूतिनपूर्ण रवैये की आवश्यकता ही नहीं है, जरूरी है अनुसन्धान, नये प्रदर्शन-स्वरूप और विभिन्न स्तरों की तलाश। उनकी काव्यानुभूति, भाषा-दर्शन, उनके पात्रों को समझने की जरूरत है। कारन्त उनके नाटकों को लम्बी कविता की तरह मानते हैं। 'चन्द्रगुप्त' के सन्दर्भ में उनकी एक धारणा का सर्जनात्मक उपयोग भविष्य में किया जाना चाहिए। 'दृश्यबन्ध की सीमाओं में दृश्यों को न बाँधकर, एक समग्र रंग स्थल की कल्पना होनी चाहिए जिसमें जीवन-चक्र की तरह चलते रहने वाली निरन्तरता होनी चाहिए'-अर्थात् एक दृश्य दूसरे

दृश्य में बहकर लीन होता दीखे दरअसल कारन्त जी ने एक सार्थक दिशा दी– 'प्रसाद के नाटकों के लिए एक न्यूट्रल रंगस्थल की कल्पनाशील रचना का निर्माण होना चाहिए।' 'चन्द्रगुप्त' में प्रसाद का स्वप्न है। 'जो थियेट्रिकल मोटीवेशन उनमें है, अन्य नाटककारों में नहीं मिलता।' सचमुच प्रसाद खेले जाते, समझे जाते, तो डी. एल. राय के नाटकों से ज्यादा प्रभावी और महान होते। इसलिए आज रंगकर्म का बहुत बड़ा दायित्व प्रसाद मंच का निर्माण प्रसाद के नाटकों को उनके और समकालीन अर्थ में समझना, 'चन्द्रगुप्त' के सम्पादित-संशोधित संस्करण तैयार कर उस पर विभिन्न रंग-प्रयोग करना, उसकी कालजयी विलक्षणता को स्थायी और व्यावहारिक, प्रत्यक्ष रूप देना, सम्भावनाएँ खोजना है। 'चन्द्रगुप्त' में नाटकीयता, कार्यव्यापार, काव्यानुभव, जीवन के बहुआयामी अनुभवों और दृश्य-रचना में, परिवर्तन में लय विधान चाहिए। पात्रों का, स्थितियों और संवादों का कण्ट्रास्ट 'चन्द्रगुप्त' में भी है–अनूठा है, उसे उभारना चाहिए। दरअसल नाटक और रंगमंच में कुछ भी अन्तिम नहीं होता। इस दृष्टि से 'चन्द्रगुप्त' के नाट्यगीतों को भी छाँटना जरूरी है। बहुत गीत हैं पर उनमें कुछ बहुत सुन्दर हैं–छायावादी अभिव्यंजना का प्रमाण है–तुम कनक किरण के अन्तराल से..., हिमाद्रि तुंग..., अरुण यह मधुमय देश तुम्हारा संगीत, नाट्यस्थिति, पात्र-व्यक्तित्व और परिवर्तनकारी मोड़ों से, जुड़े हुए हैं। उनके समकालीन सभी साहित्यकार प्रसाद की नाट्यभाषा को एक कीर्तिमान मानते हैं। महोदवी वर्मा स्पष्ट कहती हैं कि 'प्रसाद हमारी सांस्कृतिक चेतना के वैतालिक हैं,' 'प्रसाद के नाटकों को करने के लिए अपना मंच आवश्यक है।' यदि 'मृच्छकटिक' का मंचन हो सकता है, शेक्सपियर के नाटकों का मंचन हो सकता है तो प्रसाद के नाटकों का क्यों नहीं हो सकता?...युग संघर्ष तो आज भी है। प्रसाद के नाटकों को जो आभिजात्य वैभव में देखते हैं, वह 'चन्द्रगुप्त' के संघर्ष, त्रास, आवेग, मनोविज्ञान और जनतन्त्र को नहीं देख पाते–वहाँ मात्र उत्सवधर्मी वृत्ति नहीं, 'भयानक विस्फोट' है जो बहुत व्यापक है। वस्तुतः 'भयानक विस्फोट' की यही व्याप्ति 'चन्द्रगुप्त' नाटक को चतुर्दिक क्रान्ति की ओर ले जाती हुई एक क्लासिक और कालजयी कृति बनाती है।

6

बीसवीं शताब्दी का हिन्दी नाटक और रंगमंच

हिन्दी साहित्य की शताब्दी का आरम्भ ही नाट्य-साहित्य से, एक 'समग्र नाट्यान्दोलन' से होता है। हिन्दी भाषा, हिन्दी गद्य, सांस्कृतिक जागरण, सामाजिक उत्थान, ब्रिटिश दासता से मुक्ति, राष्ट्रीयता और आधुनिकता के प्रश्नों से गहरे जुड़ता हुआ नाटक साहित्य की केन्द्रीय विधा बना–अपने दृश्यात्मक वैशिष्ट्य और प्रत्यक्ष शक्ति एवं जीवन्तता के कारण–लेकिन इसी दृश्य-पक्ष, रंगमंच की सर्जनात्मकता के कारण साहित्य की अन्य विधाओं की तुलना में नाट्यसाहित्य की विकास-स्थितियाँ, सन्दर्भ और चुनौतियाँ ज्यादा जटिल भी हो जाती हैं। यद्यपि हिन्दी को प्राकृत, अपभ्रंश, संस्कृत से उत्तराधिकार मिला, भारतीय देशी भाषाओं में शताब्दियों से अभिनीत होने वाले जन नाटक, संस्कृत के नाटक, अपभ्रंश के रासक ग्रन्थ, ब्रजभाषा के पौराणिक नाटकों की लम्बी परम्परा मिली जिसका उल्लेख आचार्य रामचन्द्र शुक्ल ने अपने इतिहास में और डॉ. दशरथ ओझा ने, पं. हरप्रसाद शास्त्री ने अपने ग्रन्थों में किया है। वे स्थापनाएँ आज बहुत तर्कसंगत, वैज्ञानिक और प्रामाणिक नहीं लगतीं। दरअसल हिन्दी समीक्षा में नाटक को या तो मात्र शास्त्रीयता के आधार पर या उसके साहित्यिक विकास को ऐतिहासिक, धार्मिक, पौराणिक, राजनीतिक, सामाजिक कहकर अथवा मनोवैज्ञानिक, यथार्थवादी, मार्क्सवादी प्रवृत्तियों या शिल्पगत प्रयोगों के आधार पर वर्गीकृत दृष्टि से देखा जाता रहा। हमारे यहाँ रंगमंच की उपेक्षा, रंगमंच के प्रति संकुचित दृष्टि का संकेत डॉ. कीथ ने भी किया है और हमारे प्राचीन इतिहास लेखक, समीक्षक भी यह बताते हैं कि हिन्दी में मौलिक नाटक के अभाव का एक प्रमुख कारण रंगमंच से अलगाव, उसकी उपेक्षा रहा है। थियेट्रिकल कम्पनियों द्वारा प्रस्तुत अमानत की 'इन्दरसभा' (1853 ई.) को रंगमंचीय कौतुक, शृंगार और घटिया सामग्री से युक्त भ्रष्ट नाटक कहकर वर्षों तक नकारा गया। स्वयं भारतेन्दु हरिश्चन्द्र और जयशंकर प्रसाद ने उसको उपेक्षित किया यद्यपि भारतेन्दु अपने कई नाटकों और प्रसाद 'विशाख' और 'कामना' नाटकों में उसके स्वरूप, भाषा और संगीत से काफी

प्रभावित दीखते हैं। 'इन्दरसभा' को वर्षों तक फ्रांसीसी आपेरा की नकल, विदेशी, असाहित्यिक कहा गया। उसकी 'लोकप्रियता' ठुमरी-ग़ज़ल, शेरोशायरी, परी लोक, दरबार के वातावरण, नृत्य, पारसी और हिन्दी के मिले-जुले प्रयोग के कारण उसे उर्दू का प्रथम नाटक तो माना गया और पारसी रंगमंच ने भी उसके रचनाविधान से प्रेरणा ली पर हिन्दी में रंगमंच की अविच्छिन्न परम्परा न होने के कारण और नाटक विधा के साथ एक साहित्यिक आग्रह होने के कारण उसे हल्के रंगमंचीय नाटक के वर्ग में डाल दिया गया। वर्षों बाद डॉ. सुरेश अवस्थी ने 'इन्दरसभा' को ऐसी पहली नाट्य-कृति माना जो आधुनिकता और लोकतत्त्वों से जुड़ा 'संगीत नाटक' है, जो भारतीय नाट्यपरम्पराओं से जुड़ा है। उन्होंने इसे दरबारी नाटक न कहकर 'मध्यकालीन रास शैली के लीला नाटकों और फारसी रंगमंच के नाटकों के बीच की कड़ी' कहा। स्वयं अमानत ने इसे 'जलसए रहस' कहा है। जिस प्रकार की लोकनाट्य रूढ़ियाँ, संवाद, शैली, कार्यव्यापार, राग-रागिनियाँ इसमें हैं, वह उर्दू काव्य, मसनवी शैली, शास्त्रीय संगीत, लोक नाट्यपरम्पराओं अवधी बोली का मोहक, लचीला रूप प्रस्तुत करता है। कई मंचों पर इसकी सभाशैली का विकास हुआ। स्वयं भारतेन्दु को प्रतिक्रिया में 'बन्दरसभा' लिखनी पड़ी। नाटक और रंगमंच की सुदृढ़ नींव डालने में 'इन्दरसभा' की महत्त्वपूर्ण भूमिका मानी गयी लेकिन तब जब रंगमंच की सर्जनात्मक सम्भावनाओं और नाटक, रंगमंच और समीक्षा का अन्तरंग सम्बन्ध बनने से व्यापक दृष्टि का विकास हुआ।

हिन्दी के प्रथम मौलिक, सृजनशील नाटककार के रूप में भारतेन्दु हरिश्चन्द्र आज भी एक युगप्रवर्त्तक साहित्यकार हैं। उन्होंने नाटक और रंगमंच दोनों को एक संगठित आन्दोलन की तरह लिया। फक्कड़, बेहद जिन्दादिल, सजग आलोचक, शास्त्रज्ञ, लोक धर्मिता में रचे-बसे, यथार्थ के बेधड़क-तेज रचयिता और विराट प्रखर, निर्भीक, निर्मम, ओजपूर्ण स्वर के नाटककार भारतेन्दु ने नाटक सोद्देश्य किया-देशवत्सलता समाज सुधार उनके लक्ष्य थे पर हास्य, श्रृंगार और लोक का तिरस्कार करके नहीं-प्रहसन, लोकजागरण, विश्व-चिन्ताएँ, मनुष्य उनके लिए एक साथ महत्त्वपूर्ण थे इसलिए 'अन्धेर नगरी' समकालीन नाट्य विशेषज्ञों के लिए चुनौती बना हुआ है। 'नाटक देखउ सुख पावहु'-नाटक उनके लिए न केवल क्रीड़ा, कौतुक, तमाशा, दिल्लगी, खेल था, वह उनके लिए एक पूरा आन्दोलन था-साहित्यिक आन्दोलन, स्वाधीनता आन्दोलन, भाषा-आन्दोलन, सांस्कृतिक-सामाजिक-राजनीतिक-धार्मिक आन्दोलन और साथ ही रंगमंच आन्दोलन भी। विरोधी परिस्थितियों के बीच हिन्दी प्रदेश की सांस्कृतिक आवश्यकताओं को पहचानकर, अपने समय के संघर्ष को मूर्त करना, हिन्दी की नाट्यकला का निर्माण करना-संस्कृत, लोक, पश्चिम सबके बीच से आधार लेते हुए हिन्दी नाटक और हिन्दी रंगमंच की निजी प्रकृति

का अन्वेषण उनका बहुत बड़ा योगदान है। वह न शास्त्र का अन्धानुकरण करते हैं न पश्चिमी सिद्धान्तों का। 'मनुष्य की परिवर्तनशील त्रृत्तियों का ध्यान रखकर नाटक लिखें' यह उनके रचनाकार का मूल स्वर था। उनका 'नाटक' निबन्ध गम्भीर आलोचना का, हिन्दी में नाट्यालोचन के स्वरूप का, हिन्दी नाट्यशास्त्र का विलक्षण उदाहरण है जो उनकी असामयिक मृत्यु के कारण अधूरा रह गया। 'वैदिकी हिंसा हिंसा न भवति', 'प्रेमाजोगिनी', 'नीलदेवी', 'विषस्य विषमौषधम्' जैसे नाटक एक ओर सामाजिक-राजनैतिक-धर्मिक विडम्बनाओं का व्यंग्यात्मक चुटीला चित्रण करते हैं तो दूसरी ओर हिन्दी को बहुत ही सुन्दर गीत, लोकछन्द, धुनें देते हैं मसलन 'नीलदेवी', 'भारतजननी', 'अन्धेर नगरी', 'भारत दुर्दशा' के गीत। विभिन्न शैली-शिल्प के प्रयोगों को लेकर वह मौलिक नाटक रच रहे थे। संस्कृत, अँग्रेजी, बांग्ला रचनाओं के अनुवाद, रूपान्तरण और साथ ही देश भर में नाट्य मण्डलियों का निर्माण, हिन्दी नाटक लेकर भ्रमणशील रंग-परम्परा का शुभारम्भ, और इस सब कुछ को एक सौन्दर्यबोध, सांस्कृतिक चेतना और जागरूकता से सम्बद्ध करना, पत्रकारिता के द्वारा नाटक-रचना और नाट्यप्रस्तुतियों पर टिप्पणी-सब मिलाकर इतना चतुर्दिक संघर्ष और आन्दोलन था जो उनके व्यक्तित्व को समूचे हिन्दी नाट्य-साहित्य और रंगमंच के इतिहास में बिल्कुल अकेला खड़ा करता है। समकालीन हिन्दी रंगमंच पर 'अन्धेर नगरी' के सार्थक, सर्जनात्मक प्रयोगों ने, भारतेन्दु के इस छोटे से प्रहसन ने एक कालजयी, सार्वभौमिक क्लासिक नाटक की संज्ञा प्राप्त कर ली है। हिन्दी नाटक और हिन्दी रंगमंच की दृष्टि से भारतेन्दु ऐतिहासिक सन्दर्भ पुरुष हैं।

इस संगठित आन्दोलन का बहुत महत्त्वपूर्ण भाग भारतेन्दु युग का वह प्रतिनिधि मण्डल भी था जो लेखन, अनुवाद, रंगमण्डली बनाना, नाट्य-प्रदर्शन, समीक्षा, पत्रिका के कार्यों में बराबर सक्रिय रहा। श्रीनिवास दास, प्रताप नारायण मिश्र, राधाकृष्ण दास, बालकृष्ण भट्ट, राधाचरण गोस्वामी, किशोरीलाल गोस्वामी आदि ने नाट्य रचनाओं और प्रदर्शनों आलोचनाओं द्वारा एक ओर छुआछूत, पाखण्ड, स्त्रीशिक्षा, विधवा-विवाह, बालविवाह, सतीप्रथा, पर्दाप्रथा जैसे विषयों को जनसमाज तक पहुँचाया दूसरी ओर प्रहसनों द्वारा खूब प्रहार भी किया और मनोरंजन तत्त्व को लोकजीवन से बराबर जोड़ा। देवकीनन्दन त्रिपाठी, बालकृष्ण भट्ट, खड्गबहादुर मल्ल आदि के प्रहसनों में चुटीलापन तो है पर भारतेन्दु जैसी तराश और सूक्ष्म व्यंजनाएँ नहीं फिर भी चूँकि हिन्दी में प्रहसन बहुत कम है इसलिए भारतेन्दु युग के प्रहसनों का संग्रहण, प्रकाशन, पुनर्मूल्यांकन और प्रस्तुतीकरण एक रचनात्मक कदम हो सकता है। जन-जागरण, नाटक और यथार्थ, नाटक और रंगमंच के रिश्ते को प्रतिष्ठित करने में भी इससे भारतेन्दु और भारतेन्दु युग का एक दृष्टिकोण हमारे सामने आता है। भारतेन्दु युग के सभी नाटककार मौलिक नाट्य रचनाओं के साथ-साथ संस्कृत,

अँग्रजी, बांग्ला आदि नाटकों के अनुवाद भी करते रहे। भारतेन्दु युग का नाट्यलेखन भारतेन्दु-मार्ग पर तो चला और प्रयास भी किये पर नाट्य-कला, रंग-कला और नाट्यभाषा की सर्जनात्मकता की दृष्टि से कोई नाटक कोई मौलिक, ठोस कदम नहीं उठाता। फिर भी केवल इस अर्थ में इसी युग में हिन्दी नाट्यकला के स्वरूप की नींव पड़ गयी कि भारतीय और पाश्चात्य नाट्यसिद्धान्तों में अनेक प्रकार की छूट लेते हुए, कथानक, चरित्र चित्रण, भाषा-प्रयोग अन्य रंग-युक्तियों में स्वतन्त्रता लेते हुए नाटककार नाट्यसृष्टि करते हैं। इस काल में पारसी नाटक और रंगमंच भी व्यावसायिक रंगमंच के रूप में पूरे हिन्दी भाषी क्षेत्र में छाये हुए थे। पारसी नाटक कम्पनियाँ आगा हश्र, राधेश्याम कथावाचक, नारायण प्रसाद बेताब, हरिकृष्ण जौहर आदि से नाटक लिखवाकर राष्ट्रीयता, धार्मिकता, पुनरुत्थान की भावना, सामाजिक-सांस्कृतिक स्थितियों को प्रस्तुत कर दर्शकों को संरक्षण प्राप्त कर रही थीं। हमारे बुद्धिजीवी वर्ग, स्वयं साहित्यकारों द्वारा पारसी नाटक और रंगमंच को सर्वथा अश्लील, भ्रष्ट कहकर नकार दिया जाना हिन्दी नाट्य साहित्य और रंगमंच की एक दुर्घटना कही जा सकती है। यहीं से नाटक दो भागों में विभाजित हो गया-साहित्यिक नाटक और रंगमंचीय नाटक। साहित्य समीक्षकों द्वारा किया गया यह विभाजन हिन्दी नाटक और रंगमंच के लिए आज भी घातक सिद्ध हुआ है। एक विरोधाभास, भेद-दृष्टि, भ्रम, पूरे हिन्दी नाट्यसाहित्य को गलत धारणाओं, निष्कर्षों और प्रतिक्रियात्मक दृष्टि से प्रभावित करता गया है। आगे चलकर हमारे नाटककारों में सुधारवादी भावना ही प्रबल थी। भारतीय और पाश्चात्य साहित्य और विचारधाराओं को, नाट्यकला सम्बन्धी नियमों को आत्मसात करके अपनी रचना शक्ति को प्रमाणित करने का व्यक्तित्व इस 'संक्रान्ति काल' में नहीं था। रंग-चेतना का युग होते हुए भी सशक्त नेतृत्व के अभाव में हिन्दी का अव्यवसायी रंगमंच और हिन्दी रंगमंच की स्वभागवत मौलिक विशेषताओं में जैसे एकदम शून्य पैदा हो गया।

जयशंकर प्रसाद हिन्दी नाटक और रंगमंच को गम्भीर मोड़ देने वाले नाटककार हैं। उन्होंने भारतीय शास्त्रीय और सांस्कृतिक परम्पराओं को आत्मसात करते हुए समूचे राष्ट्रीय संघर्ष, चरित्र और आधुनिक मानवीय द्वन्द्व को नवीन सौन्दर्यबोध के साथ नाटक में अभिव्यक्त किया। उनका रचनालोक अनन्त उदात्त भी है और जटिल भी, देश-काल के साथ उसकी अर्थच्छायाएँ खुलती जाती हैं। प्रसाद के 'स्कन्दगुप्त', 'चन्द्रगुप्त', 'ध्रुवस्वामिनी' नाटकों से जो भारतीय क्लासिक तत्त्व, जो भारतीयता और आधुनिकता का संघर्षमूलक सन्तुलन, जो संगीत और काव्य की आन्तरिक लय, मन:स्थितियों की सूक्ष्म, सघन संवेदना मिली, वह अपनी विशिष्टता में आज भी अकेला है। इतिहास उनके लिए अध्ययन-चिन्तन, अन्वेषण का विषय भी बना और अतीत की गौरवपूर्ण स्मृतियों द्वारा सांस्कृतिक पुनर्जागरण का आधार भी। पहली बार

हिन्दी नाटक को इतने सशक्त संवेदनशील, द्वन्द्वात्मक चेतना से सम्पन्न, स्वतन्त्र, मानवीय व्यक्तित्व मिले। उनके नारी पात्र अपनी संवेदनात्मकता और वैविध्य में अमर हो गये। भले ही कालिदास और शेक्सपियर की तरह प्रसाद अपनी मौलिक रंगशैली न तलाश पाये हों लेकिन यह चुनौती उन्होंने स्वयं रंगमंच को दी। उनका 'रंगमंच' निबन्ध और प्रसाद के नाटक इस सत्य का प्रमाण हैं कि उनके नाटकों में हमारा भारतीय शास्त्रीय मंच है और परिचय से आते प्रभाव पर भी वह न तो पारसी रंगमंच के समर्थक थे, न इब्सन के यथार्थवादी मंच के। 'हिन्दी का अपना कोई रंगमंच नहीं है' यह चिन्ता उन्हें बहुत गहरी थी। प्रसाद ने विरोधी पात्रों की परिकल्पना से, नाट्यभाषा से लय, तनाव और क्रिया की सृष्टि की। स्कन्दगुप्त-भटार्क, देवसेना-विजया, ध्रुवस्वामिनी-रामगुप्त आदि से अद्‌भुत नाटकीय उत्तेजना बनती है। प्रसाद रूढ़िबद्ध ढाँचे से पात्रों को निकालते हैं-अजातशत्रु, स्कन्दगुप्त, विजया, प्रपंचबुद्धि, मुद्‌गल, पुरोहित आदि में यह प्राणतत्त्व है। प्रसाद की भाषा को दुरूह कहकर नाटकों को अरंगमंचीय, साहित्यिक कहकर छोड़ देना हमारी कमी थी। वस्तुतः प्रसाद की नाट्यभाषा अपने काव्य, संगीत, सघनता, लय-ध्वनि-वाक्छन्द में एक कीर्तिमान है जिसके उच्चारण के लिए वैसे ही अभिनेता अपेक्षित है। जिस तरह सुख-दुःख मिश्रित, सुखान्त-दुःखान्त का समन्वित रूप 'प्रसादान्त' प्रसिद्ध हुआ उसी प्रकार आगे चलकर 'प्रसाद संगीत','प्रसाद रंगमंच' भी। प्रसाद में एक विराट् रंग-स्थापत्य है और खुला प्राकृतिक परिवेश.। बहुत लम्बे समय तक प्रसाद के नाटक ऐतिहासिकता, दार्शनिकता, उदात्त मूल्यों, राष्ट्रीय उद्‌बोधन और व्यक्ति-वैचित्र्य, समन्वय, छायावाद की काव्यात्मकता, रहस्यात्मकता और गीतात्मकता के प्रतिमानों पर देखे जाते रहे या उन्हें आभिजात्य का भावुक नाटककार कहा गया या अरंगमंचीय यद्यपि 'स्कन्दगुप्त' में 'हैमलेट' की अनुभूति भी हुई और 'ध्रुवस्वामिनी' में प्रसाद के यथार्थवाद और आधुनिक नारी के स्वाभिमान, द्वन्द्व और विद्रोह की भी। रंगमंच और समीक्षा के लम्बे शून्य और विरोधाभास ने प्रसाद जैसे नाटककार का सही मूल्यांकन नहीं किया और वर्षों तक निर्धारित निष्कर्षों की पुनरावृत्ति होती रही। प्रसाद के नाटकों पर पुनर्विचार और सर्जनात्मक समीक्षा आरम्भ हुई समकालीन रंगमंच की सार्थक अन्वेषण वृत्ति के साथ। सातवें दशक में शान्ता गाँधी, राम गोपाल बजाज और आगे डॉ. सिद्धनाथ कुमार द्वारा 'स्कन्दगुप्त' के संशोधित संस्करणों से नये अध्याय खुले। राम गोपाल बजाज द्वारा प्रस्तुत 'स्कन्दगुप्त' से, प्रस्तुतीकरण, प्रसाद पर सेमिनार, लेखकों रंगकर्मियों-निर्देशकों के बीच संवाद शुरू हुआ। आठवें-नवें दशक में मुख्य रूप से ब. व. कारन्त ने अपनी 'स्कन्दगुप्त' प्रस्तुति से नयी सम्भावनाओं, सार्थक बहस का आरम्भ किया-गौण चरित्रों की आधुनिक व्यंजनाएँ, प्रसाद के गीत, काव्य का आकर्षक नाट्य-संगीत, विरोधी चरित्रों का अभिनय, विदूषक और श्मशान दृश्य की

परिकल्पना में भारतीय नाट्यधर्मी-लोकधर्मी परम्पराएँ विभिन्न दृश्यों की संरचना और संयोजन ने एक नया दौर शुरू किया। कारन्त जी ने 'विशाख' और 'कामना' का भी रंगमंचीय विश्लेषण किया और 'ध्रुवस्वामिनी' (गिरीश रस्तोगी) के लगातार प्रदर्शनों से जहाँ प्रसाद की भाषा के आन्तरिक काव्य, भारतीय अभिनेता तत्त्व, रंगभाषण में उनको छन्दात्मकता और लय की खास पहचान पर, देवेन्द्रराज अंकुर की प्रस्तुति से यथार्थवादी शैली पर और अभी रॉबिन दास द्वारा 'जनमेजय का नागयज्ञ' पर गम्भीर कार्य प्रसाद के नाटकों को कई प्रकार से देखता है पर हमारे रंग जगत और समीक्षा जगत की यह विडम्बना हमेशा रही है कि जो काल-विशेष नयी बहसों को उठाने का रहा है खासकर तब जब लगातार धर्मयुग, दिनमान, कलावार्ता, नटरंग, जनसत्ता आदि उन प्रस्तुतियों, प्रतिक्रियाओं, गोष्ठियों को बराबर सामने ला रहा हो-सहसा सारी चिनगारियाँ कहीं बुझ जाती हैं और पुनः एक ठहराव आ जाता है। निश्चय ही प्रसाद के नाटक 'स्थायी शक्ति के नाटक' हैं और प्रत्येक अभिनेता, निर्देशक को उनके मंचन करना अपने को पहचानना और प्रशिक्षित करना है। प्रसाद के नाटक भिन्न प्रकार के काव्य का आस्वाद भाषा से अनुराग और भारतीय नाट्य-संस्कृति की माँग करते हैं-उस साहित्यिक वैभव की भीतरी समझ की भी। शेक्सपियर के नाटकों की तरह आज भी प्रसाद के नाटकों पर बार-बार नवीन रंगकार्य अपेक्षित है।

भारतेन्दु हरिश्चन्द्र की तरह जयशंकर प्रसाद के बाद भी प्रसाद युग में वैसा नवनाट्यचेतना-सम्पन्न कोई नाटककार संगठित प्रयासों के साथ उदित नहीं हुआ। यद्यपि 19वीं शताब्दी के अन्तिम चरण में बहुत सारा नाट्य साहित्य लिखा गया-प्रेमचन्द्र, सुदर्शन, बेचनशर्मा उग्र, मैथिलीशरण गुप्त, मिश्रबन्धु भी लिख रहे थे पर मानवीय संवेदना, चरित्र, नाट्यकला, आदि का वह निखार उनमें नहीं था। प्रहसनों की लम्बी परम्परा इस समय भी चली पर इन प्रहसनों का कोई कलात्मक वैशिष्ट्य नहीं है-भले ही कुछ विद्वान इस युग के प्रहसनों को आगामी यथार्थवादी नाटकों की भूमिका मानते हैं। तॉलस्तॉय, मोलियर, मैटरलिक के नाटकों के अनुवाद और रूपान्तरण का क्रम भी चलता रहा। रवीन्द्रनाथ टैगोर, द्विजेन्द्र लाल राय आदि का श्रेष्ठ नाट्य साहित्य अनुवाद के माध्यम से उस प्रक्रिया को बनाये रहा। पारसी रंगमंच इस युग में भी सक्रिय था और पं. माधव शुक्ल, माखनलाल चतुर्वेदी, राधेश्याम कथावाचक से नाटक लिखवाये जा रहे थे लेकिन हिन्दी में पारसी नाटक और रंगमंच के प्रति प्रतिक्रियात्मक दृष्टि बनी रही। प्रसादोत्तर युग में हिन्दी नाटक में दो धाराएँ कार्य करती रहीं-एक, सांस्कृतिक और राष्ट्रीय चेतना की, दूसरी, यथार्थवादी चेतना और समस्या नाटक की। सेठ गोविन्ददास, हरिकृष्ण प्रेमी, गोविन्द वल्लभ पन्त, उदयशंकर भट्ट का प्रचुर नाट्य साहित्य राष्ट्रीय संग्राम एवु पुनरुत्थान की भावना

के साथ लिखा गया। ऐतिहासिक पौराणिक नाटकों द्वारा ये नाटककार राष्ट्रीय एकता, नैतिक मूल्यों, उदारता, समन्वय पर भी बल दे रहे थे और रूढ़ियों, अन्धविश्वासों, जातिवाद को तोड़ने पर भी । दूसरी ओर लक्ष्मीनारायण मिश्र ने प्रसाद की प्रतिक्रिया में इब्सन के यथार्थवाद के आधार पर हिन्दी में समस्या नाटक-आन्दोलन का शुभारम्भ किया। उनके 'मुक्ति का रहस्य' और 'सिन्दूर की होली' नाटकों और उनकी भूमिकाओं से बौद्धिकता, तर्क, पात्रों के स्वतन्त्र विचारों से एक तहलका सा मचा। नाट्यशिल्प को भी मिश्र जी ने आधुनिक यथार्थवादी नाट्यशैली के रूप में चुना और प्रसाद के विरुद्ध गीतों, स्वगतों, संगीत, छायावादी भावुकता का खुलकर बहिष्कार किया। हिन्दी के इतने सारे नाट्यसाहित्य की सबसे बड़ी सीमा थी उनकी विषय-प्रधानता, सोद्देश्यता, एक पाठ्य पुस्तक की तरह वक्तव्य, पूर्व-निर्धारित लक्ष्य। ये नाटककार व्याख्याकार की तरह आये। 'दर्शक', रंगमंच की परिकल्पना नाटक विधा की सर्जनात्मक मौलिकता का इनमें सर्वथा अभाव है। संवादों, रंग-निर्देशों, चरित्रों के यान्त्रिक प्रवेश-प्रस्थान से स्पष्ट पता चल जाता है कि इन नाटककारों के पास रंगमंच का अनुभव नहीं है। न कहीं चारित्रिक आवेग, न नाटकीय तनाव, न संघर्ष मूलक भाषा की हरकत और न कार्यतत्त्व। केवल सूक्तियाँ जिनमें अभिनय है ही नहीं। ऐसा नहीं है कि उस समय रंगमंच था ही नहीं। यद्यपि चौथे दशक में फिल्मों के प्रभाव से नाट्यमण्डलियाँ बिखरने लगी थीं फिर भी पारसी रंगमंच फिल्मों की स्पर्धा में बराबर जूझ रहा था। इसके अतिरिक्त हिन्दी रंगमंच की कई मण्डलियाँ कलकत्ता, कानपुर, दिल्ली में 1936 से 1950 तक लगातार सक्रिय थीं। कुछ भ्रमणशील मण्डलियाँ व्यावसायिक रंगमंच के इतिहास को, रंगमंच के 'घुमन्तू व्यक्तित्व' को जीवित रखे थीं। रंग-चेतना को बचाने के प्रयत्न में पारसी रंगमंच भी 1969 तक जूझता रहा। यह विरोधाभास ही है कि एक ओर रंगमंच संघर्षरत था-गाँधी जी के राष्ट्रीय संग्राम और क्रान्ति-चेतना को प्रभावित युवा-चेतना उमंग, उत्साह से भरी थी। हिन्दी भाषी क्षेत्र में रंगमंच की सक्रियता, संघर्ष, उमंग को किसी ने इस रूप में कभी नहीं देखा। यह दुर्भाग्य था कि इस उमंग, ऊर्जा को न साहित्यकारों ने समझा, न राजनेताओं ने। यह स्वर्णिम अवसर था जब हिन्दी नाटक और रंगमंच के अन्त:सूत्र प्रगाढ़ होते और राष्ट्र-निर्माण, सांस्कृतिक जागरण में नाटककार और रंगकर्मी दोनों का योगदान होता। लक्ष्मीनारायण मिश्र ने आक्रामक रवैये में नाटक लिखे। उनमें इब्सन का केवल बाह्य यथार्थ है समूचा यथार्थवादी रंगमंच नहीं। 'डाल्स हाउस' जैसे 'अप्रत्यक्ष सौन्दर्य', सूक्ष्म यथार्थ की सांकेतिकता की शक्ति उनमें नहीं थी। नाट्यकर्म के अभाव में इस समय हिन्दी नाटक 'लिखित भाषा' और 'स्थिरता' का शिकार होता गया। उदयशंकर भट्ट की नाट्य रचनाओं में रंगमंच की स्फूर्ति तनाव, कार्य और जटिल स्थितियाँ हैं। रंगमंच पर उनके निबन्ध भी उनके मौलिक

विचारों की अभिव्यक्ति है। उनकी 'गुरु द्रोण का अन्तर्निरीक्षण', 'अश्वत्थामा', 'कमला' रचनाएँ और उनके गीतिनाट्य हिन्दी नाट्यसाहित्य को शिल्प और दृश्यत्व का भारी व्यक्तित्व का, चारित्रिक जटिलताओं का वैविध्य और आरोह-अवरोह देते हैं पर न तो उनका यही मूल्यांकन हुआ, न बांग्ला की तरह हिन्दी में गीति नाट्यों की कोई जमीन या अविच्छिन्न परम्परा बनी। इन नाटकों का न तो हमारे यहाँ कोई रंगमंच था, न गीतिनाट्यों के साथ कोई रागभाव और समीक्षात्मक क्रम। ज्यादातर पद्य नाटक, काव्यनाटक, नाटकीय कविता, गीतिनाट्य पर बातचीत होती रही। हिन्दी साहित्य सम्मेलन, नागरी प्रचारिणी सभा से हिन्दी नाटक के मंचन शुरू हुए। शिवपूजन सहाय, श्यामसुन्दर दास, माधव शुक्ल जैसे साहित्यकारों ने रंगमंच को विकसित करना चाहा। दर्शकसमूह जुटाने के लिए प्रदर्शन से पहले मुशायरे, कवि सम्मेलन के प्रयास भी हुए। जो समय बंगाल, महाराष्ट्र में रंगमंच के व्यापक प्रचार-प्रसार का था, वह हिन्दी में रंगमंच की अस्तित्व-शून्यता का था।

इन्हीं विरोधी परिस्थितियों के बीच उपेन्द्रनाथ अश्क और जगदीशचन्द्र माथुर ने 'नाट्य' को, दृश्यभाषा अवश्य पहचाना। अश्क के 'अंजो दीदी' और 'छठा बेटा' में मध्यवर्गीय जीवन की व्याप्ति भी है और रंगमंचीय मुहावरे की खोज भी। वह हिन्दी में मध्यवर्गीय और उच्चवर्गीय जीवन के यथार्थ को और सम्बन्धों को पूरी प्रामाणिकता से चित्रित करनेवाले नाटककार कहलाये। एक ओर पाठ्यक्रम में रामकुमार वर्मा के सांस्कृतिक, छायावादी प्रवृत्ति के नाटक दूसरी ओर अश्क के जीवन्त यथार्थ के नाटक परस्पर विरोधी प्रवृत्ति के साथ बहुत बड़ी संख्या में लिखे गये। हास्य, व्यंग्य, बोलचाल की भाषा की ध्वनि लय, लिखित भाषा से मिल जीवन्त भाषा की, दृश्यात्मक टोन की रचना हिन्दी नाट्यसाहित्य को अश्क की एक देन है। छायावादी भाषा की अस्पष्टता और आगे के युग की भाषण प्रधान, क्रियाविहीन भाषा की, चरित्रों की स्थूलता को अश्क ने तोड़ा। 'अंजो दीदी' का मंचन करके मैंने महसूस किया कि वह केवल यथार्थ, सनक, मनोविज्ञान कहकर सीमित कर देने वाली रचना नहीं है जो 50-60 वर्षों से इसी खाते में पड़ी है। बिना रंग-युक्तियों, प्रयोग-वृत्ति के ताजगी भरी चुहलपूर्ण भाषा और आकस्मिक स्थितियों के उद्घाटन से पैदा होती जाती चमक से यह बराबर दर्शक को खींचता चला जाता है-गुदगुदी के साथ, यह चुलबुलाहट और रवानगी भारतेन्दु के अलावा हिन्दी में किसी में नहीं है। ड्राइंगरूम, परिवार, नौकर की पारम्परिक छवि इतनी भिन्न और प्रासंगिक हो जाती है कि वे नाटक की संवेदना, शिल्प और लक्ष्य बड़े अनिवार्य अंग बन जाते हैं। दो अंकों के बीच का बीस साल का अन्तराल गहरी नाटकीय व्यंजनाएँ, रंगमंचीय गत्यात्मकता देता है। दो जीवन-शैलियों के चरित्रों की टकराहट से एक नयी आधुनिक जीवन-दृष्टि उभरती है। वैचित्र्य, सांकेतिकता, लय-वैविध्य, अत्यन्त तीव्रता और

चुस्ती के कारण यह नाटक चेखव और गोर्की के नाटकों के यथार्थ और फार्म के निकट है। दर्शकों को दिमागी हलचल की निरन्तरता में बाँधनेवाला यह नाटक अनन्त नये आस्वाद का होते हुए भी, मनोरंजन, लोकरंजन के गुणों का होते हुए भी रंगमंच और समीक्षा जगत में अदृष्ट पड़ा रहा। इसी प्रकार जगदीशचन्द्र माथुर और भुवनेश्वर हिन्दी नाटक, रंगमंच और भाषा-शिल्प के नये सर्जक हैं-अग्रगामी चेतना के नाटककार हैं। जगदीशचन्द्र माथुर ने पूर्ण नाटक 'कोणार्क' द्वारा स्वच्छन्दतावाद, यथार्थवाद, प्रगतिशील चेतना के सन्तुलन का, भारतीय परम्परा को नये स्तरों, आधुनिक वैचारिक पक्ष के साथ, चरित्रों के मानसिक आवेगों के आरोहावरोह के साथ रंगशिल्प की सजीव, प्रौढ़ कृति हिन्दी नाटक और रंगमंच को दी। 'कोणार्क' तब लिखा गया जब हिन्दी नाटक में अपूर्णता का बोध हो रहा था और अन्य विधाओं की तरह इस जटिल विधा में भी नये आयामों की खोज अनिवार्य थी। इसीलिए धर्मवीर भारती ने माना कि यहाँ से आधुनिक नाट्य-लेखन में समकालीनता का नया बोध अज्ञात रूप से प्रस्फुटित होने लगता है... परवर्ती नाट्यसृजन में कई धरातलों पर विविध प्रयोग होने पर भी 'कोणार्क' संकेतात्मक समकालीनता के प्रारम्भिक बिन्दु का एक उदाहरण सिद्ध होता है। विश्वयुद्ध से रचनाकारों के हृदय में विषम, विकृत राजनैतिक, सामाजिक, आर्थिक परिस्थितियों से जो प्रतिक्रिया हुई, उसी मानवीय यन्त्रणा, आक्रोश, आवेग को 'कोणार्क' त्रासदी के रूप में चित्रित करता है जो आगे चलकर 'अंधायुग' की सृष्टि में फूट पड़ा। मोहभंग की अभिव्यक्ति में यह नाटक 'आद्यन्त रंगमंच के काव्य' से भरा पड़ा है। रंगमंच पर जगदीशचन्द्र माथुर के लेख-परिशिष्ट और भूमिकाओं में-आज दिशा दिखाने वाले हैं। माथुर ने हमेशा बाह्य उपकरणों को नहीं, चरित्र और अभिनेता को प्रधानता दी। 'कोणार्क' स्व की प्रतिष्ठा और मानवीय गरिमा का, अन्तर्जगत बहिर्जगत का ऐसा सशक्त नाटक है जहाँ साहित्य और रंगमंच का भेद ही नजर नहीं आता। यह 'पूर्ण नाटककार' के दायित्व की अभिव्यक्ति है। प्रसाद के नाटकों का साहित्यिक आग्रह इसमें नहीं और न प्रतिक्रियात्मक दृष्टि।

भुवनेश्वर ने भी 'तांबे के कीड़े' जैसा एब्सर्ड नाटक फ्रेंच नाटककारों से पूर्व रचा और हिन्दी नाटक और रंगमंच को विश्व के इतिहास में अभूतपूर्व स्थान देने की सार्थकता दिखायी पर उनकी गणना इतिहासकार 'कारवां' के जरिये केवल एकांकी के इतिहास में करते रहे। 'ताँबे के कीड़े' में न केवल एब्सर्ड नाट्यान्दोलन है-बल्कि कथ्य और शिल्प के गम्भीर मोड़, वर्तमान समय की ट्रेजेडी विश्वमानव की पीड़ा और त्रासदी है-यह समय से पहले की रचना है, निश्चित साँचे में ढली हुई अभिव्यक्ति से मुक्ति का नाटक है-सब कुछ असम्बद्ध, अनिश्चित, अर्थहीन। स्वप्न, फैण्टेसी, मृत्यु, भय यही अनिवार्य अंग है। बेतुकी, ऊलजलूल बातों से, अनाम

पात्रों से, नायकत्व को पूर्णतः नकारकर, सारी तिलमिलाहट और ट्रेजेडी-कॉमेडी के गड्डमड्ड होते स्वरूप को भुवनेश्वर शब्द को आत्मा में प्रवेश कर चित्रित करते हैं। यह नाटक भी ऊलजलूल मानकर वर्षों तक अनदेखा पड़ा रहा। विपिन कुमार अग्रवाल की लम्बी भूमिका, 'कारवां' के प्रकाशन और 60 के बाद सत्यव्रत सिन्हा, विपिन कुमार अग्रवाल द्वारा प्रदर्शनों के प्रयास से लोगों का ध्यान इस सशक्त नाटक की ओर गया। काफी समय बाद सातवें-आठवें दशक में कृष्णनारायण कक्कड़ के प्रयासों से भुवनेश्वर के नाटकों-एकांकियों का मंचन, संगोष्ठी हुई। शुकदेव सिंह द्वारा 'भुवनेश्वर की रचनाएँ संपादित हुआ, अब तो भुवनेश्वर संस्थान भी है शाहजहाँपुर में। उन पर राजकुमार शर्मा की सम्पादित पुस्तकें भी हैं और अभी साहित्य अकादमी, दिल्ली ने भुवनेश्वर पर मोनोग्राफ (गिरीश रस्तोगी) भी निकाला पर ये सब बहुत बाद की बातें हैं। हमारे 40-50 वर्षों के समकालीन हिन्दी रंगमंच पर बेकेट के 'वेटिंग फार गोदो' के लगातार देश भर में मंचन हुए पर 'ताँबे के कीड़े' को लेकर इस प्रकार की शृंखला, रंग-चर्चा नहीं हुई। जबकि रंगभाषा और शिल्प की दृष्टि से, समकालीन विश्व-अनुभवों के चित्रण में भुवनेश्वर अद्‌भुत, जीनियस प्रतिभा के नाटककार हैं–समय से पहले समय की नब्ज को पहचानने वाले। इस माने में उनका 'आजादी की नींद' प्रहसन भी गूढ़ रहस्यात्मक संकेतों से भरा हुआ है–आजादी से पहले आजादी की नियति को पहचानने वाला लेखक। रंगमंच पर भी भुवनेश्वर की 'टिप्पणियाँ' विचारणीय हैं। उन्हें सही समय पर न रंगमंच मिला, न समीक्षा। रंगमंच के प्रति हीनता, अवमानना का भाव जन्म ले चुका था जिससे साहित्य, रंगमंच और समीक्षा के शाश्वत, रचनात्मक सम्बन्ध नहीं बन पाये साहित्यिक समीक्षकों को न रंगमंच का ज्ञान था न विश्व में होने वाले रंगान्दोलन का इसलिए स्वतन्त्रता के समय तक हिन्दी नाटक इसी पृष्ठभूमि में अकेला विकसित हो रहा था।

हिन्दी का नाटक और शौकिया रंगमंच आजादी से पूर्व केवल कॉलेजों, स्कूलों के वार्षिकोत्सवों-प्रतियोगिताओं तक सीमित रह गया। एकांकी-प्रदर्शन तक रंगमंच सीमित रह गया। नाट्य लेखन से रंगमंच का कोई रिश्ता नहीं शेष था। व्यावहारिक रंगमंच की इस शून्यता को बेधने का काम किया दो रंगमंच शक्तियों ने–एक, पृथ्वी थियेटर और दूसरी, इप्टा। ये दो रूप, दो दृष्टियाँ थीं पृथ्वी थियेटर (1944) का उदय एक ठोस कदम था–शुद्ध व्यावसायिक और भ्रमणशील मंच जिसने पारसी रंग शैली से हटकर, सिनेमा से होड़ करते हुए नयी रंगकला, अभिनय का आदर्श, तलाश कर नयी शैली शिल्प के नाटक लिखवाये और बिना समझौता किये व्यावसायिक मंच का उदाहरण प्रस्तुत किया। 'शकुन्तला', 'पठान', 'दीवार', 'गद्दार,' 'आहुति', 'पैसा', 'किसान' उनकी नवनाट्यान्दोलन की मार्गदर्शक नाट्य

प्रस्तुतियाँ हैं। इसका अखिल भारतीय रूप संघर्ष, निष्ठा, आर्थिक पक्ष, लेखन के स्तर पर प्रतिष्ठित हुआ। पृथ्वीराज कपूर की मृत्यु के बाद शशि कपूर और जेनीफर कपूर ने समकालीन रंगमंच के रूप में पृथ्वी थियेटर की स्थापना की जो आज भी बम्बई में संजना कपूर की देख-रेख में हिन्दी रंगमंच की जड़ें मजबूत करने में लगा हुआ है। 1943 में बंगाल के अकाल के कारण अखिल भारतीय स्तर पर बम्बई में कमलादेवी चट्टोपाध्याय द्वारा चारों और बिखरे मंचों को एक जगह संगठित करने का प्रयास 'इप्टा' ने किया था। यह एक बहुत बड़ी उपलब्धि थी। इप्टा ने निश्चित यथार्थवादी शैली से हटकर सर्जनात्मक रंगमंच खोजा, जनजीवन से रिश्ता बनाकर आजादी के बाद मौलिक सौन्दर्यबोध और रचनात्मक वैविध्य के साथ खड़ा हुआ। देश भर के साहित्यकार, कलाकार, संगठित होकर पराधीनता और आर्थिक असमानता के विरुद्ध, राष्ट्र को प्रसुप्त आत्मा को झकझोरने और जीवन-शक्ति फूँकने और सार्थक रंगकर्म के लिए खड़े हुए। हिन्दी साहित्य और कलाओं में यह काल प्रगतिवादी आन्दोलन का था। श्रेष्ठ साहित्य लोकमंच के तत्त्वों, संगीत को लेकर पूरे भारतीय रंगमंच में क्रान्ति की लहर दौड़ गयी। देश भर में शाखाएँ खुलीं। बहुत ही महत्त्वपूर्ण कार्य भी हुए पर आर्थिक संकट और राजनीतिक दृष्टि से प्रचारात्मकता बढ़ते जाने के कारण इप्टा ऊष्मारहित हो गया और 60 से पूर्व ही बिखरने की स्थिति में आ गया लेकिन स्वातन्त्र्योत्तर रंगमंच के विकास में कहानियों-उपन्यासों के मंचनों में लोकसंगीत, लोकरंगशैली के प्रयोगों से, इप्टा का महत्त्वपूर्ण योगदान है। इसी के प्रभाव से दिल्ली में एशियन थियटर इंस्टीट्यूट की स्थापना हुई जिसे वर्तमान समय में राष्ट्रीय नाट्य विद्यालय, दिल्ली का जन्म हुआ।

हिन्दी में नाटक के कई नवीन रूप विकसित हुए। नाट्य कला की दृष्टि से गीतिनाट्य, एकांकी, रेडियो नाटक। प्रसाद के 'करुणालय' से आरम्भ होकर गीतिनाट्य परम्परा का विकास अनेक नाटककारों में हुआ जो उदयशंकर भट्ट के 'विश्वामित्र' 'मत्स्यगन्धा' में और भगवतीचरण वर्मा के 'तारा' में विशिष्ट रूप में मुखर हुई। भाव-सघनता भाव की एकतानता, नारी चरित्र के अन्तर्द्वन्द्व का, मनोविज्ञान, आधुनिकता पौराणिक आख्यान के सामंजस्य का ये श्रेष्ठ उदाहरण है जो आगे चलकर धर्मवीर भारती के 'अन्धायुग', 'नदी प्यासी थी', 'सृष्टि का आखिरी आदमी', लक्ष्मीनारायण लाल कृत 'सूखा सरोवर', दुष्यन्त कुमार के 'एक कण्ठ विषपायी', भारतभूषण अग्रवाल के 'अग्निलीक' में चरम रूप में विकसित हुई। काव्य नाटक को उस समय रंगमंच भले ही न मिला हो, रेडियो माध्यम के रूप में अवश्य मिला। उस समय बहुत से कवि, रचनाकार रेडियो से जुड़े थे इसलिए सुमित्रानन्दन पन्त, गिरिजा कुमार माथुर, अमृत लाल नागर, नरेन्द्र शर्मा, चिरंजीत, विष्णु प्रभाकर, विनोद रस्तोगी आदि अनेक लेखकों ने श्रव्य काव्य नाटक, फैण्टेसी, रेडियो रूपक, काव्य

रूपक, संगीत-रूपक, मोनोलॉग लिखे। रेडियो नाट्य शिल्प पर डॉ. सिद्धनाथ कुमार की महत्त्वपूर्ण पुस्तक ही नहीं सामने आयी, उनके कई काव्य नाटक रेडियो नाटक विनोद रस्तोगी, चिरंजीत की महत्त्वपूर्ण रचनाएँ प्रहसन, एकांकी और रेडियो नाटक को नये मोड़ देती है, प्रसाद के 'एक घूँट', रामकुमार वर्मा के 'बादल की मृत्यु'- और भुवनेश्वर प्रसाद के 'श्यामा : एक वैवाहिक विडम्बना' से शुरू होकर हिन्दी एकांकी नाटक की प्रमुख विधा के रूप में विकसित हुआ। रामकुमार वर्मा के 'औरंगजेब की आखिरी रात', 'पृथ्वीराज की आँखें', भुवनेश्वर के 'ऊसर', 'स्ट्राइक', जगदीशचन्द्र माथुर के 'रीढ़ की हड्डी' और 'भोर का तारा', 'अश्क' के 'तौलिये' ने एकांकी के नये प्रतिमान स्थापित किये। एकांकी देश भर में खेले गये, पाठ्यक्रम का, दिनचर्या का अनिवार्य अंग भी बने जीवन की विविधता से,
व्यापक संवेदना से, यथार्थ अनुभवों से, पारिवारिक सामाजिक कथ्य से उनका गहरा सम्बन्ध बना। हर एकांकीकार की व्यक्तिगत विशेषताओं ने उस वैशिष्ट्य के कई धरातल दिये उदाहरणार्थ अगर उदयशंकर भट्ट ने पाश्चात्य टेकनीक को भारतीय स्वरूप में ढाला हो उनकी इस भारतीयता और सर्जनात्मक कोशिश में चतुरसेन शास्त्री, विष्णु प्रभाकर, सेठ गोविन्ददास सम्पूर्ण क्षमता के साथ आये, दूसरी ओर लक्ष्मीनारायण मिश्र ने बुद्धिवादी दृष्टिकोण, पाश्चात्य टेकनीक से समस्या एकांकी आरम्भ किया। एकांकी-रचना में उस समय का सारा नाटककार लगा हुआ था। 1940 के बाद से रेडियो माध्यम मिलने से एकांकीकार ही रेडियो के लिए लिखने लगे। विष्णु प्रभाकर के बहुत से एकांकी रेडियो के लिए ही हैं। एक समय आया जब एकांकी और रेडियो नाटक का भेद ही समाप्त हो गया।

एकांकी की यह परम्परा विनोद रस्तोगी के महत्त्वपूर्ण एकांकियों के साथ विकसित होती हुई 50 के बाद नवनाट्यान्दोलन और रंगान्दोलन के युग में भी चलती रही। मोहन राकेश, लक्ष्मीनारायण लाल, सुरेन्द्र वर्मा, गिरिराज किशोर, शंकर शेष, शान्ति मेहरोत्रा, मृदुला गर्ग ने एकांकी को आधुनिक जटिल सौन्दर्य, सूक्ष्म अभिव्यक्ति, नये विषय और संरचनात्मक मौलिकता प्रदान की। जैसे-जैसे 'पूर्ण नाटक' प्रधान होता गया एकांकी और अन्य विविध रूप-लघु नाटक, नुक्कड़ नाटक साहित्य और रंगमंच में महत्त्वपूर्ण हो गये। छठा-सातवाँ दशक विशेष रूप से ऐसा ही रहा। लक्ष्मीनारायण लाल, गिरिराज किशोर ने एब्सर्ड और प्रतीकात्मक एकांकी रचनाएँ भी कीं। आगे चलकर मृणाल पाण्डे, कुसमु कुमार, राधाकृष्ण सहाय, नन्दकिशोर आचार्य, सुदर्शन मजीठिया आदि ने कथ्य और शिल्प को नयी चेतना दी। 'काफी हाउस में इन्तजार', 'हाथी घोड़ा चूहा', 'बादशाह गुलाम बेगम', 'बहुत बड़ा सवाल', 'नींद क्यों रात भर नहीं आती', 'दिल्ली ऊँचा सुनती है', 'ठहरा हुआ पानी' आदि रचनाओं से नाटक और रंगमंच की प्रयोगात्मक वृत्ति उजागर हुयी। नाट्य

साहित्य के इतिहास में और हिन्दी रंगान्दोलन में, भाषा-शिल्प के अन्वेषण में इस काल के एकांकी, लघु नाटकों, प्रतीकात्मक नाटकों का बहुत बड़ा योगदान है। एक समय में एकांकी-रेडियो नाटक समानधर्मी हो गये थे, पर' 50 के बाद 15-20 वर्ष देश भर की रंगमंचीय गतिविधियों में एकांकी, लघु नाटकं ही प्रमुख और स्वतन्त्र, ताजगी भरे सिद्ध हुए।

पचास के बाद से हिन्दी साहित्य की सभी विधाओं में कथ्य और शिल्प की दृष्टि से लेखकीय जीवन दृष्टि को देखते हुए भी एक व्यापक चेतना आन्दोलन की तरह जाग्रत होती है। सर्जनात्मक नाट्यान्दोलन की चेतना वस्तुतः स्वतन्त्रता के बाद नवनाट्य लेखन के साथ ही शुरू हुई। हिन्दी रंगमंच ने अपने अस्तित्व के लिए संघर्ष शुरू किया तो हिन्दी नाटक ने अपनी मौलिकता, साहित्य की अन्य विधाओं से पृथक अपनी विशिष्टता और जटिलता प्रतिष्ठित किया। नाटक, नाट्यसमीक्षा, रंगकर्मी नाटककार, निर्देशक, अभिनेता, दर्शक, पाठक, नाट्य साहित्य की दृश्यात्मकता और रंगमंच के अस्तित्व-बोध, नाटक और रंगमंच की सत्ता के आरम्भ के साथ उजागर हुए। '54-'55 से '75 तक का समय बेहद सर्जनात्मक दृष्टि, सक्रिय संघर्ष, मानसिक बौद्धिक उल्लास, नाटक, रंगमंच, नाट्य समीक्षा के अन्तरंग रिश्ते का, क्रिया-प्रतिक्रिया और वैविध्य का सबसे उर्वर समय माना जाएगा।' सही मानों में 'समग्र नाट्यान्दोलन' की लहर से कालजयी रचनाएँ और रंगमंच की सम्भावनाओं के अन्वेषण का क्रम सहसा एक साथ आरम्भ हुआ। यह वही समय था जब नेहरू ने कलाओं, संस्कृति और साहित्य में आत्मानन्द तलाशने, आत्मान्वेषण करने और उनके द्वारा जनसमूह से सम्बन्ध बनाने का विचार क्रियान्वित किया था-साहित्य, नृत्य, नाटक, कला, संगीत की राष्ट्रीय अकादमियाँ स्थापित कर भारतीय इतिहास में नया अध्याय खोला। विकसनशील भारत में भारतीय भाषाओं के साहित्य और कलाओं के आदान-प्रदान की, भारतीय सांस्कृतिक औदात्य के महत्त्व की यह सार्थक परिकल्पना थी-इस कथन के साथ कि कलाओं में बहुत अधिक सरकारी हस्तक्षेप नहीं चाहता। संगीत नाटक अकादमी, सांस्कृतिक कार्य विभागों, अन्य संस्थानों की स्थापना से नाट्यलेखन और रंगचेतना की क्रियात्मकता में बहुत तेजी से अन्तर आया-सामाजिक और साहित्यिक परिवेश में रंगमंच के प्रति अवमानना के भाव से कुछ राहत मिली। राष्ट्रीय नाट्य विद्यालय की स्थापना (1959) एक सुखद घटना की तरह आयी। समकालीन नाटक की चेतना रंगमंच से जुड़ी और उसी से नाट्य में क्रान्तिकारी परिवर्तन हुआ। यह परिवर्तन धर्मवीर भारती के 'अन्धा युग', मोहन राकेश के 'आषाढ़ का एक दिन' और लक्ष्मीनारायण लाल के 'मादा कैक्टस' और 'रातरानी' में द्रष्टव्य है। एक नवीन रंग-चेतना, नाट्य लेखन की जटिलता मौलिकता के साथ, समसामयिक सन्दर्भों और युगबोध के साथ, अन्तर्मन के द्वन्द्व, चरित्रों की नयी

अवधारणा के साथ, नाट्यभाषा की विलक्षण शक्ति के साथ सामने आयी। 'रातरानी' की भूमिका हिन्दी नाट्यजगत् में वही महत्त्व रखती है जो काव्य में 'पल्लव' और 'परिमल' की भूमिकाओं का है।

धर्मवीर भारती की महाकाव्यात्मक नाट्यकृति 'अन्धा युग' समूचे हिन्दी साहित्य की क्लासिक, कालजयी रचना है। महाभारत के प्राचीन कथानक से प्रसंगों, घटनाओं को सुसम्बद्ध कर नये सन्दर्भों से, अपनी कल्पना-शक्ति द्वारा सर्वथा नवीन उद्भावनाओं और आधुनिक अर्थ-व्यंजनाओं से जोड़ देना भारती की गहरी रचनात्मक प्रतिभा का उदाहरण है। वही प्रसंग, वही पात्र पर उनमें समकालीन अनुभव को, अपने युग-चिन्तन को इस प्रकार गहन संवेदना के साथ गूँथ दिया है कि युद्धोपरान्त अवतरित होते अन्धे युग, विकृत मनोवृत्तियाँ, आत्माओं, आत्म-पराजित, कुण्ठित, पथ-भ्रष्ट विगलित लोगों की मनःस्थितियाँ इस तरह व्यक्त हुई हैं कि अन्धकार, हत्या, हिंसा, घृणा, भय, आतंक, निराशा, प्रतिशोध, अमर्यादा, यंत्रणा के बीच से निकल कर यह नाटक जीवन सत्य, आस्था-मर्यादा, सौन्दर्य की अनुभूति कराता है। 'अन्धा युग' की विलक्षणता चरित्रों को नये आयाम देने में है। धृतराष्ट्र, विदुर, युयुत्सु, अश्वत्थामा, गान्धारी, संजय, प्रहरी सब मानवीय त्रासदी के उद्घोषक, भोक्ता दोनों हैं–नयी कल्पना अर्थात् चरित्रों के एकालाप में पूरे कथासूत्र और नाटकीय विडम्बना आती जाती है। 'अन्धा युग' हमारी संस्कृत नाट्य परम्परा, लोक नाट्य परम्परा ग्रीक को कोरस पद्धति और आधुनिक शिल्प को लेकर रचा गया है। विश्वयुद्ध के बाद की आत्मघाती प्रवृत्तियाँ, आत्मग्लानि, कायर-घृणित जीवन की छटपटाहट, ह्रासोन्मुख मनुष्यता, युधिष्ठिर के अर्धसत्य से जन्मी मनोग्रन्थियों को अश्वत्थामा में इस तरह मूर्त कर दिया है कि लगता है पूरी भाषा बोल रही है। छन्द, लय, शब्दों की ध्वनियाँ, व्यंजनाएँ, 'अन्धा युग' के बिम्ब, प्रतीक अद्भुत हैं। दो प्रहरी यथार्थ हैं, साक्षी हैं। समकालीन अर्थ में वे अमर हो गये। कथागायन का सार्थक उपयोग किया गया है। विश्व की किसी भी रचना के समकक्ष रखी जाने वाली यह कृति अपनी सम्प्रेषणीयता, संवेदनात्मक सघनता, चारित्रिक व्यंजनाओं, महाकाव्यात्मक विस्तार, जीवन्त भाषा के प्राणतत्त्व के कारण और भारतीय रंग-शिल्प के कारण अनेक बार, कई प्रयोगों के साथ मंचित हुई। 'अन्धा युग' तब लिखा गया जब हिन्दी रंगमंच बहुत आगे नहीं था और यह हिन्दी साहित्य में गीतिनाट्य, काव्य नाटक, नाट्य काव्य के साहित्यिक विवाद में उलझा पड़ा था। 'अन्धा युग' ने समकालीन हिन्दी रंगमंच की सर्जनात्मकता, विराटत्व और रंग-शिल्प, अभिनय तत्त्व को चुनौती दी।

विस्तृत खुले मैदान में अल्का जी ने तालकटोरा के खँडहरों में विराटत्व से पूर्ण रंग-स्थापत्य, वेशभूषा, दृश्यात्मक संयोजनों अर्थात् प्रस्तुति का भव्य रूप प्रस्तुत किया। एम. के. रैना की प्रस्तुति ने भी लाल किले के खँडहरों में इस नाटकीय गाथा

को मानवीय ऊष्मा की अनुभूति दी। आज तक सत्यदेव दुबे, बंसी कौल, रतन थियाम बदलते समय के साथ इस कृति में मंच की नयी सम्भावनाओं और परिवर्तन खोजते हैं। हिन्दी की, देश-प्रदेश की बोलियों में, लोक शैलियों में एक रचना के रूपान्तरण और प्रस्तुतीकरण का शुभारम्भ हुआ। 'अन्धा युग' छठे-सातवें दशक में देशव्यापी रंगमंच की रचना बन गया। 'घासीराम कोतवाल' की तरह इसके सैकड़ों प्रदर्शन हुए-अभी भी हो रहे हैं। समूचा उत्तर प्रदेश नये-नये आधुनिकतम प्रयोगों से 'अंधा युग' कर रहा था। पौराणिक सीमाएँ टूट रही थीं। एक ही निर्देशक उसमें नये-नये अर्थ देखकर उसे नये रूप देकर करने को आकृष्ट हुआ। 'अन्धा युग' निर्देशकीय कल्पना को आजमाने का आधार बना। हरेभरे पहाड़ों, पेड़ों, झरनों की प्राकृतिक पृष्ठभूमि में बने 'जापान परफार्मिंग आर्ट सेण्टर' के ऐम्फी थियेटर में रतन थियम ने एक बार फिर 'अन्धा युग' की ताजी प्रस्तुति से मन्त्रमुग्ध कर दिया। प्रभावपूर्ण नाट्यबिम्ब, युद्ध और ध्वंस के परिणाम दिखाते दृश्य ऊर्जामय अभिनय ने दर्शक समूह के सामने हिरोशिमा और नागासाकी की त्रासदी की याद ताजी कर दी और युद्ध के भयानक परिणामों के प्रति सजग भी किया। इस प्रकार साहित्य, रंगमंच, विश्व सन्दर्भों, मनुष्य को जोड़ता यह नाटक हिन्दी का अकेला स्तम्भ बन गया है जिसकी भूमिका चुनौती, सृजन और परिवर्तन की है।

मोहन राकेश के नाटक हिन्दी नाटक और रंगजगत् की जड़ता और प्रचलित रूढ़ियों को तोड़कर भारतीयता, आधुनिकता, हमारे अपने ही चारों ओर के परिवेश से उत्पन्न संघर्ष और द्वन्द्व को चरित्रों में खोज निकालने की आकुलता और समग्रता के साथ प्रत्यक्ष कर देते हैं। उनका 'आषाढ़ का एक दिन' हिन्दी नवनाट्य लेखन को सर्जनात्मक और ठोस आन्दोलन का रूप देता है। इस नाटक में मोहन राकेश कालिदास के माध्यम से एक सृजनशील रचनाकार के द्वन्द्व, उसके चारों ओर व्याप्त व्यवस्था, राजतन्त्र और सत्ता की रचना विरोधी वृत्तियों को, कलाकार को आन्तरिक छटपटाहट और विवशता को, राजनैतिक-सामाजिक-आर्थिक प्रश्नों और उनके बीच कालिदास और मल्लिका के माध्यम से प्रेम की सघन संवेदना को व्यक्त करते हैं। यह नाटक स्वयं राकेश के व्यक्तित्व-आज के मानवीय द्वन्द्व और अस्तित्व के संकट की त्रासदी से होता हुआ विश्वमानव का सत्य बन जाता है। कालिदास और मल्लिका की सर्जना सिद्धान्तों से मुक्ति की, मानवीय और बेहद ताजगी भरी है। विरोधी पात्रों के जोड़ों से राकेश एक अद्‌भुत नाटकीय तनाव की सृष्टि करते हैं। सशक्त नाट्य भाषा में लय, ध्वनि, टोन का उच्चरित सौन्दर्य, मौन की भी ध्वनियाँ, आन्तरिक काव्य और 'आन्तरिक शिल्प' न केवल वैचित्र्य सामने लाता है, रंगमंच को भी क्रियाशील बनाता है। अम्बिका, मातुल, विलोम, दन्तुल, प्रियंगु पूरा समाज, पूरा रचना-विरोधी वर्ग खड़ा करते हैं। विलोम 'खलनायकत्व' के वर्ग को ही तोड़कर स्वतन्त्र पात्र

की तरह खड़ा दीखता है। प्राय: वही नायक लगने लगता है। राकेश के नाटक भारतीय काव्यशास्त्र और नाट्यशास्त्र का उदाहरण बनकर आये हैं। हिन्दी नाटक और रंगमंच, भाषा और शिल्प सबकी प्रकृति की खोज की चिन्ता उन्हें थी। छोटे-छोटे गौण चरित्र अनुस्वार-अनुनासिक, रंगिणी-संगिणी को वाक् छन्द का लय-संसार दिया है। 'आषाढ़ का एक दिन' में न मेलोड्रामा है, न रंग-युक्तियाँ। स्वगत को वह अस्वाभाविकता के आरोप से मुक्त कर एक कसा हुआ अन्तर्विश्लेषण आत्मालोचन का आधार और आरोह-अवरोह का रंगमंचीय सौन्दर्य देते हैं-उनके तीनों नाटक इसका प्रमाण हैं। प्रसाद के नाटकों के बाद एक स्वतन्त्र नाटकीय मुहावरे से साक्षात्कार हुआ तो निर्देशकों-अभिनेताओं के मन में बिजली-सी दौड़ गयी। सत्यदेव दुबे, राम गोपाल बजाज, अल्का जी, श्यामानन्द जालान, मोहन महर्षि, आदि अनेक निर्देशकों के प्रयोगों से होते हुए 'आषाढ़ का एक दिन' हिन्दी नाटक और रंगमंच दोनों में क्रान्ति-लहर-सी लाता हुआ भारतीय नाटक और रंगमंच के समक्ष हिन्दी नाट्यसाहित्य को खड़ा कर देता है। पूरा छठा-सातवां दशक समस्त शौकिया रंगमंच के लिए प्रयोगों की शृंखला बना। अनेक देशी-विदेशी भाषाओं में इसके अनुवाद और मंचन हुए। उनके 'लहरों के राजहंस' ने हिन्दी नाटक में रचना-प्रक्रिया और प्रस्तुतीकरण प्रक्रिया के, नाटककार निर्देशक के सह-अस्तित्व को स्थापित किया। बार-बार लिखे जाने, संशोधित होने की लम्बी प्रक्रिया ने, रिहर्सल और प्रदर्शन के समय नाटककार की उपस्थिति ने रंगमंच की सर्जनात्मकता और नाट्यलेखन की ईमानदारी के नये द्वार खोले, अश्वघोष के 'सौन्दरनन्द' काव्य पर आधारित 'लहरों के राजहंस' नन्द और सुन्दरी के माध्यम से पार्थिव-अपार्थिव मूल्यों के संघर्ष को प्रस्तुत करता है। नन्द के बौद्ध भिक्षु बनने और सुन्दरी के रूप गर्व की कथा लेकर राकेश चारित्रिक द्वन्द्व, नाटकीय विडम्बना को, मनोवैज्ञानिक, प्रतीकात्मक और कलात्मक प्रवाह के साथ चित्रित करते हैं। आरम्भ से अन्त तक चरित्रों और स्थितियों में प्रतीकों की बहुलता और जटिलता के कारण यह नाटक 'आषाढ़ का एक दिन' की तुलना में बहस के केन्द्र में रहा। जीवन की कटुता और मध्यवर्गीय यथार्थ को सीधे चित्रित करने वाला उनका 'आधे अधूरे' आडम्बरहीन, तेज, आक्रामक, जीवन की सम्पूर्णता की तलाश का आम बोलचाल की भाषा के तीखे तेवर का नाटक सिद्ध हुआ। इस नाटक को साहित्य और रंगमंच में 'जीवन्त सार्थक मुहावरा' समकालीन जीवन का पहला सार्थक नाटक, आज के जीवन का गहन अनुभव खण्ड कहा गया। 'आषाढ़ का एक दिन' की तरह 'आधे अधूरे' भी अपने सशक्त संवाद, नाट्यभाषा में समकालीन जीवन के तनाव की पकड़, क्रिया-प्रतिक्रियाओं के कारण हिन्दी नाटक और रंगमंच में आज भी आकर्षण का विषय बना हुआ है। नाटक में शब्द को महत्त्वपूर्ण मानकर रंगमंच को शब्द-निर्भरता को आधार मानकर राकेश के नाटक नया मोड़ पैदा करते हैं। शब्द

उनके लिए अर्थवान इकाई है। वह मुख्य भूमिका बिम्बों और दृश्य तत्त्वों को नहीं, शब्द से उत्पन्न बिम्ब, लय और दृश्यत्व को ही मानते हैं। इससे उन्होंने नाटककार की अहम भूमिका और 'अकृत्रिम रंगशिल्प' की आवश्यकता को स्थापित किया। शब्द को अनुभव और रंगबोध से सम्पन्न करना, लयनियोजन द्वारा रंगमंचीय अर्थ ध्वनित करना नाट्यभाषा में मोहन राकेश की देन है। यह भीतरी सघनता, अर्थ-संकेत और शिल्प का नयापन उनके बीज नाटकों 'शायद' और 'ह:' एवं पार्श्वनाटक 'छतरियाँ' में भी दीखता है। वस्तुतः हिन्दी नाटक और रंगमंच के सम्पूर्ण अन्तर-परिवर्तन के इतिहास-क्रम में उनका नाट्यलेखन रंगान्दोलन, नाट्यसमीक्षा, निर्देशक-अभिनेता-दर्शक, नाट्यभाषा, रंगकर्म को सभी स्तरों पर एक साथ खड़ा करता है- यह बहुत बड़ी उपलब्धि कही जाएगी।

नाटककार की भूमिका को पहचान कराने वाले लक्ष्मीनारायण लाल स्वयं भी रंगकर्मी, अभिनेता, निर्देशक थे। उन्होंने हिन्दी नाटक को आधुनिक भाव-बोध, मानवीय समस्याओं, नयी विषय-भूमियों से और पाश्चात्य रंग-शैली, शिल्प के नवीन प्रयोगों से बहुत सारा नाट्य साहित्य रचा जहाँ वैविध्य और रंगान्वेषण साथ-साथ चलता है। 'मादा कैक्टस', 'कलंकी', 'कर्फ्यू', 'अब्दुल्ला दीवाना', 'यक्ष प्रश्न', 'एक सत्य हरिश्चन्द्र', 'व्यक्तिगत,' आदि अनेक नाटक नयी चेतना, यथार्थ और कल्पना की आन्तरिक गति, असंगत नाट्य शैली उन्होंने दी कि विषय और शिल्प दोनों स्तर पर शास्त्र लोक, आधुनिकता से प्रयोगशील प्रवृत्ति से उन्होंने हिन्दी नाटक को समृद्ध किया। 60 से हिन्दी नाटक और रंगमंच को लगातार गति देने में, आवश्यकता के अनुसार नाटक गढ़ने में और सुन्दर नाटकीय अभिकल्पनाओं की रचना में उनकी सार्थकता है। उस समय का हिन्दी रंगमंच उनके नाटकों-खासकर 'कर्फ्यू', 'अब्दुल्ला दीवाना', 'काफी हाउस में इन्तजार', 'सूर्यमुख', 'कलंकी', 'यक्ष प्रश्न' की प्रस्तुतियों से बराबर सक्रिय था। स्वयं एम. के. रैना की 'व्यक्तिगत' और 'एक सत्य हरिश्चन्द्र' प्रस्तुति चर्चा के केन्द्र में थी। लक्ष्मी नारायण लाल ने कभी मिथक, कभी लोकजीवन, लेकिन अधिकतर समसामयिक समस्याओं, मानवीय सम्बन्धों और सामाजिक वर्जनाओं को लेकर नाट्य रचना की।

बीसवीं शती के हिन्दी नाट्यलेखन उसके स्वभाव और रूप गत परिवर्तनों को समझने में मुद्राराक्षस के नाटक भी महत्त्वपूर्ण हैं। मुद्राराक्षस मानवीय त्रासदी, ब्यूरोक्रेसी, यौन विकृतियों और साथ ही सामाजिक-राजनीतिक भ्रष्टाचार को मार्क्सवादी जीवन दर्शन, एब्सर्डिटी, शिल्प की नवीनता में चित्रित करते हैं 'योर्स फेथफुली', 'मरजीवा', 'तिलचट्टा', 'तेंदुआ', 'गुफाएँ' में वे हिन्दी नाटक को बौद्धिकता की पैनी दृष्टि, चुभती भाषा, यान्त्रिकता को तोड़ती लय और अमानवीयता को पकड़ने वाली रचना करते दीखते हैं। उनके नाटकों में असाधारणता के मोह और

कृत्रिमता का आभास होने के कारण वे रंगमंच का आकर्षण नहीं बन सके। छठे दशक में बहुत सा नाट्य साहित्य महानगरीय बोध, शैलीबद्धता, प्रयोगों, पाश्चात्य बौद्धिकता से ग्रस्त था। आजादी के बाद आरम्भ में प्रयोगधर्मिता हिन्दी नाट्यलेखन और रंगान्दोलन दोनों की मुख्य प्रवृत्ति थी। 67 से 74 तक ज्यादातर नाटक समसामयिक व्यंग्य, राजनीतिक सन्दर्भ के नये शिल्प की सतर्कता और प्रयोगों के थे। ज्ञानदेव अग्निहोत्री का 'शुतुरमुर्ग' मुखौटे, सूत्रधार, समसामयिकता, प्रतीकात्मकता, टेकनीक का नयापन, नयी संवेदना के नाटक के रूप में रंगमंच पर उल्लेखनीय प्रयास की तरह आया। इसे राजनैतिक फैण्टेसी कहा गया जो स्वातन्त्रयोत्तर भारत का पूरा राजनीतिक चित्र प्रस्तुत करता है। अपने शुतुरमुर्ग प्रतीक की सार्थक कल्पना और नाट्यशिल्प के कारण यह नाटक बहस के केन्द्र में रहा। प्रचलित नाट्यरूढ़ियों और शास्त्रीय अवधारणाओं से हटकर यह ऐसे शिल्प को लेता है जहाँ कथानक स्वत: ढलता जाता है। रंगमंच की भाषा और शिल्प की ताजगी से, लचीलेपन से 'शुतुरमुर्ग' सम्भावनापूर्ण रचना है। वस्तु और शिल्प के स्तर पर कुछ नया करने का आग्रह रमेश बक्षी के नाटकों में रहा खासकर 'देवयानी का कहना है' में उनकी बोल्डनेस ने एक नया मुहावरा बनाना चाहा पर वे भी आधुनिकता, महानगरीय बोध, यौन सम्बन्ध, भ्रष्टाचार के अनुभव तक सीमित रह गये। रंगशिल्प के विकास के साथ-साथ बौद्धिक धरातल पर भी अन्वेषक दृष्टि के साथ लिखित नाटक ललित कुमार सहगल का 'हत्या एक आकार की' अपनी प्रयोगशीलता में भी विशिष्ट, मौलिक है। गाँधी जी के हत्यारे के अन्तर्द्वन्द्व को इस तरह चित्रित किया है कि न लेखकीय दृष्टि आरोपित होती है, न विरोधी वर्ग की मान्यताओं पर कोई चोट बल्कि एक आधुनिक दृष्टि उजागर होती है। यह एक नाजुक, साहस-भरा और कला की ताजगी भरा नाटक है। समकालीन सन्दर्भों की नयी अभिव्यक्ति की दृष्टि से बलराज पण्डित का 'पाँचवाँ सवार' परम्परागत ढाँचे से एकदम भिन्न है। कथानक के स्थान पर छोटी-छोटी स्थितियाँ, दृश्य और संकेत देश की लक्ष्यहीनता, कुण्ठाग्रस्त मानसिकता और युवामन की उलझनों को गहरी आन्तरिक गठन से युक्त कर देता है। अपनी सादगी पर चुभन, तीव्रता, चुस्ती, बुनती जाती लय के कारण देश भर में यह खेला गया।

हिन्दी में नाटक और रंगमंच की टकराहट और अन्तर्ग्रथन से जो परिवर्तन आये वह बृजमोहन शाह के 'त्रिशंकु', 'शह ये मात' में द्रष्टव्य है। युवा पीढ़ी के संघर्ष और निरर्थकता-बोध को, गहरे सामाजिक-राजनीतिक व्यंग्य को अनेक स्तरीय बनाता हुआ यह ताजा 'नाट्यालेख' है जो मंच पर ही रचता चला जाता है और नवीनतम प्रसंग जुड़ते चले जाते हैं-'असमाप्त' और ताजा नाटक। इसी को 'टोटल थियेटर' कहा गया। 'त्रिशंकु' पूर्वाभ्यास के दौरान रंगकर्मियों की समस्याओं से भी बराबर जूझता है-अभिरंजना की माँग करता है। यह दर्शक की भागीदारी का जीवन्त नाटक

है। जीवन की विसंगतियों अन्तर्विरोधों को 'शह ये मात' में बौद्धिकता, तर्क, अस्तित्ववाद की मिली-जुली उत्तेजनापूर्ण स्थितियों से, सांकेतिकता, बिम्बों, प्रतीकों द्वारा छोटे-छोटे संवादों की क्षिप्रता में नया रूप दिया है। मोहन राकेश ने इसे हिन्दी का बहुत ही 'सिग्निफिकेण्ट' नाटक कहा। कथा-तन्त्र से भक्ति के इस नाटक को 'नाटक की रचनात्मकता की स्वीकृति' माना। सातवें दशक में कुछ समय तक एक दौर शुद्ध राजनीतिक व्यंग्य के नाटकों का भी आया। वर्तमान राजनीति के छिछलेपन, खोखलेपन और भयानक क्रूर रूप को गतिशील लय में चित्रित करने वाला नाटक 'सिंहासन खाली है' (सुशील कुमार सिंह) शौकिया मंच पर देश भर में बहुत लोकप्रिय हुआ। मंच की सादगी, पात्रों के समूहन, गीत, तीखी लय, नृत्य मूलक गतियों का संचालन, एक्शन और लगातार दृश्य-परिवर्तन से बादल सरकार के 'जुलूस' की तरह यह सार्थक और बेहद लचीली दृश्य-रचना सिद्ध हुई। श्रेष्ठ हास्य-व्यंग्य की इस कड़ी में शरद जोशी के 'एक था गधा', 'अन्धों का हाथी' भी बहुचर्चित बहुमंचित हुए। शासन-तन्त्र को विकृतियों की लोकनाट्य, प्रहसन और आधुनिक शैली की व्यंजनाओं से शरद जोशी रचते हैं। इसी के साथ-साथ एब्सर्ड नाट्यपरम्परा भी चल रही थी। भुवनेश्वर के नाटकों के मंचनों के साथ विपिन कुमार अग्रवाल के 'तीन अपाहिज' और 'लोटन' जीवन की अर्थहीनता के असंगत नाटक हैं। लक्ष्मीकान्त वर्मा का 'रोशनी एक नदी है' और आगे जाकर निर्देशक सत्यव्रत सिन्हा का एकमात्र नाटक 'अमृतपुत्र' उस एब्सर्ड नाट्यान्दोलन का ही परिणाम है। सातवें दशक के बाद नाटक और रंगमंच में बुनियादी परिवर्तन आये और क्रमशः हिन्दी नाटक बौद्धिकता, पश्चिमी प्रयोगात्मकता और पाश्चात्य चिन्तन से हटने लगा। भारतीयता, सांस्कृतिक परम्पराओं और आधुनिक मानवीय संवेदना के अन्वेषण की ओर रचनाकारों, निर्देशकों की दृष्टि जाने लगी।

निस्सन्देह 60-70 तक का समय हिन्दी रंगकर्म में क्रान्ति लहर की तरह आया जो नाट्यलेखन को भी बेहद गतिशील और सम्भावनापूर्ण बनाता चलता है। देश भर में गम्भीर रंगकर्म जगमगा उठा। हर प्रदेश में नाट्य संस्थाओं का गठन हुआ और रंगकार्य ने बड़ी चेतनता से हिन्दी रंगमंच को, सम्पूर्ण भारतीय रंगमंच को राष्ट्रीय-अन्तर्राष्ट्रीय स्तर पर लाने के प्रयासों से सारे नाट्य पटल पर अद्भुत उत्साह दिखायी देने लगा। एक ओर हबीब तनवीर के नाटक, उनके नाटककार, निर्देशक, अभिनेता और चिन्तक के मौलिक व्यक्तित्व ने छत्तीसगढ़ी मूल लोककलाकारों के स्वतः स्फूर्त अभिनय, संगीत, नृत्य को लेकर, मध्य प्रदेश की समृद्ध लोक परम्पराओं को लेकर 'नया थियेटर' मंच द्वारा नाट्यकला, अभिनय कला, रंगभाषा का आज के सन्दर्भ में अनन्त विस्तार किया। उन्होंने 'चरनदास चोर', 'मिट्टी की गाड़ी' और उससे भी पूर्व 'आगरा बाजार' से यह सिद्ध कर दिया कि संस्कृत और लोकमंच दो अलग

शैली नहीं हैं और यह कि नाटक और अभिनेता जनता के लिए ही हैं। उनकी ये रचनाएँ अन्तर्राष्ट्रीय स्तर पर कला, अभिनय, प्रस्तुतीकरण और जीवन्त सौन्दर्य के उदाहरण प्रस्तुत करती हैं? दूसरी ओर रंगमंच में इतने परिवर्तनों की आकुलता ने जन्म लिया कि विस्तार कलात्मक, वैशिष्ट्य, मौलिक सृजन की सम्भावनाओं के क्रम में कामू, सार्त्र, सोफोक्लीज, शेक्सपियर, गोर्की, चेखव, मोलियर, ब्रेष्त, बेकेट आदि के नाटकों के अनुवाद और मंचन हुए, ग्रोटोवस्की, स्तानिस्लावस्की की अभिनय शैली, ब्रेष्तियन मंच-शैली के गम्भीर प्रशिक्षण और नाट्यप्रयोग रा. ना. वि. दिल्ली और अन्य संस्थानों के प्रयास से शृंखला बन गयी। अनुवादों के सर्जनात्मक रूप और भाषा ने लगातार विकास किया। 'इण्टलेक्चुअल्स का नाटक', 'सिम्बालिज्म', 'एब्सर्ड नाट्यान्दोलन', 'निर्देशक का रंगमंच', 'पश्चिम का रंगमंच' आधुनिकताबोध के साथ चल पड़ने वाले मुहावरे अनुभव किये जाने लगे। इन अनुवादों के साथ-साथ भारतीय भाषाओं के अनुवादों से नाट्यान्दोलन, रंगान्दोलन के इतिहास में भाषा-शिल्प, लेखन-प्रस्तुति और मंच के स्वरूप में बहुत महत्त्वपूर्ण अन्तर आये। दिल्ली, बंगाल, महाराष्ट्र, मध्य प्रदेश, पूरा उत्तर प्रदेश अर्थात् हर प्रदेश रंगमंच के नये मुहावरे की जीवन्त तलाश में एक साथ जुटा हुआ था। विजय तेंदुलकर, बादल सरकार, गिरीश कार्नाड, आद्य रंगाचार्य के नाटकों के हिन्दी अनुवाद और हिन्दी नाटकों के भारतीय एवं विदेशी भाषाओं में अनुवादों का, रूपान्तरणों का लम्बा सिलसिला शुरू हुआ। बादल सरकार के सभी नाटकों का अनुवाद करके निर्देशिका अभिनेत्री और निदेशक, नाट्यशोध संस्थान, कलकत्ता प्रतिभा अग्रवाल ने अनुवादक के क्रियेटिव व्यक्तित्व द्वारा हिन्दी रंगजगत् को बहुत गत्यात्मकता दी। वैसे भी वह दशक 'जुलूस' 'बाकी इतिहास', 'पगला घोड़ा', 'खामोश अदालत जारी है', 'सखाराम बाइंडर', 'पंछी ऐसे आते हैं', 'जात न पूछो साधु की', 'ययाति', 'तुगलक', एवं 'इन्द्रजित', 'सुनो जनमेजय' का कीर्तिमान प्रशस्त करने वाला सिद्ध हुआ।

अनुवादों और रंगमंचीय सृजनशीलता के इस तीव्र दौर में हिन्दी के अनेक कवि, कथाकार नाट्यविधा जैसी चुनौतीपूर्ण विधा की ओर आकृष्ट हुए। यह एक रचनात्मक आरम्भ था। गिरिराज किशोर ने समाज की विद्रूपताओं, राजनैतिक विरोधाभास, वर्तमान मानवीय संकट, शोषण वृत्ति आदि को अपने लघु नाटकों, एकांकियों के बाद पूर्ण नाटक 'प्रजा ही रहने दो', 'घोड़ा और घास', 'चेहरे चेहरे कितने चेहरे' 'जुर्म आयद' में पूरी प्रतिबद्धता के साथ अभिव्यक्ति दी। इनमें 'प्रजा ही रहने दो' महाभारत कालीन कथानक और चरित्रों को लेकर समकालीन सन्दर्भों को, मानवीय त्रासदी को व्यक्त करता है। यह नाटक रचना-प्रक्रिया, प्रस्तुतीकरण-प्रक्रिया का, नाटकीय संरचना, दृश्य-परिवर्तन की कल्पना से, भाषा की जीवंतता से बेहद ताजगी भरा सिद्ध हुआ खासकर शकुनि का लम्बा स्वगत अभिनेता और

स्वगत रचना को चुनौती देता लगता है। मोहन राकेश की नाट्यभाषा की तरह भाषा यहाँ भी सारे लय-नियोजन, लय-वैचित्र्य, ध्वनियों, गतियों, सांकेतिकता के साथ प्रत्यक्ष अनुभूति कराती है। बंसी कौल के निर्देशन में आठवें नवें दशक में इसकी महत्त्वपूर्ण प्रस्तुतियाँ हुईं जिसने निर्देशकीय परिकल्पना को उजागर किया। नाटक में अन्तर्निहित नाट्यधर्मी, लोकधर्मी परम्पराओं पर द्रौपदी के चरित्र चित्रण एवं प्रजातान्त्रिक स्वरों पर नाटककार का अधिकार उजागर हुआ।

जिस समय हिन्दी नाटक की पृष्ठभमि में अनेक प्रश्न, आशंकाएँ उठी हुई थीं, उस समय कथाकार भीष्म साहनी का 'हानूश' नाटक अपनी आन्तरिकता, गहरी संवेदनशीलता के कारण शिल्प की सादगी और तीव्र घनीभूत, तनावपूर्ण मानसिक स्थितियों के भावात्मक चित्रण, संघर्ष और प्रतिबद्ध दृष्टि के सांकेतिक चित्रण के कारण हिन्दी नाटक को मोहन राकेश के नाटकों से सहसा आगे ले जानेवाला नाटक सिद्ध हुआ। पूरा नाटक एक रचनाकार, घड़ीसाज की दुर्दम्य सृजनेच्छा पर केन्द्रित है। एक रचनाकार की जिजीविषा, सत्ता की विध्वंसात्मक शक्तियों के बीच से निकला जीवन-संघर्ष, नितान्त आत्मीय विधान और परिवेश, अन्तर्मन के द्वन्द्व को छूती द्वन्द्व की भाषा। यद्यपि नाटक में बिखराव है और निर्देशक राजिन्दर नाथ ने इसका प्रदर्शन सम्पादित करके किया था पर क्रमशः अनेक बदलती परिस्थितियों के बीच 'हानूश' अपनी सारी खूबियों के बावजूद देशभर के रंगमंच पर हलचल न मचा सका। यही स्थिति उनके 'माधवी' नाटक के साथ भी हुई। लेकिन क्रमशः लोक मंच रूपों, प्रहसन और नुक्कड़ मंच के प्रसार के कारण उनके 'कबिरा खड़ा बजार में' और 'मुआवजे' अधिक मंचित हुए।

'हानूश' से पहले जिन नाटकों ने हिन्दी को नये धरातल और संवेदनात्मकता दी, उनमें सुरेन्द्र वर्मा का 'सूर्य की अन्तिम किरण...', 'आठवाँ सर्ग', 'शकुन्तला की अँगूठी' आदि और दया प्रकाश सिन्हा का 'कथा एक कंस की', 'सीढ़ियाँ' आदि उल्लेखनीय हैं। सुरेन्द्र वर्मा अपने एकांकियों के बाद 'द्रौपदी' नाटक के शिल्प और आधुनिकताबोध को लेकर काफी चर्चित हो चुके थे पर 'सूर्य की अन्तिम किरण...' और 'आठवाँ सर्ग' संस्कृत नाटक, मंच और भाषा का क्रिया-विधान लेकर आये तो अपनी ऐतिहासिकता, आभिजात्य, आन्तरिकता, जटिलता, गहरी संवेदना की दृष्टि से प्रसाद और मोहन राकेश की परम्परा में उनकी पहचान बनी। उनके नाटकों ने अन्तर्विश्लेषण, सूक्ष्म सौन्दर्यबोध और रंगमंच को नया व्याकरण दिया। वर्जनाओं, पुराने मूल्यों, पति-पत्नी के सम्बन्धों की अत्यन्त नैतिक पवित्र तस्वीर को यह नाटक बिना किसी अपराधबोध के तोड़ता है और सूर्योदय, सूर्यास्त, शयनकक्ष को अनायास महत्त्वपूर्ण बिम्ब बनाकर सारी विडम्बना, संवेदना, द्वन्द्व का अनिवार्य सम्प्रेक्षक बना देना सुरेन्द्र वर्मा की कल्पनाशीलता का प्रमाण है। साहित्यिक नाट्यभाषा में इतना

भावोच्छवास, आन्तरिक काव्य, अभिनयात्मकता और क्रियाएँ भर देना उनका कौशल है। 'शकन्तुला की अँगूठी' परम्परागत कथा को लेकर लिखा गया रोचक नाटक है। नाटक के भीतर नाटक की शैली में यह व्यंग्यपूर्ण, लचीला, गत्यात्मक नाटक है। 'छोटे सैयद बड़े सैयद' बहुत आगे चलकर बड़े फलक के नाटक के रूप में आया पर उर्दू की प्रधानता के कारण पड़ा ही रहा। सही मानों में 'सूर्य की अन्तिम किरण...' देश की विभिन्न संस्थाओं द्वारा हाथों हाथ लिया गया। मोहन राकेश की तरह 'आन्तरिक शिल्प' और 'आन्तरिक संस्पर्श' के लिए सुरेन्द्र वर्मा प्रससिद्ध हुए। इसी दौरान शंकर शेष पूर्ण नाटककार की तरह वैविध्यपूर्ण रचनाएँ कर रहे थे। काव्य नाटक, प्रतीक नाटक, एकांकी, लोकनाटक के साथ-साथ मुख्यतः उनके, 'फंदी', 'एक और द्रोणाचार्य' और 'पोस्टर' ने हिन्दी नाटक और रंगमंच को बहुत गतिशील किया। देश के कोने-कोने में हर ऐम्योच्योर मंच ने इन्हें अपनाया। समकालीन विकृतियों के मानवीय अनुभव की सांकेतिक पर तेज अभिव्यक्ति इनमें है। 'एक और द्रोणाचार्य' से व्यावसायिकता, लोकप्रियता, साहित्यिकता के सवाल उठते-उठते रह गये। पता नहीं किन नीतियों से गम्भीर, रंगमंचीय नाटक होते हुए भी साहित्यिक दृष्टि से इसे मेलोड्रामा, चमत्कार-प्रधान कहा गया। 'फंदी' में व्यक्ति की विडम्बना का नाटकीय कौशल से तनावपूर्ण चित्रण है। 'एक और द्रोणाचार्य' शिक्षा जगत में व्याप्त भ्रष्टाचार, मध्यवर्गीय परिवार की विसंगति को मिथक के जरिये व्यक्त करता है। 'पोस्टर' जनजीवन का नाटक है तो 'कोमल गान्धार' में गान्धारी के चरित्र की सघन संवेदना है। फिर भी शंकर शेष कभी भी खुलकर साहित्य-समीक्षा की धारा में नहीं आ पाये। दयाप्रकाश सिन्हा का 'कथा एक कंस की' कंस के मनोवैज्ञानिक चित्रण का, नाट्यशिल्प और मानवीय संवेदना का प्रामाणिक नाटक है। भारतीय नाट्यशास्त्र, अभिनेता तत्त्व के आधार पर रचित यह नाटक न केवल आधुनिक है बल्कि इसके द्वारा भारतीय अभिनय-शैली और नवरस के अभिनय का पूर्ण प्रशिक्षण दिया जा सकता है। 'कथा एक कंस की' नटरंग पत्रिका में प्रकाशित होने के बाद रंगकर्म के प्रवाह में अधिक नहीं आ पाया और न समीक्षा के केन्द्र में।

पश्चिमी दुनिया के रूपवादी शिल्प, आधुनिकताबोध, महानगरीय जीवन, बौद्धिकता और एलीट वर्ग की विशिष्टता में, आभिजात्य सौन्दर्य में सीमित रहकर नाटक और रंगमंच जन-चेतना से कट रहा है-यह चिन्ता आठवें दशक में सर्वेश्वरदयाल सक्सेना, मणि मधुकर के नाटकों में प्रत्यक्ष रूप में व्यक्त हुई। आम आदमी का समसामयिक नाटक, लोकभाषा, लोकनाट्य रूप का मुक्त सौन्दर्य, खुला रंगमंच, बृहद जनसमूह के लिए नाटक की दृष्टि लेकर 'बकरी' नाटक आया तो बदले हुए तेवर का हिन्दी रंगमंच को, साहित्य को नया नाटकीय प्रयोग देने का पारम्परिक नाट्य लगा। सामाजिक-राजनीतिक व्यंग्य के इस नाटक से, इसके जन-

विद्रोह 'भोगे हुए सत्य' से हजारों की भीड़ के रूप में दर्शक समूह जुड़ा। पारसी और नौटंकी रंग-शैली को लेकर सर्वेश्वर ने नट-नटी को समकालीन व्यंग्य से, प्रवेश प्रस्थान, दृश्य परिवर्तन के स्वरूप और अर्थ-सन्दर्भों से बेहद 'नया नाटक' बनाया। सर्वेश्वर ने 'बकरी' से हिन्दी नाटक को नया लचीला शिल्प और हिन्दी रंगमंच को नयी ठोस जमीन दी और बहुत सी आगामी सम्भावनाओं के प्रति सचेत किया। पूरे देश में 'बकरी' सड़कों, चौराहों, पर छा गया। राजस्थानी लोकनाट्यरूपों को लेकर मणि मधुकर ने 'रसगन्धर्व', 'दुलारीबाई', 'इकतारे की आँख', आदि नाटकों द्वारा नया विधान और गत्यात्मकता दी। 'रसगन्धर्व' देश के सामाजिक-राजनीतिक विशेषकर राजनीतिक सन्दर्भों को लेकर चलनेवाला, आज की व्यवस्था, विसंगतियों में आम आदमी को जिन्दगी की चुभन, व्यंग्य और विद्रोह की छटपटाहट का नाटक सिद्ध हुआ। यह कथा से मुक्ति, असंगत स्थितियों, संवादों की काव्यात्मक लय, अनाम पात्रों का 'नाट्यालेख' है। अपने कथ्य और शिल्प में यह लोकधर्मिता, स्वतन्त्र रंग-चेतना, काव्यात्मक मुहावरे का नाटक है। इन्हीं विशेषताओं से युक्त 'दुलारी बाई' नाटक भी हिन्दी रंगमंच का अत्यन्त लोकप्रिय नाटक रहा। वंसी कौल और मुद्राराक्षस द्वारा गोगोल की रचना का 'आला अफसर' शीर्षक से जीवन्त आलेख और प्रस्तुतीकरण नौटंकी शैली का आधुनिक सन्दर्भों में बेहद रचनात्मक कार्य था। हिन्दी रंगमंच की एक थियेट्रिकल घटना, सशक्त उद्दाम रंग-प्रक्रिया के इस प्रयोग ने नौटंकी को आधुनिक भावबोध भी दिया और हिन्दी नाटक को शिल्पगत महाकाव्यात्मकता, नाटकीय उन्मुक्तता और ताजगी भी दी। 'आला अफसर' हिन्दी नाटक में एक उत्तेजनापूर्ण मोड़ है। नौटंकी को लेकर 'नयी तर्ज की नौटंकी' के प्रयोग उर्मिल थपलियाल ने भी किये। इस दृष्टि से उनका 'हरिचन्नर की लड़ाई' एक सार्थक संरचना की तरह सामने आया। परिवर्तन और प्रयोग की इस प्रक्रिया में बहुत सारा नाट्यसाहित्य लोकनाट्यशैलियों के प्रयोगों के रूप में लिखा जाने लगा। नाट्यलेखन के स्तर पर यह एक प्रकार की पुनरावृत्ति, सीमा भी बन गया जो नाटककार और मौलिक नाटक-रचना के लिए बहुत उपयुक्त भी नहीं था।

सारी जटिलताओं, विसंगतियों के बावजूद समकालीन हिन्दी रंगमंच अधिक सार्थक, प्रासंगिक, मौलिक, जीवन्त किन्तु क्रमशः भारतीय मुहावरे की तलाश करने लगा जिसने नाट्यलेखन को भी प्रभावित किया। रंगमंच की सृजनात्मकता ने भाषा और देश-काल की सीमाएँ तोड़ दीं। विभिन्न भारतीय लोकनाट्य शैली-यह गान, मणिपुरी, माघ, भवई, नौटंकी, स्वाँग, तमाशा, जात्रा, नाचा, दूऊ शैली आदि के प्रयोग के और 'नाटक की पुनर्रचना' ने नयी सम्भावनाओं के, सांस्कृतिक स्रोतों की उर्वरता और आधुनिक रंगमंच की सृजनात्मक चेतना के नये द्वार खोले। चेखव और ब्रेष्त के मंच के यथार्थवादी एवं एपिक थियेटर, जापान की काबुकी शैली के प्रयोगों के

बाद 'अन्धेर नगरी', 'वरनमवन', 'हयवदन', 'अन्धा युग', 'जस्मा ओड़न', 'घासीराम कोतवाल' जैसी प्रस्तुतियों से 'एक जनपद की पूरी प्रदर्शन-पद्धति को ध्वनित करता हुआ' और नाटक और रंगमंच के अन्त:सम्बन्ध को नये अर्थ में प्रस्तुत करता हुआ रूप उजागर हुआ। पीटर ब्रुक ने 'महाभारत' के प्रदर्शन में बीसों पारम्परिक तत्त्वों का प्रयोग किया है। 'अन्धेर नगरी' को कारन्त ने भारतीय रंगमंच के नये मुहावरे में रचा, किसी खास शैली में नहीं। शेक्सपियर का 'मैकबेथ' (वरनमवन) यक्षगान शैली में एक ऐतिहासिक घटना बना जिसका आलेख श्री रघुवीर सहाय का था। परम्परा, आधुनिक रंगमंच और साहित्य एवं बड़े कैनवेस का यह रंगकर्म एक संगठित प्रयास था यद्यपि परम्परा से आधुनिक कला के इस नये उल्लेख को स्वीकृति उतनी नहीं मिली। वैसे ही जैसे के. एन. पणिक्कर के भास के नाटकों, रतन थियम के 'चक्रव्यूह' और कारन्त की संगीतबद्ध प्रस्तुतियों को लोगों ने थियेटर न मानकर वैले की संज्ञा दी है। कारन्त की 'हयवदन' प्रस्तुति तो इतिहास की महत्त्वपूर्ण कड़ी है। निश्चय ही इस प्रकार के सृजन ने हिन्दी रंगमंच को बहुत ऊँचे उठाया-जो निर्देशक के सर्जनात्मक हस्तक्षेप का ही फल था। हबीब तनवीर को 'आगरा बाजार' के नयी नाट्य संवेदना से उल्लसित प्रदर्शन से यथार्थवादी रंगमंच की रूढ़ियाँ टूटीं। रंगमंच जैसे सृजनधर्मी कला को भी तलाश रहा था और जीवन से सम्बन्धों को भी। 1966 में पुराना किला की टूटी-फूटी दीवारों और खँडहरों के बीच उनकी पृष्ठभूमि में 'तुगलक' का प्रदर्शन, 'अन्धा युग' का फीरोजशाह कोटला के भग्नावशेषों में प्रदर्शन नये रंग-स्थल की परिकल्पना का अनूठा, रोमांचक उदाहरण है-पहली बार प्रोसेनियम को छोड़कर नाटक की संवेदना के अनुकूल रंगस्थल को लेकर प्रयोग किए गये बिल्कुल वैसे ही जैसे बादल सरकार मैदानों में उतर आये। 'इन प्रदर्शनों में पहली बार अभिनेता ने रंगस्थल की सापेक्षता में देह की भंगिमाओं और गतियों को विकसित किया।' एशियाई सन्दर्भ में और बृहत्तर अखिल भारतीय सन्दर्भ में नाट्य प्रदर्शन हिन्दी रंगमंच की अद्‌भुत क्षमता का प्रतीक माना गया। पीटर ब्रुक, बैरी जॉन, रूसी निर्देशक अलक्जेंडर ताइरोब के कार्यों और प्रदर्शनों से बीसवीं शती में अन्तर्राष्ट्रीय नाट्य-संस्कृतियों के सर्जनात्मक प्रयोग सामने आये-इसमें कोई सन्देह नहीं। इस शताब्दी में भारत चीन, जापान, इण्डोनेशिया आदि की नाट्यपरम्परा ने पाश्चात्य रंगकर्म को किसी न किसी रूप में प्रभावित किया। अभिनेता और प्रशिक्षण पद्धतियों का विनिमय हुआ। कुछ निर्देशक भारत आकर रहे मसलन डेनमार्क के निर्देशक यूजीनो बार्वा ने केरल में रहकर कथकली का अध्ययन प्रशिक्षण लिया। रिचर्ड शेखनर तो वाराणसी में ही रुक गये हैं-रामलीला देखने-समझने? ऐसे कई उदाहरण हैं। उस माने में बीसवीं शताब्दी की यह एक महत्त्वपूर्ण उपलब्धि मानी जाएगी। लेकिन लोकनाट्यशैली के प्रयोगों को लेकर बहुत-सी समस्याएँ उठीं। लोक जगत्, लोक

मानव, लोक संगीत, लोकनृत्य और लोकनाटकों की दिशा की बिना गहरी जानकारी और अनुभव के बिना 'लोक संवेदना' का ऐसा भ्रष्ट रंगकर्म हुआ जिसका बहिष्कार होना चाहिए था जैसे 'घासीराम कोतवाल' की नौटंकी में करने या 'एंटीगनी' को छाऊ शैली में करने का तात्पर्य क्या केवल उन शैलियों के गायन, नृत्य और मुद्राओं, वेशभूषा आदि को अपने 'नागरिक तरीके' से पकड़ लेना है? उन शैलियों की मूल आत्मा से, परम्परा से मानसिक रिश्ता न होने से प्राय: उनका फैशनपरस्त प्रयोग हुआ–गायन होता है, पर वह स्वर और अदायगी नहीं, नृत्य और अभिनय होता है पर वह उन्मुक्तता, स्वाभाविकता नहीं, एक पैबन्द का आभास होता रहा।

परम्परा से अपनी मिट्टी और संस्कृति से जुड़े रहकर आधुनिक संवेदना की तलाश नितान्त भिन्न प्रकार की सर्जनात्मकता, भीतरी रचनात्मक दबाव और अध्ययन, चिन्तन, अनुभव, कर्म की माँग करता है। जब हम लोकनाट्य-रूपों का आधुनिक सन्दर्भ, आधुनिक प्रासंगिकता आभिजात्य–बौद्धिक मानस के बीच ला रहे हैं तो क्या वह स्वयं एक विरोधाभास नहीं है? हम उनके पुनःसंस्कार, उनसे छेड़छाड़ न करने की बात कहकर भी बड़ी शालीन छेड़छाड़ नहीं कर रहे हैं?

लोकनाट्यों में संगीत, नृत्य रोचकता की सृष्टि भी करता है। क्या दर्शक मानस उनके मोह जाल में नहीं बँधता और क्या सूक्ष्म जटिल संवेदनाएँ भी उनमें उतने ही सशक्त ढंग से ही अभिव्यक्त हो सकती हैं? जटिल संवेदनाओं का रिश्ता क्या लोकमंचन सम्भव है? क्योंकि लोक की सम्भावनाएँ हैं और शैली के माध्यम से एक विषय की तलाश ही काफी है? लोक तक जाने के बजाय एक के बीच प्रोसेनियम मंच पर लोकनाट्य करना और थियेटर में बैठकर लोकशैली पर विचार करना जहाँ तर्कसंगत है।

हर लोकनाट्य रूप लय, संगीत, नृत्य, विशिष्ट अभिनय शैली पर आधारित है। प्राय: कलाकार संगीत, लय, नृत्य से नितान्त अनभिज्ञ है। बेसुरापन, बेतालापन उनकी नियति है। फोकबाजी एक फैशन बन गया लेकिन शास्त्रीयता को फैशन नहीं बनाया जा सकता। द्रष्टव्य है कि आधुनिक दृष्टि में लोक मंच शास्त्रीय मंच व्ययसाध्य, कष्ट साध्य है। फिर परम्परा से, जीवन से नितान्त कट जाने के कारण कितने रंगकर्मी अभिनेता, नाट्यदल ऐसे हैं जो लोकनाट्य रूपों से अवगत हैं। अधिकांश को उनके मौलिक रूप का पता ही नहीं है। संगीत, लय, अदायगी, गायकी, द्वन्द्व की प्रकृति से नितान्त अपरिचित। बिना लोक संस्कार से जुड़े यह कार्य असम्भव है। एशियाई सन्दर्भ में, बृहत्तर अखिल भारतीय सन्दर्भ में नाट्य-प्रदर्शन निर्देशक की अद्‌भुत क्षमता का प्रतीक बनता गया और नाटककार कहीं छूटता गया। लोकनाट्य शैली के 'फैशन', 'अधकचरे प्रयोग' भी जब होने लगे तो क्लासिकी संस्कृत नाटक के गहरे काव्यात्मक ऐन्द्रियबोध को चाक्षुष भाषा में रूपान्तरित करने की

कल्पनाशीलता हबीब तनवीर, ब. व. कारन्त, के. एन. पणिक्कर, डा. प्रेमलता शर्मा, डॉ. कमलेश दत्त त्रिपाठी, रतन थियम, विजया मेहता आदि के प्रयोगों में यथार्थवादी ढाँचे और लोकनाट्य-रूपों से हटकर संस्कृत नाट्य-परम्परा से हिन्दी रंगमंच जुड़ा। कुछ अत्यन्त श्रेष्ठ प्रस्तुतियों के बाद हमारा नाटक इस अन्वेषण से भी कट गया क्योंकि संस्कृत नाट्य-संवेदना, अभिनय शैली को आज के रंगकर्म और हिन्दी भाषा से, लोक जीवन से सम्बद्ध कर परिभाषित नहीं कर पाये। प्रयोगशीलता के इस दौर में आठवाँ दशक 'कहानी रंगमंच' (देवेन्द्रराज अंकुर) की परिकल्पना को भी साकार कर रहा था। साथ ही कहानी और उपन्यासों के लगातार नाट्यरूपान्तरों, मंचनों से भी नाटकीय उत्कर्ष सामने आया। प्रेमचन्द की सैकड़ों कहानियों के अतिरिक्त अनेक भाषाओं की कहानियों के नाट्य रूपान्तरण हुए। काव्य-पाठ, काव्य के मंचीय प्रयोगों की शृंखला भी चली। एक ओर शशांक बहुगुणा का मनोशारीरिक रंगमंच 'तुगलक' और 'अँधेरे में' के द्वारा संवाद का विषय बना, दूसरी ओर बहुत पहले से चली आती रही नुक्कड़ नाटक-परम्परा, नुक्कड़ मंच ने नाट्यान्दोलन के रूप में खुली सड़क पर जनाक्रोश को आम आदमी की भाषा में तेज अभिव्यक्ति दी।

जैसा कि स्पष्ट है कि सातवें, आठवें, नवें दशक में रंगमंच की विविधता और प्रयोगधर्मिता इतनी बढ़ी कि हिन्दी के मौलिक नाटक से सम्बन्ध क्रमशः छूटता गया। रंगमंच की लोकधर्मी दृष्टि ने भी भ्रमित किया। जब हमारा नाटक और रंगमंच अनुवादों, रूपान्तरणों, प्रयोगों, सम्भावनाओं की खोज में व्यस्त उत्साहित-संलग्न था, उस समय भी मृणाल पाण्डे, मृदुला गर्ग, रामेश्वर प्रेम, गिरिराज किशोर, सुरेन्द्र वर्मा आदि निरन्तर लिख रहे थे पर अधिकांशतः उनकी नाट्य रचनाएँ, फुटकर प्रदर्शनों के अतिरिक्त, पड़ी रहीं। नाटककार और रंगमंच, नाटककार और निर्देशक-दर्शक-समीक्षक का आपसी सम्बन्ध नहीं बन पाया। निर्देशक और नाटककार के बीच पारसी नाटक और रंगमंच, बंगाल-महाराष्ट्र की तरह निरन्तर रचनात्मक सरोकार न बन पाना हिन्दी नाटक की बहुत बड़ी ट्रैजेडी रही है जिससे या तो नाट्यलेखक क्षुब्ध होकर मौन हो गया, या अपनी मूल कथा विधा में रचना करने लगा। इस सर्जनात्मकता-विरोधी, कुण्ठित साधनहीन, शून्य माहौल में भी श्रेष्ठ नाट्यलेखन जब आता है तो प्रश्न उठता है कि उसे रंगमंच क्यों नहीं मिल रहा है? रामेश्वर प्रेम के 'चारपाई', 'अन्तरंग' जीवन के तनावपूर्ण यथार्थ को बिम्बों के कलात्मक सौन्दर्य के साथ चित्रित करते हैं। 'चारपाई' में तो 'आधे अधूरे' जैसी खीझ, घुटन, यन्त्रणा, आम जीवन का संघर्ष है। मृणाल पाण्डे ने 'मौजूदा हालात को देखते हुए', 'जो राम रचि राखा', 'चोर निकल के भागा', 'मुक्तिकथा' नाटक उस दशक में लिखे जब नाट्यलेखन में बिल्कुल सन्नाटा था लेकिन इन नाटकों में उन्हें रचना-प्रक्रिया और प्रस्तुतीकरण का वह वातावरण नहीं मिला। कथ्य और शिल्प को लेकर नाटककार की मानसिक

उलझनें और अलग-अलग प्रकार के प्रयोग इन नाटकों में करती वह दीखती है। मृदुला गर्ग के 'एक और अजनबी' और 'जादू का कालीन' को आज पुन: पढ़ने की जरूरत है। 'जादू का कालीन' बेहद ऊष्मा, करुणा और मानवीय संवेदना का नाटक है। उसे मात्र बच्चों, किशोरों का नाटक समझकर नहीं छोड़ देना चाहिए। 'कल भात आएगा' की तरह 'जादू का कालीन' मार्मिक रचना है।

वस्तुत: हिन्दी का श्रेष्ठ मौलिक नाट्य लेखन बार-बार अपनी भारतीय नाट्य परम्पराओं, इतिहास और मिथक की ओर ही लौटा है, कथाकार दूधनाथ सिंह का 'यमगाथा' और प्रभाकर श्रोत्रिय का 'इला'। दोनों हिन्दी की महाकाव्यात्मक नाट्यकृतियाँ हैं। 'यमगाथा' का लेखन ऋग्वेद के मिथकीय संसार और कालिदास के रोमाण्टिक घटाटोप से पुरुरवा-उर्वशी को बाहर लाकर मिथक की नयी तार्किक अर्थ-उद्भावना करता है। पुरुरवा विद्रोही,' जन-चेतनापूर्ण लोकनायक, के रूप में उभरता है। ब्राह्मणों और देवताओं के सर्वाधिकार को लेखक क्रूर शोषण-तन्त्र के रूप में और पूरे कथ्य, पात्रों को जिस तरह विभाजित रचना भूमि पर रख देता है वह 'यमगाथा' को आरोपित विचारधारा से कमजोर कर देता है। नाट्यशिल्प इतने विशद कैनवेस का, शास्त्रीय पद्धति की विराटता और संगीत लिए हुए है कि उसके मंचन के लिए भारतीय परम्परा, नाट्यशास्त्र के सिद्धान्तों-व्यवहार, वैदिक कालीन जीवन-पद्धति, मन्त्रगान, अनुष्ठान का पूर्ण ज्ञान चाहिए। 'यमगाथा' भी प्रसाद के नाटकों की तरह प्रशिक्षण संस्कार, सौन्दर्यशास्त्र की माँग करता है। दूधनाथ सिंह क्लासिकी महाकाव्यत्व और प्रगतिवादी विचारधारा के बीच सन्तुलन नहीं बना पाए हैं और कथानक पर भी अनेक भ्रान्तियाँ, विवाद उठे। रा. ना. वि., दिल्ली द्वारा मंचित होने के बाद 'यमगाथा' पर लगातार संवाद, संशोधन, मंचन, समीक्षा होनी चाहिए थी। पात्रों की भीड़, नाट्यभाषा की एकरसता, कथन पद्धति के कारण भी और अन्य बहुत से कारणों से यह नाटक शौकिया मंच की तो पहुँच से ही बाहर है जब कि विरोधात्मक स्थितियाँ, 'सुन्दर कविता छन्द', लय सब इसमें है। प्रभाकर श्रोत्रिय का 'इला' नाटक साहित्यिकता, भारतीय संस्कृति, समकालीन यथार्थ, ताजी नाट्यभाषा, शिल्पगत क्रियाशीलता अर्थात् व्यावसायिक सफलता के गहरे सरोकार एक साथ लेकर चलता है। लम्बा काल, सार्वभौमिक प्रश्नों, बहुत व्यापक फलक का यह नाटक हिन्दी का एपिक ड्रामा है। जटिल भावतत्त्व और गहन एवं भव्य नाट्यरूप का संगुम्फन मिथक और कल्पना के सर्जनात्मक सम्बन्ध को निभाते हुए मानवीय आयामों का उद्घाटन श्रीमद्भागवत के नवम स्कन्ध के पहले अध्याय में वर्णित प्रद्युम्न की कथा पर आधारित 'इला' अपने समकालीन सन्दर्भों में पौराणिक कथा में ग्राह्य, अप्राकृतिक, विद्रूप तथ्य पुत्री को पुत्र में बदलने की संवेदनहीनता से नाटककार का सूक्ष्म मार्मिक, संवेदनात्मक सर्जनात्मक ट्रीटमेण्ट। विभिन्न कलाओं

के अन्तरालम्बन, पैनी दृष्टि, से आज के कुरूप नग्न यथार्थ और राजनीतिक-सामाजिक-आर्थिक-धार्मिक परिदृश्य को बिल्कुल उघाड़ कालजयी सत्य और प्रकृति को महाशक्ति मानकर एक नया 'अनुभूति-दर्शन' खड़ा करता है। 'इला' की भाषा और संवादों में गजब का उत्तेजनात्मक आवेग है जो पारसी रंगमंच, संस्कृत नाटक, लोकनाटक की एक साथ याद दिलाता है। 'रंगमंच का काव्य', 'मनुष्य की स्थापना', 'समग्रता की खोज', वैचित्र्य और संघर्ष, महाकाव्यत्व और दर्शन सब इस नाटक की मौलिकता है। वन-दृश्य का लम्बा एकालाप, प्रकृति-संगीत, नृत्य-मुद्राओं, बाल-लय-भाव की समन्विति का, अभिनय-शैली का श्रेष्ठ उदाहरण है। 'विक्रमोर्वशी' और अन्य संस्कृत नाटकों की हिन्दी रंगमंच पर प्रस्तुति की तरह 'इला' के वन दृश्य के लम्बे एकालाप को भी के. एन. पणिक्कर, रतन थियम जैसे निर्देशकों द्वारा सर्जनात्मक प्रयोगों की जरूरत थी। सम्पादन, संशोधन तो रचना-प्रक्रिया, प्रस्तुतीकरण-प्रक्रिया का अनिवार्य अंग है। बार-बार प्रदर्शनों से 'इला' हिन्दी नाटक और रंगमंच को बहुत आगे ले जाने वाली रचना सिद्ध हो सकता है। आज के वैज्ञानिक युग में जीवन्त चरित्र की शारीरिक-मानसिक यन्त्रणा के असमाप्त चक्र का यह नाटक, अपनी मिथकीय कल्पना, एब्सर्डिटी, आधुनिकता और फिर भी मानवीय दृष्टि को प्रस्तुत करनेवाला यह नाटक 'अन्धा युग' की तरह विश्व-मानव की समस्याओं को उद्घाटित कर जाता है। समय की क्रूर सच्चाई, भयावह तन्त्र और अमानवीयता के बीच छटपटाते आम आदमी का नाटक 'कोर्टमार्शल' (स्वदेश दीपक) इधर बहुत प्रासंगिक हुआ। कथाविहीन इस नाटक में मुकदमे की प्रक्रिया ही अर्थ-व्यंजक नाटक बन जाती है। बिना शिल्प के आरोपण के बिना गीत-संगीत उपकरणों के अपनी संरचना में 'कोर्टमार्शल', क्रूरता और करुणा की प्रत्यक्ष अनुभूति का नाटक है। वही स्थान, वही लोग, वही बहस, वही रामचन्दर का मौन पर नाटक कहीं भी एकरस नहीं बल्कि अपनी मानवीय संवेदना में यह निराला की 'मँहगू महँगा रहा', 'बिल्लेसुर बकरिहा', 'चतुरी चमार' की याद दिलाता है। संघर्ष, आलोचना, प्रतीकार्थ सब यहाँ है। 'कोर्ट मार्शल' की अनेक प्रस्तुतियाँ भी लगातार हुईं। स्वदेश दीपक के अन्य नाटकों में ऐसी चेतनता नहीं है। इस समय नाट्य लेखन में सारी विसंगतियों, अवरोधों के बीच भी नरेन्द्र मोहन, नन्दकिशोर आचार्य, रामेश्वर प्रेम आदि नाट्य रचना में संलग्न हैं। नरेन्द्र मोहन के कई नाटकों में 'कहै कबीर सुनो भई साधो' और अब 'अभंग गाथा' में उनके रचनात्मक प्रयास द्रष्टव्य हैं जिनमें कबीर और तुकाराम जैसे व्यक्तित्वों को लेकर वह वर्तमान समस्याओं, संघर्ष को कुरेदते हैं। नन्दकिशोर आचार्य के नाटक भी 'देहान्तर', 'गुलाम बादशाह', 'हस्तिनापुर' आदि इतिहास और पुराण-प्रसिद्ध पात्रों की, नायकों की मानवीय दुर्बलताओं आधुनिक युग के अन्तर्विरोधों को भाषा और शिल्प के नुकीलेपन के साथ करते हैं। कभी-कभी वे महाभारत के स्त्री

पात्रों, भीष्म आदि पात्रों के बहाने महाभारत का पुनर्विश्लेषण करते दीखते हैं। अगर इन नाटकों में अन्तर्वस्तु और भाषा का वाकई नाटकीय इस्तेमाल है तो यह क्यों नहीं खेले जा रहे हैं? अभी उनका ताजा नाटक 'जिल्ले सुब्हानी', 'रंगप्रसंग' में प्रकाशित हुआ था। हिजड़े के माध्यम से सारे शासन-तन्त्र, राजनीति, सत्ता की नपुंसकता पर चुभता व्यंग्य भी है और मानवीय करुणा का प्रतीक भी है। चारों ओर रंगमंचीय गतिविधियाँ खासकर शौकिया रंगमंच गतिहीन है। भाषा की अस्मिता के प्रश्न हिन्दी आलोचना, यहाँ तक कि साहित्य और कलाएँ, नाट्यलेखन और रंगमंच से पूर्णतः जुड़ ही नहीं पाये हैं। नाट्यलेखन और रंगमंच से लगातार जो संवाद, टकराहट, उत्साह, प्रतिक्रिया में अपेक्षित है-वह नितान्त प्रसुप्त हैं। एक बार पुनः भारतेन्दु जैसा व्यक्तित्व और छठे-सातवें दशक की हलचल चाहिए। 'हिन्दी नाट्यसाहित्य में कुछ है ही नहीं', 'या कुछ लिखा ही नहीं जा रहा है' जैसे वाक्य हम साहित्य-जगत से भी सुनते हैं, रंग जगत से भी कि निर्देशक नाटक की खोज में है या नाटक का संकट है या कालजयी नाटक का अकाल है। जब कि उपर्युक्त विवेचन से यह स्पष्ट है कि यह सर्वथा गलत है, भ्रामक धारणाएँ, पूर्वाग्रह हैं। इस समय मूल प्रश्न शिल्प उपकरणों, आरोपण का नहीं है, प्रश्न है उस सघन संवेदना का, ऊष्मा का और मानवीय सम्बन्धों, रागात्मक सौन्दर्य जिसकी दर्शक को आवश्यकता है। 'हानूश', 'कोमल गान्धार', 'माधवी' हिन्दी नाटक और रंगमंच को बहुत आगे ले जाने वाली संवेदनात्मक कृतियाँ हैं जिनके मंचन नहीं के बराबर हुए हैं। 'कोमल गान्धार' तो 'अन्धा युग' से भी ज्यादा सघन, अनेक परतें खोलता अनोखा नाटक है जो अदृश्य पड़ा रहा। 'कोमल गान्धार' रंगमंच के लिए बेहद चुस्त चरित्रों-स्थितियों की जटिलता लिए सशक्त नाटक है। 'जादू का कालीन' भी कोमल संवेदना का गतिशील नाटक है। हिन्दी नाटक और रंगमंच को अपने 'जीवित तत्त्व' और शक्ति को प्रमाणित करने के लिए नियमित थियेटर चाहिए जबकि स्थितियाँ वही हैं जो 50 वर्ष पूर्व थीं। अभी कृष्ण बलदेव वैद के नाटक 'भूख एक आग है' पर काफी रचनात्मक ऊर्जा के साथ रंग-कार्य हुआ। दया प्रकाश सिन्हा का नया नाटक 'इतिहास' एक वृत्त नाटक है पर इसमें क्रिया, तनाव, ऊर्जा, परिवर्तन, चुनौतीपूर्ण नाट्य है। सत्य को सत्य की तरह ही प्रस्तुत करना और रंगमंच से बराबर सक्रिय रिश्ता बनाये रखना जटिल काम है। भारतीय स्वतन्त्रता संघर्ष का इतिहास, 1857 से 1947 के बीच के ऐतिहासिक तथ्यों को पूरी सच्चाई के साथ रखने वाला, यह नाटक लेखक का एक रचनात्मक प्रयास है। पर 'जादू का कालीन' की मार्मिकता और 'इतिहास' के सत्य को कुरेदने वाला तो रंगमंच ही है।

उपर्युक्त विवेचन से स्पष्ट है कि बीसवीं शती का हिन्दी नाट्य साहित्य और रंगमंच बहुआयामी और शिल्प और प्रयोगों से आन्तरिकता और संवेदना के सम्बन्ध

सघन करता हुआ विकसित होता गया है। नाटक और रंगमंच दोनों के सामने प्रश्न, संघर्ष और समस्याएँ लेकिन एक चेतनता भी रही है। हिन्दी नाटक और रंगमंच दोनों ही अपने स्वरूप को पहचानने और विरोधात्मक परिस्थितियों के होते हुए भी सर्जनात्मक सम्बन्धों और समकालीन अनुभवों, चिन्तन, सम्भावनाओं, सार्थकता की अन्वेषण-प्रक्रिया में संलग्न रहे हैं। मुख्य प्रश्न मौलिकता, भाषा की अस्मिता, और प्रकृति के अन्वेषण के साथ-साथ साहित्य, रंगमंच, समीक्षा के अन्तरंग सम्बन्ध का है। जो रचा जा रहा है वह विश्वजनीन मानवीय अनुभव है- आज के पूरे समय को टटोलता हुआ। नवें दशक में ही नाटककार द्विविधाग्रस्त था, लगातार एक सम्बन्धहीनता से क्षुब्ध भी था। आज ऊर्जा, आन्तरिक स्फूर्ति भी नहीं है। जिस प्रकार पहले नाटककार, रंगकर्मी, समीक्षक मिलकर पुरानी फार्मूलाबद्ध दृष्टि के विरुद्ध लड़ रहे थे, आधुनिकता और असाधारणता के मोह में हर बार नया ढाँचा तलाशते, परम्पराबद्ध चौखटे और फ्रेम से मुक्त करके आपसी विरोधों के बीच रचनात्मक सन्तुलन का प्रयत्न चल रहा था और साहित्य-सौन्दर्य, रंग-कला की नयी सोच व्यक्त हो रही थी, वही आज अपेक्षित है। नाटकीय संरचना में, रंगमंचीय सृजन में वैसी ही ऊष्मा और चुनौतियाँ चाहिए जैसी कारन्त जी की 'अन्धेर नगरी' प्रस्तुति से उजागर हुई थीं अर्थात् साहित्य की पुनर्रचना रंगमंच का सर्जनात्मक-कलात्मक विस्तार, नयी रंगभाषा की चुनौती और समीक्षा में परिवर्तन अर्थात् एक ऐतिहासिक भूमिका और भारतेन्दु जैसी क्रान्तिकारी जागरूक दृष्टि!

7

कथा–मंचन : रंगान्वेषण की जटिल प्रक्रिया

सम्पूर्ण साहित्य और समूची कलाएँ प्राचीन परम्पराओं से, लोककथाओं, मिथक, महाभारत, रामायण, जातक कथाओं से, पुराणों उपनिषदों से अपने स्रोत तलाशती रही हैं। चाहे भारतीय परम्परा हो चाहे पाश्चात्य परम्परा, दोनों की मान्यता रही है कि हमारी जमीन, हमारे नये स्रोत हमें अपनी प्राचीन परम्पराओं और कथाओं में मिलते हैं जिन्हें नवीन मौलिक अर्थ देना और जिनमें सर्जनात्मक सम्भावनाओं की प्रयोगधर्मिता देना रचनाकार, पुनर्रचनाकार और कलाकार का काम है। जैसे–जैसे नाट्यलेखन और रंगकर्म की नयी दिशाएँ, सम्भावनाएँ और रचनात्मक मोड़ उजागर होने लगे, वैसे–वैसे रंगकर्मियों, निर्देशकों का ध्यान देशी विदेशी कथा साहित्य के अनुवादों और नाट्यरूपान्तरों की ओर केन्द्रित हुआ। विशेषकर छठे–सातवें दशक में, आठवें दशक में तीव्र रचनात्मक प्रक्रिया के साथ कथासाहित्य रंगमंच का अभिन्न अंग बना। उपन्यास और कहानी विधाएँ रंगान्दोलन का रंगमंच की प्रकृति, उसके अन्वेषण के विस्तार का आधार बनीं और कथासाहित्य, कथाभाषा, कथासाहित्य के नाट्यान्तर और प्रस्तुतीकरण पर नये ढंग से सोचा जाने लगा। स्वाभाविक प्रश्न उठने लगे कि क्यों हम रंगमंच को कथासाहित्य की ओर ले जा रहे हैं? क्या नाटक की कमी के कारण? क्या मंचन की विशिष्टता, जटिलता के आस्वाद के कारण? अथवा उस कृति की मौलिकता, समय और संदर्भ के कारण? या निर्देशक की सृजनेच्छा के कारण? कौन हमें आकृष्ट करता है? ये प्रश्न उठना बहुत जरूरी था और इनका उद्देश्य उत्तर देना या तलाशना भी नहीं था, मुख्य था उस समय की रचनात्मक आकुलता और उर्वरता को एक नयी भंगिमा, नयी अभिव्यक्ति देना क्योंकि इसी के साथ नाट्यरूपान्तर की मौलिकता के सवाल भी उठने लगे जो पुरानी साहित्यिक रूढ़ियों को भी तोड़ रहे थे। कथासाहित्य के नाट्यरूपान्तर और मंचनों को लेकर दो प्रकार की स्थितियाँ उजागर हुईं–एक उपन्यास या कहानी का सीधे–सीधे सम्पूर्ण नाट्यरूपान्तरण अर्थात् यह कोशिश कि यह रचना ज्यों की त्यों मंच पर पहुँचे अन्यथा

उस विधा के साथ अन्याय होगा; दूसरे, उस कृति को मंच की एक नयी रचना के रूप में प्रस्तुत करना, नाट्यान्तरित करना। अर्थात् वह एक पूर्ण स्वतन्त्र रचना लगे। बहुत से उपन्यासकारों ने स्वयं ही अपनी कृति को नाट्यरूपान्तरित किया। उदाहरणार्थ मन्नू भण्डारी ने अपने 'महाभोज' उपन्यास का नाट्यरूपान्तर स्वयं ही किया। मन्नू भण्डारी ने 'महाभोज' में व्यवस्था, राजनीतिक तन्त्र, राजनीति के दोगलेपन और उसके बीच पिसते आम आदमी की करुणा और विद्रोह को सीधे दिखाया है। गाँव से शहर और शहर से गाँव तक की हलचलों और अमानवीय लड़ाई का बृहद् कैनवेस इस उपन्यास में है जिसे मन्नू भण्डारी ने एक नाटक का रूप दे दिया है। नाट्यशिल्प की दृष्टि से उसमें वह कोई नयी परिकल्पना नहीं करतीं–ज्यादा से ज्यादा वह या तो उपन्यास के विवरणात्मक अंशों को छोड़ देती हैं या उन्हें आवश्यकतानुसार संवादात्मक रूप में ढाल लेती हैं। 'महाभोज' अपने समसामयिक कथ्य के तीखेपन और आम जनता की पीड़ा, करुणा और विद्रोही तेवर के कारण, शिल्प के लचीलेपन के कारण रंगमंच पर बहुत लोकप्रिय हुआ। प्रसिद्ध अमेरिकी लेखक जॉन स्टाइनबेक ने भी अपने उपन्यास 'ऑफ माइस एण्ड मैन, का नाट्यान्तर स्वयं किया– उसी नाम से जो हिन्दी मंच पर 'ये आदमी ये चूहे' के नाम से बहुचर्चित हुआ। जॉन स्टाइनबेक की सफलता मूल उपन्यास की विषयभूमि, सामाजिक–आर्थिक परिवेश और उसके बीच मानवीय स्थितियों को नाट्यान्तर में गहरी संवेदना से उजागर करने में है क्योंकि नाटक की संरचना पर, रंगमंच की शक्ति पर और जीवन के अनुभवों पर उनकी बड़ी गहरी पकड़ है। दो खानाबदोश मजदूरों और आज आपाधापी भरे माहौल में चूहा–दौड़ की अमानवीयता के बीच इंसानी रिश्ते स्वप्न, आशाएँ, मानवीय करुणा इस तरह चित्रित हो सकी है कि यह नहीं लगता कि यहाँ उपन्यास से नाटक पर आया गया है। इसीलिए नाट्यरूपान्तर न गौण वस्तु है, न दूसरे तीसरे दर्जे की चीज। वह भी सृजन है–एक मौलिक कृति का पुनःसृजन। किसी भी कृति को संवादबद्ध कर देना ही नाट्यरूपान्तर नहीं है, उस रचना में अन्तर्निहित दूरगामी सम्भावनाओं, कला और साहित्य के विलक्षण सम्बन्ध-सूत्रों को तलाशना, पिरोना और नवीन सौन्दर्यबोध के साथ बड़े समूह तक सम्प्रेषित करना और लिखित शब्दों को दृश्यात्मक लय, व्यंजना, टोन और भिन्न आकार देना है। संवेदनशील रूपान्तरकार और निर्देशक जब किसी रचना को छूते हैं तो उनका ट्रीटमेण्ट सृजन का, मौलिकता का होता है तब भी हमेशा सम्भव नहीं कि आप सफल ही हों। संकट वहीं से शुरू हो जाता है जब हम पाठ्य साहित्य को साक्षात्कार की वस्तु और उसी क्षण जीने–मरने वाली चुनौती से जोड़ते हैं, पाठक को दर्शक में बदलते हैं। उपन्यास के बृहद आकार में से विविध सन्दर्भ, पात्र, घटनाएँ, स्थितियों में से एक 'संश्लिष्ट नाटक' निकालना एक रोमांचक अनुभव है।

मणिका मोहिनी ने कथाकार कृष्णबलदेव वैद के उपन्यास 'उसका बचपन' का नाट्यरूपान्तर करते समय साहित्य और रंगमंच, पाठक और दर्शक के इस अन्तर को अवश्य समझा है। स्वयं एक कथाकार द्वारा दूसरे कथाकार के उपन्यास का रूपान्तरण करना एक दिलचस्पी पैदा करता है। 'उसका बचपन' अनन्त घटनाओं, बृहद् कथानक, असंख्य पात्रों का उलझा हुआ उपन्यास नहीं है, निश्चय ही इस उपन्यास में निहित सामाजिक-आर्थिक समस्याओं से उलझते-टूटते जाते रिश्ते, नारी यन्त्रणा, विषमताओं और उनके बीच ममता, करुणा की तलाश ने उसके मार्मिक कथा और द्वन्द्व ने नाट्यरूपान्तर के लिए प्रेरित किया होगा। इस नाट्यरूपान्तर को पढ़ते समय 'वापसी' कहानी में चित्रित संवेदनहीनता, रिक्तता और रामेश्वर प्रेम के 'चारपाई' नाटक की करुणा और कड़ुवाहट, स्वार्थ और विसंगतियाँ याद आती हैं। पारिवारिक परिस्थितियों और सम्बन्धों के आधार पर आर्थिक विपन्नताओं से टूटते-बिखरते रिश्तों और विकृतियों पर एक दौर में पर्याप्त साहित्य लिखा गया कहानी, उपन्यास, नाटक सभी कुछ। 'उसका बचपन' उसी छिन्न-भिन्न मानसिकता, उसी कटु सच्चाई का, जीवन के खासकर निम्न मध्यवर्ग के यथार्थ और विडम्बनाओं का उपन्यास है जिसे नाट्यरूपान्तरकार ने बखूबी पकड़ा है, निर्धन परिवार का हर आदमी अकेला है, चाहे वह दादी है, चाहे माँ, चाहे बेटी, चाहे बेटा बीरू और चाहे बाबा इस अकेलेपन से जूझने के लिए सबने अपने अपने रास्ते निकाल लिए हैं, दादी ने दिन भर पड़-पड़े गालियाँ देकर, बहू को कोसते रह कर, जवान बेटी ने घर के बाहर कदम रख कर भागने का इन्तजाम करके, बाबा ने जुए और शराब के नशे में घर से बाहर रहकर। अभिशप्त है वह माँ जिसकी नियति सास की गालियाँ, पति की मार, पड़ोसियों की खुसर-पुसर, बेटी की उपेक्षा और इस सबके साथ निर्धनता में जीने और सबको भोजन देने की है बिना धन, अन्न के, दो ही अभिशप्त पात्र हैं, एक माँ, दूसरा बीरू। बीरू इस नाट्यरूपान्तर में बराबर मन को छू जाता है, अपने मौन में भी, अपने तनावपूर्ण व्यवहार, नाचती मुट्ठियों में भी, अपनी चीख में भी, उसका मनोविज्ञान, उसकी पीड़ा पूरी मानवीय त्रासदी है। मणिका मोहिनी का इन बिन्दुओं से गहरा तादात्म्य हुआ है, शायद स्वयं लेखिका होने के कारण पारिवारिक-सामाजिक-मानसिक संघर्षों की सघनता इस नाट्यरूपान्तर में है।

'उसका बचपन' को दृश्यों में बाँधा है और प्रथम दृश्य में ही दादी का अकेलापन, दादी और बीरू का प्यार, माँ का संकट और कटुता, माँ के प्रति सबका असंग भाव यहाँ तक कि बीरू का भी बहुत कुछ कह देता है, गीली लकड़ियाँ, धुआँ, माँ का कष्ट और अधिक व्यंजनात्मक बनाता है। दृश्य को, नाटक में विरोधी

स्थितियों, विरोधी प्रवृत्ति के पात्रों और वैषम्य से जो तनाव बनता है, वह बिना उपकरणों के भी बहुत प्रभावी, सहज, गत्यात्मक और मानवीय होता है। यह वैषम्य प्रतिदिन की घरेलू बातचीत, व्यवहार, प्रतिक्रियाओं से स्वत: बनता है, बात में बात निकलती है चिढ़ कर, जलभुन कर, साफ लगता है कि हम घरों में एक-दूसरे को कितना कोसते हैं, छीलते हैं, कुरेदते हैं, जिसका असर बालमन पर इतना भयानक पड़ता है कि वह झोले में से गाजर निकालकर खाकर मगन होने की स्वाभाविक स्थिति से नितान्त अस्वाभाविक स्थितियों चुप्पी, चीख, बीमारी, लड़ाई, आत्महत्या की कोशिश में पहुँच जाता है, यह परिवर्तन, यह परिणति बहुत मार्मिक ढंग से दिखाई गयी है।

अधिकांशत: 'उसका बचपन' तेज, आक्रामक है। चिड़चिड़ेपन, लड़ाई, गुस्सा उसका मुख्य स्वर है और रूपान्तर में उसके अनुरूप भाषा संवाद, क्रियाएँ, तीव्रता भी है, कहीं भी ठहराव नहीं है। बीरू जो कहानी सुनता है, वह बड़ी नाटकीय और सांकेतिक है, यही नहीं, नाटक के अन्त में माँ के सोने के कड़े, जमीन भर की पूँजी का न मिलना उसे बदहवास कर देता है, वह पूरा दृश्य बहुत प्रभावित करता है। रोम रोम को। अन्त में बीरू की बीमारी, उसका माँ के प्रति अव्यक्त गुस्सा, बाबा के आने पर उनसे लिपट जाना और उनकी अनुपस्थिति में जो कुछ घर में उसने घटित होते देखा, वह बताना, अचानक जैसे उसे बड़ा बना देता है, उसका अवसाद नजर आता है 'उसका बचपन' उपन्यास में ये सभी प्रसंग हैं पर उन्हें इस तरह प्रस्तुत करना कि वैषम्य, विरोधी स्थितियाँ, चारित्रिक जटिलताएँ, नाटकीय व्यंग्य, मनुष्य के सूक्ष्म मानवीय धरातल, विभिन्न स्तर एक ऐसे ताने बाने बुने नजर आएँ कि सब कुछ बहुत मार्मिक, तीव्र, सहज, लचीला, भावों के उतार-चढ़ाव उसके स्तरीय भाव प्रकाशन की क्षमता से बँधा लगे तो वह नाट्य रूपान्तर की सफलता है।

नाट्यरूपान्तर में निर्देशकीय परिकल्पना के फैलाव, प्रयोगों की अनेक सम्भावना है कार्य व्यापार पर पकड़ बराबर है। भाषा की बुनावट, उसके मुहावरे, उससे रचे संवादों में प्रतिदिन की दुनिया, घरेलूपन, नितान्त सहज अभिव्यक्ति भी है और लय, टोन का वैचित्र्य भी, एक-दूसरे से लगातार टकराते स्वर और उनसे बनती जाती लय भी समग्र कृति में है।

'उसका बचपन' का अन्त भी इतना ही सांकेतिक और सहज होना चाहिए था। बीरू के गले में रस्सी देखकर सबकी हैरानी, खामोशी और बीरू की पीड़ा अपने आप में बहुत त्रासद और समग्र है। उसके बाद नेपथ्य स्वर की आवश्यकता ही नहीं रह जाती। वैसे भी समग्र प्रभाव और उस त्रासद स्थिति में नेपथ्य के वे स्वर और वह कथन कृति के प्रभाव को खण्डित करते हैं और स्थूल बनाते हैं। जो बात कहानी-उपन्यास में शब्द द्वारा कही जा सकती है, वही बात नाटककार निर्देशक

शब्दों के बिना भी कह लेता है। उपदेश या समाधान कोई शर्त नहीं है। मसलन जो आवाज नेपथ्य से आती है, वह है 'आपसी कलह का हश्र और क्या होगा? कलह की आग में सब कुछ जलभुन कर राख हो जाता है', जाहिर है कि यह उपन्यास सिर्फ कलह का परिणाम तो नहीं दिखाता, उसके सन्दर्भ बड़े पेचीदे, विस्तृत और सूक्ष्म हैं, अनेक स्तरीय हैं, इसलिए उसे एक विशेष दिशा में सीमित करना ठीक नहीं है। यह नेपथ्य स्वर सम्पूर्ण त्रासदी के विरुद्ध भी लगता है। पर लोककथा और चारित्रिक व्यंजनाओं का गुम्फन बहुत सुन्दर है। यह महसूस होना कि यह नाटक है, रूपान्तरण की रचनाशीलता का पता होना है।

कथाकार मृणाल पाण्डेय द्वारा देवकीनन्दन खत्री के उपन्यास का 'काजर की कोठरी' नाम से नाट्यान्तर भी जीवन्त साक्षात्कार का अनोखा आनन्द देता है क्योंकि एक अत्यन्त प्राचीन कृति को, उसके कथानक को, घटनाकाल को तोड़कर देखने, पुनः अपने समय के बीच जोड़कर रखने का प्रयास कठिन प्रक्रिया है। 'काजर की कोठरी' सामन्ती प्रवृत्तियों, नारी शोषण, बर्बरता, स्वार्थपरता, लोभी मानसिकता आदि पर एक क्रूर टिप्पणी बनकर आया जिसमें भाषा की रवानगी और हरकतों की थिरकन का अजीब स्वाद है।

रंगमंच की सक्रियता के दौर में ऐसे बहुत से हिन्दी और भारतीय भाषाओं के उपन्यासों के मंचन हुए और आज भी हो रहे हैं कि उससे अनेक प्रकार के खतरे, चुनौतियाँ और विकासमान स्थितियाँ सामने आयीं। मुख्यतः निर्देशकों और रूपान्तरकारों ने ऐसे रचनात्मक प्रयास किये मसलन रंजीत कपूर द्वारा पं. आनन्द कुमार के 'बेगम का तकिया', चाणक्य सेन कृत 'मुख्यमन्त्री', मनोहरश्याम जोशी के 'कुरु-कुरु स्वाहा' आदि के रूपान्तरण और प्रस्तुतीकरण अपने कथ्य और तीखेपन, मनोरंजन और समसामयिक तत्त्वों के कारण बहुचर्चित रहे। साथ ही उनसे यह सत्य भी उजागर हुआ कि इनके रूपान्तरण उपन्यास विधा को नाट्यरूप अथवा संवादात्मक रूप देने में ही था, उसमें किसी नयी नाट्यरचना की तलाश नहीं थी। यही स्थिति 'राग दरबारी', 'बाणभट्ट की आत्मकथा', 'छिन्नमस्ता' (गिरीश रस्तोगी) को करते हुए भी अनुभव की गयी। उपन्यास का फलक इतन बृहद् होता है और उपन्यासकार को विविध सन्दर्भ, पात्र, घटनाएँ, स्थितियाँ, यहाँ तक कि अपना सारा जीवन-दर्शन बिखेर देने की छूट होती है–वहाँ सीमाएँ कम स्वतन्त्रता ज्यादा होती है यद्यपि यह स्वतन्त्रता ही नाट्यरूपान्तर और रंगमंच की सीमा बन जाती है। उपन्यास के बहुत से अंश निरर्थक या रंगमंचीय दृष्टि से बाधक होते हैं या उनका सम्प्रेषण और प्रस्तुति असम्भव होती है। इसलिए यह जरूरी हो जाता है कि उपन्यासकार के मन्तव्य को, लिखित दृश्य या कथ्य को मंच पर किस प्रकार कम से कम समय में अधिक से अधिक सार्थकता के साथ प्रस्तुत किया जाए?

कभी-कभी लम्बे-लम्बे वर्णनात्मक स्थल ही नाट्यरूप में बड़े सूक्ष्म और सांकेतिक बन सकते हैं। अगर उपन्यास किसी बिन्दु पर कमजोर लग रहा है तो उसे किस प्रकार रूपान्तरण करते समय सशक्त बनाया जाए? उपन्यास में बेतरतीब ढंग से बिखरी हुई स्थितियों, संकेतों, घटनाओं को नाट्यरूप में सूत्रबद्धता देना होता है क्योंकि तब पाठक नहीं, दर्शक की तात्कालिक प्रतिक्रिया और प्रत्यक्ष प्रभाव ही भागीदार बनता है। 'रागदरबारी' में नाटकीयता का सौन्दर्य तो अनन्त है पर उसमें कथा का सुनिश्चित रूप, क्रमिकता, कथा की सुसम्बद्धता निश्चित आरम्भ, मध्य, अन्त और पात्रों का बँधा-बँधाया स्वरूप नहीं है बल्कि देशव्यापी स्थितियों से, व्यंग्य, राजनीति, धर्म, समाज, शिक्षा-संस्थाओं, अदालतों, थानेदारी, चोरी डकैती आदि से इस तरह सम्बन्ध बनता चलता है कि पात्र स्वयं अपने में व्यक्तित्व मात्र नहीं रह जाते, देश के चरित्र के व्यंजक हो जाते हैं। 'बाणभट्ट की आत्मकथा' और 'छिन्नमस्ता' में पात्र, चरित्र अपने में सम्पूर्ण, द्वन्द्वात्मक और विशिष्ट थे और कथानक भी सुनिश्चित था लेकिन अतिरिक्त विवरणों, क्रम टूटने की समस्या तो वहाँ भी थी। अवांछित स्थलों को छोड़कर केन्द्रीय बिन्दु पर ध्यान आकृष्ट हो तभी दर्शक से उसका रिश्ता बन सकता है। अगर उपन्यास बहुत बड़े फलक का है और जीवन की बहुआयामी जटिलता का, अन्तर्विरोधों और विसंगतियों का, बड़े सामाजिक-आर्थिक-धार्मिक परिवारिक और राजनैतिक परिवेश का चित्रण करने वाला है जैसे 'गोदान' या महाश्वेता देवी का 'श्री श्रीगणेश महिमा' तो नाट्यरूपान्तर और मंचन के संकट व्यक्त होते रहे हैं। इसलिए कथा-सूत्रों को पकड़ना, ब्यौरों को छोड़ना, नाटकीय तनाव को चरम बिन्दु पर ले जानेवाले आवश्यक प्रसंगों को समझना और कार्यव्यापार की तीव्रता और नाट्यरूप की एकाग्रता को भंग न होने देना साधारण रचना-कर्म नहीं है। सामान्यत: उपन्यास के कथा-सूत्रों को जोड़ने में रूपान्तरकार सूत्रधार का उपयोग करते रहे हैं। धीरे-धीरे वह एक नाटकीय युक्ति और विवशता जैसा प्रयोग भी अनुभव होने लगा। 'रागदरबारी' में पहले उद्घोषक की परिकल्पना थी बाद में उसका मुख्य पात्र रंगनाथ ही वाचक द्रष्टा-भोक्ता बन गया जो आने वाली प्रस्तुतियों में अधिक सार्थक और प्रामाणिक लगता गया। 'छिन्नमस्ता' में सूत्रधार की युक्ति से बचते हुए स्वयं नायिका प्रिया के स्वगतों से ही कथा-क्रम को आगे बढ़ाया और दृश्य-परिवर्तनों को उसके अभिनय की तात्कालिक प्रक्रिया से जोड़ा जो हर जगह दर्शको को ज्यादा विश्वसनीय, संवेदनात्मक और आत्मीय लगा। प्रभा खेतान वैसे भी स्त्री चेतना से जुड़ी रही हैं। उनकी कई पुस्तकों के अतिरिक्त 'छिन्नमस्ता' में भी वह एक स्त्री के व्यक्तित्व-दमन और संघर्ष को स्त्री की दृष्टि से देखती हैं और उपन्यास को अन्ततः स्त्री की समूची सामाजिक लड़ाई के साथ नाजायज सन्तान की सामाजिक मान्यता तक, मानसिक-बौद्धिक और आर्थिक विकास

की ओर ले जाती हैं। उपन्यास में बहुत सारे पारिवारिक सन्दर्भ, सदस्य और कथाएँ हैं। उन्हें छोड़ते हुए नाटकीय संरचना में प्रिया के मनोविज्ञान–उसके बालजीवन, कैशोर्य, युवावस्था और प्रौढ़ावस्था के व्यापक संघर्ष पर ध्यान केन्द्रित किया गया और उसी से जुड़े पात्रों और घटनाओं, प्रसंगों को लिया गया। यह नाट्यरूपान्तर सही अर्थों में रिहर्सल के दौरान ही पूर्णता और चुस्ती पाता रहा। 'छिन्नमस्ता' के नाट्यान्तर में कोई नयी रचना भले ही न रची गयी हो पर उसकी अन्तरंगता, विश्वसनीयता ने दर्शकों से तादात्म्य स्थापित किया।

वस्तुतः उपन्यास के सम्पादन रूपान्तरण के, उसके नाटकीय संयोजन के हर रूपान्तरकार और निर्देशक के अपने–अपने तरीके होते हैं, अपनी–अपनी कल्पना-शक्ति और प्रतिभा होती है। जिस प्रकार निर्देशक राष्ट्र और विश्व की समस्याओं से, आर्थिक–राजनीतिक हलचलों से अपने रंगकर्म को जोड़ना चाहते हैं, अपनी चिन्ताओं और रंग–दृष्टि को रंगमंच के माध्यम से व्यक्त करना चाहते हैं, उसी प्रकार ग्रामीण और कस्बाई परिवेश को रंगमंच पर लाने की आकांक्षा भी समय–समय पर जाग्रत होती रही है क्योंकि ग्राम्य जीवन के किसी पक्ष पर सुन्दर नाटक मिलते भी नहीं हैं। उपन्यास या कहानी विधा में ऐसा परिवेश और ऐसे पात्र, सन्दर्भ और वातावरण व्यापक रूप में उपलब्ध हैं। हिन्दी के प्रसिद्ध कथाकार प्रेमचन्द की क्लासिक कृति 'गोदान' ने सभी का ध्यान आकृष्ट किया–रंगमंच का भी और फिल्म का भी। इस विराट् महाकाव्यात्मक उपन्यास का एक नाट्यरूपान्तर विष्णु प्रभाकर ने 'होरी' नाम से किया जो बहुत सुगठित भी नहीं था और 'गोदान' जैसी संघर्षमूलक बृहद् कृति को बहुत सफलता के साथ प्रस्तुत भी नहीं कर सका था लेकिन फिर भी इस नाट्यान्तर को इस अर्थ में महत्त्वपूर्ण माना गया कि फिर 'होरी' के अनेक प्रदर्शन हुए और 'गोदान' के अन्य नाट्यान्तर और प्रदर्शनों की शृंखला–सी शुरू हुई। 'होरी' भारतीय किसान के यथार्थ और संघर्ष की, उनके शोषण आशाओं की ऐसी महागाथा है और अपने कलेवर में इतनी विश्वजनीन है कि ऐसी कालजयी कृति को छूते, काटते–छाँटते, रूपान्तरित करते एक चुनौती का सामना बराबर करना पड़ता है। 'गोदान' में सामाजिक सम्बन्धों के इतने विविध रूप हैं, मानवीय यथार्थ के और मानवीय रिश्तों के, किसान जीवन के इतने गहरे और करुण, त्रासदीपूर्ण रूप हैं कि उन्हें नाट्यरूपान्तर में ले आना सचमुच बेहद जटिल कार्य है। दूसरा नाट्यरूपान्तर प्रतिभा अग्रवाल ने 'गोदान' शीर्षक से किया। कलकत्ता की अनामिका संस्था द्वारा सातवें दशक में मंचित इसकी प्रस्तुति में स्वयं प्रतिभा अग्रवाल ने धनिया का प्रभावी अभिनय किया था। इसके अनेक प्रदर्शन हुए। यह नाटयरूपान्तर अपनी प्रकृति में ज्यादा सधा हुआ था। वैसे दोनों ही रूपान्तरकारों ने 'गोदान' उपन्यास में शहरी जीवन से जुड़े कथा–प्रसंगों और पात्रों को छोड़ दिया था और नाट्यरूप को ग्रामीण परिवेश,

होरी, धनिया, गाय, परिवार और गाँव के अन्य सम्भ्रान्त लोगों तक केन्द्रित किया जिससे 'गोदान' का मानवीय यथार्थ, होरी की त्रासदी और संघर्षगाथा अत्यन्त सघन रूप में आ सकी और दर्शकों की अन्तरात्मा को छू सकी। 'गोदान' जैसी कृति में इस प्रकार का सम्पादन अनिवार्य था। भानु भारती ने इस उपन्यास को 'एक किसान की कहानी' शीर्षक से किया। भानु भारती उस दौर में और वैसे भी फॉर्म और प्रयोगशीलता में इतना उलझ जाते हैं। गीत, संगीत और शिल्पगत उलझाव के कारण 'गोदान' जैसे उपन्यास का मर्म कहीं खो गया। 'गोदान' पर बनी फिल्म भी इसलिए असफल हुई कि उसने कथा-तत्त्वों, पात्रों और घटनाओं को देहाती वातावरण को तो पकड़ा पर किसान जीवन के संघर्ष, मर्म और करुणा को नहीं। फिल्म उपन्यास को समेटने में लगी रही।

कभी-कभी किसी उपन्यास के नाट्यरूपान्तर में भी यह समस्या आ जाती है, अमृतलाल नागर के 'सुहाग के नूपुर' उपन्यास का नाट्यरूपान्तर भी प्रतिभा अग्रवाल ने ही 'नगरवधू' नाम से किया है लेकिन स्वयं उपन्यास अपने में इतना सुन्दर, कलात्मक, द्वन्द्वपूर्ण और संगीत-नृत्य मय है और पढ़ने के आस्वाद का, आनन्द का अनुभव कराता है कि उसकी वह आत्मा, वह भाषा, लय, अभिनय नाट्यरूपान्तर में नहीं दीखता। कोई-कोई उपन्यास साहित्य, कला, संस्कृति, मानवीय संवेदना, सौन्दर्य का, अभिव्यक्ति का विलक्षण रूप होता है जैसे सुरेन्द्र वर्मा का 'मुझे चांद चाहिए'। चरित्रों, प्रसंगों, वर्णनों का, भाषिक कलात्मकता का जो अद्भुत संयोजन और नाट्य लेखक पाठक को हर क्षण देता चलता है, उसे धारावाहिक के रूप में न निर्देशक पकड़ पाया न अभिनेता, न रूपान्तरकार-पटकथाकार। साहित्य और दृश्यमाध्यम, साहित्य और कलामाध्यम के बीच से जो मुक्त जीवन-सौन्दर्य और मानवीय सत्य झलकता है, वही रूपान्तरण और प्रस्तुतीकरण की शर्त है। यह समस्या मिर्ज़ा रुसवा के 'उमराव जान' उपन्यास की मंच-प्रस्तुति में भी दिखायी दी। मुजफ्फर अली के महत्त्वपूर्ण निर्देशन में अत्यन्त सफल, सुन्दर फिल्म के बाद 'उमराव जान' को मंच पर देखना वैसे भी भिन्न अनुभव था। अनुराधा कपूर के निर्देशन में यह प्रस्तुति उतनी लयात्मक, संवेदनात्मक नहीं लगी। स्वयं उत्तरा बावकर भी उमराव जान के चरित्र की अदायगी में उतनी नफासत और सौन्दर्य से अभिनय की बारीक संवेदना से युक्त नहीं लगीं। उनका गायन अच्छा होते हुए भी दिल को नहीं छूता था। अनुराधा कपूर ने अधिकतर रूपान्तरकार को साथ लेकर नाट्यान्तर कराया है। पर इस उपन्यास के आलेख में वह आत्मा और तल्लीनता नहीं आ पायी बल्कि कई प्रकार के प्रयोगों से वह रसमयता भंग होती रही। रूपान्तरण की विशेषता से ज्यादा 'उमराव जान' की चर्चा उसके दृश्य विधान और उनके परिवर्तनों के कारण भी हुई जिसमें चित्रकला के आकर्षक रंग और नाटक के मूड्स के अनेक शेड्स

थे। उपन्यास के प्रस्तुतीकरण में सूत्रधार का प्रयोग भी खटकने वाला था। उसके संगीत, नजाकत, वेशभूषा और प्रकाश-चक्रों से, दृश्यबिम्बों से इस युक्ति का कोई तालमेल नहीं बैठता था। चाक्षुष जीवन्तता का प्रश्न चूँकि उपन्यास के मंचन के सन्दर्भ में हमेशा उठता रहा, सम्भवतः इसलिए भी उपन्यास को कथामूलक ढाँचे से बाहर निकालने का और रंगमंचीय कल्पनाशीलता को कई रूपों में तलाशा गया।

'गोदान', 'रागदरबारी', 'महाभोज' की तरह जगदीशचन्द्र के उपन्यास पर आधारित 'कभी न छोड़ें खेत' एम. के. रैना के निर्देशन में चर्चित हुआ। यह देहाती जीवन के अन्तर्विरोधों, टूटन, कलह, पीड़ा और विकृतियों का चित्रण करता है। पंजाब के एक गाँव में दो किसान परिवारों की आपसी कलह के माध्यम से यह महाजनी सभ्यता के आडम्बर पुलिस, वकील, डॉक्टर सबके द्वारा किसानों के शोषण और उत्पीड़न का पर्दाफाश करता है। इस उपन्यास का नाट्यालेख निर्देशक एम. के. रैना और अमिताभ श्रीवास्तव ने मिलकर किया है और नाट्यान्तर की विश्वसनीयता बनाये रखने में सफलता पायी। कहीं-कहीं आलेख में शिथिलता ठहराव लगता है मसलन कलह, थाने, अस्पताल आदि के दृश्यों में अगर चुस्ती होती तो नाट्यालेख अपनी बुनावट में और अधिक सघन लगता। यहीं यह आवश्यकता पड़ जाती है कि आलेख में मोह से मुक्त होकर निर्ममतापूर्वक नाटकीय कार्य व्यापार की तीव्रता को कल्पनाशीलता से सशक्त बनाना चाहिए भले ही उसके लिए आलेखकार को स्वयं कोई दृश्य रचना पड़े-मुख्य है नाटक के रूप में उसका विस्फोटक प्रभाव। यह नाट्यकृति अपने कथ्य और भाषाई मिजाज, अपनी रंग परिकल्पना की सहजता और मार्मिकता के कारण काफी चर्चित हुई। एक ओर मुक्ताकाश मंच की सादगी ने वातावरण की गहराई और चित्रफलक के विस्तार को रेखांकित किया, दूसरी ओर कथा वस्तु के मर्म और पात्रों के जीवन के आपसी रिश्ते ने प्रभाव सृष्टि की।

उपन्यास के नाट्यान्तर और प्रस्तुतीकरण की चुनौतियाँ और संकट, सर्जनात्मक दायित्व अपने स्थान पर है। ब्रेटियन मिरर द्वारा महाश्वेता देवी के उपन्यास 'श्री श्रीगणेश महिमा' का नाट्यान्तर भी उपन्यास जैसी बृहद् विधा के रूपान्तरण की सीमाएँ और संकट, बहुत से प्रश्न खड़े करता है।' यह उपन्यास 'गोदान' की तरह अनेक ब्यौरों, प्रसंगों, के चरित्रों की रचना है। रूपान्तरकार प्रसंगों-ब्यौरों को छोड़ने में, नाटक को चुस्त करने में अगर सन्तुलन और रचनात्मक संवेदना एवं रंग-दृष्टि से काम नहीं लेगा तो वह नाट्यान्तर छोटे-छोटे दृश्यों की झलकी बनकर रह जाएगा जो रंगमंच की एकाग्रता के विरुद्ध होगा। क्या छोड़ें, क्या न छोड़ें, कहाँ किसे कितना विस्तार दें, नाटकीय तनाव की सृष्टि कैसे करें आदि इतने तत्त्व हैं जो नाट्यान्तर से प्रस्तुतीकरण तक रचना को प्रभावित करते हैं-यहाँ तक कि अभिनेता भी, भाषा-प्रयोग भी कृति की अन्तरात्मा को नष्ट कर देते हैं। महाश्वेता देवी जैसी लेखिका

के उपन्यास की यही स्थिति हुई। लेकिन इन सभी प्रयासों को हम नकार नहीं सकते, ये रंगान्वेषण, निर्देशकीय छटपटाहट और भारतीय जीवन की जड़ों को पहचानने की आकुलता का प्रमाण हैं और लगातार एक मौलिक दृष्टि की सूचक हैं। तभी हम अनेक प्रकार के विकल्प और कला के रास्ते निकालते रहते हैं। रंगमंच वैसे भी पुनरावृत्ति से बहुत जल्दी बासी पड़ जाता है। तेजी से बदलते यथार्थ और सन्दर्भों में रंगमंच के सामने आज नयी चुनौतियाँ खड़ी हैं। रंगमंच तो लगातार अपने को पुन:संस्कारित करता चलता है। एक नवीन प्रकार का मौलिक प्रयास शम्भु मित्र ने भी बांग्ला में रवीन्द्रनाथ ठाकुर के उपन्यास 'चार अध्याय' को लेकर किया था। 'चार अध्याय' एक लघु उपन्यास है जहाँ विस्तृत विवरणों, अनेक चरित्रों, प्रसंगों का भण्डार नहीं है। साथ ही उसका कथानक भी बहुत पैना और काव्यमय है। वे चार अध्याय चार अंक की तरह हैं और उनमें सारे कथा-सूत्र नाटक के चुटीले संवादों के जरिए विकसित होते हैं और अन्त में नाट्योत्कर्ष पर उपन्यास समाप्त होता है। शम्भु मित्र ने उपन्यास की इस क्षमता का नाटकीयता का बहुत ही सर्जनात्मक उपयोग किया और उपन्यास में आने वाले ब्यौरों, लेखकीय टिप्पणियों, प्रतिक्रियाओं को छोड़ दिया और अपनी प्रस्तुति को अधिक से अधिक चुस्त, लयपूर्ण, विश्वसनीय बनाने का सार्थक प्रयास किया। यहाँ उपन्यास का नाट्यरूपान्तर नहीं था बल्कि उसे उसी रूप में प्रस्तुत किया। उनका यह प्रयास दर्शकों समीक्षकों को ताजगी और गहन संवेदना से भरा नवीन नाट्यानुभव लगा।

आगे चलकर हिन्दी में देवेन्द्रराज अंकुर ने उपन्यासों का मंचन बिना नाट्यान्तर किये उन्हें उसी रूप में प्रस्तुत करने के प्रयोग किये। 'कहानी रंगमंच' में वह कहानी को बिना नाट्यरूपान्तर किये नैरेटर की योजना और दृश्य बिम्बों द्वारा कर ही रहे थे। इस दृष्टि से उन्होंने 'महाभोज', 'डार से बिछुड़ी', 'मित्रो मरजानी', 'काजर की कोठरी', 'अपना मोर्चा' उपन्यासों के मंचन किये। इतिवृत्तात्मक अंशों और बीच-बीच में कथानक की कड़ियों को जोड़ने वाले लेखकीय विवरणों और कार्यव्यापार को, परिवेश को बनाने वाले स्थलों को वह कथावाचक के द्वारा कहलवा देते हैं। यह कथा वाचक कभी एक या कभी अधिक पात्र भी बन जाते हैं अत: इसमें कुछ भी आरोपित नहीं होता। लेकिन फिर भी ऐसे प्रयोग में शब्द बहुलता अधिक होने से अभिनय की सूक्ष्म संवेदना पर, दृश्य कायत्व पर प्रभाव पड़ने का, एक-आयामी होने से उबाऊ होने का खतरा बना रहता है। 'महाभोज' जैसे उपन्यास के इस रूप में प्रस्तुतीकरण को देखते हुए इस खतरे और विवशता का एहसास हुआ था यद्यपि निर्देशक ने काले परदे के आगे सभी अभिनेताओं के समूहन, गतियों, अभिनय से काफी तीव्रता और परिवर्तन की सृष्टि की, फिर भी शाब्दिकता ने एकरसता पैदा की-सारी सावधानी, एकाग्रता और अच्छे अभिनेताओं के बावजूद! 'महाभोज' के

मन्नू भण्डारी द्वारा किये गये नाट्यरूपान्तर का अत्यन्त भव्य, व्ययसाध्य दृश्यबन्ध और अत्यन्त प्रतिष्ठित अभिनेताओं के साथ अमाल अल्लाना ने भी किया जो अपनी सम्पन्नता, अभिनयात्मकता प्रस्तुति-विधान के कारण बहुचर्चित हुआ। इससे एक ही उपन्यास के दो रूप उभरे–एक अपनी प्रस्तुति में सादगी, अलंकरण हीनता और अभिनेताओं की कल्पनाशीलता और जीवन्त साक्षात्कार के साथ उपस्थित था और दूसरा अपनी भव्यता और चाक्षुष सौन्दर्य के साथ। दोनों के ही मूल्य थे और दोनों ही दो दृष्टि के परिणाम थे। यह सही है कि हिन्दी रंगमंच की स्थितियों के अधिक निकट सादगी और अभिनेता की जीवन्त उपस्थिति ही पड़ती है।

कथामंच की इस सर्जनात्मक और जटिल प्रक्रिया से गुजरते हुए कुछ ऐसे रचनात्मक कार्य भी हुए जिन्हें हम किसी कथा का नाट्यरूपान्तर नहीं कहेंगे, न किसी विशेष शैली या प्रयोग से बाँधेंगे बल्कि उसे किसी कहानी से प्रेरित एक प्रदर्शन–आलेख कहेंगे–ऐसा प्रदर्शन–आलेख जिसे कोई भी निर्देशक समय के साथ अपनी दृष्टि और कल्पना से नये–नये रूप में रच सकता है। वह अपने में एक स्वतन्त्र नाट्यरचना बन जाती है। इस दृष्टि से भानु भारती की 'चन्द्रमा सिंह उर्फ चमकू' एक ज्वलन्त उदाहरण के रूप में सामने आयी। 'चन्द्रमा सिंह उर्फ चमकू' लू शुन की विश्वविख्यात कथारचना 'आ क्यू की सच्ची कहानी' से प्रेरित है। लू शुन चीन के गोर्की और भारतीय कथाकारों में प्रेमचन्द और शरच्चन्द्र चट्टोपाध्याय माने जाते हैं–सामाजिक विसंगतियों पर जनविरोधी शक्तियों पर अचूक आक्रमण करनेवाले साहसी और असाधारण साहित्यकार के रूप में। वह जनता का, आम आदमी का बेहद आत्मीय चित्रण करते हैं और रचना के माध्यम से समाज को बदल डालना चाहते हैं। इस कहानी पर आधारित आलेख ने रंगमंच की बदलती प्रकृति, उसकी आवश्यकताओं को, रंगमंच के सामने खड़े प्रश्नों को भी उजागर किया। सातवें-आठवें दशक तक रंगमंच ने अपनी ऊर्जा को इस हद तक विकसित कर लिया था, सम्प्रेषण के इतने सर्जनात्मक तरीके, सम्भावनाएँ तलाश ली थीं और सभी कलाएँ रंगमंच के भीतर इस तरह आत्मसात् हो गयी थीं कि रंगमंच अपने जीवन्त, प्रत्यक्ष अस्तित्व को लेकर अलग खड़ा था। भाषा का प्रश्न सबसे बड़े प्रश्न के रूप में उभरकर आया क्योंकि सिनेमा, दूरदर्शन, इलैक्ट्रानिक संचार माध्यमों ने नयी चुनौतियाँ खड़ी कर दीं। यह सवाल पिछले दस–पन्द्रह वर्षों से और भी जटिल हो गया है कि नाटककार, निर्देशक, रंगमंच भाषा के किस रूप को, कैसे पकड़ें? आज के यथार्थ का सामना कैसे करे? और उसे रंगमंच का निजी मुहावरा कैसे दें? 90 के बाद की स्थितियाँ एकदम भिन्न हैं। कम्प्यूटर, इण्टरनेट ने भाषा, लय, टाइमिंग, अभिनय, प्रस्तुतीकरण के इतने आयाम दिये हैं कि अब किसी एक प्रकार के 'रूप' में अपने को व्यक्त करना सम्भव नहीं है। लेखक, निर्देशक, अभिनेता सबके सामने चुनौतियाँ

हैं–नये सर्जनात्मक रास्ते तलाशने की और दर्शक को पहचानने की। 'चन्द्रमा सिंह उर्फ चमकू' इसी प्रकार की समग्रता, परिवर्तन और स्वतन्त्रता का उदाहरण है। इस आलेख में शब्दों का, भाषा का अतिरिक्त मोह नहीं है बल्कि फिल्म की दृश्य-संरचना की तरह कम संवाद, अधिक व्यंजना, नाटकीय तनाव को एक साथ गूँथते हुए आलेख को चुस्त बनाया है। पूर्वी उत्तर प्रदेश के ठेठ देसी परिवेश को पात्रों में, घटनाक्रम के रंगों में, क्रियाओं में और अवधी बोली की संवाद-रंचना में लेकर भानु भारती ने इसे अत्यन्त आत्मीय रचना का रूप दिया है। न लू शुन की कथा और मूल संवेदना पर कोई ठेस लगी है, न उस मूल रचना से प्रेरित आलेख पर। पढ़ते समय ही यह आभास नहीं होता कि हम नाट्यरूपान्तर पढ़ रहे हैं बल्कि हम उस 'रचना' से जुड़ते चले जाते हैं। ऐसी अनेक कथाओं पर सर्जनात्मक प्रस्तुतियाँ हुईं जहाँ उनके 'भाषायी मिजाज' को, घटना-प्रसंगों को छोड़ा गया और उसे बोलियों की लय में, अंचल विशेष के परिवेश और संगीत-नृत्य में, शब्द के स्थान पर ध्वनियों, शारीरिक गतियों की रंगभाषा में रचा गया, चाक्षुष बिम्बों की, काव्य-संवेदना की सृष्टि की गयी। विजयदान देथा की छोटी-सी कहानी 'परिणय' पर प्रकाश झा ने एक सम्पूर्ण फिल्म बनायी–सिनेमायी भाषा का, दृश्यों का कैमरे का, रंगों का अद्‌भुत सम्मोहक प्रयोग करते हुए। लगता था फिल्म दर्शक को साथ लेती हुई चल रही है। विजयदान देथा की कहानियों पर भी अनेक प्रकार से कार्य हुआ है। उनकी 'कागपन्थ' कहानी पर अगर देवेन्द्रराज अंकुर बिना नाट्यरूपान्तर किये अपनी 'कहानी रंगमंच शैली' में उसे प्रस्तुत करते हैं जिसमे नैरेशन, समूहन, गतियाँ, संगीत सब कहानी को मंच पर गूँथते चलते हैं तो उन्हीं की 'खोजी' कहानी के आधार पर दो प्रकार के नाटक रचे जाते हैं–और दो भिन्न रूपों, शैलियों में। हिन्दी की कथाकार-नाटककार मृणाल पाण्डे ने 'खोजी' कहानी के आधार पर एक नया नाटक रचा 'जो राम रचि राखा'। बिल्कुल उसी तरह दूसरे हिन्दी कथाकार-नाटककार असगर वजाहत ने 'खोजी' के आधार पर अपनी रचना-दृष्टि से 'वीरगति' नाटक रचा जिसमें नौटंकी और पारसी रंग-विधान का उत्तेजनात्मक सौन्दर्य है उसे पढ़ते-देखते वह 'नाटक' ही हमारी स्मृति में रह जाता है, 'खोजी' कहानी का टैक्स्ट नहीं। 'जो राम रचि राखा' में भी मृणाल पाण्डे ने लोकचेतना की गूँज दी है और इसकी पूरी सम्भावनाएँ, कल्पनाशीलता की गुंजाइश दी है कि निर्देशक उसे किसी भी प्रकार की लोकनाट्य शैली में प्रस्तुत कर सकें। मृणाल पाण्डे द्वार रचित इस नाटक में यथार्थवाद और लोकधर्मिता का विलक्षण समन्वय है। बंसी कौल ने इसकी रचनात्मक प्रस्तुति की। आश्चर्य है कि अन्य छुटपुट प्रयोग होते हुए भी इसकी सृजनधर्मिता रंग-पटल पर उभरकर नहीं आयी। लेकिन यह सत्य अवश्य सामने आया कि कथा को ज्यों का त्यों प्रस्तुत करना बन्धन नहीं है। 'लू शुन' और 'खोजी' की तरह स्वतन्त्र नाट्य

बदलते समय और दर्शक के ज्यादा निकट है और ज्यादा जटिल, सघन संवेदना की माँग करता है। दो तीन पृष्ठ की कहानी भी फिल्म में या रंगमंच पर एक समग्र पूर्ण नाटक या फिल्म बन सकती है।

लेकिन ऐसा हमेशा होता हो, आवश्यक नहीं। कभी-कभी कथाओं पर बड़े-बड़े फिल्मकारों, रंगनिर्देशकों की रचनाएँ अतिरिक्त फैलाव, प्रयोगधर्मी वृत्ति और नयेपन के प्रयास में एकरस, बोझिल हो जाती हैं। मणि कौल, कुमार साहनी, मृणाल सेन ने कहानी पर जो प्रयोग किये, वे प्रयोग ही बनकर रह गये। अमूर्तता और कलात्मक पक्ष इतना हावी हुआ कि सम्प्रेषणीयता का भी प्रश्न उठा और दर्शक-समूहों की आन्तरिक संवेदना से कोई अन्तरंग रिश्ता स्थापित नहीं हो पाया। वे केवल बौद्धिक वर्ग की, साहित्यिक, बुद्धिजीवी वर्ग की वस्तु बनकर डिब्बे में बन्द पड़ी रह गयी। विशिष्ट साहित्य को सामग्री के रूप में लेकर फिल्म बनाना या नाटक रचना हमेशा संकट पैदा करता रहा है। फिल्म या रंगमंच वैयक्तिक चीज नहीं है, न आत्ममोह से सृजित वस्तु। उसका मुख्य आधार तो समाज है। और आज तो सारी कलाएँ, सारी तकनीकी सूक्ष्म संवेदना एकाकार होकर नयी रचना-सृष्टि कर रही हैं–इस भीतरी संघर्ष के साथ कि हर विधा को अपने निजी अस्तित्व को, मौलिकता और विशिष्टता को बचाना है। बल्कि रेखांकित कराना है। महाश्वेता की 'रुदाली' कहानी पर एक अच्छी क्रियेटिव फिल्म भी बनती है और उषा गांगुली के निर्देशन में नाट्यप्रस्तुति भी। जाहिर है कि रंगमंच को अपने 'प्रत्यक्ष सौन्दर्य' को जीवित रखना है। पिछले बीस वर्षों में बड़ी तेजी से थियेटर, थियेटर की प्रकृति फिल्मों में प्रवेश कर गयी है। चाहे शेखर कपूर की फिल्में हों, चाहे प्रकाश झा और ब. व. कारन्त की या मीरा नायर की। 'बैण्डिट क्वीन', 'मृत्युदण्ड', 'मानसून वैडिंग', 'उत्सव' में अद्‌भुत दृश्यविधान है, संगीत, रिद्‌म, नाट्य है।' और अब तो नाटकों पर फिल्में भी बनने लगी हैं। गिरीश कार्नाड के नाटक 'अग्नि और बरखा' पर बनी फिल्म इसका प्रमाण है। इस फिल्म को देखते हुए पूरे 'नाट्य' का अनुभव होता था–गतियों में, अभिनय में, दृश्यों में। इस समय अमोल पालेकर, सुरेन्द्र वर्मा के चर्चित नाटक 'सूर्य की अन्तिम किरण...' पर 'अनाहत' नाम से फिल्म बना रहे हैं–न केवल नयी पटकथा रचवाकर बल्कि निर्देशक के रूप में उसके कुछ प्रसंगों और पात्रों में परिवर्तन करके भी क्योंकि मुख्य लक्ष्य है फिल्म को वर्तमान परिप्रेक्ष्य में अधिक विश्वसनीय बनाना, दर्शकों को–किसी भी भाषा के बृहद् समुदाय को–अधिक प्रामाणिक लगना और स्वयं सर्जक की संवेदनशीलता को भी अधिक तार्किक, सूक्ष्म और सत्य लगना। कभी-कभी रचनाकार की इच्छा के विरुद्ध भी इस प्रकार की स्वतन्त्रता अनिवार्य होती है।

हिन्दी भाषा, भारतीय भाषाओं और उनकी बोलियों में लोककथाओं का अद्‌भुत

भण्डार है जो लेखकों, निर्देशकों को लगातार उत्सुक-प्रेरित करता रहा है। विजयदान देथा की तो कहानियों में ही लोककथाओं का, बोलियों का रसमय संसार भरा पड़ा है। स्वयं विजयदान देथा अपनी कहानियों का वाचन भी बेहद आकर्षक कथावाचक शैली में करते हैं। उनकी कहानी 'फितरती चोर' ने हबीब तनवीर जैसे नाटककार-निर्देशक को आकृष्ट किया और उस पर 'चरणदास चोर' जैसी विश्व प्रसिद्ध नाट्यकृति बनी क्योंकि वह किसी कहानी का मात्र मंचन नहीं है, बदलते समय के साथ निरन्तर बनता गया एक ऐसा प्रदर्शन आलेख है जैसे 'त्रिशंकु'। मूल कहानी को लोग भूलते गये और 'चरणदास चोर' एक शाश्वत प्रस्तुति बनती चली गयी जिसका मुख्य कारण उसका छत्तीसगढ़ी परिवेश, बोली, संस्कृति, वहाँ के वे ठेठ लोक कलाकार हैं जहाँ कुछ भी 'सिखाया हुआ' नहीं है, स्वत: और अनायास आया हुआ लय-वैविध्य है, अभिनय की नयी शैली है, खुले, उन्मुक्त-स्वाभाविक कण्ठ-स्वर हैं, अदायगी है जो नागरिकों को प्रशिक्षण से नहीं आती। 'चरणदास चोर' में इतने गीत-संगीत, नृत्य, संश्लिष्ट क्रियाएँ हैं कि लोग कहानी को भूल जाते हैं। कहानी में वे गीत और कई घटनाएँ हैं भी नहीं पर हबीब तनवीर उन गीतों के द्वारा ही कथानक को विकसित करते हैं, दृश्य-परिवर्तन की सूचना देते हैं। निर्देशक की कल्पनाशक्ति उन लोक कलाकारों से वह सौन्दर्य, वह नाट्यार्थ निकलवा लेती है और एक आंचलिक परिवेश में, उन लोक कलाकारों के अभिनेता-रूप में, उनकी आंचलिक संस्कृति और लय में कहानी नया आकार लेती चली जाती है। बहुत-सी वे घटनाएँ, ताजे राजनीतिक-सामाजिक, धार्मिक प्रसंग जुड़ते चले जाते हैं जो कहानी में नहीं हैं और प्रस्तुति को, प्रदर्शन-आलेख को दिलचस्प और समसामयिक बनाते चलते हैं।

कहानियों का बहुत विशाल रचना जगत है जिसने रंगमंच को प्रेरित किया, प्रभावित किया और अनेक प्रकार के प्रश्न भी उठाये। हिन्दी के महान कथाकार प्रेमचन्द की सैकड़ों कहानियाँ रंगमंच, धारावाहिकों, फिल्म, दूरदर्शन पर आ चुकी हैं। खासकर रंगमंच पर तो शायद ही उनकी कोई कहानी बची हो। जहाँ जयशंकर प्रसाद के नाटक अनभिनेय कहे जाते थे, वहाँ उनकी 'पुरस्कार', 'आकाशदीप', 'गुण्डा', 'मधुआ' जैसी क्लासिक कहानियों के मंचन हुए। मोहन राकेश, भीष्म साहनी, गोविन्द मिश्र, कृष्णा सोबती, मन्नू भण्डारी, राजेन्द्र यादव आदि अनेक कथाकारों का बृहद् कथा-संसार रंगमंच के माध्यम से जनसमुदाय तक पहुँचा। फणीश्वरनाथ रेणु से लेकर उदयप्रकाश तक की कहानियों पर महत्त्वपूर्ण रंगकर्म हुआ। रेणु की 'रसप्रिया' की प्रस्तुति ने एक नयी शैली का आभास दिया। रेणु की कई कहानियाँ अन्य बोलियों और आंचलिक परिवेश में प्रस्तुत हुईं। उनकी कहानियों में स्वयं भी ध्वनियों का, दृश्य-श्रव्य बिम्बों का, संगीत-लालित्य का सौन्दर्य है।

कभी-कभी निर्देशक ने शब्दों को नहीं उन ध्वनियों-बिम्बों को, गतियों को ही चुना जो कहानी में हैं। इस प्रकार कहानियाँ अनेक प्रकार के सर्जनात्मक विकल्प तलाशने के लिए प्रेरित करती रहीं। वस्तुत: चेखव की कहानियों के निर्मल वर्मा की कहानियों के मंचनों से एक नयेपन का, ताजगी का एहसास हुआ और लोगों का ध्यान कथामंचन की ओर गया। उदाहरणार्थ निर्मल वर्मा की तीन कहानियाँ 'डेढ़ इंच ऊपर', 'सुबह की सैर', 'जिन्दगी यहाँ और वहाँ' वाकई अपनी सादगी और भीतरी काव्य में शब्द को, कहानी के पढ़ने को देखने के अनुभव में बदलती हैं। 'तीन एकान्त' नाम से प्रकाशित ये आलेख कथाकार निर्देशक, समीक्षक अभिनेता और दर्शक के बीच नयी टकराहट और नये प्रश्न लेकर आए। दरअसल कथा साहित्य से टकराने के लिए आलेखकार, निर्देशक, अभिनेता सभी में साहित्यिक समझ, काव्य-संवेदना, भाषा की पहचान, पकड़ बहुत गहरी होनी चाहिए। निर्देशक गोविन्द निहलानी भीष्म साहनी के 'तमस' उपन्यास पर, सत्यजित रे प्रेमचन्द की 'सद्गति' और 'शतरंज के खिलाड़ी' पर वैसी सार्थक, सशक्त फिल्म बना सके क्योंकि वे स्वयं अत्यन्त संवेदनशील सर्जक, मानवीय संवेदना और फिल्म कला के हुनर में माहिर थे, वे जीवन और समाज से गहरे जुड़े थे, माध्यम की मौलिकता को, उसकी सर्जनात्मक विशेषताओं को उभारने वाले और साथ ही अपनी कल्पनाशीलता और विशिष्टता से बहुत कुछ नया देनेवाले सर्जक थे। कथा साहित्य को फिल्म, दूरदर्शन और रंगमंच पर लाना हमेशा खतरे का कार्य रहा है क्योंकि उसके लिए जितना जरूरी साहित्य को समझना, इण्टरप्रेट करना रहा है, उतना ही माध्यम की निजी जटिलताओं और विशेषताओं को भी। जाहिर है कि प्रत्यक्ष और जीवित माध्यम होने के कारण रंगमंच सबसे अधिक जोखिम भरा स्थल है। जो भी रंग-निर्देशक, फिल्म-निर्देशक, दूरदर्शन धारावाहिक निर्देशक कथ्य को, अपने समय और मानवीय संवेदना को महत्त्व देता है वह रचना के साथ न्याय कर पाता है लेकिन जो मात्र फॉर्म, प्रयोगों या शिल्पगत नवीनता के मोह में फँस जाता है और मूल रचना के मर्म को न स्वयं समझता है, न उद्घाटित कर पाता है, वह निश्चय ही कथा साहित्य के साथ अन्याय करता है।

रंगमंच की उर्वरता के क्रम में नयी सम्भावनाओं की तलाश में साहित्य और रंगमंच के रिश्ते को भिन्न रूप में स्थापित करते हुए 'कहानी का रंगमंच' प्रतिष्ठित हुआ जहाँ न कहानी का नाट्यरूपान्तर है, न कहानी से प्रेरित कोई नवीन नाट्य रचना की परिकल्पना। बल्कि उसमें कहानी कहानी ही है। कहानी एक नैरेटिव माध्यम है और अपने मूल रूप में ही प्रस्तुत की जाती है–ज्यों का त्यों उसी रूप में फिर भी कहानी का दृश्यात्मक विस्तार होता है, उसके मर्म का उद्घाटन होता है। कहानी किस प्रकार अपने मूल रूप को सुरक्षित रखते हुए भी एक नितान्त नया रंगमंचीय अनुभव, एक दृश्यकाव्य बन जाती है–यह इस मंच की चुनौती है? यहाँ न सूत्रधार

है, न कोरस, न कथागायक बल्कि अभिनेता ही अपनी उपस्थिति का, नैरेशन का, चरित्रों का आभास देते रहते हैं। मुख्यत: उनकी उपस्थिति लगातार मंच पर अभिनेता की ही उपस्थिति है। अभिनेता मात्र वाचन नहीं करता, वह अभिनय भी करता है, चरित्र, स्थितियों, दृश्यों का अभिनय करता हुआ दर्शकों से निरन्तर संवाद भी करता है, बीच-बीच में टिप्पणी भी करता है और प्रस्तुति को, अपने अभिन्य को मात्र व्याख्यात्मक रूप से बचाना भी है। खाली स्पेस में बिना उपकरणों या तकनीकी साधनों के व्यवधान के सादे मंच, सादगी भरे दृश्य, मंच-उपकरणों, मुद्राओं द्वारा दर्शकों को बाँधे रहना, एक चुस्त, वैचित्र्यपूर्ण लय और वैविध्य से मंच को साकार, सजीव रखना अभिनेता के लिए सचमुच बहुत बड़ा खतरा भी है और अभिनय के विभिन्न आयामों का बेहद सर्जनात्मक मंच भी। अभिनेता ही कहानी को शब्दों से, ध्वनियों से, बिम्बों से, लय से, मुद्राओं से प्रत्यक्ष करता है। अभिनेता ही उसमें ताजगी और मौलिकता ला सकता है। सातवें दशक में जब 'महानगर : तीन संवाद', 'कथा कोलाज' देखा था तो सघन अन्तरंगता, संवेदना और एक कौतूहल का अनुभव हुआ था। वह शुरू का गहरा अँधेरा, अँधेरे में जलती सिगरेट, चमकता हुआ लाल बिन्दु और शरीर की लचीली क्रियाओं के साथ नैरेशन के साथ पात्र, धुँधले रंग के वस्त्रों में वह लड़की, वह फर्श, चाय के कप या खाली गिलास, दो पात्रों की बेझिझक मुद्राएँ, रिश्ते और कुछ ध्वनियाँ। अभी दो तीन साल पहले भोपाल नाट्य समारोह में उसी प्रस्तुति को पुन: देखा तो बासीपन लगा। मुख्य कारण उसी अभिनेत्री द्वारा अभिनय जिसमें स्वभावत: अब प्रौढ़ होने के कारण वह फुर्ती, चुस्ती, मुद्राओं की तरलता, क्रियाओं का सम्मोहन नहीं था और असंगत भी लग रहा था-विषय की दृष्टि से। स्वयं अमिताभ भी निष्प्राण थे-वह भी नैरेशन में। इससे यह अवश्य स्पष्ट हुआ कि 'कहानी का रंगमंच' का प्राण अभिनेता-उसकी मौलिकता, अभिनय-क्षमता में लगातार विकास और ताजगी, समृद्धि है। कहानी कहानी ही रहे पर उसे नाटकीय अनुभव तो बनाना ही है। अभी कुछ समय पहले देवेन्द्रराज अंकुर हमारे रूपान्तर नाट्यमंच के निमन्त्रण पर 'खानाबदोश' लेकर गोरखपुर आये। आत्मकथा जैसी अन्तरंग विधा का बेहद निजी सन्दर्भों, अनुभवों का एक खास शिल्प से स्वत: होता हुआ मंचन अनुभव कराना चुनौतीपूर्ण सृजन लगा। ओमा (वागीश) और अजीत कौर (हेमा सिंह) सबको याद रह गये। हालाँकि अभिनेता के लिए भी यह न केवल सर्जनात्मक आनन्द है बल्कि रोमांचकारी जोखिम भी है और हर प्रस्तुति में एक स्वत:स्फूर्त आन्तरिक दीप्ति भी है-साथ ही हर बार नया प्रशिक्षण भी। अभी इधर ही कृष्णा सोबती की लम्बी कहानी 'ए लड़की' की उनकी प्रस्तुति देखी और कथा कोलाज भी। 'ए लड़की' अपने आप में अच्छी प्रस्तुति होते हुए भी कुछ सवाल तो उठते ही हैं और उठते भी रहे हैं। भले ही इसे हम एक 'स्वयंसिद्ध प्रयास'

या 'निश्चित फार्मूले से मुक्ति' कहें लेकिन फिर भी कुछ विशेष प्रकार के प्रयोगों की पुनरावृत्ति से 'शैलीबद्धता', 'एकरसता' की सीमाएँ तो आती ही हैं, जिनसे निर्देशक, अभिनेता जूझते नजर आते हैं। 'कथा कोलाज' की कुछ कहानियाँ बहुत लड़खड़ा रही थीं। नया आस्वाद, परम्परा और आधुनिकता का सामंजस्य और अधिक व्यापक और 'मोबाइल सिंक्रोनाइजेशन और एक्सप्रेशन' ही कहानी को थियेटर बनाएगा। शास्त्रीय और लोकपरम्पराओं से, स्थानीय बोलियों से, लोक गायन शैलियों और रंगों से 'कहानी रंगमंच' का विस्तार करना चाहिए अन्यथा वह शहरी रंगमंच ही और शहर में भी एक खास वर्ग का रंगमंच होकर रह जाएगा। अगर वह किस्सागोई है तो जनता तक पहुँचना चाहिए। इसे प्रयोग का सबसे सशक्त और अच्छा पक्ष है न्यूनतम साधनों में अधिकतम अभिव्यक्ति! इसे ही बदलते समय और परिवेश, विश्वसन्दर्भ और जन-समस्याओं के साथ बदलते रहने, तराशते रहने की जरूरत है। स्वरूप और सम्प्रेषण के वैविध्य और वैचित्र्य के बिना शाश्वत सौन्दर्य सम्भव नहीं है, 'निजीपन' जहाँ जुड़ता है और व्यक्ति ही, शैली ही प्रमुख हो जाती है, वहाँ सृजन, फिर दर्शक/समीक्षक के सरोकार क्या होंगे? आज हमें इन प्रश्नों से स्वयं टकराना चाहिए। दरअसल यही रचनात्मक स्वतन्त्रता है।

ऐसा प्राय: बल्कि हमेशा होता है, होता रहा है कि कथा साहित्य रंगमंच के माध्यम से भिन्न प्रकार के और हर आयु के, हर वर्ग के लोगों तक पहुँचता है–उस साहित्य से बहुत-सा दर्शक परिचित ही नहीं होता वरन् मंचन से पहले, मंचन के बाद उन्हें बार-बार खोज-खोज कर पढ़ना चाहता है–वह रागदरबारी के साथ भी हुआ, 'छिन्नमस्ता', 'और अन्त में प्रार्थना' के साथ भी। उन अन्य कथा रचनाओं के साथ भी जिनके मंचन हुए? जाहिर है वे उपन्यास, वे कहानी संग्रह बिके और उत्सुकता और चर्चा का, बहस का विषय बने। प्रेमचन्द से लेकर उदयप्रकाश और उनसे आगे तक की कहानियों और उपन्यासों का रंगमंच से गहरा रिश्ता स्थापित हुआ है। इतने विस्तृत काल में कथासाहित्य के प्रस्तुतीकरण को क्या हम पारम्परिक कथामूलक नाट्यों से जोड़कर एक और नया रूप, नया शास्त्र और व्याकरण दे पाए हैं? अभिनय के नये आयाम और हुनर निश्चित कर पाए हैं? लेखक सर्वेश्वर दयाल सक्सेना का यह कथन महत्त्वपूर्ण है कि कहानी की प्रस्तुति नाटक नहीं है बल्कि रंग-जगत की एक अलग गम्भीर विधा है। नाट्यचिन्तक सुरेश अवस्थी लोकधर्मी व्यवहार को प्रधानता देते हुए कहते हैं कि 'नाटक या कहानी को पढ़ना या उसकी प्रस्तुति देखना पाठक और दर्शक के लिए 'बहुपाठशीलता' (इण्टरटेस्टुयलिटी)का अनुभव होता है।' अभी इधर उषा गांगुली को प्रस्तुति 'काशीनामा' ने दर्शक, निर्देशक, समीक्षक, रंगकर्मी सबका ध्यान आकृष्ट किया है। कथाकार काशीनाथ सिंह की बहुचर्चित कहानी 'पाण्डे कौन कुमति तोहें लागी' भी लोकप्रिय और उत्तेजक है

और प्रस्तुति में भी उसका मर्म, और वैचारिक-संवेदनात्मक आवेग है। 40-50 पात्रों को सुन्दर कोरियोग्राफी में मंच पर उतारकर फासीवाद और बाजारवाद के गठबन्धन का पर्दाफाश करने के कारण 'काशीनामा' बहुत लोकप्रिय हो रहा है, दर्शक उससे जुड़ रहे हैं। 'काशीनामा' की थीम भी महत्त्वपूर्ण, सार्थक है और प्रस्तुतीकरण में गीत संगीत, नृत्य, अभिनय, प्रकाश के सामंजस्य और प्रभाव के कारण यह प्रस्तुति हर प्रकार के दर्शक को बाँध रही है। कथा-मंचन की दिशा में ही नहीं, वर्तमान रंगकर्म और दर्शक की दूरी में भी यह एक दिशा दिखा सकती है। थियेटर के इधर के 15-20 वर्षों के परिदृश्य में यह एक भिन्न कोशिश हो सकती है।

8

कविता–मंचन : तलाश और रोमांच का आस्वाद

यह प्रश्न उठ सकता है कि क्या वस्तुतः कविता–मंचन जैसी कोई चीज आज है? कथा–मंचन की तरह कविता के मंचनों की कोई लम्बी, प्रयोगशील, सृजनधर्मी परम्परा नहीं बन पायी जिससे विकास या परिवर्तनों के सूक्ष्म स्रोतों को पहचाना जा सके। नाटक स्वयं काव्य है बल्कि काव्य में भी उसे सबसे रमणीय विधा माना गया है अपने दृश्यात्मक वैशिष्ट्य और जीवन्त सौन्दर्य के कारण। हमारे यहाँ नाटक के गद्य में भी भाषा का काव्य अन्तर्निहित है। जयशंकर प्रसाद, जगदीशचन्द्र माथुर, मोहन राकेश, सुरेन्द्र वर्मा के नाटकों का गद्य काव्य–संवेदना का विलक्षण उदाहरण है। भाषा के काव्य का, ध्वनियों और तनाव का, उच्छ्वास और क्रियाओं का उनके नाटक प्रमाण हैं। ये सभी नाटककार भाषा की सघन बुनावट से ही नाटक के समूचे तन्त्र का, चरित्रों के व्यक्तित्व और द्वन्द्व का एहसास कराते हैं। गद्य की अपनी भी एक लय होती है और हर रचनाकार की अपनी अलग लय होती है जैसे निर्मल वर्मा के गद्य की लय, उनके गद्य का काव्य अलग पहचान में आता है और कृष्णा सोबती के गद्य की लय अलग। रेणु का गद्य काव्य संवेदना से भरा पड़ा है। सबकी अपनी–अपनी मौलिकता है। प्रसाद के नाटकों में काव्यात्मकता का आरोपण और वाग्जाल मात्र ही नहीं है, उसमें भाषा का प्रस्फुटन, वक्तृता, आवेग, भाषा में ही चरित्रों की रेखाएँ भी हैं और वह चुप्पी भी है जो रंगमंच पर नाटकीय लय और अभिनयात्मकता की सृष्टि करती है। मोहन राकेश ने नाटक को 'आन्तरिक शिल्प' दिया और कविता में निराला की तरह नाटक में लय–नियोजन द्वारा, लय–वैचित्र्य से सम्पूर्ण नाट्यार्थ की व्यंजना करते हुए समग्र वातावरण रचा। कभी नाटककार ध्वनियाँ ही ध्वनियाँ लेता है–प्रकृति की, बाह्य जगत की, मनुष्य के अन्तर्मन की; कभी दृश्यबिम्ब प्रतीक, संकेत, व्यंजनाएँ लेता है और कभी लय को ही मुख्य आधार बना लेता है अभिव्यक्ति का, संरचना का। 'आधे अधूरे' में आद्यन्त एक ही लय है–आक्रोश, तेवर, चिड़चिड़ेपन की तीव्र लय। और वह नाटक का आधार बन गयी है। वहाँ वह लय

ही भाषा का काव्य है। सुरेन्द्र वर्मा भाषा को और अधिक स्पन्दनयुक्त, कमनीय और मानवीय अनुभव की सजीव भाषा बनाते हैं, जहाँ स्वर और स्वरों की फुसफुसाहट का सघन अर्थ है। संस्कृत शब्दों के साथ छायावादी कवियों की कविता और नवगीतकारों के नवगीत की भाषा में वह रोजाना प्रचलित लयपूर्ण, गीतिमय ध्वन्यात्मक प्रयोगों को घुलामिलाकर अद्‍भुत कविता देते हैं, अभिनय और अभिव्यक्ति के सूक्ष्म अनुभव देते हैं। भाषा के काव्य के कारण ही उनके सूच्य दृश्य भी बनावटी न होकर अनुभूत सत्य बन जाते हैं। प्रभाकर श्रोत्रिय के 'इला' में भी नाटक और रंगमंच का काव्य है। संस्कृत और पारसी नाटकों के जिस भाषा रूप और लय-वैविध्य को नाटककार ने ढाल लिया है, उससे भारतीय अभिनय शैली भी उमरती है, एक उत्तेजनात्मक आवेग भी बनता है। प्रसाद और मोहन राकेश के नाटकों की तुलना में 'इला' के काल, कथ्य, चरित्रों में विस्तार और विषमताएँ अनन्त हैं इसलिए उसकी भाषा अनेकस्तरीय और व्यंजनात्मक है। वन दृश्य का लम्बा एकालाप अपने में सम्पूर्ण कविता है। रूप, रस, गन्ध, स्पर्श का एहसास कराता है यह स्थल।

कविता और रंगमंच का शाश्वत अन्तरंग सम्बन्ध रहा है। नाटक मात्र तर्क या विचार नहीं है। हमारे संस्कृत नाटक आन्तरिक काव्यसंवेदना से युक्त हैं। बार-बार श्लोकों के प्रयोग द्वारा भी और सम्पूर्ण अभिनय-शैली और अभिनेता की देहभाषा में, नृत्यवत गतियों, मुद्राओं में भी हम निरन्तर उस काव्य का अनुभव करते हैं। अकेले 'अभिज्ञानशाकुन्तलम्' ही उसका प्रत्यक्ष प्रमाण है। जो आगे चलकर विशाखदत्त के 'मुद्राराक्षस' और शूद्रक के 'मृच्छकटिकम्' में टूटती है और नये रूप में बनती है। कविता और गीत-संगीत की लय का सौन्दर्य, उत्तेजना, आवेग लोकनाटकों में भी है। वहाँ लोकभाषा की स्वाभाविक लय है और आंचलिक संगीत है। पारसी नाटकों और रंगमंच में भी आवेगमय काव्य है, शेरो शायरी है, तुकबन्दी है। भारतीय नाटकों और हिन्दी नाटकों में संस्कृत, लोक, पारसी रंगमंच की परम्पराएँ निरन्तर उद्‍भूत ही नहीं होती रहीं बल्कि वे नये सृजन के लिए प्रेरक भी बनी रहीं। भारतेन्दु हरिश्चन्द्र का 'अन्धेर नगरी' हो या 'भारत दुर्दशा', या 'चन्द्रावली' हो या 'भारत जननी' और 'नीलदेवी'-उन्होंने रंगमंच के काव्य को नयी-नयी अर्थच्छवियाँ दी हैं। यह तो जयशंकर प्रसाद की काव्यात्मकता और भावात्मकता के विरोध में लक्ष्मीनारायण मिश्र ने समस्या नाटक आन्दोलन खड़ा किया और नाटक से 'भाषा के काव्य' का बहिष्कार किया-तर्क, विचार, बुद्धि की शुष्कता, वाद-विवाद इतने मुख्य हो गये कि नाटक से सघन नाट्यानुभूति और संवेदना, लय और ध्वनि, गीत, संगीत का ही बहिष्कार हो गया। रंगमंच न होने के कारण नाटक मात्र पाठ्य होकर रह गया। आगे चलकर 'इप्टा' ने कविता, गीत-संगीत, लोकसंगीत, लोकधुनों और समूह गीतों की वापसी की जो दर्शक मानस और व्यापक जनान्दोलन से जुड़ी। उसी

को नुक्कड़ नाटकों ने अपना आधार बनाया। एक समय में हिन्दी में गीति नाट्यों की परम्परा का विकास प्रसाद के 'करुणालय' से आरम्भ होकर उदयशंकर भट्ट के राधा, मत्स्यगन्धा, विश्वामित्र, भगवतीचरण वर्मा के 'तारा' में सम्पूर्ण भाव-सघनता, माधुर्य, गीतात्मकता के साथ पूर्णता को पहुँचा। भाव की एकतानता, नाट्य, अन्तर्द्वन्द्व इनका आधार था। उस समय इन्हें रंगमंच नहीं मिला और ऐसी अनेक कृतियाँ अनदेखी पड़ी रह गयीं। बंगाल की तरह हिन्दी में गीतिनाट्य, भावनाट्य की कोई परम्परा आज तक विकसित नहीं हुई। बल्कि बहुत लम्बे समय तक कविता और संगीत नाटक और रंगमंच से गहरा रिश्ता नहीं बना पाये। रंगमंच के अभाव में बहुत सी कृतियाँ रेडियो नाटक के रूप में ही जानी गयीं, रंग नाटक के रूप में नहीं। आगे चलकर यह परम्परा काव्यनाटक के रूप में धर्मवीर भारती के अन्धा युग में चरम विकास पाती है जो दुष्यन्त कुमार के 'एक कण्ठ विषयायी', लक्ष्मीनारायण लाल के 'सूखा सरोवर', शंकर शेष के 'अरे मायावी सरोवर', नरेश मेहता के 'संशय की एक रात', भारतभूषण अग्रवाल के 'अग्निलीक' तक पहुँचती है लेकिन इस विधा का न तो निश्चित सैद्धान्तिक विवेचन हिन्दी साहित्य में हुआ, न हिन्दी रंगमंच ने ही इस विधा की चुनौती स्वीकार करके कोई नयी दिशा दी। कुछ फुटकर रंग प्रयोग इधर-उधर हुए लेकिन वे इतने कम हैं कि उनसे काव्यनाटक के रंगमंच की कोई ठोस स्थिति नहीं बनती। साहित्य में 'अन्धा युग' भी एक प्रकार से उपेक्षित पड़ा था और हमारी साहित्यिक बहसें अधिकतर उसके नामकरण को लेकर थीं कि उसे काव्यनाटक कहें या गीतिनाट्य, या नाटकीय कविता या कुछ और! लेकिन समग्र हिन्दी रंगान्दोलन से जुड़ जाने पर ही 'अन्धा युग' की विशिष्ट भूमिका और उसका मूल्यांकन निर्धारित हुआ। नाटक और रंगमंच दोनों का इतिहास बदल गया। अल्का जी, सत्यदेव दुबे, एम. के. रैना की कल्पनाशील और विराट महाकाव्यात्मक रंगस्थापत्य से रतन थियम की प्रस्तुति की सृजनधर्मिता के नये धरातलों ने 'अन्धा युग' को एक महत्त्वपूर्ण नाट्यकृति बना दिया। उसके काव्यनाटक-रूप को लोग भूल गये बल्कि उसकी कविता और छन्द ही प्रस्तुतीकरण की सर्जनात्मकता का मानदण्ड बन गया। देखते ही देखते 'अन्धा युग' विश्व-सन्दर्भ में हिन्दी का श्रेष्ठतम नाटक बने गया।

भारतीय दृष्टि से कविता-वाचन के भी प्रतिमान स्थापित हुए। जिस तरह हिन्दी में स्वयं महाप्राण कवि निराला अपने ओजस्वी स्वर में 'राम की शक्तिपूजा' का वाचन करते थे या अपनी कविताओं को, गीतों को हारमोनियम पर गाते थे, वह काव्यपाठ का विलक्षण उदाहरण है-बाद में शिवमंगल सिंह सुमन ने 'राम की शक्तिपूजा' का नाटकीय काव्यपाठ किया-ओजस्वी कण्ठ-स्वर में। धीरे-धीरे जैसे काव्यपाठ की परम्परा मिट गयी। डॉ. जगदीश गुप्त के चित्रों की रेखाएँ ही नहीं बोलती थीं,

उनका किसी भी काल की कविताओं का पाठ इतना रोचक, लयात्मक होता था कि छन्दों की, पुराने छन्दों की उनकी पकड़ अविस्मरणीय थी। नाट्यविधा के लिए, कविता मंच के लिए ऐसा समृद्ध दिलचस्प, धाराप्रवाह और उन्मुक्त काव्यपाठ बहुत बड़ी शर्त है क्योंकि इससे वाचन, रंगभाषण, अभिनय को कितनी सघनता, लय-वैचित्र्य, ध्वनि-संयोजन, और आन्तरिक समग्रता-एकाग्रता मिलती है? भारतीय सन्दर्भ में कविता-वाचन में शम्भु मित्र एक प्रतिमान बन गये। गम्भीर कण्ठ-स्वर भाषा के काव्य पर असाधारण अधिकार! जब कविता वाचन करते तो भीड़ की भीड़ उमड़ती और बाहर खड़ी होती। इतनी तन्मयता से सुनते सब। हिन्दी में सत्यदेव दुबे 'अन्धा युग' के वाचन के लिए जाने जाते हैं। जो उन्हें सुन लेता है वह छन्द, कविता, नाट्य को जान लेता है। दुखद है कि ऐसे रचनात्मक व्यक्तित्व और नाट्यपाठ और काव्यपाठ की यह परम्परा लुप्त ही हो गयी है जब कि भाषा के काव्य के सारे संस्कार, सारा प्रशिक्षण इसी से मिलता है। भाषा की आन्तरिक लय और काव्य को पकड़े बिना बाहरी प्रशिक्षण से क्या होगा?

समकालीन रंगमंच में सर्जनात्मक उल्लास और रंग-सम्भावनाओं के अन्वेषण की उत्सुकता के साथ कविता और रंगमंच का सम्बन्ध विशेष रूप से दो रूपों में सामने आया-एक कविता के नाटकीय पाठ के रूप में, दूसरे रंगमंच पर कविताओं की प्रस्तुति के रूप में। कविता रंगभाषा का, अभिनय का, रंगमंच का विस्तार करती है और रंगमंच भी कविता को अनेक अर्थच्छयाएँ, दृश्यरूप और सघन अभिव्यक्ति देते हुए बड़े दर्शक-वर्ग तक पहुँचाता है। रंगमंच कविता में अन्तर्भूत रंग रेखाओं, चित्रों, ध्वनि, दृश्यबन्ध, संगीत, नृत्य, भाव, मूल संवेदना सबको मूर्त करता है-प्रत्यक्ष अनुभव कराता है। यही काम कविता का नाटकीय पाठ भी करता है। वह और भी अधिक चुनौतीपूर्ण है क्योंकि वहाँ रंगमंच के प्रदर्शनकारी कलातत्त्व नहीं हैं, केवल वाचन से, पाठ के सौन्दर्य से आरोह-अवरोह, ध्वनि, लय, संकेत, व्यंजनाओं पर, उच्चारण पर पूर्ण अधिकार से ही, कण्ठ के जादू से सम्प्रेषण और वातावरण-सृष्टि दोनों किया जाता है, नाटक का पूर्ण आस्वाद कराया जाता है। हमारी भारतीय परम्परा में वाचिक परम्परा, वाचन-गायन दोनों बहुत प्रचलित और महत्त्वपूर्ण रहे हैं। रामायण की प्रदर्शन परम्परा में वाचन-गायन दोनों तत्त्वों की प्रबलता रही है। बहुत से महाकाव्यों के साथ वाचन गायन के तत्त्व सम्बद्ध रहे हैं। धीरे-धीरे हमारे यहाँ कविता वाचन की परम्परा समाप्त होती गयी और वह या तो बृहद जनसमुदाय के बीच आयोजित कवि-सम्मेलनों के रूप में शेष रह गयी या नयी कविता आन्दोलन के साथ। तब से आज तक चले आते छोटे श्रोता-समूह के बीच काव्य-गोष्ठी के रूप में काव्य पाठ कवि-सम्मेलनों में अदायगी, रोमानियत, निजी अन्दाज, भीड़ को आकर्षित करनेवाले रोचक तत्त्व, गेयता, तुकबन्दियाँ आदि का महत्त्व था जो क्रमश:

फूहड़पन में बदलती गयीं और जन-रंजन तक उनका सम्बन्ध रह गया-अच्छे गम्भीर श्रोता वर्ग तक नहीं। वाद में काव्यगोष्ठियाँ साहित्यिक जीवन का अंग बनीं और कुँवरनारायण, शमशेर, श्रीकान्त वर्मा, रघुवीर सहाय, केदारनाथ सिंह जैसे नये कवियों की कविताओं के पाठ श्रोताओं के बीच आनन्द और बहस का आधार बने। स्वयं कवियों द्वारा काव्यपाठ एक नयी प्रकार की मौलिकता और श्रोता से सम्बन्ध की नींव डाली। कवि के मुख से काव्यपाठ सुनना मात्र तल्लीनता और सार्थक संवाद ही नहीं है, उसके वाचन के, काव्यार्थ के अनेक मौलिक, निजी वैशिष्ट्य विकसित करने की दिशा भी है, एक ताजगी लगातार आती है। पहले शिक्षण और अध्यापन में भी काव्यपाठ से ही कविता का पूर्ण सौन्दर्य और अर्थ व्यक्त हो जाता था-चाहे कोई छन्द हो-सवैया या घनाक्षरी या कोई भी। मुक्तिबोध की सशक्त और मार्मिक कविता के पीछे उनके जीवन के बहुत सारे अनुभवों सन्दर्भों की, यन्त्रणा और तनाव की प्रत्यक्षानुभूति है। निजी, देश की व्यापक चिन्ताओं को लेकर रची गयी 'अँधेरे में' कविता को मुक्तिबोध ने स्वयं सुनाया था। हरिशंकर परसाई का कथन है कि उस कवि को एक रात सुनाने के बाद जैसे इस आदमी ने अपने को निचोड़ दिया था। अपना सर्वस्व दे दिया, अपनी सारी प्राणशक्ति उस कविता में भर दी और अब जैसे वह रिक्त हुए बैठे हों। यह सुनना निश्चय ही अपने कविता को समझने से ज्यादा उस कविता के साथ अपने समय के अँधेरों, अभिव्यक्ति की स्वतन्त्रता पर आघात और टूटन, घुटन को समझना है। इसीलिए उसे 'खण्डित रामायण' भी कहा गया।

समकालीन रंगमंच में कविताओं के नाटकीय पाठ का सर्जनात्मक आरम्भ कवि-कथाकार रघुवीर सहाय ने किया। स्वयं कवि होने के नाते और कलासंवेदना, पत्रकारिता से जुड़े होने के कारण उन्होंने यह जोखिम उठाया। सातवें-आठवें दशक में जहाँ रंगमंच पूर्ण उर्वरता को पहुँचा हुआ था और साहित्य, देशी-विदेशी भाषाओं के अनुवादों, रूपान्तरों की ओर, नये-नये प्रयोगों की ओर उन्मुख हो रहा था, उस समय कविताओं के नाटकीय पाठ राष्ट्रीय नाट्य विद्यालय, दिल्ली और अन्यत्र भी आयोजित हुए। सर्वेश्वर, रघुवीर सहाय, शमशेर, श्रीकान्त वर्मा, केदारनाथ सिंह जैसे नये कवियों की कविताओं से सृजन के, कविता और रंगमंच के नये रिश्ते उजागर हुए। सर्वेश्वर की 'कुआनो नदी' श्रीकान्त वर्मा की 'मगध', धर्मवीर भारती की 'मुनादी' ने सबका ध्यान आकृष्ट किया। बहुत ही महत्त्वपूर्ण दृष्टि से रघुवीर सहाय ने भवानीप्रसाद मिश्र की कविताओं का चयन किया, उनका संयोजन और निर्देशन किया-एक प्रकार से यह 'कविता मंच' की संज्ञा पाने योग्य और इस मंच की सुखद पहल करनेवाला प्रयोग था। भवानीप्रसाद मिश्र की कविताओं में से पहले तो चयन ही रघुवीर सहाय ने इस प्रकार किया था कि उनके काव्यजीवन का विकास भी आ

जाए, उनके काव्य की संवेदना, अनुभव-वैविध्य भी आ जाए, काव्यशिल्प की तुर्शी और लयात्मक विशेषताएँ भी, उनका भावावेग और प्रतिदिन की भाषा में सघन अभिव्यिक्त का अद्‌भुत सौन्दर्य भी। उन्होंने भवानीप्रसाद मिश्र की कविताओं के यथार्थ को, उनकी विषयभूमि को भी स्पष्ट कर दिया। कुछ कविताएँ वे थीं जिनकी रचना एक विशेष भाव को लेकर बहुत एकाग्रता के साथ शार्प अभिव्यक्ति की गयी हैं। वैसे भी मिश्र जी की कविताएँ सीधी सादी आम भाषा और मुहावरे में हैं उदाहरणार्थ 'मैं क्यों लिखता हूँ', 'गीतफरोश'। उनकी 'आत्मीय', 'एक आवाज', 'हाय रे चैत में', 'आजकल', 'घड़ी वाला समय', 'सन्नाटा' का एकल पाठ काव्य के विभिन्न रंग दिखा सका था जिसमें कविताओं के साथ-साथ एकल पाठ की निर्देशन की कविता और कवि की समझ की भी विशेषता थी यद्यपि इस प्रकार के नाटकीय पाठ में एक खतरा इकहरेपन का, एकरसता का रहता है-साथ ही सारी नाटकीयता के बावजूद ऊपरी, एक आयामी पक्ष की अभिव्यक्ति का भी। वैसे भवानीप्रसाद मिश्र की कविताएँ ऐसे दिलचस्प अन्दाज में और इतनी सहज हैं कि उनसे किसी भी प्रकार की अवांछित छेड़छाड़ से या अत्यधिक सायास पाठ से भी उनकी संवेदना और सहजता के खण्डित होने का भय रहता है। कविताओं के प्रस्तुतीकरण की दृष्टि से उनकी कविताओं का समवेत गायन भी कराया गया, युगल भी, और एकल पाठ भी! मुख्य सतर्कता थी कि कविता की प्रस्तुति का वैविध्य भी रंगमंच पर बना रहे और कविता की संवेदना सम्प्रेषित भी हो सके। समवेत गायन भी कराया गया तो वाद्यों से और गायन पद्धति से एक आघात-सा पहुँचता लगा-शब्द को, भाव को, कविता को। इस प्रकार के प्रयोगों में प्रायः संगीत और गायन शैली की, अतिनाटकीया और असाधारणतया की आशंका रहती है। किसी भी पक्ष पर अति होने से या सूक्ष्म सामंजस्य न होने से कविता की निजी लय टूटती है और शब्द की अर्थ-भंगिमाएँ भी। प्रायः जब कविता का समवेत पाठ कराया जाता है तब भी वाचकों के क्षण भर के असन्तुलन से कविता बिखर जाती है-समवेत पाठ और गायन में तो बहुत कल्पनाशील संयोजन चाहिए। अगर वाचक, अभिनेता कविताओं की आन्तरिक लय, उसकी संवेदना को गहराई से अनुभव कर लेते हैं तो उनके पाठ और गायन में बहुत सूक्ष्म स्तर पर आन्तरिक संस्पर्श और कविता का अपेक्षित परिवर्तन लहर, नाटकीयता आएगी जो सायास नहीं होगी स्वतःस्फूर्त होगी। धर्मवीर भारती की 'मुनादी' कविता जब 'कल्पना' में प्रकाशित हुई थी। तभी उसने मेरा ध्यान आकृष्ट किया-अपनी समसामयिकता के कारण और नाट्यरूप के कारण। अभिनेता के. सी. पाल ने 'मुनादी' का एकल पाठ किया-बिना रंगमंचीय उपकरणों के। उस एकल पाठ में अभिनेता का गम्भीर कण्ठ-स्वर, आन्तरिक लय की पकड़, क्रमशः आवेगमय वातावरण, संवेदनशीलता थी। दरअसल हिन्दी भाषा, हिन्दी काव्य की परम्परा से, अभिनय की भंगिमाओं के साथ-

साथ कविता में अन्तर्ग्रंथित भावों, विचारों, सन्दर्भों से गहरे जुड़े होना महत्त्वपूर्ण है तभी मंच पर कविता का नाटकीय पाठ सम्भव है। बाद में 'मुनादी' के कुछ अन्य छिट-पुट पाठ हुए।

श्रीकान्त वर्मा की 'मगध' को भी मैंने मंचित किया था। यह काव्यपाठ नहीं था, रंगमंच पर 'मगध' का प्रस्तुतीकरण था। इसमें पहले कुछ विशेष कविताओं का चयन किया था, उन्हें पुस्तक से अलग एक क्रम, और लय-विन्यास दिया था। फिर उस पर बाकायदा अभिनेताओं से वाचन का, उच्चारण का, भंगिमाओं और लय-विन्यास का अभ्यास कराया था-मुख्यत: यह समवेत वाचन से बँधी थी-लगभग सवा घण्टे की प्रस्तुति! समवेत वाचन, वह भी अभिनय के साथ और मंच से पूरी रंगशाला तक कहीं भी खण्डित हो जाता था पर स्वयं कलाकारों ने बदलते दृश्यों के साथ बदलते कण्ठ-स्वरों, आवेग, हास्य, दर्शकों से बातचीत, गतियों, समूहन द्वारा दुर्घटनाओं, युद्ध, खँडहर और मृत्यु के सन्नाटे को दिखाने में इतना श्रम किया और इतना इन्ज्वॉय किया कि 'मगध' ने उन्हें कविता और रंगमंच के आपसी रिश्ते के प्रति सजग किया। समवेत वाचन में बहुत तरह के खतरे हैं जो निर्देशक ही समझ सकता है या बाद में दर्शक! नाटकीय होना भी बहुत आसान है अत: अभिनेताओं से एक संयमित, सार्थक, संवेदनशील सृजन का निकलवाना कविता के रंगमंच की चुनौती है। यहाँ न कहानीकार के विवरण हैं, न नैरेशन! कविता की सघनता और उसका 'कवितापन' ही मुख्य है। आगे चलकर 'मगध' को अनेक रूपों में प्रस्तुत किया गया। नरेन्द्र शर्मा ने नृत्यवत गतियों में भी काव्य प्रस्तुतियाँ कीं।

कविताओं के नाटकीय पाठ में रघुवीर सहाय की कविताओं के पाठ में कुछ नवीन प्रयोग किये गये-वह एक कोशिश थी कविता की प्रस्तुति में एक नाटकीय प्रभाव लाने की। सर्वेश्वर की 'कुआनो नदी' से भी नयी सम्भावनाएँ जागीं। कविता के नाटकीय पाठ की परम्परा को आगे ले जाने के लिए वैसे ही काव्य-संवेदना, साहित्य की समझ से युक्त समूह की अपेक्षा है। रघुवीर सहाय की तरह किसी अन्य कवि को रंगमंच से जुड़ना चाहिए था। मैथिलीशरण गुप्त जन्म शताब्दी के अवसर पर हेमा सिंह ने गुप्त जी की कुछ कविताओं का मंचीय पाठ कराया था जिसकी काफी चर्चा भी हुई थी लेकिन इस प्रकार के सर्जनात्मक कार्यों का कोई अविच्छिन्न क्रम नहीं बना। फिर भी कुछ कविताओं की रंगमंचीय प्रस्तुतियों ने प्रस्तुतीकरण के नये आयाम खोजे ही नहीं, काव्य को दृश्यात्मक सम्भावनाएँ और सृजन के अनेक आयाम दिये भी। उदाहरणार्थ मुक्तिबोध की अत्यन्त सघन, जटिल और अनेक स्तरीय लम्बी कविता बार-बार प्रस्तुतीकरण के लिए आकृष्ट और रोमांचित करती रही है। वैसे भी इसे कभी न समाप्त होने वाली कविता, 'असमाप्त कविता' कहा जाता रहा है। 'अँधेरे में' विश्वव्यापी सन्दर्भ में अपनी अर्थ खोलती हुई दिन

पर दिन अधिक प्रखर, गत्यात्मक और चुनौतीपूर्ण लगती है। 'अन्धा युग' की तरह उसकी अर्थवत्ता, गहरे मानवीय और सामाजिक-राजनीतिक द्वन्द्व और त्रासदी को व्यापक स्तर पर व्यंजित करती चलती है। उसकी 'परम अभिव्यक्ति', उसकी 'वेदना' और 'अँधेरे' को अनुभव करने और कराने की अपेक्षाएँ जगमगाती रहती हैं। 'अँधेरे में' कविता, कविता का समग्र अन्वेषण है। इसे पढ़ते हुए बहुत सारे सवाल उठते जाते हैं–काव्यभाषा की बुनावट, उसके रचाव को लेकर, काव्यशिल्प को लेकर, काव्य और नाट्य की अन्तरंग लय को लेकर–और ये प्रश्न विश्वजनीन हैं। 'संहार' और 'ध्वंस' से होती हुई कविता को कवि किस तरह 'सृजन' की अनवरत प्रक्रिया की ओर ले जाता है–यह एक दिलचस्प विषय है–साहित्यकारों, समीक्षकों के लिए ही नहीं, कलाकारों, रंगकर्मियों के लिए भी। यह कविता जीवन-चेतना को खोजने सम्प्रेषित करने के लिए, अनेक कल्पना-चित्रों, बिम्बों, संकेतों और प्रतीकों को खोजने, के साथ-साथ नये-नये दृश्यों का अद्वितीय संसार है जो हमारा यथार्थ है। 'यह कथा नहीं है, यह सब सच है, हाँ भई!' कहीं आग लग गयी, कहीं गोली चल गयी!!–अनेक प्रकार के रंगों, स्वप्नों, घटनाओं, जागरण, फैण्टेसी, विद्रोह और कविता का ऐसा संश्लिष्ट रूप! जैसे विस्तृत आख्यान पास्तरनाक ने अपने उपन्यास 'डॉ. जिवागो' में किया और मुक्तिबोध कुछ भी आरोपित नहीं करते, भीतर से कविता को अर्थ देते चलते हैं। वे किसी वाद से ग्रस्त नहीं हैं, संघर्ष और स्वतन्त्रता ही इस कविता को 'अनिवार', 'आत्मसम्भवा' बनाती है। मुक्तिबोध ने इस संघर्ष और भीतरी स्वतन्त्रता के लिए कविता की प्रचलित मान्यताएँ बदलीं, नये मुहावरे की तलाश की। 'अँधेरे में' कविता को स्वप्नकथा के रूप में लिखा। कविता के भीतर का यथार्थ इतना क्रूर है कि फैण्टेसी के स्तर पर ही उसका साक्षात्कार सम्भव था। उसी के कारण वह संवाद-योग्य बनती हैं और दृश्यात्मक माध्यम को भी उकसाती है। बहुत कम शब्दों में बहुत अधिक व्यंजित करने की क्षमता मुक्तिबोध में है। लगता है हम एक जादुई करिश्मे, तिलस्मी खोह में प्रवेश करते चले जा रहे हैं। इस फैण्टेसी में काव्यनायक है उसका आत्मसंघर्ष और सामाजिक संघर्ष है, अनेक मानवीकृत रूप हैं, चीख है, अनवरत क्रियाओं और बेचैनी की छटपटाहट है। पूरी कविता की भाषा इतनी ध्वन्यात्मक, गत्यात्मक और दृश्यात्मक है और तनाव ही उसमें नाटक की लय का संचार किये रहता है कविता के इस स्वरूप को लगभग वही सातवें-आठवें दशक में विजय सोनी ने अपने निर्देशन में एक नया आकार दिया था। निर्देशक ने 'अँधेरे में' कविता की प्रस्तुति में शब्दों का प्रयोग नहीं किया था लेकिन कविता की भाषा में गुँथी हुई अनन्त ध्वनियों, ध्वनि-परिवर्तनों, गतियों, मुद्राओं, शारीरिक भंगिमाओं से रंगमंच पर 'अभिव्यक्ति' का नया रूप तलाशा था जिससे अभिनेताओं के शरीर की भाषा से, उनकी हरकतों और ध्वनियों से चाक्षुष बिम्ब बनते चले जा

रहे थे। इतने दृश्य श्रव्य बिम्बों, विरोधी रंगों का, लयों का फैलाव है कविता में कि प्रस्तुति में उसी को मूर्त, प्रत्यक्ष करने का सर्जनात्मक प्रयास किया गया जो दर्शकों को सम्मोहित कर गया और एक जटिल कविता दर्शक-मानस को प्रभावित कर सकी। वह मात्र एक दुरूह, कलापूर्ण, अमूर्त प्रयोग नहीं था। बिना शब्द-प्रयोग के कविता के भीतर से सम्पूर्ण संघर्ष को देहभाषा, गतियों, ध्वनियों के आन्तरिक सामंजस्य से मूर्त करना, कविता को विभिन्न रंग-चर्याओं द्वारा सजीव करना वस्तुतः एक कविता का मंच पर पुनःसृजन है। इस प्रकार के प्रयासों को कविता का रंगमच कहा जा सकता है। 'अँधेरे में', 'कविता पर समय- समय पर अनेक प्रकार के मंचीय प्रयोग होते रहे हैं।' भोपाल में अलखनन्दन ने अपने निर्देशन में इसे नितान्त भिन्न रूप में दृश्यात्मक आकार दिया जिसके अनेक प्रदर्शन हुए। पटना में भी 'अँधेरे में' की कर्मभूमि और संघर्ष को, जटिलताओं को मंच पर खोलने के प्रयास किये गये। पटना में समय-समय पर श्रीकान्त वर्मा की 'मगध', राजकमल चौधरी की 'मुक्ति प्रसंग', रघुवीर सहाय की 'औरत का देश' कविताओं की प्रस्तुतियाँ हुई हैं। परवेज अख्तर, अजय तिवारी, श्रीकान्त आदि ने कविताओं को लेकर अनेक प्रकार के प्रयोग किये। 'औरत का देश' में रघुवीर सहाय की नारी केन्द्रित कविताओं का चयन करके प्रस्तुत किया गया। प्रस्तुतियों में कविता पाठ भी था और रंगमंचीय उपकरणों, दृश्य बिम्बों का भी प्रयोग किया गया। किसी ने कविताओं का मंचन कत्थक की नृत्यवत गतियों और लय में किया, जैसे उमा शर्मा ने या किसी ने मात्र नृत्यवत गतियों में जैसे नरेन्द्र शर्मा ने।

यह प्रश्न अपने आप में सही है कि 'अँधेरे में' जैसी काव्यनाट्य के संश्लिष्ट रूप की कविताएँ ही रंगमंच के लिए प्रेरित करती हैं। निराला की कविताएँ इस दृष्टि से बहुत समृद्ध हैं। उनकी विराट महाकाव्यात्मक कृति 'राम की शक्तिपूजा' में रंग-तत्त्वों, सृजनधर्मी क्रियाओं, संगीत, लय, ध्वनि, द्वन्द्व का अद्‌भुत नाट्य संसार है। एक पूरा रंग-स्थापत्य है, दृश्यों की विषमताएँ, कण्ट्रास्ट से उत्पन्न तनाव और मानवीय संघर्ष है, पूर्वावलोकन है, अन्याय के विरुद्ध न्याय का संघर्ष है। 'राम की शक्ति पूजा' अपने में एक सम्पूर्ण नाटक है। इसकी प्रस्तुति के प्रयास लखनऊ में हुए। इसी कविता के समकक्ष जयशंकर प्रसाद की 'प्रलय की छाया' रंग-तत्त्वों से भरी हुई है। कमला का द्वन्द्व आज की भारतीय नारी का द्वन्द्व है। अभिनय और प्रस्तुतीकरण के अनेक आयाम इस लम्बी कविता में भी खोजे जा सकते हैं। इसका एक मंचीय प्रयोग मैंने किया था जिसमें कविता-पाठ, अभिनय, संगीत, नृत्य का समन्वय करने की एक कोशिश थी। ये दोनों कविताएँ प्राकृतिक परिवेश द्वारा वातावरण और दृश्य-बिम्बों का, बल्कि पूरे दृश्य-पटल का और कविता में अन्तर्निहित द्वन्द्व, गतियों, ध्वनियों, लयों का, बदलते समय का पूरा अनुभव कराती हैं। भारतीय भाषाओं में,

बांग्ला, मराठी में इस प्रकार के अन्वेषण और प्रयोग होते रहते हैं। हिन्दी में बिहार, पटना, गोरखपुर, चण्डीगढ़ भोपाल आदि स्थानों पर भी निर्देशकीय प्रयोग होते रहते हैं लेकिन एक क्रमबद्धता, दृष्टि-सम्पन्नता के साथ नहीं। वैसे तो 'इप्टा' के आयोजनों, समारोहों से बार-बार कविता की वापसी होती रही है और नागार्जुन, केदारनाथ अग्रवाल, फैज अहमद फैज जैसे महत्त्वपूर्ण कवियों की कविताओं का मौलिक और महत्त्वपूर्ण प्रयोग हुआ। विशेषकर आठवें दशक में इप्टा ने और अन्य कई नाट्यसंस्थाओं ने कविताओं का शृंखलाबद्ध प्रदर्शन किया। वैसे भी बिहार नुक्कड़ नाटकों का केन्द्र रहा है इसलिए नुक्कड़ नाटकों में कविताओं का गहरा रिश्ता जुड़ा। जाहिर है ये कविताएँ नुक्कड़ नाटक की प्रकृति के अनुरूप सहज, नाटकीय और वर्तमान सामाजिक-राजनीतिक परिस्थितियों से जुड़ी हुई थीं उदाहरणार्थ 'इन्दुजी इन्दुजी क्या हुआ आपको' (नागार्जुन) या रामधारी सिंह दिनकर की कविता 'सिंहासन खाली करो, जनता आती है।' कविता के प्रयोग नुक्कड़ नाटक के स्तर पर देश भर में होते रहे हैं। क्योंकि इस प्रकार के प्रयोगों से रचना में एक प्रकार का आवेग, गति आती है जो दर्शकों को खींचती है और नुक्कड़ नाटक की यह तात्कालिक अनिवार्यता भी होती है, दर्शक से काव्यमय, लययुक्त संवाद भी और गायन में ढालकर प्रभाव सृष्टि भी। निश्चय ही यह कविता का भिन्न रूप में प्रयोग है। लेकिन निराला की 'सरोजस्मृति' को हम मंचित करेंगे तो वह सर्वथा भिन्न 'सृजन' होगा। रंगमंच पर ऐसी कविताएँ एक ताजगी, संवेदना, मौलिकता, कल्पना-शक्ति और शिल्प की संश्लिष्टता की, अभिनय की नवीन भंगिमाओं की माँग करती है। निराला की चाहे 'बादल राग' कविता हो, चाहे छोटी-सी कविता 'बहुत दिनों बाद खुला आसमान' दृश्यत्व, लय वैचित्र्य, सपाटबयानी, पाठ सौन्दर्य और प्रस्तुति-सौन्दर्य, संगीत नृत्य-नाट्य सब है। 'बादल राग' के छः भागों को एक करके जो वैभव और वैचित्र्य आता है-दृश्य-श्रव्य ध्वनियों का, लय का, भाव और शिल्प का, वह अछूता है। सारी कलाएँ उसमें अन्तर्भूत हैं। उन्हें और कविता के भाव को खोलना, उसके भिन्न आयाम तलाशना रंगमंच की चुनौती है। मुख्य चुनौती है दर्शकों तक उसे ग्राह्य बनाना और लगातार उस कविता की प्रस्तुति का एस्थैटिक सेंस भी अनुभूत कराना।

वस्तुतः कविता के मंचन के लिए निर्देशक और अभिनेताओं दोनों में कविता के भाव, उसमें निहित सौन्दर्य, बिम्बों, संकेतों, लयों को पहचानने की, उसके संगीत, भाषा की लय को पकड़ने की, उच्चारण की पूरी संवेदनशीलता अनिवार्य है। धीरे-धीरे हिन्दी रंगमंच का सम्बन्ध कविता से टूटता गया है। हमारे बहुत से अभिनेता हिन्दी भाषा पर अपेक्षित अधिकार नहीं रखते। उसकी लय, संगीत, ध्वनि, बलाघात को उभार नहीं पाते। प्रायः देखा गया है कि प्रतिष्ठित अभिनेता भी प्रसाद और मोहन राकेश के नाटकों का गद्य, उसकी लय नहीं सँभाल पाते। उच्चारण, रिद्म, टाइमिंग,

बलाघात का बड़ा महत्त्व है। कविता और रंगकर्मी के बीच का अन्तराल दूर होने से नाट्यकर्म और अभिनेता को भी नये आयाम मिलेंगे।

अज्ञेय की 'असाध्य वीणा' और 'उत्तर प्रियदर्शी' भी रंगमंच के लिए श्रेष्ठ रचनाएँ सिद्ध हुईं। 'असाध्य वीणा' भी लम्बी कविता है और आरोह-अवरोह, छन्द, भाषा, शिल्प, कथानक और चरित्र की दृष्टि से अनन्त सम्भावनाएँ लिये हुये है। 'उत्तर प्रियदर्शी' को एक सामान्य काव्य और नाट्य से युक्त रचना के रूप में साहित्य में देखा जाता था पर रतन थियम जैसे सृजनशील निर्देशक ने इसे एक ऐसे शिल्प और बुनावट में ढाला कि वह प्रस्तुतीकरण से एक चर्चित रचना बनी। अगर इसके लिए निर्देशक को अपनी ओर से एक नया दृश्य लिखना पड़ा तो सारी प्रादेशिक संगीत ध्वनियों, गतियों, मुद्राओं, रंगों के प्रयोग के बाद भी पूरी प्रस्तुति की दृष्टि से वह जरूरी लगा इसलिए उसे हम शाब्दिकता या शब्द-जाल का मोह नहीं कहेंगे। यह निर्देशकीय परिकल्पना पर निर्भर करता है। ऐसा गद्य में भी प्रायः होता रहा है कि भारतेन्दु का सामान्य-सा नाटक 'विद्यासुन्दर' ब. व. कारन्त के निर्देशन में श्रेष्ठ रचना के रूप में सामने आया। वस्तुतः कविता के मंचनों से कविता, रंगमंच और दर्शक को, श्रोताओं को नवीन आस्वाद मिलेगा। निश्चय ही इसके लिए गहरी अन्तर्दृष्टि, तीव्र भावबोध और कविता से लगाव अपेक्षित है। बहुत से कवि स्वयं बहुत अच्छा, समृद्ध, भावमय, अर्थपूर्ण काव्यपाठ करते हैं। उन्हें सुनना ही एक अनुभव होता है अनेक भाव-तरंगों को, नाट्य को, संकेतों को, बलाघात को महसूस करना होता है। इस अर्थ में कहानीपाठ से भी ज्यादा काव्यपाठ रंगकर्मियों के बीच महत्त्वपूर्ण है। पाठ केवल पढ़ना नहीं होता, पूर्ण आस्वादन होता है और रंगमंच की प्रस्तुति एक पूरी प्रक्रिया होती है जिससे गुजरते हुए कविता दृश्यात्मक आकार लेती है-अलग-अलग रूपों में। यह निर्देशक की परिकल्पना और प्रयोगधर्मिता पर निर्भर करता है कि वह उसे किस प्रकार दृश्य रूप देता है?

इस अर्थ में कहानी पाठ से भी ज्यादा काव्यपाठ और कविता का नाटकीय पाठ रंगकर्मियों के बीच महत्त्वपूर्ण है। पाठ केवल पढ़ना नहीं होता पूर्ण आस्वादन होता है और कविता के मंचन के सूक्ष्म धरातलों का एहसास भी। और रंगमंच की प्रस्तुति तो एक पूरी प्रक्रिया होती है जिससे गुजरते हुए कविता दृश्यात्मक आकार लेती है-अलग-अलग रूपों में। प्रश्न न तो कविता को नाटक के समक्ष खड़ा करने का है, न मौलिक नाटक के अभाव का है न कविता मंच की उपस्थिति या वापसी का। प्रश्न सर्जनात्मकता और निरन्तर खोज का है। पता नहीं, कब कौन सा हस्तक्षेप और प्रयोग नयी परम्परा रच दे? आखिर स्तानिस्लावस्की ने अपनी लम्बी रंगयात्रा में अनुभवों, प्रयोगों से ही अपना रंगदर्शन विकसित किया। मुख्य है रंगमंच को बहुआयामी, समृद्ध और सम्पन्न बनाना। 'राम की शक्तिपूजा', 'प्रलय की छाया',

'सरोज स्मृति', 'बादल राग' आदि 'रंगमंच की भाषा' की ही कविताएँ हैं–वे कविताएँ जो निर्देशक, अभिनेता, रंगशिल्पकार सबको चुनौती देती हैं और वैसे भी कविता के भीतर की ताजगी बार-बार रंगकर्म को आकर्षित किए रहती है–यह उत्सुकता और आस्वाद ही महत्त्वपूर्ण है। हो सकता है कोई कवि भाषा को, कविता को वहाँ ले गया हो जहाँ भाषा पहले गयी ही न हो!

9

नुक्कड़ मंच : भीड़ की संस्कृति के बीच

नुक्कड़ नाटक को चाहे हम 'स्ट्रीट कॉर्नर प्ले' कहें, चाहे 'स्ट्रीट प्ले', चाहे 'मंच-मुक्त' नाटक कहें, चाहे सड़क और चौराहे का, नुक्कड़ का नाटक कहें लेकिन नुक्कड़ नाटक का सम्बन्ध आदिम जाति और समाज से है और इसका स्वरूप भी बेहद स्वतन्त्र, घरेलू और नये तेवर का है। निश्चित स्थान, विशिष्ट मंच, प्रोसीनियम थियेटर नाटक के कुछ नियम निर्धारित कर देता है लेकिन खुली सड़क या नुक्कड़ पर आते ही उसका सारा अन्दाज, उसकी तीव्रता, उसका मुहावरा, व्याकरण बल्कि समूचा सौन्दर्यबोध ही बदल जाता है। यह भीड़ जुटाता ही नहीं, भीड़ में से सीधे निकलकर स्वतः बनता जाता है, कथ्य का नयापन और शिल्प का खुलापन हमारी प्राचीन भारतीय लोक परम्पराओं से जाकर जुड़ता है। भारतीय लोकमंच की सादगी, उन्मुक्तता, लचीलापन, संगीतात्मक प्रवाह और सामूहिकता से निश्चय ही उसका सम्बन्ध था इसलिए यह पश्चिमी प्रभावों से नहीं बना। हिन्दी रंगमंच में विकास और परिवर्तन की दृष्टि से नुक्कड़ मंच का आरम्भ हुआ और सही मानों में आम आदमी तक, बहुत बड़े जन समूह तक पहुँचने की कोशिश में, आम आदमी की अपनी भाषा तलाश करते हुए एक नाट्यान्दोलन के रूप में इसका आरम्भ हुआ। जब रंगकर्म की सक्रियता बढ़ी और नाटक और रंगकर्म को प्रेक्षागृह के चौखटे के भीतर से, पश्चिमी रंग-शिल्प से, कृत्रिम प्रयोगात्मक प्रवृत्ति और बौद्धिकता से बाहर निकालने की जरूरत महसूस हुई और यह लगा कि अपनी परम्पराओं की ओर लौटना चाहिए–उसी में छठे दशक में आरम्भ में नुक्कड़ नाटक के विकास में भी हम पश्चिम की प्रेरणा चाहे मान लें क्योंकि प्रख्यात जर्मन नाटककार बर्तोल्त ब्रेष्त ने, ग्रोटोवस्की के विचारों ने, पश्चिम के 'स्ट्रीट थियेटर' ने हमारे यहाँ भी नुक्कड़ मंच' की पृष्ठभूमि बनायी लेकिन नुक्कड़ मंच हमारे यहाँ केवल बाहरी प्रभावों के कारण नहीं था, उसकी जड़ें हमारे यहाँ मौजूद हैं। नाटक का यह खुला रूप हमें भवई, तमाशा, जात्रा, आदि लोकनाटकों की, लोकमंच की सादगी और जीवन्तता की याद दिलाता है। नुक्कड़

नाटक अपने सम्पूर्ण प्रभाव में अपनी स्वतन्त्रता, सार्थकता और मौलिकता लेकर उभरा है क्योंकि उसकी आवश्यकता थी। देशव्यापी परिस्थितियों के बदलने से, व्यवस्था-तन्त्र की विद्रूपता, शोषण-वृत्ति और सत्तावादी नीतियाँ और चेहरे बदलने से दरअसल पूरे साहित्य में, जीवन में, कलाओं और फिल्मों में जनान्दोलन और जन-संघर्ष की जो भूमिका उभर रही थी, उसी ने रंगमंच में नुक्कड़ मंच की आवश्यकता अनुभव करायी। इसलिए यह सामाजिक-सांस्कृतिक बदलाव में महत्त्वपूर्ण भूमिका के साथ उदित हुआ। लगातार फैलते जाते विसंस्कृतीकरण के विरुद्ध इस मंच ने अपना आरम्भ एक स्वस्थ जन-संस्कृति के रूप में उसके विकास और आम आदमी की जागरूकता के उद्देश्य से किया। एक प्रकार से नुक्कड़ नाटक हमारी आवश्यकता बनकर आया और नाटक की, रंगमंच की जनवादी प्रक्रिया का एक महत्त्वपूर्ण पड़ाव बना। मार्क्सवादी विचारधारा ने प्रतिबद्धता और जनपक्षधरता ने नुक्कड़ मंच के स्वरूप को प्रभावित किया। पूरे साहित्य में कला-जगत में मार्क्सवादी विचारधारा से बहुत बड़े परिवर्तन आ रहे थे। नुक्कड़ नाटक और मंच का आना भी आकस्मिक या सायास नहीं था इप्टा की तरह वह समूचे जनान्दोलन और रंगान्दोलन से जुड़ा। उस तरह नुक्कड़ नाटक युगीन जरूरत थी, पारम्परिक ढाँचे को, प्रचलित रूढ़ियों और अवधारणा को तोड़ते हुए यह 'जनता के सांस्कृतिक रूप' की तरह विकसित हुआ और छठे, सातवें, आठवें दशक तक रंग-क्रान्ति की तरह छाया रहा।

नुक्कड़ नाटक का सम्बन्ध स्वभावतः राजनीतिक-सामाजिक-आर्थिक स्थितियों से, आम आदमी के प्रति अन्याय और अत्याचार करनेवाली जन-विरोधी शक्तियों के घृणित रूप और कृत्यों से, उन्हें भेदनेवाली अटूट इच्छा से जुड़ता गया। तात्कालिक प्रश्न उसका अंग होते गये। एक ओर प्रेमचन्द की कहानियाँ, अन्य कहानियाँ भी नुक्कड़ मंच का मुख्य केन्द्र बन गयीं। और दूसरी ओर उसका एक निश्चित नाटककार समूह भी नाट्यलेखन करता रहा—गुरुशरण सिंह, सफदर हाशमी, राधाकृष्ण सहाय, विभु कुमार, रमेश उपाध्याय, असगर वजाहत, राजेश कुमार, स्वयंप्रकाश, सुदर्शन मजीठिया आदि के अतिरिक्त कई नये नाटककार इस दिशा में सक्रिय हुए। जंगीराम की हवेली, इंकलाब जिन्दाबाद, राजा को बाजा, औरत, मशीन, बकरी, लड़ाई, आदमी का गोश्त, जनता पागल हो गयी है, नक्सलाइट, बदलते चेहरे, प्रजातन्त्र आदि अनेक नाटक अपने कथ्य और फार्म में इस आन्दोलन को 15-20 वर्षों तक चलाते रहे। भारतेन्दु के नाटक शैलीबद्ध नहीं है पर उनमें गजब का लचीलापन है, जनाक्रोश है, जन-चेतना है। 'अन्धेर नगरी' में देखिए 'तो न नायकत्व है,' न वैयक्तिकता बल्कि वहाँ जन-समूह है, सामान्य जन-वर्ग है और उसकी चिन्ता है, राजनीति और मानव-विरोधी ताकतों से मुक्ति का मंच वहीं मिल जाता है। स्वयं बादल सरकार का 'जुलूस' नाटक बहुत बड़ा और सार्थक परिवर्तन है नाटक की प्रकृति में, भाषा-

शिल्प में उनके तीसरे रंगमंच की अवधारणा ने नुक्कड़ मंच को नयी दिशाएँ दिखायीं। देश भर में एक समय में उसके सैकड़ों प्रदर्शनों ने रंगान्दोलन के नये प्रतिमान स्थापित किये। आश्चर्यजनक रूप से उस समय नाटक की कोई कमी नहीं थी। शरद जोशी, मणि मधुकर, कुसुम कुमार, शरद जोशी, शंकर शेष, सुशील कुमार सिंह आदि प्रसिद्ध नाटककार प्रोसीनियम मंच और नुक्कड़ मंच दोनों पर अन्याय के विरुद्ध आम आदमी की लड़ाई प्रखर, तीव्र नाट्य रचनाएँ लिख रहे थे और जगह-जगह रंगकर्मियों पर व्यवस्था द्वारा बन्धन भी लगाये जा रहे थे। सही अर्थों में यह कमिटेड नाटक था, स्वतन्त्र अभिव्यक्ति और रंगमंच की प्रत्यक्ष शक्ति का प्रतीक था, निर्भय स्वर का प्रतीक था जो आज गायब है। सातवें आठवें दशक तक तो नुक्कड़ मंच जितना व्यापक हुआ, उतना ही उसके स्वरूप और हस्तक्षेप की उत्तेजना पर नये प्रश्न और विवाद भी उठने लगे जो बहुत जरूरी थे।

रंगकर्म का प्रसार, नाट्यलेखन का विस्तार और नये-नये नाटककारों और रंगकर्मियों का उत्साह और हस्तक्षेप आज बहुत से सवालों के उत्तर देता है। पूरे देश में उत्तर प्रदेश, आन्ध्र प्रदेश, राजस्थान, बिहार, बंगाल, दिल्ली, पंजाब, केरल, मध्यप्रदेश, गोवा में नुक्कड़ मंच और उसकी अनेक नाट्य संस्थाएँ बहुत जल्दी और बड़ी तेजी से उभरीं। नुक्कड़ के कलाकारों ने एक प्रकार की हलचल-सी मचा दी। '70-'80 तक दिल्ली, भोपाल, लखनऊ, बम्बई, पटना, जयपुर, इलाहाबाद, गोरखपुर के रंगकर्मियों ने, संघर्षशीलता का परिचय दिया। बिहार तो जैसे मुख्य रंग-स्थल बन गया। राँची, आरा, भागलपुर, मुजफ्फरपुर, धनबाद, मुंगेर आदि नगरों में, पटना में नुक्कड़ नाटकों के द्वारा चौराहों, सड़कों, नुक्कड़ों पर भूख, गरीबी, दहेज, मजदूरों के शोषण, भ्रष्टाचार, कुशिक्षा, साम्प्रदायिकता, बेरोजगारी; नारी शोषण आदि अनेक ज्वलन्त समस्याओं पर नुक्कड़-प्रदर्शनों से जन-चेतना फैलाने का प्रयास हुआ। कई बार प्रदर्शनों पर प्रतिबन्ध भी लगे, कई बार पुलिस से संघर्ष, जेलबन्दी भी हुई। सफदर हाशमी की हत्या हुई। उनका 'हल्ला बोल' नाटक जगह-जगह खेला जाता रहा। इस तरह नाटक और रंगकर्म की भागीदारी, जन-समूह से गहरे जुड़ाव के साथ रचनात्मक कर्म भी होता रहा और प्रश्न, बहसें, विवाद भी उठते रहे। इन्हीं विवादों के बीच में नुक्कड़ नाटक के बृहत् पैमाने पर राष्ट्रीय समारोह भोपाल, मुम्बई, दिल्ली और कभी-कभी विश्वविद्यालयों में हुए। वे समारोह आज इतिहास की वस्तु बन गये हैं। सफदर हाशमी की मृत्यु के बाद राष्ट्रीय स्तर पर नुक्कड़ नाटक दिल्ली में 'सहमत' संस्था द्वारा हुये और अन्य स्थानों पर भी संस्थाओं के बनने, नुक्कड़ नाटक के प्रदर्शनों से, गोष्ठियों, सेमिनार से क्रान्तिकारी प्रवृत्ति दिखाई दी। प्रख्यात नाटककार भीष्म साहनी और अन्य रचनाकार, कलाकार भी आन्दोलन से जुड़े। नुक्कड़ नाटक के विभिन्न प्रदर्शनों के बीच एम. के. रैना के निर्देशन में 'कबिरा खड़ा बाजार

में', और एम. एस. सथ्यू के निर्देशन में 'बकरी' जैसी कृतियाँ नये रूप में जनता के बीचोंबीच, कभी कनॉट प्लेस पर कभी कहीं और उभरकर आयीं। इस क्रान्तिकारी माहौल में नये नाटकों की रचना भी हुई। मसलन मृणाल पाण्डे ने 'मौजूदा हालत को देखते हुए', कुसुम कुमार ने 'दिल्ली ऊँचा सुनती है' आदि कई नाटक लिखे जो नुक्कड़ विधा की तीव्रता और बुनावट लिये हुए थे। सुदर्शन मजीठिया का 'चौराहा', राधाकृष्ण सहाय का 'खेल खेल', अजित पुष्कल का 'प्रजा इतिहास रचती है', विभु कुमार का 'प्रजातन्त्र' और अन्य लेखकों की भी बहुत-सी कृतियाँ लिखी गयीं-खेली गईं। बहुत-सी कहानियाँ भी-मसलन मोहन राकेश की 'परमात्मा का कुत्ता'-नुक्कड़ विधा का आधार बन गयीं। राजेश कुमार, अनिल पतंग, अविनाश चन्द्र, जावेद अख्तर खाँ आदि बड़ा रचनाकार समूह लेखन, मंचन, बहस मुबाहिसों में बेचैनी से कुछ तलाश करता रहा। कई पत्रिकाएँ निकलने लगीं। विचारोत्तेजना, विचार-विमर्श का, चेतनता का माहौल बना।

नुक्कड़ मंच ने एक प्रकार से नाट्यविधा और रंगमंच की परिभाषा ही बदल दी। वह एक माध्यम बन गया तत्कालीन समस्याओं पर संवाद पैदा करने का, जन-प्रतिरोधी शक्तियों के विरुद्ध खड़े होने का, सामाजिक प्रक्रिया और ऐतिहासिक बदलाव का। दरअसल नुक्कड़ मंच सामयिकता राजनीतिक समझदारी और दायित्व की बात उठाता है। उसमें मौजूदा घटनाओं को सीधे दर्शकों तक सम्प्रेषित करने की जरूरत और ताकत को महसूस कराना एक चुनौती है इसीलिए लोक नाटकों की तरह लचीलापन, मनोरंजन, चुटकियाँ, प्रखरता और जिन्दादिली एक साथ उसमें चाहिए, साथ ही परिवर्तनशील रूप अनिवार्य है ताकि एकरसता और बासीपन न आए। सड़क चलते लोगों, दफ्तरों-कारखानों से निकले कर्मचारियों मजदूरों का उसका दर्शक समूह है। 30-40 मिनट में जानी पहचानी घटनाओं, स्थितियों के पहलू को उजागर करके नुक्कड़ मंच उकसाना भी चाहता है और कर्मशील भी बनाना चाहता है। उसकी भाषा की बनावट, लहजा, उसके छोटे-छोटे दृश्य, तीव्रता-प्रखरता, गीत-संगीत, एक्शन, समूहन, साझेदारी, चुटीले प्रभावशाली संवाद और अभिनय का अलग अन्दाज, सब चीजों का संयोजन और तराशा हुआ रूप नुक्कड़ मंच की मौलिकता है। नुक्कड़ नाटक और मंच आधुनिक हिन्दी नाटक और रंगमंच की विकसित कड़ी बना। नाटक और रंगमंच राजनीतिक विचारधारा से जुड़ा, जन-संघर्ष की अभिव्यक्ति का सबल प्रत्यक्ष माध्यम बना। युवा आक्रोश की अभिव्यक्ति खुलकर हुई। बंगाल और बिहार में विशेष रूप से नायकों की प्रतिष्ठा का दौर समाप्त हुआ और युवा आक्रोश के कारण जन उभरकर आया।

अगर फॉर्म की दृष्टि से देखें तो नुक्कड़ का बेहद लचीला शिल्प होता है। कौतूहल, ऊष्मा, आक्रामकता, लगने लगती है। उसी कृति में नुक्कड़ मंच पर समय

के साथ भी बदलाव अपेक्षित है–कथ्य में, भाषा में, दृश्यों में, अभिनय में। प्रश्न न 'नुक्कड़ मंच' का है न 'प्रोफेशनल मंच' का या 'आभिजात्य मंच' का। जब भी बहस होती है परिसंवाद होता है, हम इन्हीं वर्गीकरणों में उलझ जाते हैं–खासकर वे जो नुक्कड़ नाटक कर रहे हैं। नुक्कड़वाद या कलावाद के मुहावरे निरर्थक गढ़े गये हैं और उसके पीछे चिन्तन और संवेदना, वैचारिक गम्भीरता नहीं है, केवल गुस्सा और आवेश है क्योंकि प्रोसीनियम मंच की नाट्यप्रस्तुतियाँ मात्र कलावाद या आभिजात्य से आरोपित नहीं है, वह रंगमंच की प्रक्रिया का, सर्जनात्मकता का एक रूप है, मानवीय अनुभवों और सत्य को देखने का एक तरीका है, नुक्कड़ मंच भी आधुनिक मंच की ही एक विकसित कड़ी है और नयी अवधारणा है। इसलिए एक दूसरे के विरोध, काट-छाँट या अहम्मन्यता का सवाल नहीं है। जब हम सर्जनात्मक रंगकर्म की बात करते हैं तो न प्रेक्षागृह में नाटक होना गलत है न खुली सड़क पर। दोनों की ही अपनी सीमाएँ भी हैं, सम्भावनाएँ भी हैं। दोनों को ही आज के सन्दर्भ में परिवर्तनशील रहना है और कथ्य, शिल्प, अभिनय के नये आयाम सोचना है। आवेगपूर्ण, भावुक, उत्तेजक वक्तव्यों के स्थान पर, प्रतिक्रियात्मक तीखे दृष्टिकोण के स्थान पर ब्रेष्त की तरह व्यापक राजनीतिक दृष्टिकोण की अपेक्षा है। यह बड़ा ठोस, गम्भीर कार्य है। राजनीतिक मंच के लिए व्यापक राजनीतिक दृष्टिकोण, चिन्तन चाहिए, प्रचार-तन्त्र का हिस्सा बनना नहीं। तभी रंगकर्म के नवीन सौन्दर्यशास्त्र की परिकल्पना हो पाएगी; वह भी प्रयोगात्मक स्तर पर। तब कहीं कोई प्रतिमान निश्चित हो पाएँगे केवल आत्मतुष्टि और विरोधात्मक तेवर से नहीं। यह तो निश्चित है कि नुक्कड़ मंच कभी भी पुनरावृत्ति और औपचारिकता को लेकर जीवित नहीं रह सकता। हमारे भीतर का तनाव चुक जाने पर सड़क और चौराहे की भी एक औपचारिकता हो जाती है।

आज स्थितियाँ राजनीतिक-सामाजिक-धार्मिक स्तर पर बिल्कुल दूसरी हैं। छठे, सातवें, आठवें दशक तक नुक्कड़ नाटक जिस उत्कर्ष पर था, उसी आन्दोलन के बीच से प्रश्न भी उठे थे लेकिन एक ओर अतिवाद और प्रचारवृत्ति ने नुक्कड़ मंच की सीमाएँ स्वत: निर्धारित कर दीं। 'संघर्ष' का भी रिश्ता 'प्रयोग' से हो सकता है, बशर्ते कि हम खुले आसमान के नीचे स्वतन्त्र रूप में नये सवालों को, नये रंग जीवन के साथ उतार सकें। हिंसा-प्रतिहिंसा, धर्म और दूसरी ओर राजनीतिक पार्टी-प्रचार, तात्कालिकता और आलेख एवं प्रस्तुति के सरलीकरण के कारण कलात्मक सौन्दर्य कुण्ठित होता गया। कहा जाने लगा कि नुक्कड़ मंच में खतरे बाहर के तो हैं ही, भीतर के भी हैं।

प्रसिद्ध फिल्मकार प्रकाश झा ने पटना में नाटक पर एक गम्भीर कार्यशाला की थी जहाँ शम्सुल इस्लाम, और अन्य नाट्यकर्मियों ने तेज बहस के बीच यह

अनुभव किया कि विद्रोह, आवेश, उत्तेजना, जनता के साथ रोमाण्टिक रिश्ता, रूढ़ियाँ, सरलीकरण नुक्कड़ मंच पर हावी हो गया है। नुक्कड़ नाटक सांस्कृतिक मंच उतना नहीं बन पाया जितना समसामयिक, तात्कालिक प्रश्नों का मंच। उसे अधिक जीवन्त, प्रासंगिक, चुनौतीपूर्ण बनाना चाहिए। अगर वह पारम्परिक अवधारणा को तोड़ रहा है और जन-संस्कृति की तलाश कर रहा है तो नाट्यलेखन, प्रस्तुतीकरण-पद्धति, अभिनय शैली, वेशभूषा के नये रास्ते निकालने चाहिए। यह ठीक है कि आज के नाटकों में आने वाले संघर्षशील पात्र ही आज के नाटकों के नायक हैं लेकिन यह परिवर्तन रूढ़ियों को तोड़ते-तोड़ते स्वयं क्यों रूढ़ हो गया? अगर विचारधारा से जुड़ना समय की अनिवार्यता थी तो उसकी सर्जनात्मक सम्भावनाएँ तलाशना भी तो एक अनिवार्यता थी। रूप और कथ्य की एकरसता और प्रचारवादी मुहावरे ने नुक्कड़ मंच को उस रचनात्मक सौन्दर्य से निरन्तर नवीन मौलिक छवियों से वंचित क्यों किया? तनाव और संघर्ष की तीव्रता-मुखरता, जनता से सीधे संवाद, साक्षात्कार, नुक्कड़ मंच का प्राण, रस और शक्ति हैं लेकिन कुछ समय के बाद वह तीव्र द्वन्द्व, मुखर आक्रोश, विद्रोह-चेतना, जीवन रस एक दोहराव और ठहराव बनकर रह गया जब कि संघर्ष, तनाव, विद्रोह और जनाक्रोश में वह सम्भावनाएँ होती हैं जो नाट्य विधा और रंगमंच का नया शास्त्र, नयी कला खोज सकता है।

सृजन-विरोधी इन स्थितियों के कारण ही दरअसल नुक्कड़ मंच के सौन्दर्यशास्त्र के सवाल उठे। केवल आन्दोलन और राजनीतिक प्रचार से ऊपर उठकर सर्जनात्मक, कलात्मक मूल्यों की, नुक्कड़ मंच के श्रेष्ठ आलेख और प्रस्तुतियों के नवीकरण और कल्पनाशीलता की आवश्यकता है। नवीन सौन्दर्यानुभूति के साथ बदलते रूपों-प्रयोगों के अन्वेषण की अपेक्षा थी-जो नहीं किया गया। 'औरत', 'मशीन' अच्छी नुक्कड़ प्रस्तुतियाँ सिद्ध हुईं लेकिन ध्यान से देखिए तो वह भी एक निश्चित ढाँचे की प्रस्तुति चुस्ती और तीव्र गतियाँ, ऊर्जा उससे लगातार दर्शकों को अनुभव होनी चाहिए-अभिनटन, स्वच्छन्द प्रवाह, शारीरिक हरकतों और वाणी का सन्तुलन, प्रतिक्षण अपने दर्शकों को समझने की त्वरित शक्ति और उसके अनुसार तुरन्त अपने में बदलाव लाने की क्षमता नुक्कड़ मंच की पहचान है। आवेग, भावुकता, उत्तेजना, भाषणबाजी, अतिरिक्त अभिनय का प्रयोग भी करना है और उसे अतिरेक और अस्वाभाविकता से भी बचाना है। बिना उसकी ऊपर से सरल, सपाट लेकिन भीतर से जटिल संरचना को समझे, उसके अपने नियम और विशिष्टता को समझे उसका स्थायी रूप खड़ा नहीं किया जा सकता। प्रत्यक्ष टकराहट, अनुभव-सम्पन्नता, प्रतिक्रिया और आवेग का अछूता थ्रिल देना, उमंग और स्फूर्ति की सृष्टि करना ही जटिल कर्म है। हम सहसा एक समूह को, बढ़ते जाते समूह को, समूह से भीड़ में बदलते दृश्य का रोमांचक अनुभव पाते हैं। यहाँ हमारा दर्शक भी विशिष्ट,

आमन्त्रित, अहं को सन्तुष्ट करनेवाला नहीं होता वह स्वत: आता है, नाटक के कथ्य और रचते जाते माहौल में बँधता चला जाता है। एक जड़ता, अस्वाभाविकता का आरोपित वातावरण स्वत: टूटता है और जीवन का सत्य स्वत: उभरने लगता है। जाहिर है कि नुक्कड़ नाटक आर्थिक संकट से, सीमित सुविधाओं की यातना से मुक्ति का उदाहरण प्रस्तुत कर देता है।

इस सारी विशिष्टता और मौलिकता के बावजूद नुक्कड़ नाटक में एक प्रकार का ठहराव आता गया। धीरे-धीरे लेखन और प्रस्तुतीकरण दोनों में ही बहुत कुछ रूढ़ और एकरस होता गया, पुनरावृत्तिमूलक स्वरूप ने नुक्कड़ मंच की ताजगी को नष्ट कर दिया। लगभग वही कथानक, कथानक के साथ नाटककार का, अभिनेता का वही ट्रीटमेण्ट, पात्रों की एक ही प्रकार से, वर्ग के आधार पर रचना-वही पुलिस दारोगा, जल्लाद, हत्यारा, नेता, मन्त्री, जमींदार, मिल मालिक और स्त्री, किसान, मजदूर। ढाँचे की रचना में वही मदारी और जमूरे, नारेबाजी, प्रचार, जुलूस, एक-से स्वर और उनसे निकलती उथली सतही समसामयिकता! बहुत जरूरी प्रश्न उठने लगे कि नुक्कड़ नाट्यलेखन की कमजोरी है, संकीर्णता है, सूझबूझ, समझदारी की कमी है-उत्तेजना और भावुकता के आवेशमय स्वर की प्रबलता है जिसके कारण उसका रचनात्मक और स्थायी प्रभाव नहीं पड़ता। यह खतरा सफदर हाशमी के 'हल्ला बोल' में भी था क्योंकि यह नाटक पार्टी प्रचार के लिए था। आठवें दशक के मध्य में नये तेवर के साथ नुक्कड़ मंच जनान्दोलन के साथ जुड़ा राजनीति के घृणित, विकृत, अमानवीय रूप ने नुक्कड़ मंच की 'स्वतन्त्रता' और जिजीविषा को, संघर्ष-शक्ति को दमित किया है। हम उसे 'गुरिल्ला युद्ध का साहित्यिक रूप' कहते रहे, उसे वैसा ही सिद्ध करना था लेकिन हत्या-दुर्घटनाओं ने, अवसरवादिता और सरकारी तन्त्र की निर्ममता ने, आज की पूँजीवादी व्यवस्था, धर्मोन्माद ने, उपभोक्तावादी संस्कृति और बाजारवाद ने नुक्कड़ मंच तो नष्ट ही कर दिया है। हाँ, नुक्कड़ नाटक का नितान्त सतही, कृत्रिम इस्तेमाल आरम्भ कर दिया है। नुक्कड़ नाटक की असली प्रकृति व्यवस्था विरोधी और जनाक्रोश की, जनता को अन्याय के विरुद्ध जागरूक करने की है इसलिए सच्चाई की आग उसमें होगी आज स्थिति उस 'चरम दृश्य' तक पहुँचने की नहीं रह गयी है। सरकारी तन्त्र भी उसका इस्तेमाल कर रहा है और मीडिया भी। सरकारी सूत्रों और योजनाओं के लिए होने वाले नुक्कड़ नाटकों में कोई 'रचनात्मकता' नहीं है। विचारधारा की प्रतिबद्धता और उससे जन्मा व्यवस्था-विरोध बहुत सीमित दिशा है और थी। उसी से नुक्कड़ मंच की जीवन्त-शक्ति को धक्का लगा। नुक्कड़ मंच स्वतन्त्रता और व्याप्ति चाहता है-उसकी शक्ति केवल 'वाहक' बनकर सजीव वैसे भी नहीं रहती थी। पूरे विश्व में हमारे देश में इतनी सामाजिक-राजनीतिक धार्मिक, आर्थिक, उथल-पुथल फैली हुई है-इतनी

तेजी से सम्बन्ध बदल रहे हैं, नया यथार्थ, नयी चुनौतियों के साथ खड़ा हो गया है, सारा सौन्दर्यशास्त्र बदल गया है। संचार माध्यमों ने नये प्रश्न खड़े कर दिये हैं बल्कि 'विज्ञापनी कल्चर' और प्रचारतन्त्र के सौन्दर्यबोध ने, उनकी जनप्रियता ने नुक्कड़ मंच की तीव्रता-प्रखरता, जिन्दादिली का, मस्ती और मनोरंजन का उपयोग बड़ी खूबसूरती से कर लिया है–इसलिए नुक्कड़ मंच को आज अपनी प्रत्यक्ष शक्ति को, आन्तरिक सौन्दर्य को उजागर करना चाहिए। मात्र विरोधात्मक स्वर और शैलीबद्धता से अपने को मुक्त कर सजग अभिनेताओं के साथ सामूहिक भावना को, संश्लिष्ट स्वरों को विकसित करना चाहिए। नुक्कड़ में कभी भी दर्शक आ सकते हैं, किसी भी प्रकार के, किसी भी कोने से–और कभी भी जा सकते हैं। इसलिए अभिनेताओं का जागरूक मस्तिष्क, जन-संवेदना, एकाग्रता दर्शक से, जाते हुए दर्शक से भी तात्कालिक आशु संवाद यानी लगातार एक क्रीड़ातत्त्व, दिल्लगी, वाक्चातुरी, गायन, अभिनटन, शारीरिक क्रियाएँ अनिवार्य हैं–'अन्धेर नगरी' की तरह! वैसी ही गुंजाइश नाट्यालेख में, गीत-संगीत में, वाक्छन्द का गुण और अलग-अलग प्रकार के दर्शक से चुटकियाँ, 'टके सेर' की तरह अनवरत प्रवाह और कौतूहल, आकस्मिक बदलाव का झटका, रोजमर्रा के रोचक मुहावरे, बोलियाँ भारतेन्दु के 'विषस्य विषमौषधम' की तरह! इसके लिए बहुत सशक्त नाटककार और सजग-मानवीय संवेदनपूर्ण कमिटेड अभिनेता की सामूहिक यायावरी मण्डली अपेक्षित है। यायावरी वृत्ति अनुभव-क्षेत्र को विकसित करती है, नये-नय रस जोड़ती जाती है, अभिनय शैली में बदलाव आता जाता है और सुविचारित, सुनिश्चित पैमाने से मुक्ति का, स्वतन्त्रता का स्वर आता जाता है जो उस युद्ध-शक्ति को तीव्रतर कर सकता है–नये अन्दाज में जो खो चुकी है! रंगमंच वैसे भी जोखिम उठाने की रोचक कला है। नुक्कड़ मंच को समकालीन रंगमंच की सशक्त धारा सोचते हुए उसे मौलिक, नये, सार्थक आकार में पुनर्जीवित करने की अपेक्षा है क्योंकि वैसे भी आज जनता से रंगमंच का सम्बन्ध नहीं है। कहानी और कविता दोनों में आज वह साहसिकता, और नये स्वर बहुत कम मिल रहे हैं जब कि लिखे खूब जा रहे हैं। सूक्ष्मता, जटिलता गायब हो रही है। इसलिए ग्रेबियल गार्सिया मार्क्वेज जैसे उत्कृष्ट लेखक की तरह या निराला की तरह आज के नाटककार को भी मानवीय पहलुओं के उद्वेग में जाने की जरूरत है। सारे विनाश और अराजकता के विरुद्ध भी एक संकल्प हो सकता है क्योंकि आज की सबसे बड़ी जरूरत जागरण उतना नहीं है, जितना मानवीय संवेदना और जिजीविषा को पुनः प्रतिष्ठित करना। गुलामी के जमाने में भारतेन्दु, प्रसाद, प्रेमचन्द, निराला ने मनुष्य को दासता और हीनता की भावना से मुक्त कर मनुष्य की अदम्य जीवनी-शक्ति को जगाया था।

10

बाल रंगमंच : बालस्वभाव का अनूठापन

हिन्दी में 'बाल रंगमंच' ने एक नये शब्द-प्रयोग की तरह जन्म लिया। हम बाल रंगमंच जैसी चीज से निकट से परिचित नहीं थे। बाल साहित्य की बात तो आती-जाती थी-कहानियों, किस्सों, चुटकुलों, जीवनियों और उन्हीं के बीच में कभी-कभी बाल नाटकों को लेकर भी-लेकिन रंगमंच बालकों के जीवन और परिवेश का कोई हिस्सा नहीं था। ज्यादा से ज्यादा स्कूलों या संस्थाओं के सांस्कृतिक कार्यक्रमों का ही एक अंग नाटक या अभिनय बना हुआ था। इन संस्थाओं में होनेवाले बाल नाटक भी या तो अंग्रेजी नाटक हुआ करते हैं या छोटे-मोटे प्रहसन। अधिकतर नृत्य, संगीत के रंगारंग कार्यक्रम के बीच में नाटक भी एक आकर्षक मनोरंजन या हल्की-फुल्की फुहार बनकर आता रहा है। यह पहली बार हुआ कि बाल रंगमंच का एक स्वरूप सामने आया और उसे अलग से एक नाम, एक अस्तित्व मिला।

मैं बाल रंगमंच को एक ओर हिन्दी रंगमंच की नींव और महत्त्वपूर्ण आरम्भिक कड़ी के रूप में देखती हूँ : दूसरी ओर, उसे सांस्कृतिक विकास या चेतना के जागरण के प्रथम चरण के रूप में भी। दिल्ली में पहले से चिल्ड्रेन्स थिएटर के माध्यम से और अन्य स्वतन्त्र प्रयत्नों से बाल रंगमंच ने एक दिशा पकड़ी जिसमें रेखा जैन, कविता नागपाल, सुषमा सेठ आदि के प्रयास अनुकरणीय कहे जाने चाहिए। लेकिन उत्तर प्रदेश में बाल रंगमंच बाद में आया। उत्तर प्रदेश संगीत नाटक अकादेमी ने प्रागजी डोसा के निर्देशन में जब बाल रंग-आन्दोलन की शुरूआत की, बाल नाट्य शिविर का आरम्भ हुआ तब उत्तर प्रदेश के कुछ नगरों में भी एक लहर पैदा हुई, यद्यपि अभी एक-दो केन्द्रों को छोड़कर इनका कोई प्रभाव नहीं पड़ा। इसके लिए व्यापक स्तर पर प्रयत्न भी नहीं हुए। लखनऊ, गोरखपुर आदि नगरों में कुछ बाल नाटक स्वतन्त्र मंच पर खेले गये, लेकिन वह सब अभी इतना अपर्याप्त था कि यह कहना कठिन था कि सचमुच बाल रंगमंच का स्वरूप और उसकी दिशा क्या है? क्या उसने एक सर्जनात्मक आन्दोलन के रूप में जन्म लिया है? क्या वह बाल जीवन

का एक अनिवार्य अंग है? क्या सचमुच अभी उसकी सम्भावनाएँ देखी जा सकती हैं? निस्सन्देह नहीं। अभी इस बारे में कुछ भी कहना समय से पहले की भविष्यवाणी जैसा था। कोई भी केन्द्र अगर बाल रंगमंच के प्रसंग में बात को बढ़ा-चढ़ाकर कहता है, तो यह उसकी निजी महत्त्वाकांक्षा हो सकती है, बाल रंगमंच को वस्तुतः उससे कोई लाभ नहीं होगा। हानि अवश्य होगी।

इसे कोई नहीं नकारेगा कि हमारी अधिकांश शिक्षा-संस्थाएँ बच्चों पर तैयार सामग्री रटाने का भार तो भरपूर डालती हैं, लेकिन उनके कला-बोध, सुरूचि, आत्मविश्वास, आत्मनिर्भरता को विकसित करने के प्रयत्न कम से कम करती हैं। बाल रंगमंच के साथ एक बहुत बड़ा समूह सम्बद्ध है जिसका अपने-अपने स्थान पर अलग-अलग दायित्व महत्त्वपूर्ण है। शिक्षक, अभिभावक, साहित्यकार, निर्देशक, पत्रकार, सम्पादक आदि मिलकर बाल रंगमंच के विकास में सहयोग दे सकते हैं। नाटक और थिएटर एक दिन की चीज नहीं है जो सहसा पैदा होती रहे। वह हमारे जीवन और शिक्षा के साथ-साथ चलती रहनेवाली कला है जिसका हिन्दी प्रदेश में बहुत बड़ा अभाव है। हिन्दी में नाटक और थिएटर एक कला-रूप की तरह हमारे नित्य-प्रति के दैनिक कार्यों का अनिवार्य अंग नहीं है। हिन्दी में तो बाल साहित्य भी उपेक्षित रहा, बाल रंगमंच की क्या गणना की जाए। इसलिए बाल रंगमंच-सम्बन्धी समस्याओं को सामने लाना बहुत मुश्किल काम नहीं है, लेकिन उन पर गम्भीरता से सोचना आवश्यक है।

मेरी दृष्टि में सबसे पहली समस्या है रंगमंच का बच्चों की शिक्षा से न जुड़ा होना। केवल कॉलेज या विश्वविद्यालय स्तर से अथवा दिल्ली में नाटक और रंगमंच को शिक्षा का अंग बनाने से कहीं अधिक लाभकर होगा कि हम पूरे देश में बच्चों की आरम्भिक शिक्षा से ही रंगमंच को जोड़ें और बचपन की आरम्भिक सीढ़ियों से ही उनकी नाटकीय वृत्ति यानी बाल स्वभाव का पूरा-पूरा उपयोग करके विकास के अवसर दें। रंगमंच से बच्चों की अभिनयात्मिका वृत्ति और अनुकरण करने की प्रवृत्ति को सही और स्वाभाविक दिशा मिलेगी। बच्चों की कल्पनाएँ बहुत दूर-दूर तक उड़ा करती हैं। उनकी कल्पनाशीलता को रचनात्मक आधार और ठोस दिशा देने का काम रंगमंच बखूबी कर सकता है। निश्चय ही उनकी जिज्ञासु प्रवृत्ति एक रचनात्मक मोड़ ग्रहण कर सकती है।

बड़ों की तरह बच्चों को भी मनोरंजन चाहिए, पर अपने यहाँ बच्चों के ही मनोरंजन, दिमागी कसरत और मनोवैज्ञानिक विकास पर सबसे कम ध्यान दिया जाता है। हमारे यहाँ न बच्चों की श्रेष्ठ फिल्मों के निरन्तर निर्माण और प्रदर्शन की कोई योजना है न उनके नाटक ही होते हैं। वे वयस्कों की फिल्में देखते हैं, पॉकेट बुक्स पढ़ते हैं, या समय के सदुपयोग के बारे में सोच ही नहीं पाते। अब तो कॉमिक्स,

टी. वी., कम्प्यूटर बहुत सारे आकर्षण आ गये हैं। निश्चय ही इससे वे भटकते हैं, कुण्ठित होते हैं, उनकी सौन्दर्य-भावना, कलाबोध, स्मरणशक्ति, कल्पनाशीलता सर्जनात्मक शक्ति जाग्रत भी होती है पर उनकी आयु की स्वाभाविकता घुटी रह जाती है। वे अलग-अलग चौराहों पर, घर में, स्कूल में, आँगन में, या तो फिल्मों के चर्चाओं के निरर्थक घटाटोप में फँसे रहते हैं, या अनर्गल प्रलाप में, या दिशाहीन स्थितियों में।

अगर रंगमंच शिक्षा का एक अंग हो जाए तो एक तो बच्चों को विभिन्न अवसर मिलेंगे, एक अनुकूल वातावरण बनेगा, वे अपने चारों ओर के परिवेश से ज्यादा जुड़ सकेंगे और उन मनोवैज्ञानिक ग्रन्थियों से भी छुटकारा पा सकेंगे जो उनमें असमय घर कर जाती हैं। दोहरा लाभ यह भी होगा कि अभिभावकों के लिए नाटक-रंगमंच कोई अजूबा या हीन वस्तु नहीं रह जाएगा जिसका शिकार अभी भी पूरा हिन्दी रंगमंच बना हुआ है। अधिकांश अभिभावक नाटक-रंगमंच को समय की बरबादी और पढ़ाई की सर्वथा विरोधी वस्तु मानते हैं, उसे बाल विकास का महत्त्वपूर्ण तत्त्व या आधार नहीं। बिना अभिभावकों के पूरे सहयोग के बाल रंगमंच का विकास सम्भव नहीं है। उन ग्रन्थियों को भी नहीं हटाया जा सकता जो स्वयं अभिभावकों में और फिर बच्चों में पनपती जाती हैं, पीढ़ी दर पीढ़ी चलती जाती हैं।

लड़कियाँ अभिनय करना या मात्र मंच पर आना ही एक अपराध और कभी-कभी पाप-जैसा अनुभव करती हैं। छोटे-छोटे लड़कों में ही अभी से यह स्थिति देखने में आती है कि ये लड़कियों के साथ अभिनय करने में अपने को सहज नहीं बना पाते। अगर किसी बच्ची के करीब खड़े होकर संवाद बोलने की बात है तो, अगर हाथ पकड़कर नाचने या कुछ कहने की बात है तो, वे उससे कतराते हैं। यह स्वस्थ दृष्टि का पनपना नहीं है। धीरे-धीरे ये चीजें घटी हैं। यद्यपि इसके पीछे बहुत-से कारण हैं, लेकिन एक स्वस्थ दृष्टि-विकास के लिए और हिन्दी-रंगमंच के भावी विकास के लिए ये ग्रन्थियाँ हटना जरूरी है।

स्वयं अभिभावकों में भी उदार दृष्टि और कलात्मक रुचि अपेक्षित है जो बालकों को प्रोत्साहित करे न कि अस्वाभाविक बनाए। यह जरूरी है कि वे बच्चों को उनकी आयु के हिसाब से ही विकसित होने दें। न अपने अतिरिक्त उत्साह और महत्त्वाकांक्षा में उन्हें समय से पहले बड़ा बनाएँ, न कुण्ठित करें, बल्कि उनकी आतरिक-संवादों की अदायगी में भी एक बनावट होती है। बल उनके स्वाभाविक स्तर और लय पर नहीं, बल्कि तेज उच्चारण पर होता है। संवाद, गति, क्रियाएँ, भाव-प्रदर्शन सब मिलकर नाटक और रंगमंच के अर्थ को किस प्रकार सम्प्रेषित करते हैं, यह सत्य उनके सामने आता ही नहीं।

इस स्थिति से भावी रंगमंच का कोई लाभ होनेवाला नहीं। ये कमियाँ अभी

तक बड़े-छोटों सब में, यानी कितनी ही नाट्य-प्रस्तुतियों में, मिलती हैं। इसलिए प्रशिक्षण और उसके बाद सही निर्देशक के हाथ में बच्चों का पड़ना बहुत जरूरी है-ऐसा निर्देशक भी उन्हें रंगमंच की व्यापक रचना-भूमियों, अर्थ-भूमियों से परिचित कराते हुए उनकी निजी रचनात्मकता, कलात्मकता और कल्पना-शक्ति को उर्वर होकर प्रकट होने का अवसर दें। इसके लिए साहित्यकारों की तरह महत्त्वपूर्ण निर्देशकों का भी बाल रंगमंच से सम्बद्ध होना आवश्यक है, तभी पूरे हिन्दी रंगमंच की जड़ें मजबूत होंगी। बच्चों के काम को बहुत सरलीकृत कर देने की प्रवृत्ति से अब हमें छुटकारा पाना चाहिए।

इतना ही नहीं, स्वस्थ और सम्पूर्ण विकास के लिए बच्चों को खुले जगत में लाना जरूरी है। निश्चित प्रेक्षागृह की बन्द बनावटी दीवारों की सीमा से हटकर अगर बच्चे अपनी प्रस्तुतियाँ जगह बदल-बदल कर करें-कभी खुली छत पर, कभी आँगन में, कभी किसी बड़े हाल में, कभी मैदान में, कभी बरामदे में या चबूतरे पर तो उनकी रचनाशीलता बढ़ेगी, निरर्थक व्यय भी बचेगा और बाल रंगमंच व्यापक जन-समूह से भी जुड़ सकेगा। बच्चों के नाटकों की तैयारी खेल-खेल में, बिना अधिक समय नष्ट किए होनी चाहिए, क्योंकि समय और शक्ति का व्यय न बच्चों के हित में है, न अभिभावक ही उसे पसन्द करते हैं। कम टिकट रखकर अच्छी प्रस्तुतियों की योजना दर्शकों-अभिभावकों सबको आकृष्ट करेगी।

इसी तरह छोटी-बड़ी सभी पत्र-पत्रिकाओं का भी यह दायित्व हो जाता है कि वे बाल नाटकों और बाल रंगमंच की स्थितियों पर विभिन्न सामग्री देती रहें-विशेषकर बाल पत्रिकाएँ और नाट्य-जगत् की बड़ी पत्रिकाएँ इसमें बहुत सहयोग दे सकती हैं। जाहिर है कि बाल विकास के सन्दर्भ में किया गया कोई काम उतना सहज नहीं होता जितना समझ लिया जाता है। रंगमंच तो फिर भी एक ठोस कार्य है जिसकी दिशा में ठोस कदम ही उठाए जाने चाहिए।

बालकों का वर्तमान पाठ्यक्रम और बाल रंगमंच

शिक्षा का मूल अर्थ और उसका लक्ष्य व्यक्ति की अन्तःप्रवृत्तियों को, उसकी प्रसुप्त अविकसित प्रतिभा को विकसित करना, उसे प्रकाशित करना, सजग और जागरूक बनाना होता है। एक विकसित शारीरिक-मानसिक-बौद्धिक व्यक्तित्व को खड़ा करने वाली शिक्षा की ही जीवन में सही उपयोगिता हो सकती है लेकिन वस्तुतः शिक्षा को हमने केवल पढ़ाने, डिग्री दिलाने और नौकरी दिलाने के अर्थ के साथ-साथ उसे एक 'अतिरिक्त महत्त्व' देकर देखा है। इसे कोई नहीं नकारेगा कि हमारी अधिकांश शिक्षा संस्थाएँ बच्चों पर तैयार सामग्री उन्हें रटाने का भार तो भरपूर डालती हैं, लेकिन उनके कलाबोध, सुरुचि, आत्मविश्वास, आत्मनिर्भरता को विकसित करने

के प्रयत्न कम से कम करती हैं। वर्तमान शिक्षा-प्रणाली शरीर और दिमाग दोनों को जड़ करती है। एक तरफ कॉन्वेण्ट और पब्लिक स्कूलों का कृत्रिम आरोपित और सोफिस्टीकेटेड वातावरण है, ग्लैमर है तो दूसरी ओर अत्यन्त अव्यवस्थित, शिथिल और रिक्त-सा वातावरण है। एक विचित्र तरह के आरोपित अनुशासन और लादी गई शिक्षा प्रणाली के बीच जीवन बीतता है। बच्चों में किसी प्रकार का आन्तरिक अनुशासन हम पैदा नहीं करते जो कि भारतीय विचारधारा और जीवन-पद्धति की मूल विशेषता रही है। भय, जड़ता, शिक्षा का अतिरिक्त महत्त्व बाल-जीवन से ही एक असहजता पैदा करता है जबकि शिक्षा एक स्वाभाविक जीवन-क्रम की तरह होनी चाहिए। बड़ों ने पाठ्यक्रम को अधिक से अधिक भारी बनाकर अपना महत्त्व दिखाना चाहा है, बच्चे वहाँ गौण हैं। अभिभावक-शिक्षक सभी बच्चे पर अतिरिक्त भार लादने और भय को जन्म देने में सहायक होते हैं। यह नितान्त असहज और दर्दनाक स्थिति है। बाल रंगमंच हिन्दी रंगमंच की महत्त्वपूर्ण आरम्भिक कड़ी के रूप में तो प्रतिष्ठित होगा ही, वह सांस्कृतिक विकास या चेतना के जागरण के प्रथम चरण के रूप में भी प्रतिष्ठित होगा।

बाल रंगमंच के साथ बहुत बड़ा समूह सम्बद्ध है जिसका अपने-अपने स्थान पर अलग-अलग दायित्व महत्त्वपूर्ण है। शिक्षक, अभिभावक, साहित्यकार, निर्देशक, पत्रकार, सम्पादक आदि मिलकर बाल रंगमंच के विकास और पाठ्यक्रम एवं बाल रंगमंच के अन्दरूनी गहरे रिश्ते को पहचानने, बनाने और विकसित करने में सहयोग दे सकते हैं। इस समय सबसे सक्रिय कदम इसी दिशा में उठना चाहिए कि कॉलेज या विश्वविद्यालय स्तर पर ही नहीं, बच्चों को आरम्भिक शिक्षा से ही रंगमंच को जोड़ा जाए और बचपन की आरम्भिक सीढ़ियों से ही उनकी नाटकीय वृत्तियों और बाल-स्वभाव का पूरा-पूरा उपयोग करके विकास का अवसर दिया जाए।

वर्तमान पाठ्यक्रम बच्चों की कल्पना-शक्ति को जगाता नहीं, कुण्ठित करता है। चूँकि नाटक और रंगमंच विविध कलाओं, विषयों, रुचियों को अपने में समाहित करता है, उसमें वास्तु, मूर्ति, चित्र, संगीत, काव्य सभी कलाएँ आ जाती हैं, उसमें दृश्य और श्रव्य दोनों तत्त्व आ जाते हैं, उसमें शारीरिक अभ्यास, व्यायाम, योग, गति-संचालन भी आ जाता है, उसमें मुखौटा, वेश-भूषा, रूप सज्जा आदि तत्त्व भी आ जाते हैं, इसलिए पाठ्यक्रम को गति देने में इन सभी तत्त्वों से अभूतपूर्व सहायता मिलती है। बच्चे मनोरंजन चाहते हैं और क्रीडा में ही बहुत कुछ सीख भी लेते हैं। रंगमंच के ये सारे पक्ष उन्हें मनोरंजन भी दे सकते हैं और खेल-खेल में उनकी आन्तरिक क्षमता को विकसित और प्रकाशित भी कर सकते हैं। बच्चे स्वभाव से जिज्ञासु होते हैं। उनके अजीबोगरीब अनेक प्रश्नों का उत्तर देने में अभिभावक परेशान हो जाते हैं। दुखद है कि हमारी शिक्षा-पद्धति में इस जिज्ञासु वृत्ति का पूर्णतः दमन

किया जाता है। हम रटाकर ज्यादा पढ़ाते हैं, दिखाकर और कराकर नहीं। बाल रंगमंच बच्चों को कौतूहल वृत्ति को बढ़ाने और सन्तुष्ट करने का बहुत बड़ा आधार हो सकता है। अभी स्कूलों में वार्षिकोत्सव, भ्रमण, पिकनिक, प्रतियोगिताएँ और विशेष अवसरों के कार्यक्रम अलग-अलग होते हैं, वे शिक्षा का या बाल-जीवन या बाल-स्वभाव के विकास का अंग नहीं होते बल्कि एक पूर्व निर्धारित कार्यक्रम की तरह केवल एक कर्तव्य-निर्वाह के लिए होते हैं-बाल-जीवन पर ऐसे अस्थायी कार्यक्रमों का कोई नियमित प्रभाव नहीं पड़ता। बच्चे अनुकरण करने में विशिष्ट होते हैं-हमारा वर्तमान पाठ्यक्रम अनुकरण की इस मौलिक प्रवृत्ति को अस्वीकार करता है जबकि अनुकरण में परीक्षण करने की मौलिकता, स्वाभाविक प्रयास और जीवन्तता आदि चीजें मिली हुई हैं। बच्चे चीजों को तोड़ते-फोड़ते भी हैं और उसी में रचना भी करते हैं। कक्षा एक से ही उनकी इस अनुकरण, जिज्ञासा और रचने की वृत्ति को बाल रंगमंच के सहयोग से प्रोत्साहित किया जाना चाहिए।

आज की शिक्षा बच्चों के चेहरे को सपाट बनाती है और शरीर के अंगों को बहुत सधा-बँधा। एक तरह का कृत्रिम अनुशासन उनके दिमाग में भी घर कर जाता है। बाल रंगमंच में शारीरिक अभ्यास, योग-क्रियाएँ, विभिन्न मुद्राएँ, मुखाकृतियाँ और दिमागी कसरत भी महत्त्वपूर्ण पक्ष है। 'इम्प्रोवाइजेशन' और व्यायाम बाल रंगमंच के बहुत अनिवार्य पक्ष हैं। चूँकि बच्चों का शरीर और दिमाग लचीला होता है, इसलिए उसे सही दिशा में स्वस्थ मोड़ देना भी आसान होता है, बच्चे बड़ों की तुलना में ज्यादा सार्थक ढंग से इम्प्रोवाइजेशन कर सकते हैं। कहानी कहना, कहानी बनाना, कविता-पाठ, कविता लिखना और उस कहानी या कविता को अपनी वाणी, चेहरे के भावों और शरीर की क्रियाओं द्वारा अभिव्यक्ति देना एक अलौकिक आत्मविश्वास बच्चों में पैदा करता है। भाषाएँ और साहित्य पढ़ते समय हमारे स्कूलों में कहानी, कविता या नाटक के पाठ को कोई महत्त्व नहीं दिया जाता जबकि वह पहली शर्त होनी चाहिए, क्योंकि पाठ से, लय और ध्वनि से बहुत कुछ समझा-समझाया जा सकता है।

वस्तुतः बाल रंगमंच को कोई अलग कार्य के रूप में न देखकर उसे बाल शिक्षा-संस्थाओं के अनिवार्य अंग और हिन्दी रंगमंच के व्यापक परिप्रेक्ष्य में देखने की आवश्यकता है। बच्चे अब भी अगर कला के नाम पर कुछ करते हैं तो वह प्रायः फिल्मों की नकल होती है। वही गाने, वही अभिनय-शैली और वही हाव-भाव। क्योंकि उन्हें न बाल-फिल्में मिलती हैं, न बाल-नाटक। दूरदर्शन ने जहाँ बच्चों की चेतनता बढ़ायी है, वहीं 'खास' अनुकरण की ओर भी उन्हें प्रेरित किया है। वे वयस्कों की फिल्में और टी.वी. देखते हैं-उन्हीं का अनुकरण करते हैं। इसलिए बच्चों की स्वस्थ और सहज मानसिकता को, साथ ही अभिभावकों की भी

स्वस्थ दृष्टि और मानसिकता को विकसित करने के लिए बाल रंगमंच श्रेष्ठ माध्यम हो सकता है। यूँ भी शिक्षा का सम्बन्ध कला, संस्कृति, खेलकूद, मनोरंजन सभी से जुड़ना चाहिए। गम्भीरता का भारी लबादा ओढ़कर हम मनोरंजन को भी हेय दृष्टि से देखते हैं और बाल साहित्य, बाल-फिल्म, बाल रंगमंच का भी शिक्षक, अभिभावक और रंगकर्मी के बीच एक सर्जनात्मक सम्बन्ध स्थापित होना जरूरी है जो बिल्कुल नहीं है। बल्कि इस कार्य में बाल-मनोविज्ञान के विशेषज्ञ से भी महत्त्वपूर्ण सहयोग लिया जा सकता है। मनोवैज्ञानिक, रंगकर्मी, शिक्षक और शिक्षा विशेषज्ञ बैठकर ऐसा पाठ्यक्रम तैयार करें जो बाल-जीवन और बाल-शिक्षा की दृष्टि से रचनात्मकता और मौलिकता को प्रोत्साहित करने वाला हो।

बाल रंगमंच के विभिन्न पक्ष बच्चों को विचित्र आत्मनिर्भरता और सजगता देते हैं-सामाजिक दृष्टि, आपसी सम्बन्धों की व्याख्या भी सिखाते हैं। इसके लिए बहुत आवश्यक यह भी है कि बाल रंगमंच से वे ही लोग जुड़ें जो अपनी 'वयस्कता' से पीड़ित नहीं हैं बल्कि बच्चों के साथ बच्चों जैसा होने की सरल मानसिकता रखते हैं। किसी भी रंगकर्मी या अध्यापक के लिए बाल रंगमंच एक व्यवसाय या माध्यम नहीं होना चाहिए न अभिभावकों के लिए वह केवल एक सिरदर्द या समय का नाश। यह स्वस्थ दृष्टि तभी पनप सकती है जब स्कूल में प्रवेश के साथ ही सभी को रंगमंच का अनुभव हो।

बाल रंगमंच की दिशा में सक्रिय संस्थाओं और स्कूलों के शिक्षकों के बीच तालमेल भी अनिवार्य है। स्कूलों की रंगशालाओं या बड़े हॉल का उपयोग करने की छूट बाल-रंगकर्मियों को हो। यह बहुत जरूरी है कि बाल रंगमंच अलग से कोई प्रयोग, कोई नया शब्द, नयी शाखा न हो। जो पक्ष आज की शिक्षा प्रणाली और पाठ्यक्रम को गति प्रदान कर सकते हैं, वे हैं-

1. एक बड़ी भीड़ को कक्षा में न लेकर उसके छोटे-छोटे समूह बनाकर बाल नाट्य-प्रयोग।
2. प्रत्येक बच्चे की योग्यता, प्रतिभा, कमी, जरूरत की पहचान और प्रत्येक बच्चे से आत्मीय सम्पर्क।
3. आदेश के स्थान पर मनोरंजन और खेल द्वारा शिक्षण।
4. नाट्यकलाओं के द्वारा ग्रन्थियों से मुक्ति, शारीरिक-मानसिक क्षमता का अनुभव कराना।
5. अपने और अपने चारों ओर के वातावरण के प्रति सजगता पैदा करना।
6. भावी और वर्तमान जीवन के लिए आत्मविश्वास और आत्मनिर्भरता को स्वतः जन्म लेने देना।
7. संगीत, नृत्य, अभिनय द्वारा सुरुचि, संवेदनशीलता, कलात्मकता और सुसंस्कृत वातावरण को जन्म देना।

8. रंगमंच से जुड़ी सभी कलाओं का बच्चों की मौलिकता और रचनाशीलता को विकसित करने में प्राथमिक महत्त्व होना।

चूँकि इस समय शिक्षा-नीति में परिवर्तन की बात कही जा रही है, अतः सबसे पहला प्रयास सम्पूर्ण बाल-शिक्षा को भारतीय जीवन-दृष्टि, भारतीय विचारधारा से जोड़कर उसके और पाठ्यक्रम के स्वरूप का पुनर्निमाण किया जाए। यह विदेशी चश्मे से बनी शिक्षा पद्धति और लादी गई प्रणाली स्वतन्त्र व्यक्तित्व और दृष्टि को बनने ही नहीं देती बल्कि खण्डित करती है और अपरिपक्व विचारों की लम्बी अन्तहीन शृंखला को जन्म देती है। इस परितर्वन की दृष्टि से निश्चय ही प्रत्येक शिक्षा-संस्था को योग और बाल रंगमंच को अनिवार्य अंग के रूप में स्वीकार कर लेना चाहिए। दोनों ही शारीरिक और मानसिक विकास का बहुत बड़ा आधार हो सकते हैं। यह हमारी ही जड़ता है कि हम अँग्रेजी के माध्यम से बच्चों को भारतीय पौराणिक गाथाएँ, महापुरुषों और विशिष्ट चरित्रों की गाथाएँ पढ़ाते हैं। क्या रामा, अशोका, बुद्धा से किसी भारतीय का कोई तादात्म्य हो सकता है? और क्या 'गॉड' के बारे में सुन-पढ़कर कोई आराधना की मनःस्थिति पैदा हो सकती है? एक अधूरापन, अधकचरापन तो हम उन्हें बचपन से ही दे देते हैं। बाल, रंगमंच भारतीय परम्परा और संस्कार से जोड़ने का भी अनोखा काम कर सकता है। इसलिए बाल-शिक्षा से बाल रंगमंच का किसी वैकल्पिक विषय के रूप में नहीं बल्कि अनिवार्य विषय के रूप में सम्बन्ध जुड़ना चाहिए। इस स्वस्थ कदम को उठाने का यह सही समय है।

1978-79 में राष्ट्रीय नाट्य विद्यालय ने विद्यालय परिसर में सुषमा सेठ के निर्देशन में प्रथम बालरंग शिविर का शुभारम्भ किया था। तब से रा. ना. वि. लगातार हर वर्ष ग्रीष्मावकाश होने पर बाल रंग शिविर का आयोजन करता है जिसके परिणाम बहुत रचनात्मक रहे हैं। 79 में ही हिन्दी बाल रंगमंच में 'उमंग' संस्था का उदय हुआ। श्रीमती रेखा जैन के निर्देशन में यह संस्था अपनी सक्रियता और सर्जनात्मकता में देशव्यापी स्तर पर प्रतिष्ठित है। रेखा जैन ने यह एक ऐसा नाट्यमंच बनाया जो बच्चों में छिपी अभिनय-प्रतिभा को विकसित करती है, उन्हें चित्रकारी, मंच-सज्जा आदि के प्रशिक्षण द्वारा वर्ग-भेद और सामाजिक, धार्मिक संकीर्ण विचारों से मुक्त करती है। 'उमंग' संस्था भी प्रतिवर्ष गर्मी की छुट्टियों में और उसके अतिरिक्त भी बराबर बाल रंगमंच की दिशा में सक्रिय है। रेखा जैन न केवल निर्देशक हैं, बाल नाटककार भी हैं। उनके स्वरचित नाटक 'खेल खिलौने का संसार', 'अनोखा वरदान', 'दीवाली के पटाखे', 'अप्पू', 'बहादुर चुन्नू', 'अनोखी दुनिया' 'थप्प रोटी थप्प दाल', 'पुस्तकराज', 'स्वाधीनता संग्राम', 'सा रे गा मा ताक धिना धिन', 'कौन बड़ा कौन छोटा' आदि अनेक प्रकार से बालस्वभाव और बालमनोवृत्तियों, रुचियों

को पकड़ने और बच्चों की ही भाषा में व्यक्त करनेवाले नाटक हैं। निर्देशिका रेखा जैन की मुख्य कोशिश बच्चों के कौतूहल, क्रियाओं, नृत्य की लय, संगीत, चित्रकला को उन्हीं की आयु और जिज्ञासाओं के अनुसार आकार देना है। मुखौटे बनाना, अपने निमन्त्रण कार्ड्स स्वयं बनाना, अपने रंगमंच का सम्पूर्ण कार्य करना प्रशिक्षण का एक जरूरी हिस्सा है। इस दृष्टि से 'उमंग' बराबर महत्त्वपूर्ण कार्यशालाओं का आयोजन करती रहती है और विशिष्ट बाल नाट्य-समारोहों में भाग लेती रही है। 'उमंग' ने अन्य नाटककारों में लक्ष्मीनारायण लाल, उमेश कौशिक, हरीश वर्मा, सत्यजित राय, कुदसिया जैदी आदि की रचनाओं का भी रेखा जैन और हरीश वर्मा, उमेश कौशिक के निर्देशन में प्रस्तुतीकरण किया है। कारन्त जी ने भी न केवल नाटकों में संगीत-रचना की बल्कि 'किन्नर जोगी' का निर्देशन भी किया। बच्चों से अनेक प्रकार की क्रियाएँ कराना, बिना शब्दों के आवाजों का खेल कराना और बच्चों के कण्ठ से अनेक तरह की आवाजें निकलवाना जीवन से जुड़ी, प्रकृति के पशु-पक्षियों से जुड़ी आवाजें आदि ऐसे बहुत सारे अभिनय-कार्य थे जो बच्चों के लिए ही हो सकते थे। बच्चों की उत्सुकता का वह भरपूर उपयोग करते थे। 'किन्नर जोगी' नाटक को उन्होंने संगीत के साथ कराया। नाट्य संगीत के विशेषज्ञ थे ही। पर बाल विनोद के अनुसार ही संगीत रचते थे-इस संगीत में ध्वनियाँ तरह-तरह की ध्वनियाँ लय, ताल पैदा करती थीं। 'उमंग' की सृजन-यात्रा वस्तुतः रेखा जैन की सहज-स्वाभाविक, उन्मुक्त कल्पनाओं का ऐसा रूप है जो बच्चों के आत्मविश्वास में उनकी अपनी कल्पनाशीलता में, उड़ान और लय में विकास लाता है। परिणामस्वरूप अन्य नाट्यसंस्थाएँ ग्रीष्मावकाश में बाल रंगमंच की ओर सक्रिय हुईं। पहले दिल्ली में बालभवन नाटक, नृत्य, संगीत, चित्रकला, मूर्तिकला आदि की कक्षाएँ बच्चों के लिए ग्रीष्म-कालीन कक्षाएँ चलाता था। बाद में बहुत अन्तर आता गया। इधर रेखा जैन ने 'सा रे ग म ताक धिना धिन' नाटक के द्वारा बच्चों को स्वर, ताल, अनेक शैलियों का विस्तार देना चाहा है।

भारतीय रंगमंच के प्रख्यात निर्देशक स्व. ब. व. कारन्त इधर कई वर्षों से बच्चों के रंगकर्म से गहरे जुड़े हुए थे। विशेष रूप से दिल्ली की शिक्षण संस्थाओं में रंगमंच की कार्यशालाओं और प्रशिक्षण का कार्य, बच्चों द्वारा मंचनों का सिलसिला कारन्त जी के साथ बराबर चल रहा था। कारन्त जी अन्य नगरों और प्रदेशों में भी बच्चों के साथ रंगकर्म कर रहे थे। बच्चों के साथ बच्चों जैसी सरलता और सहजता से वह नाटक बना लेते थे जो उनके प्रशिक्षण का महत्त्वपूर्ण हिस्सा था। यह मानते हैं कि वहाँ पर बच्चों को तैयार करना नहीं, अपने को तैयार करना होता है। छोटे बच्चों को सिखाते हैं तो हम उससे ज्यादा सीखते हैं। वर्तमान समय में एक प्रकार की जागरूकता आने से और कुछ शौकिया हिन्दी रंगमंच में रंगमंच-सम्बन्धी संकट

और संघर्ष की स्थितियाँ आने से भी रंगकर्मी बाल रंगमंच की ओर झुके हैं। यह एक रचनात्मक स्थिति है। देश के कई भागों में ग्रीष्मावकाश में अथवा बीच-बीच में भी कुछ समय लगातार कार्यशाला, अभ्यास, प्रस्तुतीकरण द्वारा बच्चों के साथ रचनात्मक रंगकर्म होता है। बंगाल, गुजरात, महाराष्ट्र, बिहार, दिल्ली में बाल रंगमंच समृद्ध परम्परा के साथ सक्रिय है। स्वयं उत्तर प्रदेश में गोरखपुर, लखनऊ, इलाहाबाद आदि केन्द्रीय स्थल हैं। शरद नागर, बन्धु कुशावर्ती, श्यामा जैन ने लखनऊ में बाल रंगमंच के क्षेत्र में ठोस कार्य किया-शिविर, बालरंग पत्रिका, लेखन, मंचन की दृष्टि से गोरखपुर की 'समानान्तर' बाल रंगमंच संस्था ने 'नीला घोड़ा', 'खेल खिलौनों का संसार', 'ईदगाह' द्वारा बाल रंगमंच की गम्भीरता रचनाशीलता को विकसित किया। 'रूपान्तर' नाट्यमंच के कलाकार 'लबड़ घोंघों', 'लाख की नाक', 'पसीना पसीना', 'शेख चिल्ली', 'ठग-ठगे गये', 'काबुली वाला' लेकर जगह-जगह गये। 'समानान्तर' में अपराजिता श्रीवास्तव और अन्विता श्रीवास्तव ने गम्भीर रंगकार्य किया। कई वर्षों से स्वयं गोरखपुर में 'रूपान्तर' नाट्यमंच और रा. ना. वि. दिल्ली की बच्चों की कार्यशाला (1983 में 88 बच्चों के साथ डेढ़ माह) के बाद इधर कई उत्साही युवा रंगकर्मी इस दिशा में कार्य कर रहे हैं। गर्मियों की छुट्टियों में किसलय बालमंच, बालस्वर संस्थान और अन्य मंच भी बच्चों के साथ प्रशिक्षण और मंचन में सक्रिय रहते हैं। कुछ अन्य कलाकार व्यक्तिगत स्तर पर भी बाल रंगमंच में आगे आते हैं। अपेक्षा केवल इस बात की है कि बाल रंगमंच के प्रति और अधिक जागरूकता, अध्ययन और प्रशिक्षण हो।

समय-समय पर उत्कृष्ट, गम्भीर नाट्य प्रशिक्षण शिविरों के आयोजनों से बाल रंगमंच को और अधिक सर्जनात्मक बनाने की अपेक्षा है बजाय अपरिपक्व कार्यशालाओं के। उदाहरणार्थ कुछ समय पूर्व मध्य प्रदेश में सरगुजा जिले में 'विन्यास' मंच, अम्बिकापुर द्वारा अन्य संस्थानों के सहयोग से चालीस दिवसीय नाट्य प्रशिक्षण शिविर के बाद अलखनन्दन द्वारा निर्देशित तीन नाटकों का मंचन किया गया। भारतेन्दु का 'अन्धेर नगरी', सर्वेश्वर का 'लाख की नाक' और तीसरा पु. ल. देशपाण्डे की मराठी कृति के अनुवाद 'भये प्रकट कृपाला दीन दयाला'। ये सभी संगीतमय, हास्य, मनोरंजन और समकालीन सन्दर्भों को बच्चों के स्वभाव के अनुरूप मास एप्रोच के साथ पहुँचनेवाली लचीली प्रस्तुतियाँ थीं। हालाँकि रेखा जैन मानती हैं कि बच्चों से इम्प्रोवाइज कराकर ही नाटक लिखे जाएँ। वे स्वयं भी यही प्रयोग करती हैं और लय, खेल, तालियाँ, आशु अभिनय को प्रधानता देती हैं। नृत्य को भी प्रधानता दी पर बाद में उन्हें अनुभव हुआ कि 'संवादों के बिना हम बच्चों को थियेटर की सही ट्रेनिंग नहीं दे सकते हैं।'

ज्यादातर वे नाटक जो ऐतिहासिक-पौराणिक चरित्रों या कथानक पर रचित

हैं उनसे बच्चे जुड़ नहीं पाते। कारन्त जी भी यही मानते थे कि नाटक एक स्क्रिप्ट नहीं, ड्राफ्ट है। कवि नाटककार सर्वेश्वर का भी यही कहना था कि बड़ों के तर्क से बच्चों का नाटक नहीं लिखा जा सकता। 'यदि आप बच्चों के साथ खेल नहीं सकते तो बच्चों के लिए लिख नहीं सकते। बच्चों के लिए नाटक लिखते समय बहुत बड़ी दुनिया बड़ी सम्भावनाओं के साथ आपके सामने खुलती है।... बच्चों को यथार्थवादी रंगमंच की जरूरत नहीं है। वह एक तिनके से बहुत बड़ी कल्पना कर सकता है।' इस सोच और रचनाशक्ति के साथ शान्ता गाँधी, सई परांजपे, प्राग जी डोसा, बन्धु कुशावर्ती, पंकज सक्सेना आदि सबने बच्चों का रंगमंच किया। इधर मूक, बधिर, विकलांग बच्चों के साथ भी रंगकर्म हो रहा है। मध्य-प्रदेश भोपाल में चिल्ड्रेन्स थियेटर अकादमी ने महत्त्वपूर्ण लेखकों द्वारा रचित बालनाटकों, कविताओं, नृत्य-नाटिकाओं के साथ एक लम्बी प्रस्तुति-यात्रा तो की ही है, मूक-बधिर बच्चों के साथ काम करते हुए एक नयी, मौलिक रंगभाषा भी गढ़ी है। देह भाषा इसमें कारगर होती है-वे बच्चे संगीतमयी प्रस्तुति करने में सक्षम होते हैं। इस संस्था ने और देश की अन्य संस्थाओं ने भी झुग्गी झोंपड़ी के बच्चों के साथ, अनाथ, नेत्रहीन, विकलांग बच्चों के साथ बाल रंगकर्म होता है-यह एक शुभ दिशा है क्योंकि उसके परिणाम भी अच्छे नजर आये हैं। राष्ट्रीय स्तर पर दिल्ली में आयोजित चिल्ड्रेन थियेटर फेस्टिवल और भोपाल में जवाहर लाल भवन द्वारा बाल नाट्य समारोहों के आयोजन नाट्यलेखन, प्रशिक्षण, प्रस्तुतीकरण की दृष्टि से महत्त्वपूर्ण कार्य कर रहे हैं। 89 में स्थापित रा. ना. वि., दिल्ली में 'थियेटर इन एज्यूकेशन' रंगमण्डल अच्छी, स्वस्थ रचनात्मक अवधारणा से बाल रंगमंच और शिक्षा को निकट ला रही है। प्रख्यात निर्देशक हबीब तनवीर भी बच्चों के रंगमंच पर बहुत गम्भीरता से सोचते हैं और करते हैं। उनका नाटक 'गदहे' उर्दू नाटक चिल्ड्रेन टाउन थियेटर में खेला गया। एलिजाबेथ गोवा स्कूल के बच्चों ने इसे सबसे पहले 1953 में एक कर्जन रोड के खुले पार्क में खेला था जिसमें प्रधानमन्त्री भी थे। प्रधानमन्त्री के दो नातियों ने इस नाटक में भाग लिया था। यह नाटक भी निर्देशक और बच्चों के सम्मिलित रचनात्मक प्रयास का परिणाम था।

पहले की तुलना में आज यह अन्तर अवश्य आया है कि पहले बाल रंगमंच हिन्दी रंगमंच का ही एक अंग था। आज उसकी स्वतन्त्र सत्ता है, चिन्ताएँ हैं। बच्चों के लिए बच्चों का रंगमंच, बच्चों की भाषा में आज का स्वर है, न कि महापुरुषों की कथाएँ, लोककथाएँ, परम्परागत कथाएँ। बच्चे की जरूरतें, उसकी कल्पना, उसके इम्प्रवोवाइजेशन से नाटक रच रहे हैं। इस प्रक्रिया में बच्चे ज्यादा, स्वतन्त्रता, लगाव और अपनापन महसूस करते हैं। पिछले बीस-पच्चीस वर्षों में बाल रंगमंच में न 'नाटककार' केन्द्र में रह गया है, न निर्देशक, आज बच्चे ही केन्द्र में हैं। उन्हें रटा

हुआ नाटक नहीं करना पड़ रहा है, उनकी अपनी इच्छानुसार नाटक हो रहा है। पिछले पाँच- छः वर्षों से स्कूलों में लगातार थियेटर हो रहा है। इसे दिल्ली से बाहर और अधिक विस्तार देना चाहिए और अधिक से अधिक शिक्षकों को प्रशिक्षित करना चाहिए। यह शुभ संकेत है कि अब विभिन्न विशेषज्ञों, निर्देशकों पर, उनकी निर्देशन-प्रक्रिया पर पुस्तकें आ गयी हैं। यह कार्य वर्षों पहले हो जाना चाहिए था। बाल रंगमंच की दृष्टि से रेखा जैन पर पुस्तक और अन्य निर्देशकों पर पुस्तकों और लेखों से कम से कम सजगता, दृष्टि सम्पन्नता तो आ सकती है। समय-समय पर पत्रिकाओं के बाल रंगमंच विशेषांक भी निकले हैं उदाहरणार्थ 'नटरंग', 'छायानट', 'रंगसंवाद' पत्रिकाओं के बाल रंगमंच विशेषांक। लेकिन शायद ही रंगकर्मी इन विशेषांकों के सम्पर्क में आते हों, शिक्षकों की तो बात ही अलग है। दिल्ली प्रशासन के अधीन साहित्य कला परिषद, उर्दू अकादमी, पंजाबी अकादमी आदि संस्थाओं द्वारा भी बाल रंग शिविर आयोजित हो रहे हैं और बच्चों के अभिभावक ज्यादा रुचि ले रहे है क्योंकि उन्हें अवकाश का एक सार्थक आधार मिल रहा है जो निश्चय ही बच्चों के व्यक्तित्व-विकास और उनके भविष्य निर्माण की एक कड़ी के रूप में आज देखा जाने लगा है। यह प्रसन्नता की बात है कि रा. ना. वि. के पाठ्यक्रम में बाल रंगमंच एक स्वतन्त्र विशेज्ञता के रूप में जुड़ रहा है ताकि ये विशेषज्ञ बच्चों के स्कूलों में नियमित कार्य कर सकें क्योंकि दिल्ली से बाहर बालरंगमंच का शिक्षा के साथ विधिवत् ज्ञान और प्रशिक्षण अनिवार्य है। आज विभिन्न प्रदेशों में-उत्तर प्रदेश, राजस्थान, मध्य प्रदेश, पंजाब आदि में फैले हुए बाल रंगमंच का स्वरूप आशा जगाता है। रंगमंच की इस सजगता और संवेदना से बाल नाटकों में आरोपित बड़प्पन की जगह रोचकता, सादगी, संगीत, नृत्य, खेल-खेल में नाटक, लय, कल्पना को अधिक विस्तार दिया गया है। परी कथाओं, दैवी घटनाओं, ऐतिहासिक कथाओं और राजा-रानी उपदेश से हटकर अब आज की बातों को बालमनोवृत्ति के अनुसार ढालने का कौशल नाटककारों-निर्देशकों ने अधिक दिखाया है।

11

एकल अभिनय

एकल अभिनय की अवधारणा हमारी अत्यन्त प्राचीन भारतीय परस्परा के इस सत्य पर आधारित है कि नाटक और रंगमंच के केन्द्र में अभिनेता है। संस्कृत नाट्यपरम्परा में, हमारी लोकनाट्य परम्परा में, हिन्दी के नाटकों और रंगमंच में, भारतीय भाषाओं की नाट्यपरम्परा में एकल अभिनय के सूत्र मिलते हैं। अभिनेता ही अपनी सशरीर उपस्थिति से, शरीर की ,भाषा, इंगितों-हरकतों से, अपने मन-मस्तिष्क की बनती-बदलती-सृजित होती भाव तरंगों से, कण्ठ-स्वर की मौलिकता से, गतियों और क्रियाओं से, अनेक मुद्राओं और सूक्ष्म संकेतों से लगातार दर्शकों से जो प्रत्यक्ष संवाद करता है, वह उसकी जीवन्त उपस्थिति है। नाटक की दिव्य उत्पत्ति के आधार पर वेदों से, वेदों की ऋचाओं में विशेष कर ऋग्वेद के कई सूक्तों में संवाद और नाटकीय तत्त्व आते हैं-यम और यमी संवाद, पुरुरवा और उर्वशी संवाद, इन्द्र और भरत संवाद आदि। मैक्समूलर और प्रो. सिलवा लेवी, डॉ. हर्टेल, डॉ. विब्डिश, पिशेल ने भारतीय नाट्य के आदि स्रोत इन ऋचाओं के गान को माना है। एक पक्ष से एक गायक ऋचाओं का ऋत्विक गान करता था, दूसरी ओर से दूसरा कही हुई ऋचाओं का गान। यजुर्वेद का 'नृत्ताय सूतं गीताय शैलूषं' मन्त्र शैलूष जाति के अस्तित्व का और अभिनय का परिचय देता है क्योंकि महीधर ने 'शैलूष नटम्' कहकर इस बात की ओर स्पष्ट संकेत किया है कि शैलूष अभिनेता ही थे। नट विधिवत शिक्षित होते थे। उन्हें अभिनय की पूर्ण शिक्षा देने के लिए 'शौमिक' (शिक्षक) नियुक्त होते थे। 'शिलालि' और 'कृशाश्व' दो प्रमुख आचार्यों के नाम हैं जिनका उल्लेख पाणिनि और पतंजलि ने किया है। वैसे तो वाल्मीकि रामायण में भी अनेक स्थलों पर नट, नर्तक, गायक, रंगशाला, संवादों के अभिनय का वर्णन मिलता है। राम के राज्याभिषेक के समय 'नटों, नर्तकों और गायकों के कर्ण सुखद वचनों को जनता सुन रही थी।' राम को सीता की करुण गाथा सुनानेवाले कुश और लव के सम्बन्ध में भी विद्वानों की धारणा है कि वे कुशीलव नट ही थे। कुशीलव नटों का प्रयोग संस्कृत नाटकों में उपलब्ध

होता है। अयोध्याकाण्ड के प्रथम सर्ग में स्वयं राम एक नाटक पढ़ते हैं जो मिश्रित भाषा में रचित हैं। अगर हम मूकाभिनय पर ध्यान दें या भरतनाट्यम् नृत्य पर तो वह एकल अभिनय का ही रूप है। हमारी परम्पराएँ पूर्णतः प्रशिक्षित, साधक, सुसंस्कृत अभिनेता से जुड़ी हुई हैं। नट शब्द की व्याख्या करते हुए प्रसिद्ध भाष्यकार श्रीधर स्वामी कहते हैं–'नवरसाभिनयचतुर' अर्थात् नट नव रसों के अभिनय में चतुर होता था। इससे यह तो स्पष्ट होता ही है कि अभिनेता द्वारा, नट द्वारा गायन, वाचन बहुत लोकप्रिय था और उत्सवों पर या जन-रंजन के लिए नट कभी एकल गायन-वाचन करते थे, कभी युगल। उसकी नाटकीय और मौखिक परम्परा हमारे यहाँ थी। भरतमुनि का नाट्यशास्त्र भी आमोद-प्रमोद के विभिन्न अवसरों पर नट, सूत, मागध आदि के नृत्य-नाट्य की अनुशंसा करता है। महाभारत में इन सबके साथ 'ग्रन्थिक' का भी उल्लेख आया है। ग्रन्थिक का कार्य ग्रन्थ से पुराकथा का पाठ करते हुए उसे गायन और अभिनय द्वारा प्रस्तुत करना होता था। वे किसी भी विशेष उत्सव के अवसर पर राजसभा अथवा जनसमाज के बीच दिखाई पड़ते थे।

प्राचीन संस्कृत नाट्य परम्परा में धनंजय 'दशरूपक' में रूपकों का भेद करते हुए भाण के लक्षण बताते हैं। भाण एकपात्रीय ही होता है। दर्शकों को हँसाना इसका उद्देश्य होता है। यह मत भी है कि भाण साधारण लोगों के लिए ही होता है। दशरूपकों में भाण के ही समान एक अन्य रूपक 'वीथी' होता है जिसका अर्थ है मार्ग या पंक्ति। यह भी भाण की तरह एकांकी और एकपात्रीय होता है। हास्य-व्यंग्य, हास-परिहास, प्रेम इसके अंग हैं। 'मालविका' नामक रचना इसका सुन्दर उदाहरण है। 'वीथी' की तुलना में भाण बहुत लोकप्रिय हुआ। इसके अनेक मनोरंजक उदाहरण मिलते हैं। विशेष रूप से हिन्दी नाटककार भारतेन्दु हरिश्चन्द्र 'विषस्य विषमौषधम्' भाण के रूप में ही लिखा जो अत्यन्त रोचक है। भारतेन्दु नाट्यसंध्या का आयोजन करते समय बीस-पच्चीस वर्ष पहले मैंने इसका अभिनय कराया था–अभिनेता के. सी. पाल के द्वारा। भारतेन्दु की मस्त सैलानी प्रवृत्ति, उनका चुटीलापन, हाज़िरजवाबी, जिन्दादिली इसमें गजब की है। वैसे भी भारतेन्दु संस्कृत नाट्यपरम्परा से बहुत कुछ लेते हुए भी पुरानी रूढ़ियों को तोड़ रहे थे और हिन्दी की प्रकृति के अनुरूप पुराने रूपों को सजीवता भी प्रदान कर रहे थे। संस्कृत के भाण में एक ही अंक होता है और नट स्वयं सब कथा कहता है। इसका उद्देश्य हँसी, भाषा उत्तम और बीच-बीच में संगीत भी होता है। भारतेन्दु ने दोहा, छप्पय आदि कुछ छन्द लिये हैं, संगीत नहीं लिया है लेकिन खेल, कौतुक, दिल्लगी, तमाशा, वाक्चातुरी को भरपूर अवसर दिए हैं जिससे अभिनेता और दर्शक दोनों के लिए यह रचना आकर्षक, व्यंजक बन सके। 'विषस्य विषमौषधम्' में लम्बी कथा है और उसे एक ही पात्र से कराना, साथ ही रोचकता को कायम रखना बहुत जटिल काम है। भारतेन्दु हरिश्चन्द्र ने

आकाशभाषित, श्लोकों, चुटकुलों से, कहावतों और मुहावरों के मनोरंजक प्रयोगों से, छेड़खानी से, व्यंग्य और हास्य से, स्त्रियों पर अनेक पदों से, अनेक युक्तियों से भण्डाचार्य द्वारा पूरा कथानक कहलवाया है। अपने देश की सामन्तवादी प्रवृत्ति, अशक्तता, आलस्य, मदान्धता, उदासीनता के साथ यह नाटक ब्रिटिश शासन की स्वार्थपरता, कुचक्रों की बेहद खरी और सार्थक आलोचना है। इसमें अधिक विस्तार के कारण एक सटीक, चुस्त, प्रदर्शन-आलेख अवश्य बनाने की आवश्यकता होती है। भारतीय चारित्रिक दुर्बलताओं का उपहास भारतेन्दु ने जिस रचना कौशल से भण्डाचार्य से उड़वाया है, और उसमें हिन्दी भाषा, उसकी बोलियों की चपलता, लय, परम्पराओं और आधुनिकता दोनों से जुड़े 'खिलवाड़' को जिस तरह रचा है, वह बहुत आनन्ददायक भी है और स्फूर्तिदायक भी। आश्चर्य है कि एकल अभिनय के इस आलेख पर कम ध्यान क्यों गया?

एकल अभिनय हमारी लोकनाट्य परम्पराओं से भी जुड़ा हुआ है। मध्यप्रदेश, उत्तर भारत से लेकर दक्षिण भारत तक कथावाचन और गायन के रूप में हम एकल की यह परम्परा पाते हैं। मध्यप्रदेश की पाण्डवानी शैली को तीजनबाई ने अपने ओजस्वी, प्रखर गायन से, कण्ठ की निजी मौलिकता से, आज के सन्दर्भ में महत्त्वपूर्ण बनाया। जैसे पाण्डवानी शैली उसी का पर्याय हो गयी। बुन्देलखण्ड की वर्षों से चली आती हुई आल्हा-ऊदल की कथावाचन और गायन शैली भी इस माने में शाश्वत और अत्यन्त लोकप्रिय है। उत्तर भारत में पूर्वांचल क्षेत्र की दो चीजें बहुत प्रसिद्ध हैं-एक चंगेर धुन जिसमें दो कथावाचक इस वाद्य पर धुन बजाते हुए कथा-वाचन करते हैं। दूसरी फरुआई है जिसमें एक पात्र नगाड़ा बजाता है, दूसरा घुंघरू बँधे पैरों से थाप देता हुआ कथा गाता है, वाचन करता है? इस प्रकार की परम्पराएँ गुजरात की आख्यान शैली और दक्षिण में केरल में कुत्तू नाम से एकल अभिनय की परम्परा। गोरखपुर में वर्षों पहले उ.प्र. सं. ना. अकादमी की ओर से भवानी शंकर शुक्ल जी कुडियाट्टम्, लेकर आये थे। 'द्रौपदी चीर हरण' को उन्हीं की भाषा में कुडियाट्टम् शैली में देखना आज भी नहीं भूली। तभी 'कुत्तू' भी देखने का अवसर मिला था? अभिनय की वह ऊर्जा और स्फूर्ति, वह उन्मुक्तता, सहजता अविस्मरणीय है। वैसे भाण का लोकरूप भी भाँड और भड़ैती के रूप में चर्चित और प्रचलित है। एकल को हम नक्काल या बहुरूपिए में भी विकसित होते देख सकते हैं। इनमें कोई नाट्यालेख नहीं होता 'भाण' की तरह लेकिन अभिनेता स्वयं ही उसे बनाते, तात्कालिक सूझ-बूझ के साथ अभिनीत करते रहते हैं। परम्परागत रूप में एकल अभिनय में रंगमंच के दूसरे कलात्मक तत्त्व महत्त्वपूर्ण नहीं रहे हैं। पश्चिम में यूनान में थेप्सिस नाम का यायावर अभिनेता था। वह मुखौटे पहनकर जगह-जगह घूम-घूमकर अपनी अभिनय कला का प्रदर्शन चौराहों, मन्दिरों के सामने करता था जिससे

वह अनेक चरित्रों को सजीव करता था। हमारे यहाँ आजकल फिल्म अभिनेता पेण्टल नवरसों का अकेले अभिनय करता है। नवरसों का भाव-प्रदर्शन रंगमंच का विस्तार है।

कभी-कभी कुछ महत्त्वपूर्ण नाटककारों ने भी अपने मूल नाटक के भीतर अनायास ही ऐसे रचनात्मक प्रयोग किये जो एकल अभिनय का आधार बने। संस्कृत नाटकों में इस प्रकार के प्रयोग बहुत मिलते हैं। कालिदास के 'विक्रमोर्वशीयम्' नाटक का चौथा अंक तो निर्देशकों और अभिनेताओं की कल्पना-शक्ति, अभिनय-कला और सृजनधर्मी चेतना को निरन्तर प्रेरित करता रहा है। इस अंक में नायक पुरुरवा के विरही मन का लम्बा आत्मालाप है जिस पर के. एन. पनिक्कर, रतन थियम जैसे समर्थ निर्देशकों ने अपनी-अपनी दृष्टि से एक स्वतन्त्र प्रस्तुति को आकार भी दिया। शूद्रक के 'मृच्छकटिकम्' में भी ऐसा स्थल है। इस दृष्टि से देखें तो प्रसाद के विदूषक न केवल एकल अभिनय का आधार बनते हैं, हमारी भारतीय परम्परा में विदूषक की तस्वीर और प्रसाद की निजी मौलिकता को भी उद्घाटित करते हैं। यह बहुत रोचक विषय है। मैंने प्रसाद के विदूषकों-मुद्गल, वसन्तक को अभिनीत करके वर्तमान सन्दर्भों में उनके विदूषकत्व को ढालने का प्रयास किया था। वैसे आधुनिक संवेदना, प्रयोग एवं मौलिकता की दृष्टि से उदयशंकर भट्ट का 'अन्तःर्मन्थनः तीन चित्र' समकालीन अर्थ में प्रासंगिक, अभिनेय नाट्य काव्य है। कैकेयी, रावण, वैदेही इन चार पात्रों को चुनकर भट्ट जी ने चारों के आत्मालाप अलग-अलग रचे हैं जो आंतरिक द्वन्द्व और मन्थन के चार लघु काव्य भी हैं, एक संश्लिष्ट लम्बी कविता भी और अपने में समग्र नाट्य भी। एकल अभिनय की विलक्षण सम्भावनाएँ इसमें हैं-विशेषकर 'रावण' में उसका अहंकारी, उद्धत, उग्र स्वभाव और क्रोध मुख्य है। वहाँ छन्द-परिवर्तन, द्रुत लय, आकस्मिकता, ध्वनात्मक वैविध्य, आत्मपरिचय, लोक और शास्त्रीय विधान का, अभिनय के चारों प्रकारों का इतना सुन्दर स्वरूप और नाट्यशास्त्र में वर्णित सिर, नेत्र, हस्त आदि अंगों उपांगों की प्रत्यक्ष अनुभूति चकित कर देती है। इस प्रकार की रचनाओं को निकाला जाना चाहिए। ये तो स्वतन्त्र रचनाएँ हैं जो कविता के मंचन और एकल अभिनय दोनों के लिए महत्त्वपूर्ण हैं। कुछ नाटकों में ऐसे चरित्र या उनके स्वगत या उनका पूरा दृश्यविधान भी है जो मूल नाटक के कथ्य संघर्ष, कथानक के मोड़ों का नाट्य-संरचना का पात्र विशेष के व्यक्तित्व और मनःस्थिति का बड़ा सशक्त अंश है जिसमें एकल अभिनय के वैविध्य और वैचित्र्य की अनेक विषम लयों की समूची सम्भावनाएँ हैं। उदाहरणार्थ गिरिराज किशोर के नाटक 'प्रजा ही रहने दो' में शकुनि का रोमांचक आत्मालाप जो सारे द्यूत-प्रसंग बल्कि क्रीड़ा के उत्तेजनापूर्ण आवेग, द्रौपदी चीरहरण के मार्मिक प्रसंग और शकुनि के चरित्र को नहीं, सभा में बैठे सभी महानुभावों के मुखौटों को

खोलता चलता है। समर्थ अभिनेता के लिए यह एक चुनौती भी है। इसी प्रकार प्रभाकर श्रोत्रिय के 'इला' नाटक में वनदृश्य का लम्ब. एकालाप अपने में पूरी साक्षात कविता है और एकल अभिनय की परिकल्पना का उदाहरण भी कालिदास के 'विक्रमोर्वशीयम्' के एकालाप की तरह दृश्य भी रूप, रस, गन्ध की मूर्तता के साथ रंगमंच की नवीन दृश्यानुभूति और अभिनय की अभिनय-कला को उत्प्रेरित करता है। भरतनाट्यम् की मुद्राओं के साथ पद-गति, भाव, लय, संगीत, देह-परिवर्तन की सारी प्रक्रिया कलात्मक और गत्यात्मक है। यह वनदृश्य हमें 'अभिज्ञान शाकुन्तलम्' के भावात्मक, काव्यात्मक सौन्यर्दबोध और नाट्यात्मक वातावरण में ले जाता है। भाषा और मंच के धरातल पर नाटककार 'प्रकृति के संगीत' का एहसास करा देता है और देह परिवर्तन एवं हृदय की कोमलता को भी उस प्रकृति से जोड़कर दर्शकों को सम्प्रेषित ही नहीं करता, अपने साथ एकाग्र करता चला जाता है। नाट्य, नृत्य, संगीत, काव्य, लोक और शास्त्र के रूप एक साथ इस दृश्य में खुलते चले जाते हैं।

बहुत समय से मेरी कल्पना में मोहन राकेश के नाटकों के नारी पात्रों को एक साथ लेकर एक प्रदर्शन-आलेख तैयार करने और मंचित करने की इच्छा गूँज रही थी। दो-तीन वर्ष दिलदिमाग में उसकी प्रक्रिया कहीं काम करती रही-मल्लिका, सुन्दरी, सावित्री! तीनों को नये परिप्रेक्ष्य में देखने और एक नायिका की परिकल्पना करके, उनका एकल अभिनय कराने की। 'आषाढ़ का एक दिन', 'लहरों के राजहंस' 'आधे अधूरे' को एक साथ देखने का यह नया अनुभव सिद्ध हुआ जिसके आलेख, निर्देशन, दृश्यांकन, अभिनय, कथा-परिवर्तन सबके खतरे भी थे, चुनौतियाँ भी और रोमांच भी। मूल स्वर स्वभावतः उभरा -'जीवन' को मेरी दृष्टि से भी तो देखो...क्रमशः ये अनुभव पूरे जगत के संकट, विघटन, कुण्ठा, तनाव और अलगाव की कहानी कहते हैं। उन्हीं पात्रों को नये अर्थ मिले। एकल अभिनय से तीनों के माध्यम से एक पूरी आलोचना, आज के समय का दृश्यानुभव बनता है। अन्य पात्र पृष्ठभूमि से कोरस के रूप में लिए-कथानक के मोड़ों को अर्थ देने एवं नाटकीय आवेग बनाये रखने के लिए। गीत-संगीत, संस्कृत के श्लोक, सब लिये भी, रचे भी; सांकेतिक बदलाव-मंच, दृश्यविधान, वेशभूषा में-एकल अभिनय को दर्शक से जोड़ते रहे। इस आलेख और उसकी सृजन-प्रक्रिया पर अन्त में अलग से एक लेख दिया गया है।

हमारे समकालीन भारतीय रंगमंच में बांग्ला में तृप्ति मित्र ने एकल नाटक 'अपराजिता' द्वारा अभिनय की गहराइयों और संवेदनशीलता से अपने बेहद सार्थक, सशक्त और सूक्ष्म अभिनय से एकल अभिनय के नये मानदण्ड स्थापित किये थे। पूरे मंच पर अपनी व्यक्तित्व-सम्पन्नता के साथ वह छा गयी थीं। तृप्ति मित्र की

अभिनय कला की क्षमता के विषय में जानकर ही मुझे मोहन राकेश के तीनों नारी पात्रों को एक सम्पूर्ण युग की विकास-यात्रा के जटिल संघर्षों के रूप में मंच पर डॉ. अमृता जयपुरियार से कराने की प्रेरणा मिली थी। इसका भी एक निश्चित आलेख था, संगीत था, दृश्यबन्ध था-सामने ही बदलता हुआ और कम से कम उपकरण थे। मुख्य भूमिका संगीत और श्रव्य दृश्यों की थी। मंच पर केवल अभिनेत्री थी। आधुनिक भारतीय रंगमंच में आज साँवली मित्र निश्चित आलेख पर एकल अभिनय कर रही हैं। उनका 'नाथवती अनाथवत' इस दृष्टि से अत्यन्त प्रभावशाली और सम्मोहक माना जाता है। साँवली मित्र भी संगीत का और अन्य दृश्य तत्त्वों का सहारा लेती हैं। उषा गांगुली भी हिन्दी में 'बेटी' तथा अन्य नाटक कम से कम साधनों में एक प्रदर्शन आलेख के साथ एकल अभिनय के रूप में कर रही हैं। तृप्ति मित्र द्वारा किये गये 'अपराजिता' को मराठी रंगमंच और फिल्म एवं दूरदर्शन की प्रसिद्ध अभिनेत्री रोहिणी हट्टंगड़ी बहुत सफलतापूर्वक विभिन्न नगरों में कर रही हैं। गोरखपुर में भी उन्होंने उसे प्रदर्शित किया। सैकड़ों प्रदर्शन 'अपराजिता' के हो चुके हैं। इसमें उनकी विशेषता अभिनय की सहजता, और वैविध्यपूर्ण दृश्यों से दर्शकों को आदि से अन्त तक बाँधे रखना था। सीधा-सादा दृश्यविधान, उपकरण, प्रकाश, संगीत था पर मुख्य था अभिनय और उसकी तरलता। एकल अभिनय की दृष्टि से मराठी के पु. ल. देशपाण्डे की 'बटाटाची चाल' और 'वाराबरती बरात' इतने लोकप्रिय रहे हैं कि दर्शकों को सूचना मिलने की देर होती है, सारे टिकट बिक जाते हैं। पु. ल. देशपाण्डे भी लिखित आलेख पर अभिनय करते हैं जो प्रकाशित भी हैं। दरअसल समकालीन व्यंग्य, हास्य, प्रखर सामाजिक आलोचना के कारण और उसमें संगीत पु. ल. देशपाण्डे के अभिनय के रोचक नमूनों के कारण दर्शक उनकी और खिंचे चले आते हैं।

इधर कुछ वर्षों में आधुनिक हिन्दी रंगमंच में कुछ प्रसिद्ध अभिनेता-नसीरुद्दीन शाह, रत्ना पाठक, पंकज कपूर, आशीष विद्यार्थी आदि-एकल अभिनय कर रहे हैं। ये सभी अभिनेता रंगमंच, फिल्म, दूरदर्शन के अनुभवी, अभिनय-कला में दक्ष कलाकार हैं। इसलिए उनकी प्रस्तुतियाँ आकर्षण का विषय स्वभावतः बनती हैं। रा. ना. वि. ने एकल समारोह आयोजित भी किया था और भारत रंग महोत्सव में भी एकल अभिनय देखने के अवसर मिले। आशीष विद्यार्थी का 'दयाशंकर की डायरी' देखने का अवसर मुझे मुम्बई में मिला। नादिरा बब्बर द्वारा लिखित आलेख पर पार्श्वध्वनियों, सामान्य दृश्य-सामग्री और दृश्य-परिवर्तनों के साथ उनका सजीव अभिनय था। आलेख और प्रस्तुति दोनों में मनोरंजक तत्त्व और अभिनय-कला-प्रदर्शन के भरपूर अवसर थे। क्योंकि यह सजगता तो नजर आयी ही कि विविधता, सरसता, संकेत, चुहलबाजी बनी रहे और सृजनधर्मिता भी।

इसलिए यह तो सत्य है कि एकल अभिनय पश्चिम से आयी परम्परा नहीं है, भारतीय है और बहुत स्वस्थ, पुष्ट रचनात्मक परम्परा है। इस परम्परा का आधुनिक सन्दर्भ में विकास भी होना चाहिए। अगर आस्कर वाइल्ड की जीवनी की एकल प्रस्तुतियाँ हो सकती हैं तो हमारे यहाँ तो निराला की पूरी जीवन-यात्रा के संघर्ष को आधार बनाकर आलेख तैयार किया जा सकता है। सच्चाई यह है कि पश्चिम में और भारतीय भाषाओं में साहित्यकार, रंगकर्मी, निर्देशक, अभिनेता और कलाओं के जो सम्बन्ध हैं, वह हिन्दी में नहीं बन सके। भारतेन्दु अकेले रचनाकार हैं जो साहित्यकार, अभिनेता, निर्देशक सुधारक सब हैं। इसलिए वर्तमान समय की आवश्यकताओं को समझते हुए एकल अभिनय को ठोस आधार विस्तार देना चाहिए। अँग्रेज अभिनेता ब्रियान बार्न्स के एकल अभिनय-प्रदर्शन भारत में अनेक बार हो चुके हैं। उनके अभिनय में बड़ी लम्बी रेंज है। यह रेंज इसलिए भी है और निरन्तर उपजती रहती है क्योंकि अनेकों वर्षों के अँग्रेजी गद्य साहित्य से वे अपने एकल अभिनय के लिए सामग्री का चयन करते हैं-यह श्रेष्ठतम साहित्य की सर्वोत्तम सामग्री होती है-इससे उनके अनुभव, अभिनयकला में बेहद सूक्ष्म विस्तार आता है। किसी एक लेखक तक अपने को सीमित रखकर उन्होंने एकल अभिनय नहीं किया। इस माने में चार्ल्स डिकेन्स की रचनाओं का उनके द्वारा किया गया अभिनय अपने वैविध्य और सूक्ष्म सौन्दर्य के लिए अविस्मरणीय अनुभव माना जाता है। चार्ल्स डिकेन्स स्वयं भी अपनी रचनाओं का एकल पाठ करते रहते थे, साथ ही अभिनटन भी। एकल अभिनय की दृष्टि से अमेरिकी अभिनेता हॉलब्रुक की भी बहुत चर्चा की जाती है। हॉलब्रुक ने लेखक मार्क ट्वेन की रचनाओं के अंश चुने थे और उन्हें एकल द्वारा प्रस्तुत किया था? हॉलब्रुक का एकल अभिनय हमें उन सारे प्रश्नों का उत्तर दे जाता है जो उसके प्रारूप और प्रक्रिया के साथ जुड़ी है अर्थात् एकल अभिनय की चुनौतियाँ क्या हैं? दरअसल यह एक ऐसा क्षेत्र है जहाँ अभिनेता अपनी समूची ऊर्जा, ज्ञान, अभिनय-क्षमता, परिपक्वता, सम्भावनाओं के साथ-साथ अपने समय-सन्दर्भों से गहरे मानवीय राग को उद्घाटित करने के स्वर्णिम अवसर पाता है। हॉलब्रुक की प्रस्तुति दो घण्टे की थी पर दर्शकों को उस समय का आभास तक नहीं हुआ। सारा वैशिष्ट्य सबसे पहले तो आलेख और प्रस्तुति-परिकल्पना का था। हॉलब्रुक ने एकल अभिनय की जरूरत समझते हुए बूढ़े मार्क ट्वेन की पुरानी स्मृतियों की एकालाप के रूप में परिकल्पना की जिससे उसे अभिनय के आयाम मिले-एक बूढ़े के चलने-फिरने, उठने-बैठने, बोलने के जिसे उसने अपनी रचना-क्षमता से कल्पित किया और प्रस्तुत किया। दूसरी विशेषता स्मृतियों से स्वतः आ गयी क्योंकि उन संस्मरणों में अन्य पात्र भी आ गये जिससे एकल अभिनय की चुनौतियाँ बढ़ीं पर अभिनेता ने अभिनय की सजीवता द्वारा

दर्शकों से तादात्म्य स्थापित किया। अनेक प्रकार के भावों की सृष्टि करने में अभिनय-कला के, रोचक नमूने भी आते रहे और दर्शक सजग और सम्मोहन भाव से देखता रहा। दर्शकों ने इसमें इतने मानवीय संस्पर्श, शरीर की विभिन्न हरकतें, अनेक स्थितियों से जुड़ी मन:स्थितियाँ देखीं कि दर्शक संवाद-कौशल, अभिनय-कौशल, कण्ठ-स्वर के परिवर्तनों, अनेक मुद्राओं, हाव-भावों, क्रियाओं-गतियों के संयोजन से बनती जाती मंचीय दुनिया को देखते रहे। दरअसल यही एकल अभिनय की सर्जनात्मक, चुनौतियाँ हैं। वहाँ शब्द ही मुख्य नहीं है, और न अलंकरण, आरोपण, सजीव अभिनेता की साक्षात् उपस्थिति और अभिनय ही मुख्य है। हिन्दी में वर्षों पहले मोनोलॉग, कैरीकेचर जैसी चीजें लिखी गयीं-की गयीं पर उनमें एक प्रकार की स्थूलता थी और हल्का-फुल्कापन था जो सांस्कृतिक समारोहों, कॉलेजों का अंग बनकर रह गया। इसलिए आवश्यक हैं श्रेष्ठ आलेख! अगर निर्देशक की अपनी स्क्रिप्ट से भिन्न समर्थ अभिनेता श्रेष्ठ साहित्य से आलेख निकालकर एकल अभिनय करें तो नये प्रतिमान बनेंगे? मसलन भारतीय या हिन्दी साहित्य में, कथा-साहित्य में से अनेक ऐसे चरित्र और प्रसंग निकालकर निश्चित आलेख तैयार किये जा सकते हैं और एकल अभिनय को अधिक गम्भीर, रोचक और चुनौतीपूर्ण बनाया जा सकता है। उदाहरणार्थ 'अन्धा युग' के चरित्रों को-गान्धारी, युधिष्ठिर, धृतराष्ट्र लेकर उनके आत्मालापों के साथ महत्त्वपूर्ण प्रयोग हुए हैं बल्कि महाभारत के कर्ण, कुन्ती, द्रौपदी आदि-परस्पर विरोधी पात्रों को अलग-अलग लेकर श्रेष्ठ अभिनय और वाचन के उदाहरण मुम्बई में सामने आते रहे हैं। स्व. वसन्तदेव ने महाभारत के ऐसे द्वन्द्वमय पात्रों के अलग-अलग आलेख रचे हैं। वर्तमान समय समूचे विश्व के सामने वैसे भी जन-संहार राजनीतिक युद्ध से उत्पन्न मानवीय त्रासदी के संकट का है। इन प्रसंगों को एकल अभिनय में सशक्त अभिनेताओं को श्रेष्ठ साहित्यिक आधारों पर प्रत्यक्ष अभिव्यक्ति देनी चाहिए। एकल अभिनय को शब्द, सुविधा, यश से बचाते हुए आज के मनुष्य के संकट और संघर्ष से भी जोड़ना चाहिए और हास्य-व्यंग्य के चुटीलेपन से भी क्योंकि मनोरंजन-स्वस्थ हास्य-आज की अनिवार्यता है। अगर 'कफन' जैसी कहानी में 'विदूषकत्व' हो सकता है तो एकल अभिनय में क्यों नहीं?

12

शती के कुछ चुने हुए मौलिक नाटक

वर्षों से हिन्दी में श्रेष्ठ मौलिक नाटकों के अभाव का प्रश्न उठता रहा है। आज समूचा विश्व परिदृश्य और हमारा भारतीय परिदृश्य भी जितना जटिल हो गया है, वह साहित्य और कलाओं के लिए खासकर नाटक और रंगमंच के लिए एक चुनौती बन गया है। संगठित और व्यापक रचनात्मक शक्तियाँ जिस तेजी से बिखर रही हैं और राजनीतिक, धार्मिक, सामाजिक परिप्रेक्ष्य में जितनी अराजकता, आत्मसीमित दृष्टि प्रभावित करती जा रही है, उसमें 'अभिव्यक्ति की स्वतन्त्रता' और सर्जनात्मकता को सुरक्षित रखना ही बड़ा संकट बन गया है। इस समय नाटककार की चुनौतियाँ क्या हैं? आज रंगमंच की, रंगकर्मी की चुनौतियाँ क्या हैं? ये अत्यन्त महत्त्वपूर्ण मुद्दे हैं। आज के लगातार तेजी से बदलते यथार्थ को पकड़ना कविता, कहानी, उपन्यास सबमें कठिन हो रहा है, नाटक तो और भी जटिल विधा है, बदलते यथार्थ को पकड़ने के लिए भाषा की, शिल्प की, प्रस्तुति की प्रकृति पर, नये ढंग से सोचने-करने की जरूरत है। आज बदलता यथार्थ-धर्मोन्माद, सम्प्रदायवाद, आतंकवाद, राजनीतिक अस्थिरता, अराजकता एक ओर है और वैश्वीकरण और बाजारवाद, विज्ञापन-संस्कृति, दूरदर्शनी संस्कृति के प्रभाव से बदलते मानवीय सम्बन्ध, व्यवहार, नये विचार-दर्शन हमारे सामने इतने संकट खड़े किए हुए हैं कि 'बहुआयामी', 'लोकक्रान्ति' और 'सघन संवेदना' के, 'वाक्चातुरी' के नाटक चाहिए। क्या नाटककार नयी जमीन तलाश कर रहा है? या वह अपनी ही कमजोरियों का शिकार है? या नाटक और रंगमंच की दूरी, उदासीनता ने नाट्यविधा की जटिलता को और अधिक बढ़ा दिया है? जिस प्रकार आरम्भ में भारतेन्दु और जयशंकर प्रसाद ने सामाजिक प्रश्नों, सांस्कृतिक जागरण, राष्ट्रीयता की क्रान्तिदर्शिता हिन्दी के माध्यम से खड़ी की, उसी प्रकार आज भी प्रतिरोध-शक्ति की जरूरत है-आज के नये यथार्थ के सन्दर्भ में। इस बदलते दौर में नाटक से सशक्त माध्यम कोई नहीं है और तब वह व्यवस्था का विरोध नहीं होगा, विरोध उन हिंसक, कृत्रिम, अमानवीय,

विकृत प्रवृत्तियों का होगा जो 'अन्धेर नगरी' को जन्म देता है। यहाँ कुछ उन समकालीन नाटकों पर विचार किया गया है जिनमें प्रतिरोध-शक्ति, जागृति, संघर्षशील चरित्र, नाट्यभाषा की मौलिकता और नये-नये विषयों को कथ्य के रूप में लेकर रंग-शिल्प के प्रयोगों की उत्सुकता और भीतरी शक्ति है जिन्हें हम केवल इतिहास, मिथक, यथार्थवाद, आधुनिकतावाद का नाम देकर मुक्त नहीं हो सकते। इनमें हमारा समय गूँजता है संघर्ष चेतना और 'विराट स्वर' साथ ही आज की अपसंस्कृति और भूख। 'ध्रुवस्वामिनी', 'कोमल गान्धार', 'इला', 'हानूश' और 'भूख आग' कन्ट्रास्ट नाटक हैं-हर प्रकार से।

नाट्य रचना को समझने का बहुत बड़ा आधार 'ध्रुवस्वामिनी' है। 'काव्यकला और अन्य निबन्ध' में 'छायावाद और यथार्थवाद' पर लिखते हुए प्रसाद ने भारतेन्दु हरिश्चन्द्र से यथार्थवाद का आरम्भ माना है। 'ध्रुवस्वामिनी' उसी यथार्थवाद का ओजस्वी रूप है। अगर ध्यान से देखें तो यहाँ सांस्कृतिक चेतना के बीच नाटककार प्रगतिशील संघर्ष चेतना को प्रतिष्ठित कर रहा है। आश्चर्यजनक ढंग से इस नाटक में जन-विद्रोह भी है, नारी अस्मिता का संकट भी और उस संकट से मोक्ष के ठोस आधार भी। यह नाटक केवल नारी समस्या का समस्या नाटक नहीं है। आज जिस नारी विमर्श की चर्चा हम करते हैं, वह 'ध्रुवस्वामिनी' में अपने चरम स्तर पर है। जनचेतना और नारी चेतना दोनों है पर किसी भावावेग में नहीं, पूरी तार्किकता और संश्लिष्टता के साथ, आधुनिकता और प्रखरता के साथ। 'ध्रुवस्वामिनी' पर किसी भी प्रकार से आभिजात्य और रोमाण्टिसिज्म का आरोप नहीं लगाया जा सकता। आधुनिकता और प्रगतिशील चेतना के संकेत तो हमें प्रसाद के पहले नाटकों से ही मिलने लगते हैं खासतौर से 'स्कन्दगुप्त' से ही। स्वयं स्कन्दगुप्त के 'सैनिक रूप' और लोकनायकत्व में, लोक जागरण में, यहाँ तक कि देवसेना के आत्म-संघर्ष और जनसेवा में प्रसाद उस मुक्ति की ही तलाश करते दीखते हैं जो 'स्कन्दगुप्त' से 'ध्रुवस्वामिनी' में प्रत्यक्ष आकार लेती है। 'अन्धेर नगरी' की तरह लघु आकार की यह रचना इतनी संश्लिष्ट सघन और द्वन्द्वात्मक है, साथ ही जटिल, बृहद् संवेदना से समृद्ध एक अलग प्रकार की बौद्धिकता प्रखरता लिये हुए है-जैसी कि 'प्रलय की छाया' लम्बी कविता में कमला के व्यक्तित्व और द्वन्द्व में है। वस्तुतः 'कामायनी' और 'स्कन्दगुप्त' की तुलना में 'प्रलय की छाया' और 'ध्रुवस्वामिनी' का गहरा विश्लेषण नहीं हुआ। प्रसाद के जीवन-दर्शन समकालीन अनुभव की तीव्रता और प्रासंगिकता ने इसे परिपक्व और अलग दीखने वाला नाटक बना दिया है।

'ध्रुवस्वामिनी' की व्याप्ति उस मनुष्यत्व और आधुनिकता के संघर्ष में, चित्रण में है जिसके केन्द्र में स्त्री है। उसके साथ पुरुष की अधिकार भावना, पशुत्व और घृणित अमानवीयता तो है ही जो रामगुप्त और शकराज के द्वारा बृहद् अर्थ में चित्रित

की गई है। पूरा राजनीतिक कुचक्र, सामाजिक व्यवस्था, धर्मशास्त्र के सवाल भी हैं जिनके विरुद्ध ध्रुवस्वामिनी सम्पूर्ण मानवीय अधिकारों के साथ खड़ी होती है। नारी व्यक्तित्व और मानवीय संवेदना की रक्षा करती हुई पुरुष समाज को ही वह चुनौती नहीं देती, समूचे राजनीतिक तन्त्र, शस्त्रविहित सिद्धान्तों को भी चुनौती देती है–वही इस नाटक की शक्ति है। हम उसे सीमित अर्थ में समस्या नाटक कहकर नहीं देख सकते। प्रसाद ने बड़े सूक्ष्म संवेदन और काव्यमय स्वरों के साथ कोमा, मन्दाकिनी को भी ध्रुवस्वामिनी के संघर्ष के साथ रचा है। तीनों का सघन रूप नाटकीय कथानक को आगे भी ले जाता है और उसमें मोड़ भी लाता है। सामान्यतः नाटक में नारी–मुक्ति पर तो ध्यान जाता है, सैनिकों के विद्रोह की अभिव्यक्ति पर नहीं। 'ध्रुवस्वामिनी' नाटक में परिस्थितियों को प्रसाद अन्त तक जिस जनतान्त्रिक ढंग से ले जाते हैं, वह मौलिक और उसमें भविष्य का नाटक प्रतिबिम्बित होता है।

'ध्रुवस्वामिनी' में कथानक और घटनाएँ मुख्य नहीं हैं। चरित्रों के अन्तर्जगत्–बहिर्जगत् मुख्य हैं। 'वैषम्यमूलक चरित्रों से तनाव बनता जाता है'–रामगुप्त–ध्रुवस्वामिनी, शकराज–कोमा, शकराज–ध्रुवस्वामिनी आदि। ऐसा नहीं है कि प्रसाद के विशेष रूप–दार्शनिकता, काव्यात्मकता, स्वगत, भाषा की जटिलता नायक चन्द्रगुप्त चन्द्रगुप्त के आकस्मिक प्रवेश आदि यहाँ नहीं हैं। सब हैं। वाद–विवाद, अतिरिक्त मोह, भीड़, अस्वाभाविक प्रयोग, गीत की निरर्थकता आदि से यह नाटक मुक्त है। लगता है 'अजातशत्रु', 'चन्द्रगुप्त', 'स्कन्दगुप्त' से होते हुए यहाँ प्रसाद सतर्कता, गहरी अनुभवशीलता से 'आन्तरिक शिल्प' की खोज करते हुए दीखते हैं जिसका चरम उत्कर्ष मोहन राकेश में साकार होता है। 'ध्रुवस्वामिनी' में बहुत गहरी आन्तरिक एकान्विति है इसलिए यह अस्मिता के जीवन सत्य का नाटक निर्मित हुआ। पूरे नाटक की संरचना में तनावपूर्ण स्थितियाँ, क्रिया–प्रतिक्रिया तत्त्व, काव्य की सघनता है, उन्हीं से उत्तेजनात्मक आवेग की सृष्टि नाटक को सुन्दर बनाती जाती है। दृश्य, श्रव्य, बिम्ब और नाटकीय विडम्बना के प्राकृतिक परिवेश के बीच अन्तर्द्वन्द्व–बहिर्द्वन्द्व के अद्‌भुत दृश्य बनते हैं। इस नाटक में बाहरी विराट रंगस्थापत्य नहीं चाहिए, प्राकृतिक परिवेश ही चाहिए। बल्कि क्लिष्ट नाटक का आरोप भी नहीं लगाया जा सकता। देखने योग्य यह है कि प्रसाद कैसे हिजड़े, कुबड़े, बौनों के दृश्य, दरबार नृत्य और स्त्री वेश में चन्द्रगुप्त का ध्रुवस्वामिनी के साथ शकराज के पास जाने के दृश्य आदि को इतना सशक्त, पारसी रंगमंच जैसा रोचक, कौतुकपूर्ण और रंगमंच की, निर्देशन और अभिनय की सर्जनात्मकता से युक्त बना देते हैं। यहाँ उनकी दृश्यात्मक कला का संगठित रूप देखने में आता है। यह यथार्थ और संघर्ष व्यक्तिगत मात्र नहीं है, पूरे समाज, धर्म, राष्ट्र, मानवीय प्रकृति से जुड़ता है। हजारों की भीड़ इस नाटक को समझती है बशर्ते कि बिना अतिरिक्त भव्यता के मुक्ताकाशी

मंच पर इसे प्रस्तुत किया जाए और उनकी भाषा की लय, ध्वनि, बलाघात, आरोह-अवरोह, व्यंजनाओं पर अभिनेता का आन्तरिक लगाव और अधिकार हो। प्रसाद का दृश्य जगत् उनकी नाट्यभाषा से ही बनता है। जगह-जगह उन्होंने संस्कृत मंच-पद्धति को लिया है और भारतीय एवं पारसी नाट्य-परम्परा के बीच से आधुनिक हिन्दी नाटक की नाट्य-चेतना की सृष्टि में संलग्न दीखते हैं, उसे पहचानना आवश्यक है। संवाद और नाट्यभाषा में लय और ध्वनि पर, विशेषणों और 'उच्छ्वास' जनित आन्तरिक काव्य-प्रयोगों पर जो अधिकार दीखता है, वही रंगमंचीयता, गति और आरोह-अवरोह को, घनी संवेदना को पकड़ पाते हैं। जो निर्देशक और अभिनेता भाषा की लय, ध्वनि, टोन, उच्चारण, सौष्ठव, शब्द-संयोजन की विशिष्टता और उस समय तत्त्व (टाइमिंग) की सुन्दरता को नहीं पकड़ पाते, वही उसे क्लिष्ट बनाते हैं। बल्कि जगह-जगह शब्दों की पुनरावृत्ति से भी लय और ध्वनि का चमत्कार पैदा होता है। दूसरे और तीसरे दृश्य की संवाद-रचना को प्रसाद ने लय-वैचित्र्य और नाटकीय तनाव से ही सूक्ष्म सजीव बनाया है। इसमें 'ध्रुवस्वामिनी' के नाट्यगीत भी सहायक बने हैं क्योंकि वे गीत आवश्यक स्थानों पर ही हैं। नाटक की आवश्यकता और पात्रों के मनोजगत् के अनुसार गीत रचना हुई है। नाटककार ने कहीं भी ध्रुवस्वामिनी के लिए नाट्यगीत नहीं लिया है उसकी प्रखरता और विद्रोह-जन्य मानसिकता के लिए बौद्धिक चेतना के कारण। यद्यपि वह भी अत्यन्त संवेदनशील है पर वहाँ द्वन्द्वात्मक चेतना, अस्तित्व का प्रश्न मुख्य है, भावात्मक तत्त्व उतना नहीं। अभिनेता और सहृदय प्रेक्षक में विश्वास आज के हिन्दी रंगमंच की आवश्यकता है जो हम 'ध्रुवस्वामिनी' में पाते हैं। निरन्तर नये-नये प्रयोगों से इस छोटे से नाटक में अनेकायामी स्तर खुलने की सम्भावनाएँ हैं। उस अन्तर्निहित सौन्दर्य को अनफोल्ड करने का दायित्व निर्देशक, अभिनेता और समीक्षक का है। आचार्य और पुरोहित तक स्थिर पात्र नहीं है-यह प्रापत्व और सार्वभौमिकता, पात्रों की जीवन्तता इस नाटक को बहुत परिपक्व और व्यापक बनाती है। ऐसा नहीं है कि 'ध्रुवस्वामिनी' में लम्बे स्वगत नहीं हैं या पात्रों के आकस्मिक प्रवेश नहीं है। जो भी है वह बेहद सटीक, सार्थक, व्यंजक, आधुनिक मानवीय संवेदना का अंग, सांकेतिक और विडम्बना को मूर्त करनेवाला। आत्म मंथन की लम्बी, सूक्ष्म प्रक्रिया से सम्बद्ध, अन्तःसंघर्ष को मूर्त करनेवाले स्वगत नाट्य रूढ़ि नहीं हैं, मानवीय हैं-अभिनय के नये मानदण्ड स्थापित करने वाले हैं। जाहिर है कि 'ध्रुवस्वामिनी' कथ्य, भाषा, शिल्प, रंगमंच की दृष्टि से अत्यन्त संश्लिष्ट नाटक है जो प्रसाद पर सर्वथा भिन्न ढंग से विचार और प्रयोग करने के लिए प्रेरित करता है और मोहन राकेश की नाट्यभाषा, चरित्रों की संघर्षशीलता और नाटक के 'आन्तरिक शिल्प' से, हिन्दी के आगामी नाटक से जुड़ता है।

हिन्दी में रंगमंच, आलोचना और साहित्य के अन्त: सम्बन्ध न स्थापित होने से 'नाट्य संस्कृति' जैसी अनुभूति विकसित नहीं हो पायी आज तक, जैसे बांग्ला और मराठी में है या अँग्रेजी आदि विदेशी भाषाओं में है। कथ्य और शिल्प की नवीनता, भारतीय परम्परा को नये स्वर से, आधुनिक वैचारिक पक्ष से और मानवीय अनुभूतियों से जोड़नेवाला 'कोणार्क' नाटक हिन्दी की श्रेष्ठ मौलिक कृति है जिसमें न केवल स्वच्छन्दतावाद और यथार्थवाद का योग है बल्कि जगदीशचन्द्र माथुर की प्रगतिशील चेतना भी है यद्यपि वह निराला की तरह किसी वाद में नहीं बँधे हैं। गहरा समसामयिक भावबोध, अन्तर्मन के आरोह-अवरोह और हिन्दी नाटक को भारतेन्दु और प्रसाद के बाद नयी और विशिष्ट मानवीय भूमि पर ले जाने वाला नाटक 'कोणार्क' है। वह तब लिखा गया जब हिन्दी नाटक में अपूर्णता का बोध हो रहा था और अन्य विधाओं की तरह इस जटिल विधा में भी नये आयामों की खोज अनिवार्य थी। इसीलिए धर्मवीर भारती ने माना कि 'यहाँ से आधुनिक नाट्यलेखन में समकालीनता का नया बोध अज्ञात रूप से प्रस्फुटित होने लगता है। परवर्ती नाट्य-सृजन में कई धरातलों पर विविध प्रयोग होने पर भी 'कोणार्क' संकेतात्मक समकालीनता का प्रारम्भिक बिन्दु का एक उदाहरण सिद्ध होता है।' विश्वयुद्ध ने रचनाकारों के हृदय में विषम, विकृत राजनीतिक, सामाजिक, आर्थिक परिस्थितियों के प्रति जो गहरी प्रतिक्रिया हुई–वही मोहभंग, वही यन्त्रणा, आक्रोश, आवेश 'कोणार्क' में अभिव्यक्त हुआ जो आगे चलकर मानवीय त्रासदी बनकर 'अन्धा युग' की सृष्टि में फूट पड़ा। प्रसाद के छायावादी रोमान, ऐतिहासिकता, दार्शनिकता और साहित्यिक गाम्भीर्य, से अन्य कमियों से भी बचते हुए 'कोणार्क' समकालीन यथार्थवादी लेखन का, चेतना के विस्तार का नाटक है क्योंकि यह नाटककार की रंगधर्मिता का, स्वत:स्फूर्त रंग-चेतना का प्रमाण है। 'कोणार्क' में, आद्यन्त रंगमंच का काव्य सही मानों में है क्योंकि उसमें 'रंगमंच और नाट्यलेखन के तजुर्बे की छाप' साफ दिखाई देती है। बल्कि भारतेन्दु और प्रसाद के बाद जगदीशचन्द्र माथुर का यह नाटक रंगमंच के लिए आज भी बेहद महत्त्वपूर्ण और दिशानिर्देश देने वाला है। आश्चर्य है उन्होंने नाट्य लेखन में भी परम्परागत भारतीय पद्धतियों का कल्पनाशील प्रयोग किया है और रंगमंचीय दृष्टि से भी बाह्य उपकरणों के स्थान पर वह चरित्र और अभिनेता को, संवाद और अभिनय को अधिक महत्त्वपूर्ण मानते हैं। आज का समय यह दोहराने का नहीं कि अमुक नाटक अभिनेय है। हमारा रंगमंच अब इतना सम्भावनाशील है कि उसे कोणार्क जैसे नाटकों को भाषा, साहित्य, भारतीयता, आधुनिक संवेदना की दृष्टि से, हिन्दी रंगमंच की अस्मिता की दृष्टि से 'कोणार्क' की प्रस्तुति करनी चाहिए।

'कोणार्क' न एकांकी है, न लघु नाटक। अपने संक्षिप्त कलेवर में यह गम्भीर

और बड़ा नाटक है। 'अन्धेर नगरी' तो बहुत छोटा है, प्रहसन है पर पूर्ण नाटक है जिसे रंगमंचीय प्रस्तुतियों की शृंखला, प्रयोगों से पहचाना गया और सारी समीक्षा ही उससे बदल गयी। यही चुनौती 'कोणार्क' में है। नाटककार ने एक किंवदन्ती को एक रोचक कथानक, मौन पौरुष के सृजन और सम्पूर्ण संघर्ष-युग में बदल दिया है। नाटककार को यह चिन्ता है कि 'कलाकार के मानस में कुण्डली मारकर सोये पौरुष नाग की अनाहत फूत्कार की जो कल्पना मैंने की है उसे समकालीन प्रगतिवाद की प्रतिध्वनि कहकर ही न दुत्कार दें।' यद्यपि नाटक में व्यक्तिगत वैषम्य के साथ सामाजिकता का समन्वय है पर नाटक पुराने यूनानी नाटकों की-दुःखान्त नाटकों की-करुणा, कलाकार के शाश्वत अन्तर्दहन में अनुभव कराता है जिससे उसका फलक और व्यापक होता है। उड़ीसा के सर्वश्रेष्ठ मन्दिरों का अन्तिम रूप 'कोणार्क' आश्चर्यजनक ढंग से उस पूरी परम्परा, स्थापत्य, कल्पना और कला की विविधता बल्कि शिल्पियों के कुल के ही तिरोहित हो जाने की गाथा कहता है। अन्य कोई मन्दिर खण्डित नहीं पड़ा है। ये मन्दिर क्यों टूटा? यहीं से लेखकीय प्रेरणा विकास पाती है। कथानक ऐतिहासिक है पर इतिहास का बस आभास होता है-विचारों के वाहक के रूप में एक आधार उससे बनता है। खँडहरों में विलक्षण सम्मोहन उभरता है प्रणय-दृश्यों से। शिल्पी विशु की कला और नाट्यस्थितियों को जो मांसलता लेखक ने दी है उद्दाम वेग और उल्लास, वह सचमुच 'रंगमंच का काव्य' है। प्रेम-प्रसंग और विडम्बना एक साथ उभरती है। विशु की कठोरता, कायरता और अवैध सन्तान सभी प्रसंगों में विलक्षण नाटकीयता, करुणा और काव्यात्मकता है। यह काव्य नाट्यस्थितियों के बीच से उभरता, चलता, पाठक को जब इतना प्रभावित करता है तो दर्शक की तो बात ही और है। यह नाटक वस्तुतः भारतीय परिवेश का, मूल्यों का, आधुनिक चिन्तन का, हिन्दी भाषा की अस्मिता, जीवन्तता का नाटक है। 'कोणार्क' स्व की प्रतिष्ठा और मानवीय गरिमा का, अन्तर्जगत् और बहिर्जगत् का ऐसा नाटक है जहाँ साहित्य और रंगमंच का अन्तराल ही नजर नहीं आता जो हिन्दी नाटकों और आलोचना में मौजूद था। तीव्र गति, चरित्रांकन, नाटकीय विडम्बना दर्शक को कहीं अवकाश नहीं लेने देती। नाट्यशिल्प में प्राचीन भाषा नाटकों और प्राचीन पश्चिमी नाटकों के शिल्प को लेकर सूत्रधार, वाचिकाओं, उपक्रम, उपसंहार, विष्कम्भक की तरह उपकथनों का प्रयोग न केवल सार्थक है, प्रस्तुतीकरण की कल्पना को भी विस्तार देता है और उकसाता है। यह भी लगता है जैसे लेखक प्रसाद के नाटकों के अति विस्तार, पात्रों, बोझिलपन और साहित्यिक आग्रह के प्रति सजग है पर, सायास नहीं। बल्कि 'अभिनय की उत्कृष्टता', रंग-क्षमताएँ कहीं बराबर 'कोणार्क' में हैं।

जीवन जीना क्या है? उपेन्द्रनाथ अश्क ने इसे अपने ढंग से, अपनी चुहलभरी

भाषा में यथार्थवादी नाटक में तलाशा। 'अंजो दीदी' को और उसके बहाने उपेन्द्रनाथ अश्क को मैंने पूरी तरह जाना अभी हाल में ही उसका मंचन करके, निर्देशन करते हुए। एक जमाने में केवल सनक और मनोविज्ञान के खाने में सीमित कर छोड़ दिया गया। 'अंजो दीदी' तो 'अन्धेर नगरी' की स्वत:स्फूर्त मौलिक चेतना और रंगमंचीय मुहावरे का जीवन्त नाटक लगा। आज मैं उसे अपनी संरचना में 'आधे अधूरे' से आगे का नाटक कह सकती हूँ क्योंकि वहाँ न रंग-युक्तियाँ हैं, न प्रयोग वृत्ति, न कोई कन्फ्यूजन। लगातार एक सफाई, चुस्ती और पैनापन है। अत्यन्त साधारण-सी बात को लेकर एक पूरा यथार्थ, मनोग्रन्थियाँ, चारित्रिक विलक्षणताएँ आकस्मिक परिस्थितियों के प्रभाव से उद्घाटित कर देना और दर्शक को इन्वाल्व कर लेना बहुत बड़ी विशेषता है इस नाटक की। यहाँ न कथानक की स्थूल घटनाएँ हैं, न इतिहास, न काव्य न समस्या और तर्कशास्त्र, न सेक्स-विकृतियाँ, न एब्सर्डिटी। कोई अतिरिक्त सहारा नहीं। बस साफ-सुथरी कहानी है जो सीधी-सादी बातों में व्यक्तिगत विचारों के आरोप को नैतिक पाप कहती है। क्योंकि हम सब अपने चारों तरफ एक तिलिस्म बनाये हुये हैं। परिवार दर परिवार, पीढ़ी दर पीढ़ी हम अपनी दमित इच्छाओं को आरोपित करते चलते हैं। 'बच्चों को सब कुछ दो पर अपने विचार मत दो।' 'इन्सान घड़ी एवं यान्त्रिक नहीं बन सकता क्योंकि जब इन्सान मशीन बन जाएगा तो वह दिन दुनिया के लिए सबसे बड़े खतरे का दिन होगा।' ये बेहद जरूरी बातें, इसका कथ्य, ऊपर से सरल पर बड़ी पेचीदगी भरे चरित्र, जिन्दादिली, इसकी चुलबुली भाषा और रवानगी हिन्दी में तो अदृष्ट है-भारतेन्दु के अलावा। यहाँ कोई 'लोक' या 'शास्त्र' भी नहीं है, बेहद ताजगी भरा नाटक है। 'आधे अधूरे' नवनाट्य लेखन की नयी शक्ति है निस्सन्देह क्योंकि हमें ऐसा नाटक मिला जो पहली बार हिन्दी नाटक को इतिहास, पुराण, संस्कृतनिष्ठ भाषा, काव्य और दर्शन के आरोपण से स्वतन्त्र कर सीधे यथार्थ और मध्यवर्गीय परिवार से टकराव और तेज तेवर का नाटक बना। 'अंजो दीदी' सरलता और चुटीलेपन में 'यान्त्रिकीयता' को उभारता है। यहाँ ठहाकों में गम्भीर संकेत है। अंजो और भाई श्रीपत दो कण्ट्रास्ट पात्र और जीवन शैलियाँ हैं जो घर-घर में व्याप्त है। अंजो के मन में जीवन को नियन्त्रित और अनुशासित रखने की प्रवृत्ति के बीज संस्कारगत हैं जो उसे गोद लेने वाले तानाशाह नाना जी से विरासत में मिले हैं। उसके व्यक्तित्व में वह सौन्दर्य, सुरुचि और आकर्षण है, वह आतंक है जो दूसरे को परास्त कर देता है। उसके शिकार हैं उसके पति जिनका उन्मुक्त मन बार-बार उनके व्यवहार में दबा-दबा सा झाँकता रहता है। छोटा भाई श्रीपत अंजों की असंगतियों और सनक को तोड़ता हुये एक नया जीवन-दर्शन खड़ा करता है-मस्ती, फक्कड़पन, स्वतन्त्र मन और जीवन का आनन्द। दोनों जीवन-शैलियों की साक्षी हैं-अंजो की सहेली अनिमा। हमारे नियमों और आरोपित विचारों

के जो प्रभाव हैं वे दिखाई देते हैं आगे आने वाली पीढ़ी में–नीरज उसी का परिणाम है, उसका मनोविज्ञान, उसकी कुण्ठाएँ बड़ी विश्वसनीय हैं, आज की हैं जबकि ओमी अंजो की परछाईं है पर उसमें भी आज के अवमूल्यन, बदलती भाषा, बदलते अन्दाज, बहस और पूर्वाग्रह दिखाई देते हैं। नीरज और नीलम के प्रसंग घर-घर के बच्चों के हैं। मुन्नी और राधू को भी जो मानवीय संस्पर्श अश्क ने दिया है वह हिन्दी नाटकों के ड्राइंगरूम, परिवार और उसमें नौकर की पारम्परिक छवि से बिल्कुल भिन्न और प्रासंगिक कर देता है–वे नाटक की संवेदना, लक्ष्य और फार्म तक के जरूरी अंग हैं। आकांक्षाओं के दमन की सनातन ट्रेजेडी को, जीवन के स्वाभाविक विकास के अवरोध की लम्बी परम्परा को, मनोवैज्ञानिक कारणों, प्रतिक्रियाओं के अश्क घटनाओं के माध्यम से नहीं, केवल कुछ स्थितियों और दृश्यों और उनके दोहराव से बुनते चले जाते हैं जो उनके गहरे सामाजिक एवं रंगमंचीय अनुभवों का परिणाम है। 'ब्रेकफास्ट' नाटक की इतनी अनिवार्य जरूरत हो सकता है, यह इस नाटक को करके ही लगा और फिर भी पुनरावृत्ति न लगे, अस्वाभाविक न लगे।

दोनों अंकों के बीच बीस साल का अन्तराल और उस अन्तराल के जरिये भी नाटकीय अर्थ की गहरी व्यंजनाएँ–एक पीढ़ी का अन्तर नाटक को इतना दिलचस्प और दर्शक को अपने में इतना संलग्न और जिज्ञासु, सतर्क और आत्मीय, साथ ही रोमांच के धरातल पर यह इस नाटक की उपलब्धि लगी मुझे प्रस्तुति के बाद। 'हमारे नाना जी कहा करते थे' पंक्ति पूरी जीवन दृष्टि है, दमन और आतंक है, चरित्र के स्तर खोलती है और रंगमंच पर सजीव होती जाती है–यह सांकेतिकता और लय-वैचित्र्य अश्क की विशेषता है। उस समय इस नाटक को चेखव और गोर्की के नाटकों के यथार्थ, फार्म और चुस्ती के निकट माना गया–कई देशी-विदेशी भाषाओं में खेला गया। नाट्यस्थितियों, नाटकीय विडम्बना और कुछ चरित्रों को तीनों नाटककारों ने–भुवनेश्वर, जगदीशचन्द्र माथुर, उपेन्द्रनाथ अश्क–आधार बनाया रंगमंच को। उन्होंने हिन्दी के महान नाटक, प्रौढ़ रचनाएँ हिन्दी साहित्य और हिन्दी रंगमंच को दी हैं–पुरानी गठन और परम्पराओं से मुक्ति और ताजी हवा दी है। इनके साथ अभी तक अन्याय हो रहा है। 50 साल पहले तो हम या तो पाश्चात्य नाटककारों, शा, इब्सन, चेखव, तॉलस्तॉय, शेक्सपियर आदि की चर्चाओं में, प्रभावों में और साहित्यिक धाराओं में, लक्ष्मीनारायण मिश्र के समस्या नाटकों में उलझे हुए थे अथवा एकांकी और रेडियो नाटक में व्यस्त थे। समीक्षा और रंगमंच था ही कहाँ? मुख्य त्रासदी यह है कि इधर 50 वर्षों में अनुवादों और कार्यशालाओं के नाटकों के स्थान पर इन महान नाटकों पर ध्यान क्यों नहीं गया? उदयशंकर भट्ट की कुछ रचनाओं में अद्भुत रंगमंचीय तत्त्व और अभिनेय तत्त्व हैं। इन सब पुराने नाटकों का पुनः अध्ययन और पुनर्मूल्यांकन होना चाहिए ताकि 'विस्मृति' भी न हो और इस निरर्थक भ्रम से मुक्ति

हो कि हिन्दी में नाटक है ही नहीं।

शंकर शेष कई नाटकों में अलग-अलग प्रकार के प्रयोग कर रहे थे। 'एक और द्रोणाचार्य', 'पोस्टर' से बहुचर्चित शंकर शेष के कई नाटकों में 'कोमल गान्धार' महत्त्वपूर्ण और गहरी संवेदना के नाटक के रूप में, बिल्कुल भिन्न कथ्य, चरित्र, भाषा और अभिव्यक्ति के साथ आया और असाधारण नाट्यकृति होते हुए भी अलक्षित सा पड़ा रह गया। सातवें-आठवें दशक में लोकनाट्य शैलियों के पुनःसृजन, अनुवादों और रूपान्तरणों की धूम थी और रंगमंच नये मुहावरे की तलाश, अनन्त, दूरगामी सम्भावनाओं की खोज में इतना व्यस्त था कि भीष्म साहनी के 'हानूश', 'माधवी' की तरह 'कोमल गान्धार' पर भी ध्यान नहीं गया-न देशव्यापी रंगमंच का, न समीक्षकों का। शंकर शेष के सभी नाटकों में एकदम अलग धारा, भिन्न स्वभाव और आस्वाद है चरित्रों की सृष्टि में भी और नाटक की संरचना में भी। आरम्भ में ही संजय की वाणी और अन्यत्र भी कहीं-कहीं 'अन्धा युग' की याद दिलाने पर भी यह नाटक नवीनता और ताजगी का अनुभव कराता है। ऊपर उठना ही काफी नहीं, कहीं अपना फैलाव भी जरूरी है, जैसे स्वर बराबर गूँजते हैं। भीष्म, धृतराष्ट्र, गान्धारी सब जीवन की विडम्बना भोग रहे हैं। 'मैं प्रेम की नहीं, घृणा की सन्तान हूँ'-धृतराष्ट्र दो मीठे शब्द और संवेदना भरे स्पर्श का प्यासा है। गान्धारी और धृतराष्ट्र दूसरे के वर्णनों से कल्पना द्वारा जीवन तत्त्व का अनुभव करने को अभिशप्त हैं। गान्धारी जैसे एक षड्यन्त्र की शिकार है। नाटककार ने उसके चरित्र में कई रंगों की सृष्टि की है। एक प्रश्न नारी अस्तित्व का भी उसके माध्यम से उठाया है। 'मेरी सहमति', का कोई अर्थ नहीं है क्या? राजनीति इतनी क्रूर होती है, क्या? स्त्री पर अन्याय करने के नैसर्गिक अधिकार पुरुष को ही है आदि बहुत से संकेत विश्वसनीय रूप में नाटक में उभरते चलते हैं।

'कोमल गान्धार' महाभारत की घटनाओं की, गान्धारी के चरित्र की भिन्न सन्दर्भों में व्याख्या करता है। गान्धारी और धृतराष्ट्र दोनों ही पात्रों के सम्बन्ध यहाँ अप्रत्याशित पक्षों और संवेदनों के साथ अभिव्यक्त हुए हैं। भीष्म के प्रभाव से गान्धार नरेश अन्धे धृतराष्ट्र से अपनी अत्यन्त सुन्दर कन्या के विवाह के लिए तैयार हो जाते हैं। गान्धारी नहीं जानती कि धृतराष्ट्र अन्धा है। विवाह के बाद सच्चाई जानने पर वह अत्यन्त क्षुब्ध होकर आँख पर पट्टी बाँध लेती है और उसे कभी न उतारने की प्रतिज्ञा करती है। यहाँ राजनीतिक स्वार्थ और सामाजिक प्रतिष्ठा के प्रश्न भी जुड़ जाते हैं जो सम्बन्धों को कटु बनाते जाते हैं। शंकर शेष को ये सूत्र दक्षिण भारत के एक आत्मकथात्मक विवरण से प्राप्त हुए जिसने उन्हें इस नवीन कल्पना के लिए प्रेरित किया। इस नाटक का वैशिष्ट्य है वह संवेदनशीलता और नाटककार की अन्तर्दृष्टि जो चरित्रों को-खासकर धृतराष्ट्र गान्धारी के सम्बन्धों को इतनी सूक्ष्मता

से चित्रित करने का अवसर प्रदान करती है। दोनों के द्वन्द्वात्मक उतार-चढ़ाव, आन्तरिक इच्छाएँ, उनके स्वप्न, उनकी कल्पनाएँ, साथ ही दोनों की मानसिक यन्त्रणा के स्तर अत्यन्त मार्मिक हैं। शंकर शेष ने भीष्म, शकुनि, संजय, दुर्योधन, दासी के द्वारा भी अनेक मानवीय इच्छाओं का, आवेगों का चित्रण किया है लेकिन गान्धारी और धृतराष्ट्र के सम्बन्धों का, उनकी कटुता और आवेग का, उनकी सहज इच्छाओं का एकदम अछूता रूप में चित्रण और वह भी इतने विश्वसनीय ढंग से हमें आश्चर्यचकित करता है। नाटककार के लिए यह कार्य कठिन इसलिए भी है कि प्रायः वे पात्र आमने-सामने हैं। शंकर शेष अपनी कल्पनाशक्ति और रचनाशीलता से सम्बन्धों को उन रेखाओं को, विभिन्न रंगों को रेखांकित ही नहीं करते, नाटकीय कार्यव्यापार को घटित भी करते जाते हैं। सारे कथासूत्र-शकुनि द्वारा सत्ता, राज्याधिकार, राज्य के उत्तराधिकारी पुत्र के प्रश्नों के बीच नाटककार धृतराष्ट्र और गान्धारी के शारीरिक सम्बन्धों, गान्धारी की असह्य पीड़ा और दोनों के मन में एक दूसरे के तिरस्कार, अपराध भावना, कामासक्ति और अधिकार के प्रश्न जिस प्रकार आते हैं-उन सबसे गूँथकर नाटकीय अर्थ निकलते हैं जो बड़े सजीव और मनोवैज्ञानिक हैं। क्योंकि गांधारी कहती है कि स्त्री को समझने के लिए शरीर के पार भी जाना होता है। लेकिन मुख्य प्रश्न सत्ता के अधिकारी पुत्र के जन्म का है, स्त्री पुरुष सम्बन्धों का नहीं। कुन्ती और माद्री के पुत्र पहले पैदा होते हैं। शकुनि की चिन्ता और कष्ट यह है कि कुन्ती सब कुछ हारकर भी बहुत कुछ जीत गयी। गान्धारी यह स्वीकार नहीं करती कि कुन्ती जीत गयी वह नहीं जीत पाएगी। उत्तरार्द्ध से पूर्व का यह कथानक और चरित्र इतने सघन और गुँथे हैं कि सारे घटना सूत्र उसमें आ गये हैं। नाटककार का यह कौशल द्रष्टव्य है।

'कोमल गान्धार' का उत्तरार्द्ध लम्बे काल के बाद का, युद्ध की पीड़ा का है-पाण्डवों-कौरवों का युद्ध। इस उत्तरार्द्ध में कुन्ती के चरित्र को भी नवीन गरिमा दी गयी है-'उसने अपनी पिछली कड़ुवाहट पी ली। स्त्री की भूमिका से वह पुरुष की भूमिका में फैल गयी' अर्थात् कुन्ती निराशा में भी जीवन की सार्थक व्याख्या तलाश लेती है। धृतराष्ट्र को लगता है जिस घृणा और तिरस्कार से मैं पैदा हुआ, उसी घृणा और तिरस्कार के बच्चे हैं-दुर्योधन और अन्य। ये बच्चे द्रौपदी का वस्त्र नहीं खींचेंगे तो और कौन खींचेगा। दुर्योधन बराबर अधूरेपन का, घृणा, मृत्यु की पीड़ा से विकल है। युद्ध की विभीषिका से घिरे, नरसंहार के प्रश्न भी उठते जाते हैं और दुर्योधन के चरित्र मानसिक यन्त्रणा मृत्यु के धरातल पर अनेक प्रश्न भी। 'अन्धा युग' में जो मानवीय धरातल और शक्ति अश्वत्थामा को मिली है, 'कोमल गान्धार' में उतनी ही सशक्त, बुनावट दुर्योधन को। 'अन्धों की सन्तान' कहलाने के अभिशाप से उसकी मुक्ति नहीं। युद्ध जीतकर वह अपनी अस्मिता को स्थापित

करना चाहता है। सब पात्र एक सनातन अभिशाप झेल रहे हैं और उनके उत्तर तलाश रहे हैं। 'हम एक भी पाण्डव नहीं मार पाये। कहाँ रह गया अधूरापन हमारे जीवन में?...हमें केवल अस्तित्व दिया, हमारी रचना नहीं की। मृत्यु के समय दुर्योधन को देखने को छटपटाती गान्धारी पट्टी हटाती है। दुर्योधन को लगता है कि गान्धारी ने अपना महासतीत्व का व्रत उसके लिए तोड़ दिया–ममता के अजस्र प्रवाह से जैसे उसे नयी संजीवनी मिल गयी हो और गान्धारी को लगता है जैसे उसकी सारी प्रसव वेदनाएँ सार्थक हो गयी हों। मातृत्व की नयी व्याख्या उमड़ी हो। जैसे पत्नीत्व से मातृत्व अधिक सबल हो उठा हो। यह ऐसा स्थल है जहाँ धृतराष्ट्र को वह अपने सामान्य सहज स्त्री रूप में ज्यादा महान लगती है। पट्टी खोलने का यह अपराध जीवन भर किया होता तो इतिहास शायद कुछ और होता। वैयक्तिक अनुभवों से ही नाटक इस बिन्दु पर पहुँचता है कि युद्ध का मूल बीज निजी अहं में ही होता है। अन्याय के विरुद्ध लड़ने का तन्त्र कब बनेगा? जैसे प्रश्नों के साथ, 'असाधारणता से मुक्ति' का आनन्द उठाते हुए आसपास का जीवन देखने के लिए पट्टी खोलकर धृतराष्ट्र–गान्धारी का प्राकृतिक वातावरण में निकलना और दोनों का कोमल गान्धार का अनुभव करना और इसी में दावानल का बढ़ना, कुन्ती और विदुर का उसमें मिल जाना और गान्धारी का धृतराष्ट्र का हाथ पकड़कर ले जाना युग के नये अध्याय के आरम्भ का अनुभव है।

यद्यपि नाटक में सब कुछ शब्दों में है, क्रियाओं में नहीं लेकिन पूरे कथानक, घटनाओं, प्रसंगों, विनाश के भयानक रूप को, नरसंहार की प्रवृत्ति को, कौरवों की हार को इतने सघन रूप में अंकित किया है और नये अर्थ दिए हैं कि अगर इसके मंचन 'अन्धा युग' की तरह सर्जनात्मक प्रयोगों के वैविध्य और विराटत्व के साथ हो तो हिन्दी रंगमंच और नाट्य साहित्य की यह विलक्षण कृति सिद्ध हो। व्यापक नाट्य दृष्टि पैने चरित्रों के आत्मीय संस्पर्श का यह नाटक शंकर शेष के नाटकों में तो महत्त्वपूर्ण पड़ाव है ही, अभिनेताओं के लिए एक चुनौती है क्योंकि पूरे नाटक में पात्रों की मानसिक यातना, द्वन्द्व और पीड़ा को, आन्तरिक शान्ति तक पहुँचाना बहुत लम्बी और जोखिम भरी रचना यात्रा है जो ऊँचाई शंकर शेष के किसी नाटक में नहीं है। 'कोमल गान्धार' के ढाँचे में कोई प्रयोग भी नहीं है फिर भी नाटक इतनी कसावट से भरा है और इतने अर्थ उसमें अन्तर्निहित हैं। यह नाटक शंकर शेष के नाट्य रचना कौशल का अद्‌भुत उदाहरण है। गान्धारी, धृतराष्ट्र, दुर्योधन विभिन्न अर्थों में जैसे अविस्मरणीय बन जाते हैं। एक नयी तान और लय का अनुभव कराता है यह नाटक।

हिन्दी नाट्यलेखन की इन समस्याओं, आशंकाओं के बीच दो नाट्यकृतियाँ सहसा ध्यान आकृष्ट करती हैं–एक 'चेहरे चेहरे कितने चेहरे' (गिरिराज किशोर)

और दूसरी 'हानूश' (भीष्म साहनी) दोनों के रचनाकार मूलत: कथाकार हैं। अन्तर केवल यह है कि गिरिराज किशोर ने अपने लघुनाटक, एकांकी और फिर 'प्रजा ही रहने दो' सम्पूर्ण नाटक के द्वारा अपने को नाटककार के रूप में भी प्रतिष्ठित कर लिया है, जबकि कथाकार भीष्म साहनी का यह पहला नाटक है। बाद में उनके कई नाटक आये। यह बिल्कुल भी अतिशयोक्ति नहीं है कि ये दोनों नाटक हिन्दी नाट्य लेखन की शक्ति और सम्भावनाओं को उजागर करते हैं। मानवीय संवेदन, सर्जनात्मक चेतना, कलात्मक सौन्दर्य दोनों मौजूद है।

कथाकार गिरिराज किशोर की प्रयोगशील वृत्ति, आधुनिक चेतना, संकेतों-प्रतीकों, व्यंग्य की पकड़, राजनीतिक व्यवस्था के बीच आम आदमी की स्थिति की अभिव्यक्ति, कहानी की सांकेतिकता-प्रियता सम्पूर्ण राजनीतिक-सामाजिक परिवर्तनों के सीधे अनुभव ही उनके नाटकों में रंगमंच के व्यापक अर्थ और नवीनता से जुड़े दिखाई देते हैं। नाट्य-लेखन की प्रक्रिया में 'चेहरे चेहरे कितने चेहरे' एक नये नाट्य रूप की तरह सामने आता है। इससे पहले 'घोड़ा और घास' और 'काठ की तोप' नाटक में भी गिरिराज किशोर की प्रयोगशील और रचनात्मक ईमानदारी के उदाहरण सामने आये लेकिन यहाँ उनकी अपनी सीमाएँ भी थीं। वहाँ लेखक के मन में नाट्य लेखन की सार्थकता का द्वन्द्व, लोक शैली के प्रयोग का प्रश्न बार-बार सामने आया है। 'केवल मंच के लिए जिन्दगी के विरोधाभासों का सरलीकरण नहीं किया जा सकता।'...सब हो सकता है।... 'जिन्दगी को उसकी सही शक्ल में समेटने की शक्ति अभी मंच में नहीं आई।' 'लेखक, तुम ऐण्टीह्यूमेन हो एक ऐसी ट्रेजेडी को मंच पर ले आये हो जो मनुष्य में मनुष्य की आस्था को समाप्त करती है...' नाटक को होने दो...लीक पर से हटता है तो हट जाने दो।' 'घोड़ा और घास' नाटक के ये सारे संवाद जिन्दगी और नाटक, लेखक और नाट्यरचना के द्वन्द्व को व्यक्त करते हैं लेकिन 'चेहरे चेहरे कितने चेहरे' में यह द्वन्द्व, यह प्रयोगधर्मिता सृजन-शक्ति में बदल गयी है। सम-सामयिकता और रंगमंचीय सूझ-बूझ के इस नाटक का जन्म भी 'प्रजा ही रहने दो' की तरह रंगमंचीयता की सहज लेकिन रचनात्मक प्रक्रिया के बीच से गुजरते हुए और हर क्षण नये अनुभवों की सक्रिय अभिव्यक्ति के साथ हुआ है। इसकी सार्थकता पढ़े जा सकने में उतनी नहीं जितनी मंचित होने की विविध सम्भावनाओं में है। इस अर्थ में इसका आलेख एक चुनौती बन सकता है। केवल एक, दो, तीन, चार पात्र-बिना नाम, रूपरेखा, वेशभूषा संकेत के-सात दृश्यों में विभिन्न भूमिकाएँ निभाते हुए एक ओर फासिज्म को उधेड़ते हैं, दूसरी ओर जन-पीड़ा, जनता की आवाज को, उसकी स्थिति, समस्या, करुणा को व्यक्त करते हैं। व्यंग्य और करुणा, कृत्रिमता और मानवीय संवेदनाएँ एक साथ चलते हैं। लेखक के पास नाट्य रचना के आधार हैं-कोरस, मुखौटे, प्रतीक, संकेत और गतियाँ। कोरस

और सामूहिक गतियों के परिवर्तन संचालन से ही नाटक में बहुत कुछ कहा गया है। कोरस में सामान्य आदमी का प्रतिनिधित्व करते हैं, कौरव ही नाट्यभूमि का निर्माण करते हुए रंगमंचीय अर्थ की सृष्टि करते हैं। लगभग हर दृश्य के आरम्भ में कोरस और उसके साथ गतियों के स्वरूप से ही सारे तनाव की, वातावरण की, अर्थ की सृष्टि की गयी है। पहले दृश्य में ही पाँच कुर्सियों के चारों ओर नाचते-गाते लोग, कोरस, गतियाँ, नाटक की मूल संवेदना, उसके व्यंग्य को स्थापित करते हैं –

चेहरे उसके
मोहरे अपने।
उनके सपने
अपने सपने
× × ×
हम हैं उनके, वे हैं अपने।

और फिर

घाटम घाट
भागम भाग
धरती फाटे
जिया छाटे
घाटे एक
बाढ़े अनेक
खाओ लात
मारो लात।

यह असम्बद्ध कथन जैसा दीखता कोरस आम आदमी की नियति और आज के तन्त्र के क्रम को व्यंजित करता है। दृश्य दो में बीच की कुर्सी ऊँची है जहाँ 'महान चेहरा' बैठता है। मुखौटे रखे हैं, सेमिनार की पट्टिका लगी है। सेमिनार में 'महान चेहरे' का भाषण बड़े-बड़े झूठे वायदों, उपदेशों, नारों, मानव-कल्याण के फैसलों को बार-बार दोहराते हुए शब्दों का खर्च अधिक काम कम दिखाता है और रह-रहकर बीच-बीच में प्रजातन्त्र पर कड़ी चोट भी की गयी है। कुर्सियों को मजबूती से पकड़ते हुए 'बहुजन हिताय, बहुजन सुखाय' का नारा व्यंग्य को और तीखा करता है। 'महान लक्ष्य में हम कहाँ हैं?' या 'हम स्वतन्त्र हैं, उस दकियानूसी तरीके से नहीं, बिल्कुल नये तरीके से' जैसे वाक्य प्रजातन्त्र और स्वतन्त्रता का मजाक उड़ाते हैं। दृश्य तीन मुखौटे ही व्यंग्यार्थ को सम्प्रेषित करते हैं। 'मुखौटे दिन में पहने जाते हैं...हाँ, जब सेमिनार में बैठना होता है'...दृश्य चार तक पहुँचते-पहुँचते मुखौटे ही

शेष रह जाते हैं, चेहरे गायब हो जाते हैं। आदमी की पहचान गुम हो जाती है, मुखौटों की ही पहचान होती है। लेकिन आम आदमी के पास मुखौटा नहीं होता। हम लोगों के पास तो निखालिस यही एक शक्ल होती है। इसे ही ओढ़ लो या बिछा लो। बातों-बातों में मेघनाद, अंगद, कुम्भकर्ण, राम-रावण के प्रसंग से, सीता-हरण के प्रसंग द्वारा भी व्यंग्य को सार्वजनीन किया गया है। दृश्य पाँच के आरम्भ में सबके मुँह पर एक-सा मुखौटा है और वे एक बड़ा मुखौटा देव-प्रतिमा की तरह हाथ में लिए कोरस गाकर नाच रहे हैं। बात केले और आम के पेड़ (केले की जाति चोर है और आम की साहूकार और छद्म) से होती हुई समस्याओं, जन-विरोधी वृक्षों के सफाये, जन-कल्याण पर लम्बी खोखली बातचीत और बहुत लम्बी प्रक्रिया पर आ जाती है, देश की महान योजनाओं पर प्रश्नचिह्न लगता जाता है, साथ ही आम आदमी की निष्क्रियता पर भी व्यंग्य होता है। छठा दृश्य वृक्ष काटने के कोरस के साथ शुरू होता है–

कट्टम कट्टा सबको काटा
मानुस काटा तरुवर काटा।
किसने काटा?
राजा ने काटा,
प्रजा ने काटा,
था काटा संसार में?

कोरस के साथ सभी वृक्ष कटते जाने की पूरी दृश्य-कल्पना साकार होती जाती है –

आम दे भई, आम दे
आम है सरकार के
हम भी हैं दरबार के।

और पेड़ काटकर उसके ठूँठ पर तख्ती लगा दी जाती है–'यह पेड़ जन विरोधी था' दृश्य सात में महान चेहरे का बार-बार स्मरण उसकी स्तुति, आम आदमी का महान चेहरे से भय, क्रमशः महान चेहरे की विकृति उभरती जाती है और साथ ही आम आदमी के शब्द भी–कि 'हम क्या करें? हम सब क्या करें? कटे हुए उन पेड़ों की जड़ें फूट आयी हैं...वे बढ़ रहे होंगे– सारा जंगल उनसे फिर भर गया।' महान चेहरा ऊपर ही ऊपर उठता जा रहा है। सब हाथ उठाये खड़े रह जाते हैं। कहने का तात्पर्य यह कि यह नाटक प्रतीक, वातावरण रचना और कल्पना की माँग करता है। खासतौर से कोरस का प्रयोग उसे अर्थवत्ता भी देता है, गति-विन्यास की स्वतन्त्रता भी देता है बल्कि कहीं-कहीं कोरस मात्र ध्वनि बनकर रह जाता है और वह ध्वनि ही अर्थ का काम करती है बिल्कुल निराला के मुक्तछन्द की लय से

ध्वनित अर्थ की तरह। वह ध्वनि कहीं सन्नाटा बन जाती है, कहीं करोड़ों जनता की गड्डमड्ड होती आवाज, शोर। यह नाटक कहीं-कहीं अपने असम्बद्ध संवादों या तटस्थ वातावरण में, कथा-हीनता और पात्रों के प्रचलित रूप से रहित होने के कारण, बेतरतीब संवादों में एब्सर्ड नाटक जैसा लगता है, कभी लोक-भूमि के काफी करीब आता हुआ लगता है, इसीलिए उसमें पुनर्रचना की सम्भावनाएँ अनन्त हैं। बौद्धिक वर्ग और जन-सामान्य दोनों के करीब पहुँचने की शक्ति उसमें विद्यमान है।

करीब-करीब इसी रूप में नाट्यलेखन की अनिवार्य शर्त को भी साहनी का नाटक 'हानूश' पूरा करता है। 'तमस' उपन्यास और 'वाङ्चू' कहानी-संग्रह के साथ 'हानूश' ने कथाकार के भीतर छिपी नाटककार की रचनात्मकता को ही प्रतिष्ठित नहीं किया, हिन्दी नाट्य-साहित्य को ताजगी भरा सीधे-सादे नाट्यशिल्प का बड़ा ही मार्मिक नाटक भी दिया। संघर्ष यहाँ भी है। उसे आम आदमी और क्रूर सत्ता के बीच के संघर्ष के रूप में भी देखा जा सकता है पर मुख्य है एक कलाकार की सर्जनात्मक चेतना की गहरी छटपटाहट शायद इसीलिए इस नाटक में आन्तरिक लगाव गहरे आत्मीय क्षणों जैसी तरल अभिव्यक्ति, अनुभूति आद्यन्त मौजूद है। बिल्कुल नहीं लगता कि यह 'तमस' का यानी किसी भी उपन्यास का रचयिता है, क्योंकि एक रचनाकार ने रचनाकार की दुर्दमनीय सिसृच्छा, उसी विवशता, निरीहता, संकाटापन्न स्थिति और उसके बीच उसकी द्वन्द्वात्मक आकुल मन:स्थिति को पूरी तन्मयता, संवेदनशीलता और नाटक के अनुकूल कलात्मकता के साथ प्रस्तुत किया है। चेक इतिहास की महत्त्वपूर्ण घटना और घड़ी के आविष्कार की लम्बी, कहानी से सम्बद्ध होते हुए भी न यहाँ इतिहास है, न घटना न कहानी बल्कि बहुत ही सूक्ष्म स्तर पर ताला बनाने वाले सामान्य मिस्त्री हानूश के जरिये एक कलाकार की सृजनेच्छा, उसकी शक्ति को इस तरह प्रस्तुत किया गया है कि मानवीय नियति भी और सत्ता की विरोधात्मक, विध्वंसात्मक शक्ति भी उभरती चलती है। इस अर्थ में व्यंग्य और करुणा यहाँ भी है, जनशक्ति और सामाजिक शक्ति का संघर्ष, व्यवस्था की क्रूरता और आशंकित दुर्बल मन:स्थिति यहाँ भी है लेकिन वह एक राजनीतिक या सामाजिक व्यंग्य बनकर नहीं इस नाटक को रचता, वह संवेदनशील सर्जनात्मक व्यक्तित्व के दमन, उससे उत्पन्न छटपटाहट को मुखर करता है। यही कारण है कि भीष्म साहनी ने मात्र व्यंग्यात्मक प्रसंगों का स्थितियों से बचते हुए अन्दरूनी संघर्ष पर नाटक को प्रतिष्ठित किया है। इसके लिए नाटक में कलाकार के पारिवारिक तनाव और लगाव के दृश्य बार-बार नाटक के यथार्थ को बुनते-रचते चलते हैं। पहले अंक में कलाकार की सृजनेच्छा और पारिवारिक तनाव दोनों हैं। दूसरे अंक में उसकी सृजन-शक्ति का प्रमाण और फिर सत्ता द्वारा उसके दमन की भयानक सच्चाई को प्रस्तुत किया गया है। तीसरे अंक में कलाकार की मानवीय नियति, दमित जनशक्ति

की पीड़ा को बहुत ही आत्मीय और गहरी संवेदना के स्तर पर अभिव्यक्त किया गया है जिसके लिए भीष्म साहनी ने किसी–'नयेपन' या शिल्पगत कौशल का या आग्रह का सहारा नहीं लिया है। बड़ी आसानी से नाटक का सारा कार्य व्यापार दो स्तरों पर चलता है–हानूश का मध्ययुगीन कमरा और नगरपालिका का हॉल जो नाटक के व्यंग्य, संघर्ष और तनावग्रस्त स्थितियों के एकदम उपयुक्त है बल्कि दोनों स्थल अभिव्यक्ति का काम करते हैं। इसी तरह नाटक के आखिरी दृश्य को घड़ी की मीनार में रख देना भी भीष्म साहनी का नाट्य–कल्पना का उदाहरण है क्योंकि ऐसा करके उन्होंने नाटक की मूल चेतना को और प्रखर और सम्प्रेषणीय बना दिया है। यद्यपि इस नाटक की मूल संवेदना के पीछे आर्थिक संकट है–सारे संघर्ष और तनाव के केन्द्र में अर्थ भी है लेकिन किसी लादी गयी सोद्देश्यता या प्रतिबद्धता का कोई भी आभास यहाँ नहीं होता। यहाँ हम कलाकार की सृजनेच्छा, उसकी शक्ति, उसके दमन और दमन से उपजे आन्तरिक द्वन्द्व और व्यग्र कर देनेवाली आकुलता के साथ–साथ होते हैं। दूसरे अंक का अन्त इस माने में हिला देने वाला है। हानूश जैसे कलाकार की, सृजनशील व्यक्तित्व की यह क्रूर नियति है, विडम्बना है कि वह अन्धा भी कर दिया जाता है और राजदरबारी भी बना दिया जाता है। वह अकेला और कटु होता जाता है। अधिकारियों से कहे गये हानूश के वाक्यों में उस कटुता और अवसाद का, करुणा का एहसास किया जा सकता है। नाटक का अन्तिम दृश्य तो बेजोड़ है। घड़ी की मीनार में अकेला हानूश, उसकी एक–एक हरकत, हर वाक्य, हर प्रयत्न केवल सृजन की छटपटाहट का हिस्सा है। गहरे अन्धेरे के बीच सिर्फ दो मशालों की रोशनी के वृत्त में सारी क्रियाएँ और आन्तरिक शक्ति का गहरा एहसास नाटक को बिल्कुल भावुक नहीं बनने देता। रूपबन्ध के नये प्रयोग की निरर्थकता को व्यक्त करता हुआ 'हानूश' इस सत्य को प्रमाणित करता है कि हिन्दी रंगमंच को पश्चिमी रंग–शैलियों या शिल्प की आवश्यकता नहीं है। 'हानूश' बहुत लचीला नाटक है, उसमें भी अनन्त सम्भावनाएँ निहित हैं क्योंकि इसमें न बिखराव है, न बनावट, न कोई आग्रह है, न हीन भावना, बल्कि एक ईमानदार कोशिश है। नाटक का अपने रंग–शिल्प में बहुत ही लचीला होना उसकी अनिवार्यता मानी जानी चाहिए क्योंकि उसी में उसकी असली सृजनशीलता और प्रयोगधर्मिता प्रभावित नहीं कर पाता। आश्चर्य होता है भारतेन्दु हरिश्चन्द्र के 'अन्धेर नगरी चौपट राजा' नाटक की अर्थवत्ता और नवीनता देखकर जो आज भी रंगमंच पर नया रूप, नया अर्थ–सौन्दर्य ग्रहण कर लेता है। 'चेहरे चेहरे कितने चेहरे' और 'हानूश' में जो मानवीय सन्दर्भ, सारी जटिलता के बीच भी रंग–शिल्प का जो लचीलापन है, वही महत्त्वपूर्ण है। एक के कोरस और गतियाँ दूसरे की घड़ी की टिक–टिक लगातार अर्थध्वनियाँ गूँजाते रहते हैं और यह गूँज ही किसी भी नाटक की शक्ति हो सकती है। हिन्दी का आज

का नाट्यलेखन बहुत बड़े पैमाने पर और बहुत सूक्ष्म स्तर पर इस गूँज को पकड़ नहीं पा रहा है। हिन्दी में नाटककार ही गिने चुने हैं। उनमें भी कोई नाट्यलेखन और रंगकर्म दोनों में लग गये हैं तो कोई बिल्कुल ठहर गये हैं इसलिए जो सही, सार्थक नाट्यलेखन में जुटे हैं, उनकी पहचान आज के समीक्षक का दायित्व है। अनुवादों की भीड़ में नाट्यलेखन का छिपते चले जाना विचारणीय स्थिति है।

क्रियाओं और आन्तरिक शक्ति का, अभिनय का बराबर एहसास कराते हुए यह नाट्य प्रमाणित करता है कि हिन्दी रंगमंच को पश्चिमी रंग-शिल्प और कृत्रिम साधनों की आवश्यकता नहीं है। हमारा भारतीय_नाट्य 'अनुमानाश्रित' मंचीय पक्ष को मानता है। इतने सशक्त नाटक के भी देशभर में बहुत मंचन नहीं हुए। इस नाटक में भी अतिरिक्त कथन और विस्तार है पर अब तक तो उसके सम्पादित संस्करण आ जाने चाहिए थे। निर्देशक राजेन्द्रनाथ ने इसका मंचन किया ही था। मुख्य बात भाषा की अस्मिता अपनी संस्कृति से गहरे अनुराग की है। 'हानूश' तो 'आषाढ़ का एक दिन' से आगे का बेहद सघनता का नाटक माना गया। क्यों शेक्सपियर के नाटकों पर बराबर स्क्रिप्ट के धरातल पर, भाषा के स्तर पर कार्य होता है, हमारे यहाँ न यह दृष्टि पनपी, न सृजन की मानसिकता। दया प्रकाश सिन्हा का 'कथा एक कंस की' ऐसा नाटक है जहाँ पूरा भारतीय नाट्यशास्त्र है, अभिनेता है, अभिनय के प्रकार हैं, वाचिक सौन्दर्य है, नवरस है, स्थायी भाव, संचारी भाव है–हम उसके द्वारा ये सब समझा सकते हैं और है पुराण में मनोविज्ञान और आधुनिक मानव संवेदना। दूधनाथ सिंह का 'यमगाथा' भी रंग-कार्य की निरन्तरता और समीक्षा की माँग करता है। वहाँ भी पूरा शास्त्र और आधुनिकता है और है विराट फलक। लगातार प्रदर्शनों के बाद उसका भी संशोधित संस्करण अपेक्षित है। हालाँकि अब इधर यह मान्यता बदली भी है अर्थात् नाटक अपने मूल रूप में ही छपे ताकि मूल नाटक और निर्देशक के प्रदर्शन-आलेख का तुलनात्मक मूल्यांकन भी हो सके।

हिन्दी में मूल प्रवृत्ति, क्लासिक नाटक की रही है जहाँ हम बार-बार लौटते हैं। नाट्यधर्मी और लोकधर्मी दोनों परम्पराओं को पचाकर कोई नाटक हिन्दी में हमें ऐसा नहीं मिलता जैसे कि 'घासीराम कोतवाल' या 'हयवदन'। इस माने में शायद भारतेन्दु अकेले हैं। उन्होंने बहुत कुछ आत्मसात किया हुआ था, वहाँ प्रयोग नहीं था और वह वस्तुतः नाटककार थे। इधर बड़े पूर्णकार नाटकों में प्रभाकर श्रोत्रिय का 'इला' नाटक हिन्दी नाट्यसाहित्य को बहुत आगे ले जाता है। लम्बा काल, सार्वभौमिक प्रश्नों और बहुत व्यापक फलक का यह नाटक हिन्दी का 'एपिक ड्रामा' है। जटिल भावतत्त्व और गहन एवं भव्य नाट्य रूप का अजीब संगुम्फन है इसमें। 'इला' मिथक और कल्पना के सर्जनात्मक सम्बन्ध को निभाते हुए मानवीय आयामों को खोलता चला जाता है। श्रीमद्भागवत के नवम स्कन्ध के पहले अध्याय में वर्णित

प्रद्युम्न की कथा पर आधारित 'इला' नाटक अपनी समकालीन व्यंजनाओं और सन्दर्भों में चकित कर देनेवाला है। मुख्य है पौराणिक कथा में प्राप्त अप्राकृतिक विद्रूप तथ्य से नाटककार का सूक्ष्म, मार्मिक, संवेदनात्मक, सर्जनात्मक ट्रीटमेण्ट। पुत्री को पुत्र में बदलना आज के वैज्ञानिक, संवेदनहीन, अमानवीय युग की सबसे ध्यानाकर्षक और मानवीय प्रश्नों को सीधे छूने वाली मार्मिक घटना है। नाटककार ने जिन मानवीय आयामों को विभिन्न कलाओं के अन्तरालम्बन और समसामयिक पैनी दृष्टि से, पूरी जाँच-पड़ताल करते हुए उद्घाटित किया है और आज के कुरूप नग्न यथार्थ और राजनीतिक-सामाजिक-आर्थिक-धार्मिक परिदृश्य को बिल्कुल उघाड़ डाला है वह इस नाटक की उपलब्धि है। इला से सुद्युम्न, सुद्युम्न से इला और फिर इला से सुद्युम्न की घोर शारीरिक मानसिक यन्त्रणा सुद्युम्न की वह त्रासदी बन जाती है जो चारों ओर के आतंक को भी खोलती है और व्यक्ति की महत्त्वाकांक्षा, रूढ़ियों, मानव विरोधी प्रवृत्तियों को भी खोलती है। वह वर्तमान यान्त्रिक पक्ष पर भी चोट करती है-'प्रकृति महाशक्ति है। उससे अप्राकृतिक छेड़-छाड़ मत करो।' नाटक में चिन्तन, आस्वादन, द्वन्द्व, मिथक और मानवीय क्रियाएँ, समकालीन यथार्थ सब एक साथ हैं। केन्द्र में है स्त्री जिसका गम्भीरता से पूरे तन्त्र की विभीषिकाओं को व्यंजित करने में रचनात्मक उपयोग किया है। नारी चेतना मुख्य होती जाती है। नाटक के अन्त तक पहुँचने पर लेखक के 'अनुभूतिदर्शन' में स्त्री हृदय की करुणा, भावात्मक उदात्त सौन्दर्य प्रतिष्ठित होता है। स्त्री केन्द्र में होने से पुरुष की लिप्साएँ सामने आती हैं। सत्ता की डुगडुगी पर नाचते बुद्धिजीवी, कलाकार सब दीखते हैं-बहुत सारे मायावी रूपों और क्रूर सनक का शिकार लेती जनता के दर्द के बीच से प्रभाकर श्रोत्रिय स्थायी सत्य का संकेत करते हैं-एक, स्त्री के व्यक्तित्व का, दूसरे, जारज पुत्र की प्रतिष्ठा का, तीसरे प्रकृति को महाशक्ति मानने का और चौथे मिथक को बंधकर कालजयी सत्य को जीवित अनुभव के रूप में स्थापित करने का। 'इला' के सभी पात्र में बड़े जीवन्त हैं-भारतीय और चिरन्तन। भारतीय रंगमंच का काव्य है-शिष्ट भाषा है पर फिर भी भीड़ को अपनी ओर खींचने वाला नाटक। 'ध्रुवस्वामिनी' और 'इला', बल्कि 'आषाढ़ का एक दिन' के प्रदर्शन पर भी मुझे कभी नहीं लगा कि भाषा बाधक है दर्शक के लिए बस सही ध्वनि और लय की सूक्ष्म पकड़ चाहिए अदायगी में-सफाई और भाषा से राग। 'इला' को यहाँ हजारों अनपढ़ महिलाओं, रंगमंच से कटे पुरुषों बच्चों ने देखा और साथ में शिक्षितों के लिए भी 'इला' में भाषा के रचाव में अद्भुत तथ्यात्मक संचार और भावात्मक उत्तेजना है। हिन्दी में भाषा के जरिये चरित्रों और स्थितियों के द्वन्द्व, व्यंग्य-संकेतों, टकराहट और लय का जो वैशिष्ट्य प्रसाद में कहीं-कहीं आता था, मोहन राकेश ने उसे स्थायी और सर्जनात्मक विस्तार दिया, शब्द के साथ ध्वनि और लय का विचित्र रिश्ता बनाया, सुरेन्द्र वर्मा ने उसे

और अधिक सूक्ष्म भावोच्छ्वास और एहसास का धरातल दिया, 'इला' की नाट्यभाषा आरोह-अवरोह, सघन अनुभूति, रागात्मक संवेदना, हरकत, लयात्मक वैचित्र्य के आन्तरिक संस्पर्श से भरी पड़ी है-एक भारतीय अभिनय शैली भी उभरती है 'इला' से और एक उत्तेजनात्मक आवेग भी बनता है जो संस्कृत नाटक और पारसी नाटक की एक साथ याद दिलाता है। विरोधी पात्रों से उत्पन्न तनाव और विषय पात्रों के जोड़े प्रसाद और राकेश ने भी किये थे लेकिन 'इला' के काल, कथ्य और चरित्रों में विस्तार और विषमताएँ अनन्त हैं। ये पात्र केवल अन्तर्मन से नहीं जूझते और न निर्णय से भागते हैं, ये क्रूर यथार्थ से जूझकर सम्पूर्ण क्रान्ति का आवाहन करते हैं। वन-दृश्य का लम्बा एकालाप यहाँ भी है-यह तो 'प्रकृति का संगीत' है, रूप, रस, गन्ध, स्पर्श से भरी साक्षात् कविता और अभिनय के लिए एक सुन्दर स्थल जो मुद्राओं, गति, ताल, भाव, लय, संगीत, परिवर्तन की प्रक्रिया को बहुत कलात्मक ढंग से प्रस्तुत करता है। 'इला' निश्चय ही 'समग्रता की खोज' और 'मनुष्य की स्थापना' का नाटक है। अपने वैचित्र्य, महाकाव्यत्व, संघर्ष और दर्शन में, भाषा में 'इला' सचमुच हिन्दी नाटक को बहुत आगे ले जाने वाला नाटक है। यद्यपि 'इला' में सम्पादन के बाद भी और अधिक कसावट की अपेक्षा है पर इसके लिए बार-बार प्रदर्शनों की आवश्यकता है। आश्चर्य का विषय है कि मौलिक नाट्य लेखन पर प्रश्न उठाते हुए आज समीक्षक और रंगकर्मी किसी का ध्यान 'इला' की ओर नहीं गया। जबकि 'इला' में साहित्यिकता, भारतीय सांस्कृतिक चेतना, समकालीन यथार्थ और व्यावसायिक सफलता के गहरे सरोकार एक साथ हैं। हमने जब इसका मंचन किया था-प्रभाव यह था कि प्रतिदिन शो चलते तो भीड़ भी होती, नाटक भी स्थापित होता। लेकिन हमारे सामने 'शौकिया रंगमंच' के बहुत सारे संकट थे-यह नाटक दर्शक समुदाय को उद्वेलित और संस्कारित कर गया।

'साँच कहूँ तो...' में नाटककार किसी भी प्रकार की दुविधा या अतिरेक में नहीं है। आश्चर्यजनक रूप से यह नाटक बेहद चुस्त, संगठित और लयबद्ध है। लोकरंग-परम्पराओं के नवीन कल्पनाशील प्रयोग का यह एक उदाहरण है क्योंकि यहाँ लोक रंग किसी प्रयोग मात्र की तरह नहीं आये हैं। लेखक का विश्वास है कि पुराण और लोक कथाएँ हमारी सर्जना का अक्षय स्रोत है। 'साँच कहूँ तो...' एक आधुनिक एलिगिरी है-नाटक न बहुत अधिक ऐतिहासिक साक्ष्यों के और न केवल कल्पना के फेर में है लेकिन एक कुशल शिल्प में रचा गया दृश्यात्मक नाटक है। नाटकककार के पास जटिलता और आधुनिकता का बेधने की, पारम्परिक सौन्दर्य को बनाये रखने की दृष्टि भी है और सर्जनात्मक कौशल भी। माध्यम की प्रकृति, उसके सौन्दर्य और सम्भावनाओं की गहरी पहचान यहाँ दीखती है। इस नाटक में शब्द मुख्यत: लय, संगीत और संकेतों से युक्त बहती हुई गति में चलते हैं और

नयी अर्थ-व्यंजनाएँ भी बहुत सहज रूप में दर्शक को मिलती चलती हैं।

'साँच कहूँ तो' की कथा का आधार प्रभाकर श्रोत्रिय ने एक हजार साल पूर्व राजस्थानी में लिखित काव्य 'बीसलदेव रासो' (नरपति नाल्ह) को बनाया है। इस प्रकार इसे रचा गया है कि राजस्थानी रासो कथा और राजस्थानी लोककथा के सारे अंगों की मौजूदगी की अनुभूति भी होती है और मौलिकता की भी। तभी यह हमें एक अछूता लीला नाटक लगता है। नाटक में राजा भोज की पुत्री राजमती और अजमेर के चौहान राजा बीसलदेव के विवाह का, पति के परदेस चले जाने का और फिर दोनों के मिलन का सामान्य कथानक नारी की परतन्त्रता आन्तरिक यातना का पुरुष द्वारा उसके अपमान का और पुरुष के एकाधिकार का नितान्त मौलिक नाटक बन जाता है। और समकालीन दृष्टि से नारी अस्मिता, नारी मुक्ति का। बारह वर्ष की राजमती बेहद चंचल, मुखर, अबोध है-स्त्री पुरुष सम्बन्धों, दाम्पत्य सम्बन्धों, रीति-रिवाजों के अर्थ वह नहीं जानती। उसकी सरलता, अनभिज्ञता उससे आयु में बहुत बड़े पति बीसलदेव को परेशान करती है, झुँझलाती है, क्रुद्ध करती है और बार-बार उसके पुरुष आवेग, अहंकार और आत्मसम्मान को ठेस लगती है। आहत होकर बीसलदेव अकेला उड़ीसा चला जाता है-हठपूर्वक हीरे लाने के लिए। इस प्रवास को नाटक में बार-बार लोककथाओं में स्त्री व्यथा, पति के विदेश आने पर वियोग और नल दमयन्ती के कथानक से भी जोड़ा गया है। इस दृष्टि से नाटक का अंक दो और उसका प्रत्येक दृश्य बहुत सुन्दर, सुखान्तिकी, विषम स्थितियों, हास-उपहास, क्रीड़ा और तनाव से भरा हुआ है। राजमती का बारह वर्ष का भोलापन कौतुक, निर्भय व्यक्तित्व बहुत आकर्षक ढंग से, उसी के अनुरूप भाषा और लय में, आयु के एकदम अनुकूल अभिव्यक्ति और व्यवहार में रचा गया है। राजमती के अक्खड़पन में जिस तरह स्त्री की विवशता, छटपटाहट, अपमान और वियोग, घुलते मिलते गये हैं वह पारम्परिक सुखान्तिकी में नारी की त्रासदी को, तनाव को अनजाने ढंग से अनायास घुलाता मिलाता जाता है-यही इस नाटक का वैशिष्ट्य बन जाता है। स्त्री यहाँ भी केन्द्र में है और नाटक उसी के इर्द गिर्द में घूमता है। राजमती का यह वाक्य-तो जान ले, प्यारे राज में तो बस नमक निकलता है, उसके राज में हीरे निकलते हैं। हीरे की खाने हैं। अब बता तू बड़ा या वो राजा? बीसलदेव के मन में जैसे गड़ जाता है और वह उड़ीसा जाने की ठान लेता है। यही कथानक और चरित्रों के वैषम्य का, विडम्बना का केन्द्रीय कारण बन जाता है। और ऊपर-ऊपर से सामान्य दीखने वाले चरित्र में समकालीन स्वरों और चेतना के कारण जो विशिष्टता आती है वह ध्यान आकृष्ट करती है। राजमती के चरित्र में जहाँ नाटककार मध्यकालीन नारी दृष्टि को आधुनिक नारी चेतना, व्यक्तित्व सम्पन्नता और विद्रोह में बदलता है, वहीं बीसलदेव में पुरुष के एकाधिकार और बालहठ की व्यंजनाएँ

हैं, वहीं उसमें एक शासक की विचारहीनता, सनक और राजधर्म और प्रजा-रक्षा के प्रति कर्त्तव्यहीनता भी खुलकर सामने आयी है। अनमेल विवाह से जन्मी विडम्बनाओं की ओर संकेत भी। पुरानी प्रचलित परम्परा बाल विवाह के दुष्परिणाम और उससे जन्मी असंगतियाँ भी दृश्यमान होती चलती हैं। पुरुष की कामासक्ति को दिखाने के लिए उसकी पत्नी इन्द्रावती की कल्पना की गई है। बीसलदेव की उड़ीसा यात्रा भी वर्तमान समय की उपभोक्तावादी संस्कृति और प्रवृत्ति के चित्रण की सम्भावनाएँ हमें देती हैं। लोककथा का सामान्य-सा प्रसंग नाटक में प्रवास के दौरान अनेक प्रकार के संकेतों से भरा है।

सबसे प्रमुख है इस नाटक का संरचना-पक्ष और भाषा। मारवाड़ और मालवा की लोकरंग-परम्परा की रंगत से, कल्पनाशील प्रयोग से 'साँच कहूँ तो' को बहुत ही रोचक और मौलिक बनाया गया है। लोक तत्त्व अनिवार्य था लेकिन किसी विशेष लोकनाट्यशैली से उसे बँधने नहीं दिया गया है। नाटक की रचना में आंचलिकता है पर नाटक को 'आंचलिक नाटक' की सीमा में, विशेष आंचलिकता में बँधने नहीं दिया गया है। मंच की सादगी है। सादे मंच पर नाटक को राजस्थानी ख्याल और मालवा के माच लोकनाट्य की रंगत में रचा गया है। पूरा नाटक गीत, संगीत, नृत्य की लय ये भरा हुआ दर्शकों को प्रभावित करता है। पूर्वरंग में लोकगायक और विदूषक पारम्परिक रूप में इस नाटक का अनिवार्य और जीवन्त पक्ष हैं। उनका लचीला अभिनय, उनके संवाद और बीच-बीच में उनकी सजीव टिप्पणियाँ कथा-सूत्र तो जोड़ती ही हैं-जटिल दृश्यों, समस्याओं को सम्प्रेषित भी करती हैं, वे कालविस्तार को भी समेट लेती हैं। अन्य पात्र पण्डित योगी, कुटनी-जीवन के विभिन्न पक्ष, लोकतत्त्व को चरितार्थ करते रहते हैं अर्थात् लोकरंग की दृष्टि से नाटककार जातीय विश्वासों, अन्धविश्वासों को नहीं भूला है बल्कि उसका बहुत ही सटीक, पारम्परिक छटाओं के साथ रोचक रूप रचा है।

भाषा के स्तर पर भी इस नाटक को आंचलिक नहीं बनने दिया गया है बल्कि एक प्रकार की स्वाधीनता बनाये रखी गयी है ताकि इसे किसी भी बोली, भाषा में प्रस्तुत किया जा सके। शब्दों का, परम्परागत संगीत धुनों, नृत्य-प्रकारों का, हिन्दी के प्रचलित छन्दों का, साधारण सहज हिन्दी के प्रचलित छन्दों का, हिन्दी कविता का, नाटकीय प्रयोग है। राजस्थानी घूमर नृत्य, मालवा का गरवा नृत्य और अन्य पारम्परिक गीतों, नृत्यों के कारण यह पूरी नाट्यकृति संगीतमयी, नृत्यमयी, आकर्षक लयों के वैविध्य से युक्त लगती है। पूरे नाटक की संरचना और संवादो की भाषा की बुनावट में कहीं से भी यह नाटक हिन्दी का कृत्रिम नाटक नहीं लगता और आधुनिक संवेदना से हमारा रिश्ता बनाता है।

व्यवस्था और आम आदमी के बीच का संघर्ष, शासनतन्त्र की दमनकारी

प्रवृत्तियाँ और सत्तालोलुपी दृष्टि, षड्यन्त्र और क्रूर अमानवीयता आज के सम्पूर्ण साहित्य का केन्द्रीय धरातल बन गया है। यह भी साहित्य की नियति है क्योंकि मानवीय आधार पर यह ऐसा पक्ष है जो किसी भी रचनाकार के संवेदनशील मन को सीधे छूता है और किसी न किसी रूप में आकार ग्रहण करता है। 'इन्ना की आवाज' असगर वजाहत के संवेदनशील मन और गहरे अनुभव की अत्यन्त मार्मिक अभिव्यक्ति है। यह उस आम आदमी की आवाज है जो जन सामान्य को आकृष्ट करके अपने आसपास भीड़ के रूप में खींच लाती है, अपने 'चरवाहे के गीत' से अपना सम्मोहन-सा फूँकती चलती है और दूसरी ओर यही आवाज, यही स्वर और उसका सम्मोहन व्यवस्था के लिए भय, आतंक और असुरक्षा का कारण बनती जाती है। सत्ता कभी भी मौलिकता, बुद्धि की तीव्रता, रचनात्मकता और संवेदनात्मक अनुभूति की सच्चाई को सहन नहीं कर पाती और यहीं से दमन, षड्यन्त्र, भ्रष्टाचार, रहस्यमय कुचक्रों का सिलसिला शुरू होता है। 'इन्ना की आवाज' आरम्भ में जन-चेतना के अर्थ में है लेकिन जनचेतना को कुचलने की दृष्टि से उसे वजीरेआलम का महत्त्वपूर्ण पद, वैभव, सुरा-सुन्दरी प्रदान करके इसकी चेतनता और शक्ति को, उसकी बुद्धि और सहृदयता को भ्रष्ट करने का चक्र चलता रहता है। पद प्राप्त करने पर आदेशों और वैभव के कृत्रिम वातावरण में उसका असहज सा अनुभव करना, घुटन, ऊब, उलझन, क्रोध, अज्ञानता में फँसते जाना बहुत स्वाभाविक लगता है। उसके नये और विचित्र आदेश पशु-पक्षियों और आम आदमी के प्रति गहरी सहानुभूति को, न्याय-प्रेम और कर्तव्य को व्यक्त करते हैं लेकिन आम आदमी के लिए भोजन, कपड़े, जूतों आदि की समान हिस्सेदारी के उसके सारे आदेशों के नाम पर सुल्तान के आदमी आम आदमी का ही इतना शोषण करते हैं कि क्रमशः अशान्ति और अराजकता बढ़ती जाती है। इन्ना जिसके संस्कार, जिसकी मानसिकता, पद, वैभव, ऐश्वर्य, शासन, आदि की नहीं है-उसे वह लिवास भी बोझ लगता है और उस वातावरण में या तो उसका दम घुटता है या गर्मी उसे परेशान करती है। इतनी बड़ी सल्तनत में अपने आदेशों के महत्त्व का स्वयं उसे कोई अनुमान नहीं है। घबड़ाहट, ऊब और गुस्से में वह अपने को बहुत अकेला अनुभव करता है। वह सोचता है-'क्या मैं वाकई अपने आपको वजीरेआजम समझूँ' अब ये मेरा फर्ज है? एक असामान्य से अनुभव के साथ वह पहला हुक्म देता है कि 'पूरी सल्तनत में घोड़ों के मारने पर पाबन्दी लगा दी जाए।...मेरा हुक्म है कि उन इमारतों को नीचा कर दिया जाए जो बहुत ऊँचाई पर बनी हुई हैं ताकि घोड़ों को चढ़ाई न चढ़नी पड़े।...मेरा तीसरा हुक्म है कि कोई शख्स किसी परिन्दे को पिंजड़े में न रखे। चिड़ियाघर के दरवाजे खुलवा दिए जाएँ ताकि चिड़ियाँ पेड़ों पर जा बैठें और आजादी से उड़ सकें। चिड़ियाघरों के पिंजड़ों में चिड़ीमारों को कैद कर दिया जाए।...लगान माफ कर दिया

जाए।...कोई शख्स चीथड़ों में न दिखाई दे।...हर उस शख्स को जूते दिए जाएँ जो नंगे पैर मेहनत मजदूरी करते हैं।' इस तरह के हुक्मों की एक लम्बी झड़ी नाटककार ने बड़ी खूबी से नाटक में लगा दी है। इस युक्ति से इन्ना का आम आदमी का चरित्र उभरता है, व्यवस्था के कृत्रिम स्वरूप पर, उसी अमानवीयता पर, व्यंग्य पर उसके विरुद्ध आवाज होती है और नाटक की लय में एक विशेष तीव्रता और गति भी आती है और इन आदेशों के बाद उसे बड़ा आत्मतोष है कि 'इन्सानियत की खिदमत का ऐसा अहम कदम कभी उठाया गया है।' लेकिन यह उत्साह और तोष टिक नहीं पाता क्योंकि व्यवस्था निरन्तर छलती है–उसी के कारनामों और ऐशोआराम में उसे भटकाती चली जाती है। मदिरा, नर्तकी उसके चेतन मस्तिष्क को नष्ट किये रहते हैं। सिपाही उसी के दिये आदेशों का गलत इस्तेमाल करते हैं–उन्हीं आदेशों के नाम पर स्त्री, बच्चों नागरिकों को डराते हैं, पीड़ित करते हैं। धीरे-धीरे इन आदेशों से चारों ओर शिथिलता आ जाती है क्योंकि घोड़ों को पिटने की आदत है। वे बिना पीटे चलते नहीं। चारों ओर फैली अराजकता के बीच स्वयं उसकी ही प्रतिमा धुँधली होती जाती है। उन्हीं लोगों की नज़रों में वह मद्यप, कामुक, विलासी, कूड़ा सिद्ध होता जाता है जिनके बीच वह लोकप्रिय था। वजीरे आजम होने के बाद उसकी संवेदनशीलता समाप्त होती चली जाती है। अन्तिम दृश्य में सुल्तान का इन्ना से यह कहना कि 'जहाँ तुम्हारा नाम अपने आप लिख जाया करता था, अब तुम्हारा नाम वहाँ नहीं है' इस परिणति को सामने लाता है। सुल्तान का उसे पुनः उसी की आम दुनिया में वापस भेजने का फैसला व्यवस्था-तन्त्र की अन्दरूनी क्रूरता का पूरा बिम्ब खड़ा कर देता है। सुल्तान कहता है 'तुम्हें हमारा हुक्म मानना पड़ेगा क्योंकि तुम अपने से ऊपरवाले का हुक्म मानने और नीचे को हुक्म देने के आदी हो चुके हो।' इससे अधिक अमानवीय सजा और क्या हो सकती है कि न अपनी दुनिया के उपयुक्त रहा और न इस व्यवस्था के। उसका 'कुछ न रह जाना' ही अस्तित्वहीनता, अकेलेपन की वह भयानक त्रासदी है जो नाटक के अन्त में हिला देती है। 'तुम कुछ भी नहीं हो इन्ना।' अब तुम गा नहीं सकते चरवाहों का वह नग्मा जिसे सुनकर लोग तुम्हारे दीवाने हो जाया करते थे।' सुल्तान के क्रूर आदेश पर इन्ना गाने की कोशिश करता है लेकिन उसकी आवाज फट जाती है। 'अब तुम सिर्फ हुक्म दे सकते हो इन्ना, गा नहीं सकते।' सुल्तान के कहकहों के बीच बेबस इन्ना की फटी आवाज और बेसुरापन जीवन की पीड़ा बनकर उभरता है। इस दृष्टि से नाटक व्यवस्था की शक्ति और षड्यन्त्र को ज्यादा दिखाता है, मनुष्य की शक्ति को नहीं। नाटक की इस मूल संवेदना को नाटककार ने सादगी भरे शिल्प में प्रस्तुत किया है–किसी नयी रंगशैली या शिल्प की प्रयोगात्मकता वहाँ नहीं है। केवल छोटे-छोटे ग्यारह दृश्यों में नाटक की संरचना है और दृश्यों की दृश्य-परिकल्पना को निर्देशकीय

कल्पनाशक्ति और सर्जना पर छोड़ दिया गया है। इसलिए खुले मंच का उन्मुक्त वातावरण, लचीलापन भी इसमें हैं और यथार्थवादी शैली में प्रोसेनियम मंच के फ्रेम में बंधने की सम्भावनाएँ भी उसमें है लेकिन ज्यादा रोचक सम्भावनाएँ लोकनाट्य शैली में बाँधे जाने की हैं। भाषा में स्वभावत: उर्दू प्रयोग और प्रवाह है लेकिन वस्तुत: भाषा में रवानगी है, स्थितियों का आरोह-अवरोह और त्वरा गति है, ध्वनि है। रंगमंच की भाषा का मुहावरा उसमें है। ग्यारहों दृश्यों में क्रमश: जिस बनते-जाते नाटकीय तनाव की बुनावट की जरूरत है-उसी बढ़ते तनाव और चरम सीमा के कारण नाटक कहीं निरर्थक या बोझिल नहीं है। संवादों में भी कहीं निरर्थक विस्तार या दोहराव नहीं है। हिन्दी नाट्यलेखन में नाटककारों ने प्राय: दो विरोधी पात्रों या स्थितियों को आमने सामने रखकर टकराहट पैदा की है-चाहे वह जयशंकर प्रसाद के नाटक हों, चाहे मोहन राकेश के और चाहे अन्य नाटककारों के। वस्तुत: यह द्वन्द्व, यह टकराहट, संघर्ष नाटक में प्रभाव सृष्टि में सहायक तत्त्व होता है और उससे रंगमंच की एक लय, एक सौन्दर्य बनता जाता है। इस प्रकार के नाटक में चरित्र और उसकी जटिलता, उसके सूक्ष्म मानसिक स्तर उतने मुख्य नहीं होते, कथ्य ही अधिक प्रभावी होता है क्योंकि एक प्रकार की प्रतिबद्धता वहाँ है। इन्ना के सम्पूर्ण व्यक्तित्व की विभिन्न परतों और उसकी बदलती मानसिकता के सूक्ष्म द्वन्द्व और चेतना-स्तरों को विस्तार और संवेदशील रचनात्मकता देने के विभिन्न अवसर थे। लेकिन असगर वजाहत ने उनका उपयोग नहीं किया है। जबकि चारित्रिक जटिलता के साथ मानवीय नियति को अगर चित्रित किया गया होता तो 'इन्ना की आवाज' अधिक मौलिक, सर्जनात्मक और सार्थक नाट्यकृति हो जाती है इसी प्रकार शासनतन्त्र और मनुष्य के बीच के रिश्ते के संकेत भी अगर होते तो नाटक का महत्त्व एक स्थायी सत्य के रूप में अधिक होता। लेकिन सर्वेश्वरदयाल सक्सेना के 'बकरी' नाटक की तरह इस नाटक के विभिन्न प्रभावशाली लोकनाट्य प्रयोग हो सकते हैं।

'इन्ना की आवाज' के बाद असगर वजाहत का 'जिस लाहौर नई देख्या ओ जन्म्याई नई' पिछले आठ-दस वर्षों में अत्यधिक चर्चित नाटक है-भीड़ को आकृष्ट करनेवाला भी और हर वर्ग को सोचने के लिए विवश करनेवाला भी। पहली बार पढ़ने पर यह नाटक सरलीकृत और सतही-सा लगा था पर जब हबीब तनवीर के निर्देशन में उदयपुर में भारतीय लोककला मन्दिर के खुले मंच पर इसकी प्रस्तुति देखी तो नाटक की जीवन्तता, मार्मिकता, समसामयिकता निर्विवाद थी। मंच पर नाटक की जन-शक्ति, मानवीय प्रभाव बहुत मुखरित होकर आये। सादगी के बीच भी हबीव तनवीर ने मंचविधान, प्रकाश और विशेषकर संगीत-सौन्दर्य से, ग़ज़लों की अदायगी से नाटक को बेहद प्रभावशाली बना दिया था। असगर वजाहत का यह नाटक आज उठे हुए सवालों का उत्तर भी है। नाट्यलेखन और रंगकर्म में अब यह

सवाल उठ भी गया है कि नाटक को लेखक साहित्य की अतिरिक्त गम्भीरता से मुक्त करे–विषय, भाषा, अभिव्यक्ति के स्तर पर। 'जिस लाहौर नई देख्या ओ जन्म्याई नई' उसी खुलेपन और लोकप्रियता का स्वरूप पहले ही दे चुका है। अपने ज्वलन्त प्रश्नों के साथ यह देश के अनेक स्थानों में भीड़ के बीच लोकप्रिय रहा।

नाटक का केन्द्रीय बिन्दु लाहौर है। जाहिर है कि भारत विभाजन की घटना की पृष्ठभूमि में यह साम्प्रदायिक स्थितियों और धर्म एवं राजनीतिक षड्यन्त्रों के बीच मानवीयता, आपसी सम्बन्धों और संवेदना को स्थापित करता है। जिस लाहौर को हम इसमें देखते हैं वह भारत विभाजन की घटना से पहले का लाहौर है। मात्र साम्प्रदायिक सौहार्द इसका लक्ष्य नहीं है, उस बहाने नाटककार मानवीय पक्ष को ही और उसके साथ अनेक सूत्रों को लेकर चलता है। नाटककार की राजनीतिक दृष्टि मनुष्य के पतन की, आज के समय की विसंगतियों की गाथा कहती है और साथ-साथ ऐसे चरित्रों को भी रचती है जो सांस्कृतिक मूल्यों, मनुष्यता की रक्षा करते हैं, आत्मचिन्तन, आत्मविस्तार के अवसर प्रदान करते हैं। सिकन्दर मिर्जा का परिवार पाकिस्तान चला गया है। लाहौर में वे एक हिन्दू परिवार के मकान में ठहरते हैं जहाँ उस हिन्दू परिवार की बुढ़िया रतन की अम्मा जीवित है। नाटककार ने बड़े सहज रचनात्मक कौशल से इस बुढ़िया को ही नाटक का केन्द्रीय पात्र बना दिया है। सारे लोग उसी के इर्द-गिर्द हैं। वही साम्प्रदायिकता के घृणित, आतंकित और हिंसा-प्रतिहिंसा और तीव्र घृणा को मनुष्यता में बदलने का उदाहरण बनती है। सारे षड्यन्त्रों, अमानवीय कृत्यों के बीच, धर्म-अधर्म के कुकर्मों के बीच अम्मा के जरिये प्रेम तत्त्व को स्थापित किया गया है। यह मानवीय प्रेम ही नाटक को व्यापक बनाता है, नाटक की सम्भावनाएँ बढ़ाता है–यह प्रेम शहर, वातावरण, बोली, व्यवहार, प्रकृति अपने आस-पास सब है। रतन की अम्मा इसी प्रेम के कारण सब कुछ झेलती है। नाटक के लगभग सभी पात्र मानसिक रूप से विभाजन के दर्द को सहन नहीं कर पाये। रतन की अम्मा इसी प्रेम के कारण तो बिल्कुल ही इस विभाजन को स्वीकार नहीं कर पायी थी। उसे यह तक नहीं पता था कि उसके सब बच्चे दंगे, फसाद में मारे जा चुके हैं। वह बड़ी आत्मीयता से उस मुस्लिम परिवार और बच्चों में ही अपना प्यार तलाश लेती है। नाटक में कई चरित्र हैं जो यथार्थ से जूझ रहे हैं। विभाजन के खतरों से जूझते हुए ही लोग लाहौर पहुँचे हैं। बार-बार इसी कारण सिकन्दर मिर्जा की चिन्ताएँ, आशंकाएँ, अपना घर बार, काम छोड़ने की पीड़ा और पुनः नये सिरे से सब कुछ जमाने का संघर्ष, आन्तरिक संकट सब चित्रित है। सिकन्दर के अनुभव और प्रयास जीवन के प्रति आशा-आस्था जगाते हैं। दोनों प्रकार के विरोधी वृत्तियों के पात्रों को असगर वजाहत ने रचा है। दो प्रकार की प्रवृत्तियाँ और चरित्र हैं–एक रूढ़िवादी, दूसरे धार्मिक। मौलवी इस्लाम के उदार स्वरूप को प्रतिष्ठित

करते हैं, वह धार्मिक कट्टरपन्थी नहीं है–इसीलिए उनको रचा गया है। नासिक ओजमी शायर हैं, मनुष्यता के प्रतीक हैं। वह मानते हैं कि किसी का भी जीवन निरर्थक नहीं है। जीवन की सार्थकता प्रमाणित करना हम सबका धर्म है। दूसरी ओर मुस्लिम लीगी राजनेता, गुण्डे, अन्य अज्ञानी, स्वार्थी पात्र हैं। सभी चरित्र सुलझे हुए। स्पष्ट उसी तरह हैं जैसे कथानक। नाटक का मुख्य आधार ही उसका कथ्य है, भाषा और शिल्प नहीं इसलिए अपनी सादगी में यह नाटक, इसमें घटित ट्रेजेडी दर्शक को बाँधती है। बिना किसी नाटकीय चमत्कार और आरोपण के यह नाटक अपनी मानवीयता, त्रासदी और मार्मिकता से दर्शक को बाँधता है। कथा और चरित्रों के बेहद आत्मीय, सरल रूप में कथा-संगठन, चरित्रों की व्यंजनाएँ देखी जा सकती हैं यह पात्र पूरे भारत की जनता के, आम आदमी के प्रतीक हैं। शायद इसीलिए यह भारत और पाक दोनों जगह समान रूप से प्रभावित कर सका। किसी भी बोली और भाषा में प्रदर्शन योग्य है। कई भारतीय भाषाओं में कन्नड़, मराठी, पंजाबी में इसके अनुवाद हुए हैं पर इधर काफी समय से इस नाटक के मंचन न होने से असगर वजाहत चिन्तित हैं। 'जिस लाहौर नई देख्या...' हमें, दर्शकों को कुरेदने का, आन्तरिक चिन्तन को उकसाने का कार्य करता है, साथ ही समदृष्टि को प्रतिष्ठित करता है।

असगर वजाहत का अभी प्रकाशित नया नाटक 'अकी' भी अन्य नाटकों की तरह संक्षिप्त कलेवर का और छोटे-छोटे दृश्यों का नाटक है लेकिन अपने कथानक में यह सर्वथा नबीन और चुस्त नाटक है–आज के युगीन प्रसंगों, परिवर्तनों और प्रवृत्तियों से जुड़ा है। वैश्वीकरण के साथ समूचा सामयिक परिदृश्य बदल गया है। आज की भाग-दौड़ तकनीकी युग, जल्दबाजी, यान्त्रिकला, उपभोक्तावाद ने किस प्रकार सम्बन्धहीनता को बढ़ावा दिया है और बाजारवाद से उपजे इस माहौल में किस प्रकार मनुष्य की इच्छाएँ, लोभ, लालसा, इस तेजी से बढ़ रहे हैं और तुरन्त बदल भी रहे हैं कि लेखक का भी संकट है–उसे मौका ही नहीं मिलता उन बदलावों, जरूरतों को पकड़ने का। जो अपसंस्कृति आज पनप रही है, नाटककार उसके परिणामों, उससे उत्पन्न जटिलताओं से जूझने का साहस 'अकी' में करता है। कारोबार, चोरबाजारी, निजी समृद्धि, आर्थिक ताकत बढ़ाना और फिर अपनी शक्ति और मायाजाल के कारण पूरी सत्ता को अपनी हाथ में ले लेना, उसके बाद निरीह जनों की हत्याएँ, स्वार्थ, लोभ इस नाटक में आज की व्यवस्था के स्तर पर उभरकर आए हैं। आज के भ्रष्ट तन्त्र की मूल्यहीनता चरम स्थिति पर चित्रित है जहाँ अब्रील राष्ट्रीय गौरव के प्रतीक झण्डे फहराते हैं और सफलता के कदम चूमते हैं। देश के साथ लगातार धोखा करनेवाले, राष्ट्र का गौरव, सम्मान भी किस तरह एक तीसरा मोर्चा सारी व्यवस्था को अपने हित में ढाल रहा है, इस्तेमाल कर रहा है और आम आदमी उस विडम्बना में जीने को विवश है–'अकी' आज के इसी इतिहास और

नियति का, युद्ध और आज के समय का नाटक है। 'अकी' अपने कथानक की नवीनता और शिल्पगत सघनता के कारंण उल्लेखनीय रचना है। नाटककार ने जो नाट्य-स्थितियाँ चुनी हैं, जो चरित्र चुने हैं, वे भी नाटक के कथानक से, नाटकीय संघर्ष से बहुत अच्छी तरह गुँथे हुए हैं। संघर्ष को विकसित करने में नाटककार सफल हुआ है–उसी विशेषता और नितान्त नवीन अनुभव को साहस के साथ चित्रण करने में 'अकी' महत्त्वपूर्ण नाट्यकृति है और दृश्यात्मक माध्यम की ताकत को साकार भी करता है।

भीष्म साहनी का नया नाटक 'आलमगीर' (99) जब आया तो उससे भी इसी सत्य की पुष्टि हुई कि हिन्दी का अधिकांश नाटक मिथक, इतिहास के स्रोतों में ही अपनी सार्थकता और अभिव्यक्ति तलाशता है। भीष्म साहनी के 'हानूश', 'माधवी' नाटक भी मिथक और इतिहास के आधार पर समसामयिक सन्दर्भों और जीवन-सत्य की अभिव्यक्ति करते हैं। 'आलमगीर' में भीष्म साहनी उतने स्वतन्त्र नहीं हैं क्योंकि यह नाटक औरंगजेब जैसे इतिहास-प्रसिद्ध क्रूर शासक पर केन्द्रित है। प्रतिबद्ध और मानवीय संवेदना के नाटककार होने के कारण भीष्म साहनी इस नाटक को मात्र औरंगजेब पर केन्द्रित क्रूर शासक का नाटक नहीं रहने देते, उस इतिहास के पन्नों का चित्रण करते हुए सारी सत्तावादी नीतियों, महत्त्वाकांक्षा के विकृत रूप, अहंकार, दमनकारी कुचक्रों, निर्मम चरित्र की भयावहता और सम्बन्धहीनता का बहुत ही स्वाभाविक रूप में चित्रण करते हैं। शोध और ऐतिहासिक तथ्यों के आधार पर रचित इस नाटक में उत्तेजनात्मक आवेग और हिंसा-प्रतिहिंसा के आक्रामक रूप का आना बहुत स्वाभाविक था, लेकिन भीष्म साहनी ने उसे नाटकीय आवेग से बचाते हुए भी बेबाक, स्वाभाविक चित्रण किया है। औरंगजेब की दमनकारी , साम्राज्यवादी प्रवृत्तियों के बीच में नाटककार ने दारा के कोमल हृदय, उसके संवेदनशील व्यक्तित्व, लेखन की सहृदयता, स्वाभिमान, हक और ईमान, उसूल और विश्वास को भी काफी विस्तार दिया है जिससे मानवीय मूल्यों के बीच दारा की जनप्रियता स्थापित होती है। 'आलमगीर' में मुख्य रूप से ये दो पात्र ही समान स्तर पर विरोधी व्यक्तित्व के साथ प्रस्तुत हुए हैं। एक के लिए हुकूमत और ताकत सब कुछ है, सम्बन्ध नगण्य है, मनुष्य का कोई मूल्य ही नहीं है, दूसरे के लिए इंसानियत, विश्वास, मूल्यों के धरातल हैं। दारा दिल्ली की ऐय्याशी का अड्डा, रईसों की जगह और लगातार कुफ्र की बनती जा रही जगह मानता है। आरम्भ से ही दोनों व्यक्तित्व का वैषम्य, मानसिकता और सोच के कण्ट्रास्ट से नाटककार ने नाटक में तनाव, तीव्र लय और क्रियाएँ पैदा की हैं।

'हानूश' और अपने अन्य नाटकों की तरह ही यहाँ भी नाटक के आरम्भ में कथानक को, इतिहास को स्थापित करने के लिए संवादों में, शाइस्ताखान और शाहजहान की

बातचीत में बहुत कुछ कहलाया है जिससे काफी देर तक क्लिष्ट भाषा और शब्द बहुलता के कारण नाटक ठहरा हुआ लगता है। दृश्य तीन तक आकर चरित्रों, स्थितियों में संघर्ष और तनाव बढ़ता है और उसके बाद गति आती जाती है। घमासान लड़ाई का पूरा रंग-दृश्य, नगाड़ा, घोड़े की टापों की ध्वनियाँ स्वरों से स्थापित किया है। दारा की प्रथम उपस्थिति ही उसके उत्साह, विनम्रता, रचनाशीलता को स्थापित करती है। अपनी पुस्तक 'मजमा-उल-बहराइन' (दो सागरों का मिलन) को लेकर वह बहुत उत्साहित हैं और इसलिए भी कि बादशाह सलामत ने उसे वली अहद की हैसियत से तखत पर बैठाया है और हुकूमत के काम में हाथ बँटाने को कहा है। औरंगजेब को इससे गहरा धक्का लगता है। यहाँ से औरंगजेब की कुचालों का निर्मम इतिहास सामने आता जाता है। नाटक में एक के बाद एक सारी घटनाएँ उसकी साम्राज्यवादी ताकतों और नृशंसता, चालाकी, अमानुष कृत्यों को उजागर करती जाती हैं। वह अन्ततः दिल्ली का शासक होता है और जहाँनारा उसे आलमगीर तलवार-पुश्तैनी तलवार सौंपती है। दारा को बेड़ियों में जकड़ने से लेकर, मुराद, यहाँ तक कि बादशाह सलामत, अपने पुत्रों सबके प्रति उसकी क्रूरता, मदान्धता, धोखा, अविश्वास, प्रतिशोध की आग नाटक में बखूबी चित्रित है पर विशेष बात यह है कि हमें उसकी क्रूरता याद नहीं रह जाती, उसकी नियति और उसका बेचैन रूप याद रह जाता है। वयोवृद्ध और बीमार औरंगजेब का अन्त में भीष्म साहनी जो हश्र, अकेलेपन की त्रासदी जो उसकी पागलपन की मनःस्थिति, हृदय पर अपने कर्मों का दारुण बोझ, मनोग्रन्थियाँ और अपराधबोध दिखाते हैं, वह बहुत महत्त्वपूर्ण और सर्जनात्मक है। इतनी दहशत फैलाने के भयानक चेहरे के बाद अन्त में उसकी अपने कर्मों की थकान ही उसे बहुत कुछ सिखाती है। अन्तिम दृश्यों में भी वह स्वतन्त्र नहीं है क्योंकि उसके अपने बेटे भी अपने नहीं। सब बेटे राज-लिप्सा, पद-लिप्सा के लिए कुछ भी कर गुजरने को तैयार हैं। इसलिए इस समय भी औरंगजेब को चैन नहीं। उसके पास जीने का अब कोई रास्ता नहीं इसलिए अब वह आखिरी दम तक लड़ते हुए मरना चाहता है और आलमगीर तलवार लेकर निकल पड़ता है। यहाँ तक आते-आते यह मात्र औरंगजेब का ऐतिहासिक कथानक नहीं रह जाता, आज की दहशत, मूल्यहीन शासन-तन्त्र, राज्य-लिप्सा, पद-लिप्सा के लिए कुछ भी कर गुजरने वाली अमानवीयता का इतिहास-चित्र बन जाता है। बहुत पहले रामकुमार वर्मा का एकांकी 'औरंगजेब की एक रात' एकांकी के रूप में बहुचर्चित हुआ था। वहाँ भी पहली बार उस क्रूर पात्र के अकेलेपन की त्रासदी का बेहद मनोवैज्ञानिक चित्रण हुआ था।

'आलमगीर' में दारा के चरित्र की रचना बहुत सशक्त और संवेदनात्मक है। दारा का द्वन्द्व, उसकी हार, गिरफ्तारी, उसका अकेलापन, उसका जीवन जैसे धोखेबाज पर थूकना दारा की लोकप्रियता के कारण उसकी किस्मत का फैसला जान बूझकर

मजहबी अदालत को सौंपा जाना, उसकी मौत की सजा और यह आदेश कि 'उसका कटा सर मुझे लाकर दिखाया जाए' दहशत फैलाने के आज के सारे राजनीतिक दाँव-पेंचों और धर्मान्धता को उजागर करता है कि याद रहती है दारा की जनप्रियता। सड़कों पर उसे देखने के लिए उमड़ता भीड़ का सैलाब। भीष्म साहनी का कौशल इसी मनुष्यता को उभारने में है। वैसे 'आलमगीर' में अन्य पात्रों का अलग से कोई अस्तित्व नहीं हो पाता। सब ऐतिहासिक घटना-सूत्रों के अंग हैं। उदाहरणार्थ जहाँनारा केवल कथासूत्रों को बढ़ाने, जोड़नेवाले व्यक्ति के रूप में हमेशा आती जाती है। उसके निजी व्यक्तित्व की कोई नयी रेखाएँ नहीं हैं। यही स्थिति रोशनआरा की है। औरंगजेब की तरह उसकी महत्त्वाकांक्षा, तेज मिजाज, चालाकी स्थितियों की तीव्रता को व्यक्त करती है।

संरचना की दृष्टि से भी यह नाटक भीष्म साहनी के अन्य नाटकों की तरह शिल्प-प्रधान नहीं है, न किसी प्रकार का नया प्रयोग है बल्कि लगभग उन्हीं रंग-युक्तियों का प्रयोग वह करते हैं जो 'हानूश' में दीखती है। कथन-पद्धति यहाँ भी हावी है। भाषा और यथार्थ की विभीषिका के बीच मानवीय पक्ष को उजागर करने के कारण भीष्म साहनी का यह अन्तिम नाटक स्वागत योग्य है।

कृष्ण बलदेव वैद के कई नाटक इधर आए हैं जिनमें 'भूख आग है' नाट्यपाठ, प्रदर्शन, समीक्षा के केन्द्र में आया है। 'भूख आग है' आज के भयंकर यथार्थ का नाटक है और नाटक के प्रचलित रूप से हट कर है। यह न यथार्थवादी नाटक है, न शास्त्रीय, न एब्सर्ड और न शैलीबद्ध। बल्कि नाटक के पूरे ढाँचे को तोड़ता है। हमें इसमें सधा सधाया थीम, ढले हुए चरित्र, सजी-सँवरी भाषा और कोई फार्म नहीं मिलेगा। नाटक किसी कथानक से न बँधकर व्यापक विषय, व्यापक थीम को लेकर नाटक रचना है जिसका मुख्य आधार भूख है। लेकिन यह भूख मात्र पेट की भूख नहीं है। यहीं से नाटक के कथ्य की व्याप्ति बनती है। यह भूख चारों ओर के समाज, राजनीति, व्यवस्था, आर्थिक विषमताओं, आज के बदलते दौर से जुड़ी हुई है जो लेखक के अपने भीतर की है। चारों ओर की स्थितियाँ जो दबाव डालती हैं-मन पर, दिमाग पर, जो विचार बार-बार आते हैं, विचार का आना-जाना बना रहता है फिर भी उसका कोई उत्तर नहीं मिलता बल्कि वह विद्रोह करता है बाहर निकलने के लिए, 'भूख आग है' उसी प्रकार की रचना है। नाटककार के सामने आजादी के पहले और उसके तुरन्त बाद के भी सवाल और स्थितियाँ हैं कि किस तरह-'गरीबी हटाओ' जैसे नारों, प्रचार-तन्त्र से हम सब भूख हटाने के स्वप्न दिखा रहे थे लेकिन वह मिटने का तो नाम नहीं लेती, बल्कि आग की तरह बढ़ती जा रही है। इस भूख ने आदमी को कितना संवेदनशून्य बना दिया है कि आज उसके स्वप्न, तड़प, कल्पनाएँ भी गायब हो गयी हैं। विश्वयुद्ध के बाद संवेदनहीनता और

भाषा, फार्म की निरर्थकता के सवाल उठने पर लेखक ने एब्सर्ड नाटक और रंगमंच को तलाशा था। आज वर्षों के अनुभव के बाद लेखक आज के बदलते यथार्थ को 'भूख आग है' में महसूस कर रहा है–यह लेखक के भीतर की लड़ाई है, भीतर की भूख है लेकिन इन सारी स्थितियों का चित्रण करने का संकट और जटिलता नाटककार के सामने है बल्कि बहुत बड़ी चुनौती है। पढ़ने पर नाटक सपाट एकरस लगेगा। नाटक में कथानक, कथा-विकास, उतार-चढ़ाव, हिरोइज्म 'बहिर्द्वन्द्व-अन्तर्द्वन्द्व' जैसे मुहावरे, चरमोत्कर्ष नहीं है–कोई आकस्मिकता चमत्कार भी नहीं है क्योंकि वह नाटक का लक्ष्य भी नहीं है। जो पात्र भिखारी है, हमें पता ही नहीं चलता कि वे भिखारी हैं। नाटककार ने उनकी भाषा, व्यवहार, हँसी मजाक सब आधुनिक लहजे में रखा है। वे अँग्रेजी भाषा भी बोलते हैं क्योंकि वे भी चाहते हैं आज के समाज में उन्हें उच्च वर्ग की तरह अच्छा, महत्त्वपूर्ण, माना जाए। यह भी आज के वर्तमान की, हर वर्ग की, हर आदमी की भूख है। लेखन के स्तर पर, वह भी नाटक जैसी दृश्यात्मक विधा में बहुत बड़े जोखिम का सामना है। वैद प्रचलित यथार्थवादिता को भी खण्डित करना चाहते हैं और भूख को ऊबड़-खाबड़, अव्यवस्थित-सा रूप भी देना चाहते हैं और 'एब्सर्ड नाटक' भी नहीं होने देते। कृष्णबलदेव वैद इसीलिए ट्रेजेडी कॉमेडी की आयरनी का सुन्दर प्रयोग करते हैं। इसी आयरनी को उन्होंने कई जगह नाटक में रचा है। नाटककार इस बात के लिए भी सतर्क दीखता है कि आज के बाजारवाद, भूमण्डलीकरण पर प्रहार करने के नाटक के रूप में इसे न देखा जाए अर्थात् किसी भी तात्कालिक प्रतिक्रिया का नाटक यह नहीं है, यह भूख व्यापक और सावर्जनीन सत्य है–जिसकी सीमाएँ नहीं हैं। दरअसल नाट्यविधा की दिक्कत यह है कि जो नाटककार सोचता है, चाहता है, नाटक में वह इतना अमूर्त भी नहीं होना चाहिए कि उसकी अमूर्तता को ही तलाशना पड़े। नाटक में मुख्य समस्या फार्म, अभिव्यक्ति और दर्शक की ही होती है, वहाँ लेखक की उपस्थिति तो होनी ही नहीं चाहिए। जो बात कथा में गुण हो सकती है, वही नाटक में दोष भी हो सकती है। असली चुनौती तो वही है कि लेखक अपने विचार को जो दिन-रात हावी रहता रहा दर्शक तक पहुँचाने, महसूस कराने में कहाँ तक सफल हुआ–सारे फॉर्म, भाषा, ढाँचे को तोड़ते हुए भी। कृष्ण बलदेव वैद अपने अन्य नाटकों में भी इस प्रयोगशीलता, नवीनता से जूझते हुए नजर आते हैं। फिर भी 'भूख आग है' को और अधिक मंचनों से समझने की जरूरत है। उसकी आयरनी, ट्रेजेडी-कॉमेडी के मिश्रण, उसकी भाषा, शिल्प के अटपटेपन की सार्थकता की, उसके मौन और विस्तार को खोजने की अपेक्षा है।

मराठी नाटककार मच्छिन्द्र मोरे का हिन्दी नाटक 'जानेमन' इधर बहुत चर्चा में है। इस नाटक में बहुत अध्ययन, शोध, सम्पर्क के बाद हिजड़ों के जीवन की

त्रासदी का गहरा चित्रण है। लेखक ने न केवल मोना अजमढ़ की पुस्तक पढ़ी बल्कि घर-घर, अपनी पत्नी के साथ जाकर सैकड़ों हिजड़ों से सम्पर्क भी किया, उनके पौराणिक सन्दर्भ, रीति-रिवाज, पूजाविधि, रहन-सहन, उनकी मानसिकता और इच्छाओं का गम्भीर अध्ययन किया। चूँकि प्राय: जानेमन कहकर उन्हें बुलाया जाता है इसलिए नाटक का नाम 'जानेमन' रखा। नाटककार की खूबी उनका पूरा समाजशास्त्र, स्वभाव, प्रकृति, मनोविज्ञान, व्यवहार समझने में है। सबसे महत्त्वपूर्ण है कि मच्छिन्द्र ने इसे हिन्दी में लिखा। उनका कहना है कि चूँकि सभी किन्नर मुम्बइयाँ हिन्दी में ही बात करते हैं इसलिए मराठी भाषी होते हुए भी स्वत: सारी संवाद-रचना हिन्दी में ही आयी। उन्होंने भाषा में किन्नरों के जीवन्त प्रयोगों और मुहावरों पर अपनी गम्भीर पकड़ दिखायी है। इस दृष्टि से यह नाटक सबका नाटक है, भाषा की कृत्रिमता और बन्धन से परे। नाटककार की मान्यता है कि 'हिन्दी में ही सम्भव थी 'जानेमन' की रचना। सारी विचित्रताओं को शामिल करने के लिए हिन्दी से प्रभावी कोई दूसरी भाषा नहीं हो सकती थी।' इस प्रकार इस नाटक ने अपनी अन्तर्वस्तु भाषा और रचना-प्रक्रिया के कारण और अपनी सशक्त, जीवन्त रचना के कारण एक नयी दृष्टि और चुनौती का उदाहरण प्रस्तुत किया है।

13

हिन्दी का रंगमंच : चिन्ताएँ आज की

हमारे नाटककारों में चाहे भारतेन्दु हरिश्चन्द्र हों, चाहे जयशंकर प्रसाद, चाहे मोहन राकेश हों या सर्वेश्वरदयाल सक्सेना–सबकी चिन्ता थी कि हिन्दी रंगमंच हिन्दी भाषी प्रदेश की सांस्कृतिक चेतना और आकांक्षाओं का प्रतिनिधित्व करे, यहाँ के प्रतिदिन के जन–जीवन, राग–रंग और 'जीवन स्पन्दनों को अभिव्यक्त करे और अपनी रंग–शैली तलाशे' जो निश्चय ही पश्चिम के रंगमंच से भिन्न होगी क्योंकि वे जानते थे कि संस्कृत मंच और लोकमंच की बेहद समृद्ध परम्परा होते हुए भी हिन्दी नाटक और रंगमंच किसी विशेष परम्परा के साथ न होकर पाश्चात्य रंगमंच के स्वरूप और उपलब्धियों को ही अपने सामने देख रहा है। इसलिए यह दायित्व रंगमंच का है कि वह अपना रूपविधान तलाशे और अपने नाटकीय प्रयोगों के भीतर से ही उसे एक आकार दे। अँग्रेजी या पारसी नाटक के विदेशीपन और व्यावसायिकता के विरुद्ध काशीनरेश ईश्वरी प्रसाद नारायण सिंह की इच्छा और प्रयत्न से शीतलाप्रसाद त्रिपाठी ने एक ऐसा नाटक लिखा जो रामकथा, हमारी विलक्षण संस्कृत नाट्य परम्परा, नये रंग–विधान सबसे गहरे जुड़ा था–'जानकी मंगल'। पहला हिन्दी नाटक जो पहली बार खेला गया–3 अप्रैल 1868 को बनारस के 'रॉयल थियेटर' में। इस नाटक में भारतेन्दु ने लक्ष्मण की भूमिका निभायी थी। लक्ष्मण की भूमिका करने वाले पात्र के सहसा बीमार पड़ जाने के कारण भारतेन्दु ने स्वयं इस चुनौती को लिया और घण्टे भर में रोल तैयार कर डाला। यह भारतेन्दु के रंगानुभव का भी श्रीगणेश था। मुख्य बात है वह ऊर्जा, वह सजगता, वह टक्कर और लगाव जिससे 'जानकी मंगल' लिखा भी गया और खेला भी गया। भले ही बाद में हम उसका अस्तित्व ही भूल गये। 'रॉयल थियेटर' जिसे भारतेन्दु 'बनारस थियेटर' नाम देना चाहते थे–जनता ने उसे नाचघर में बदल डाला और फिर वहाँ नाटक नहीं होते, सिंचाई विभाग का दफ्तर खुल गया। उसके बाद कुछ और भी हो गया हो तो आश्चर्य नहीं। नाटक कभी भी मात्र पाठ्य नहीं था। हिन्दी नाटक नेपाल, आन्ध्र प्रदेश, बम्बई में भी खेले

जा रहे थे। 1850 में गोपीचन्द जालन्धर बम्बई में न केवल व्यावसायिक सफलता के लिए याद किया जाता है बल्कि अभिनेताओं द्वारा इम्प्रोवाइजेशन और पश्चिमी मंच पर भारतीय प्रस्तुतीकरण के लिए भी यादगार बन गया। 'इन्दरसभा' की लोकप्रियता, प्रयोगशीलता अब स्थापित हो ही चुकी है।

दो धाराएँ बराबर साथ-साथ चल रही थीं-एक अव्यावसायिक मंच और दूसरा व्यावसायिक मंच। इन दोनों के प्रति कोई स्पष्ट दृष्टि हम आज भी निश्चित नहीं कर पाये हैं। पारसी रंगमंच शुद्ध व्यावसायिक थियेटर था पर हमारी दृष्टि शुरू से ही प्रतिक्रियात्मक एवं नकारात्मक रही। हमारे साहित्यकारों-समीक्षकों ने उसका खुलकर विरोध किया। जब कि अन्य भाषाओं की अपेक्षा सबसे अधिक पारसी नाट्यलेखन और प्रस्तुतियाँ हिन्दी में ही हुयी। हम उनसे क्या ले सकते थे, वह महत्त्वपूर्ण है। उन्होंने राष्ट्रीयता, स्वाधीनता संग्राम, पुनरुत्थानवाद, संक्रमण और परिवर्तन के उस काल को, हमारे दर्शक को समझा, उनकी आवश्यकताओं को पहचाना, अपनी रंग-शैली तलाशी-नाटककार को अपने से जोड़ा, 'पूर्णत: नाटककार' की परिकल्पना को चरितार्थ किया, समय की नब्ज को पहचानकर रंगकर्म किया, हिन्दी भाषी जनता की भावना और ब्रिटिश शासन के भय की दोधारी तलवार पर चले-ये बुनियादी बातें हैं और रंगमंच की मूल शक्ति है जीवित रहने और जीवन्त रखने के लिए। आगा हश्र, नारायण प्रसाद बेताब और राधेश्याम कथावाचक के नाटक पूरे हिन्दी भाषी क्षेत्र के दर्शक के लिए थे। इनमें आगा हश्र के नाटकों के साथ हिन्दी के लेखकों की स्वाभाविक प्रतिक्रिया भी थी और प्रतिस्पर्धा भी। अगर यह प्रतिस्पर्धा भाव पनपा होता तो हिन्दी रंगमंच की जड़ें बहुत मजबूत हुई होतीं। क्या यह ट्रेजेडी नहीं है कि समूची हिन्दी भाषी जनता जिसे स्वीकार ही नहीं, संरक्षित कर रही थी, उसे हमने विदेशी, सस्ती वस्तु मानकर बहिष्कृत किया। रंगमंच के विरोध में 'साहित्यिक' नाटक लिखना और समीक्षकों द्वारा 'साहित्यिक नाटक और रंगमंचीय नाटक' का वर्ग-भेद हो जाना इतनी बड़ी दुर्घटना हुई कि उसकी त्रासदी से, उससे उत्पन्न अन्तर्विरोधों से पूरी शताब्दी जकड़ी हुई है। यह दुर्भाग्य है।

अकेला उत्तर प्रदेश भारत का इतना बड़ा प्रदेश है-बहुविध और बहुत उर्वर सांस्कृतिक भूमि के रूप में उसका लम्बा इतिहास है। कलात्मक और सांस्कृतिक दृष्टि से उत्तर प्रदेश हमेशा एक ऐसा केन्द्र रहा है जिसने लम्बे समय तक विदेशी शासकों से उत्पन्न संक्रान्ति को झेला है और सारे प्रभावों-दबावों को आत्मसात कर कला और साहित्य जगत् में एक मोड़ पैदा किया-बराबर एक नयी 'भाषा' को रचा है। उत्तर प्रदेश तो अपनी परम्पराओं में रंगमंच का केन्द्र रहा है। शास्त्रीय मंच और लोकमंच यहाँ के प्रादेशिक जीवन का अभिन्न अंग रहे हैं-खास तौर से लोकनाट्यों की समृद्ध परम्परा उत्तर प्रदेश के आरम्भिक रंगमंच की रीढ़ रही है। जब-जब धर्म,

संस्कृति, साहित्य, समाज और राजनीति के क्षेत्र में आन्दोलन हुए, कलाएँ उनसे प्रभावित हुईं। नौटंकी, स्वाँग, भगत, स्वाँगसपेड़ा, आदि यहाँ की जनता के जीवन का अनिवार्य हिस्सा थे ही, भक्ति आन्दोलनों के लीलापरक, अनुष्ठानपरक लोकनाट्यों–रामलीला, रासलीला–को प्रतिष्ठित किया। काशी, मथुरा, वृन्दावन, रामनगर अगर लीला नाटकों के गढ़ थे तो लखनऊ, कानपुर, हाथरस, आगरा, शाहजहाँपुर नौटंकी, भगत, स्वाँगसपेड़ा के। ये लोकमंच भीड़ का था, भावात्मक एकता का था, ये सामाजिक, राजनीतिक, सांस्कृतिक क्रान्ति के रूप में भी था और धार्मिक अनुष्ठान के रूप में भी। स्वयं महाकवि तुलसीदास ने रामलीला की मण्डलियाँ बनाकर घूमना आरम्भ किया था। इतिहास, पुराण, रामायण, महाभारत लोककथाओं को लेकर इन सभी लोकनाट्यों ने अपनी–अपनी स्वभावगत विशेषताओं को, अपनी ताकत को जनता के बीच प्रमाणित किया था किन्तु मुगलशासन के प्रभावस्वरूप सम्पूर्ण हिन्दी रंगमंच, हमारी परम्पराएँ प्रभावित हुईं। लोककलाएँ दरबारी प्रभाव में आयीं या लुप्तप्राय हो गयीं। शृंगारी प्रवृत्ति के कारण और परदे की प्रथा के कारण रंगमंच जीवन से कट गया। संगीत और नृत्यकलाएँ भी दरबारी प्रभाव में आयीं पर नौटंकी आदि जैसे लोकनाट्य तो शृंगारिकता और दरबारी चमक–दमक का शिकार होते चले गये। आगे चलकर पारसी रंगमंच और फिल्मों की चकाचौंध ने भी उन लोकनाटकों की 'स्वाभाविकता' को विकृत कर दिया। हिन्दी नाटक और रंगमंच के इतिहास में भयानक शून्य पैदा हुआ और रंगमंच का अस्तित्व ही संकट में आ गया।

आजादी से पहले ब्रिटिश शासन के युग में पहली बार बड़ी गहरी तीव्रता से युग–प्रवर्तक नाटककार–निर्देशक–अभिनेता भारतेन्दु हरिश्चन्द्र ने अनुभव किया कि 'हिन्दी का कोई रंगमंच नहीं है।' और यह कि 'कला ही वास्तविक उन्नति का आधार है।' एक संगठित और समग्र रंगान्दोलन का आरम्भ उन्होंने ही किया। कहा जाता है कि 3 अप्रैल 1868 को पं. शीतलाप्रसाद त्रिपाठी कृत 'जानकीमंगल' नाटक खेलकर हिन्दी के अव्यावसायिक रंगमंच का सूत्रपात हुआ। यह नाटक काशी नरेश के प्रयत्न से 'रॉयल थियेटर' काशी में खेला गया। काशीनाथ खत्री का 'बाल विधवा सन्ताप' भारतेन्दु ने अपने घर पर खेला। वह स्वाँग भी रचते थे। नेशनल थियेटर की स्थापना की। बाद में उनके प्रतिनिधि–मण्डल ने काशी, प्रयाग, बिहार में अनेक रंग–मण्डलियाँ स्थापित कीं। पेनी रीडिंग क्लब की स्थापना, पत्र–पत्रिकाओं में खासकर 'ब्राह्मण' पत्र में नाटक और रंगमंच–सम्बन्धी टिप्पणियाँ, अनेक भाषाओं के नाटकों के हिन्दी में अनुवाद, भाषा और नाटक की कला का सृजन और उस सबमें लोकजागरण और राष्ट्रीय चरित्र, भारतीय संस्कृति को बचाये रखने की चिन्ता ऐसे बिन्दु हैं कि उत्तर प्रदेश पूरे सन्दर्भों में अपने संघर्ष और संकल्प में बहुत बड़ा विराट और मानवीय लगने लगता है। जिस मानसिक मोहान्धता और क्षुद्रवृत्तियों के

विरुद्ध वह आवाज उठा रहे थे और उनके बलिया में मंचित 'सत्यहरिश्चन्द्र' को देखने और 'अभिनेता', 'नाटककार' भारतेन्दु हरिश्चन्द्र को देखने लाखों की भीड़ उमड़ी थी, वह आज अपने देश में पूरे जीवन पर छायी हुई खण्डित, कुण्ठित, दूषित मानसिकता के सामने एक उदाहरण है। कैसे एक नाटककार परतन्त्र भारत में काशी की रंग-मण्डली के अनुरोध पर एक ही रात में 'अन्धेर नगरी' लिख गया जो आज समकालीन हिन्दी रंगमंच को विश्वरंगमंच के समकक्ष ले गया। 'नाटक देखहु सब सुख पावहु' की मनोरंजन-दृष्टि का बेधड़क, जिन्दादिल नाटककार आज आजाद भारत में क्यों नहीं है? व्यावसायिक और अव्यावसायिक 'नाटक देखहु सब सुख पावहु' की मनोरंजन-दृष्टि, बेधड़क, जिन्दादिल नाटक और रंगमंच की नींव भी भारतेन्दु ने डाली। उनके नाटक काशी नरेश की राजसभा में और गोरखपुर, लखनऊ, कानपुर, प्रयाग, झाँसी, बस्ती, आगरा आदि में खूब खेले गये। 'भारत दुर्दशा' तो कानपुर में बंगाली समाज ने भी खेला था। पूरा भारतेन्दु युग उत्तर प्रदेश के लिए और उसके जरिये पूरे देश के जीवन, संस्कृति, रंगमंच के लिए एक सार्थक दृष्टि से किया गया कर्म है। उ. प्र. ने जहाँ भारतेन्दु जैसा मौलिक रचनाकार और योद्धा की तरह तैयार रंगकर्मी हमें दिया वहीं जयशंकर प्रसाद जैसा महान नाटककार भी दिया जिसकी तुलना देश-विदेश के किसी भी महान नाटककार से की जा सकती है। प्रसाद ने हमें भारतीय रंगमंच की आधुनिक परिकल्पना दी, चरित्रों द्वारा अभिनेता-केन्द्रित रंग-दृष्टि दी, पूरा संस्कृत मंच और नाट्यशास्त्र, प्रसादान्त की तरह प्रसाद रंगमंच की परिकल्पना उन्होंने दी। उनका 'काव्य' और 'सौन्दर्यबोध' पहचानने की ताकत हमारे रंगमंच में नहीं थी। उस जमाने में प्रसाद ने हमें वह दृष्टि दी कि 'नाटक के लिए रंगमंच हों, रंगमंच के लिए नाटक नहीं।' जिसे हम तब नहीं समझ पाये थे-प्रसाद रंगमंच के विरोध के घेरे में आ गये पर आज उनके ये वाक्य अपनी गूँज देते हैं। प्रसाद युग में प्रसाद के नाटकों पर होने वाले प्रयोग असफल रहे। सातवें दशक से जो काम प्रसाद पर हुआ-वाराणसी में 'चन्द्रगुप्त' पर कारन्त जी द्वारा किया गया महत्त्वपूर्ण शिविर और विस्तृत खुले मंच पर प्रस्तुति-वह ऐतिहासिक रही। गोरखपुर में 'ध्रुवस्वामिनी' और उससे पहले कारन्त जी की प्रस्तुति 'स्कन्दगुप्त' के अनेक प्रदर्शनों से, राम गोपाल बजाज और शान्ता गाँधी द्वारा 'स्कन्दगुप्त' पर मौलिक कार्य से प्रसाद पर पुनर्विचार जरूर हुआ, सिद्धेश्वर अवस्थी ने 'चन्द्रगुप्त' नौटंकी शैली में किया, मैंने 'प्रसाद रंगमंच' का प्रश्न बार-बार पत्रिकाओं में उठाया पर कहीं न कहीं लखनऊ के परिवेश से, उत्तर प्रदेश के रंगमंच से प्रसाद के नाटकों का-बल्कि पूरे हिन्दी प्रदेश से ही कोई अन्तरंग रिश्ता नहीं बन पाया है क्योंकि वे लगातार रंग-कार्य, आत्मान्वेषण, प्रशिक्षण चाहते हैं-भिन्न संस्कार-भाषा, काव्य और चरित्र का-चाहते हैं जो आज भी हिन्दी में नहीं है।

उत्तर प्रदेश के रंगमंच में पारसी रंगमंच को समझने से एक मोड़ आ सकता था पर उसके प्रति सभी साहित्यकारों-समीक्षकों का नजरिया आक्रोश का, विरोध का था। उस नकारात्मक नजरिये से साहित्यिक नाटक और रंगमंचीय नाटक के, मंच के जो भेद बने, वह घातक सिद्ध हुआ। जितनी रचना-शक्ति से भारतेन्दु सारे विरोधाभासों के बीच भी, दृष्टि-सम्पन्नता और संगठन-शक्ति के साथ खड़े हुए, वह एक उदाहरण है।

पूरा देश ही स्वाधीनता के संघर्ष-काल से पहले भी और उस समय भी रंगमंच की अकुलाहट और सक्रिय हलचल से युक्त रहा। एक प्रकार से रंगमंच मानसिक मोहान्धता, क्षुद्र प्रवृत्तियों के विरुद्ध आवाज उठाने का, जन-चेतना फैलाने का आधार रहा। नाट्यकर्म को सामाजिक-सांस्कृतिक रचना-कर्म के रूप में देखा जाता रहा। संस्कृत मंच हो या लोकमंच, पारसी मंच हो या शौकिया रंगमंच सब मनोरंजन के साथ-साथ लोक-कल्याण, सामाजिक चेतना, सांस्कृतिक पुनर्जागरण और संघर्ष, संगठन के साथ कार्य कर रहे थे। हमारे साहित्यकार भी रंगमंच से कटे नहीं थे बल्कि स्वयं सक्रिय थे, संस्थाओं का गठन कर रहे थे, नाट्यलेखन, मंचन, मण्डली लेकर भ्रमण, पत्रकारिता आदि ऐसे उत्साहित करने वाले प्रयत्न थे। शायद ही कोई शहर हो जहाँ पारसी शैली, लोकशैली, संस्कृत मंच बहुत जीवन्त न सिद्ध हुए हों। ऐसे अनेक उदाहरण मिलते हैं जहाँ दर्शकों की भरपूर भागीदारी रही। हमारे सामने काशी, लखनऊ, कानपुर, इलाहाबाद का पूरा रंग-इतिहास है। प्राचीन परम्पराओं को छोड़ भी दें तो भी 18वीं सदी से ही आधुनिक हिन्दी रंगमंच की सक्रियता शुरू हुई। ये सब वे स्थान हैं जहाँ से हिन्दी रंगमंच का जंग हुआ और उसकी जड़ें फैलीं। पारसी नाटक और रंगमंच के विरुद्ध भारतेन्दु के आन्दोलन में सब शामिल थे। इलाहाबाद तो खासतौर से साहित्य और रंगमंच की आन्दोलनकारी प्रवृत्तियों और कार्यों का, नयी दिशाओं का केन्द्र रहा है। समग्र नाट्यान्दोलन, रंगान्दोलन और एब्सर्ड नाट्यान्दोलन का वह क्रान्तिकारी स्थल बना। वैसे भी दिल्ली स्कूल, इलाहाबाद स्कूल का साहित्य में विभाजन सब लोग जानते हैं।

माधव शुक्ल, महावीर प्रसाद द्विवेदी, लक्ष्मीकान्त वर्मा, अमृतलाल नागर, उपेन्द्र नाथ अश्क, जगदीशचन्द्र माथुर, लक्ष्मीनारायण लाल, सत्यव्रत सिन्हा, विनोद रस्तोगी आदि अनेक लेखकों का रंगमंच से प्रत्यक्ष गहरा सम्बन्ध था। नाम गिनाने की बात महत्त्वपूर्ण नहीं है, महत्त्वपूर्ण है संघर्ष-शक्ति, सक्रिय चेतना, रचनात्मक ऊर्जा, सहयोग, स्पर्धा और एकजुट होने की प्रवृत्ति। आश्चर्य होता है कि महादेवी वर्मा ने भी 'रंगवाणी' संस्था की नींव डाली और अमृतलाल नागर के 'युगावतार' नाटक का मंचन इस संस्था ने किया। अकेले बनारस की नागरी मण्डली द्वारा अभिनीत नाटकों की संख्या सौ से ज्यादा बतायी जाती है। मालवीय जी के निवास पर

नाट्यप्रदर्शन होते थे। स्वयं मालवीय जी ने शकुन्तला की भूमिका निभायी थी। कहते हैं पुरुषोत्तम दास टण्डन ने भी अभिनय किया था। मथुरा, जबलपुर, इन्दौर न जाने कहाँ-कहाँ रंगमंच संघर्षरत रहा और देश की समस्याओं से जुड़ा रहा। नाटक की खपत का माहौल भी बनाया गया, हिन्दी के नाट्यशास्त्र की भी परिकल्पना की गयी। भ्रमणशील रंग-परम्परा चली। तब हमारे सामने व्यापक, शाश्वत मूल्य थे। नाटक और रंगमंच को पूरे देश की चिन्ता से जोड़ने का युग था। प्रसिद्ध पारसी थियेटर के अभिनेता मास्टर फिदा हुसैन नरसी ने नरसी थियेटर कम्पनी बनायी थी कानपुर में 1942 में। उन्नाव जैसी छोटी जगह में भारतेन्दु मण्डल के नाटककार प्रतापनारायण मिश्र ने नाटक और रंगमंच को एक मिशन की तरह लिया। कालिदास की भूमि होने के कारण उज्जैन शती के चौथे दशक से ही शास्त्रीय मंचीय प्रयोगों और संस्कृत मंच का रंगस्थल था। बिहार हो, या मध्य प्रदेश, राजस्थान हो या बंगाल, महाराष्ट्र हो या पंजाब, यहाँ तक कि दक्षिण भारत में भी हिन्दी रंगमंच की सृजन-चेतना मिलती है। तमिलनाडु, केरल, चेन्नई तक में रंगमंच की चिंगारियाँ उपलब्ध होती हैं। डॉ. अज्ञात ने हिन्दी रंगमंच के दूर-दूर तक फैले इतिहास का जो संकलन, आकलन किया है और अन्य महान व्यक्तित्वों द्वारा भी जो शोध, इतिहास प्रस्तुत किया गया वह उस चिनगारी को महसूस कराता है। अहिन्दी भाषी प्रदेशों में कलकत्ता में 'अनामिका' संस्था ने हिन्दी रंगमंच को चेतनता और विस्तार दिया, अब श्यामानन्द जालान का 'पदातिक' और उषा गांगुली का 'रंगकर्मी' अपनी रचना-शक्ति को प्रमाणित कर रहे हैं। उसी प्रकार मुम्बई में सत्यदेव दुबे, दिनेश ठाकुर, विजया मेहता, जयदेव हट्टंगडी, रोहिणी हट्टंगडी, नादिरा जहीर बब्बर, रंगकर्म में गतिशील हैं। सबके व्यक्तित्व की अपनी-अपनी विशेषताएँ हैं। चण्डीगढ़ में मोहन महर्षि, वीरेन्द्र मेंहदीरत्ता आदि सक्रिय हैं। एक समय में भोपाल भारत भवन सांस्कृतिक क्रान्ति और उत्थान का रंगमंच और संस्कृति के उत्कर्ष का चरम स्थल था, आज वहाँ सन्नाटा है। यह प्रश्न उठना स्वाभाविक है कि पिछले दो दशकों से स्थिति बहुत उलझी हुई है। देशभर में फैले हिन्दी रंगमंच में एक गहरा ठहराव, उदासीनता, गतिहीनता, असामंजस्य है। स्पर्धा-भाव समाप्त हो गया है। शताब्दी का आरम्भ हिन्दी रंगमंच की जिस जलती लौ के साथ हुआ था, आज उसका देशव्यापी बुझा रूप एक त्रासदी है।

मौलिक हिन्दी नाटक पीछे छूटता गया और रंगमंच आगे बढ़ता गया बल्कि रंगमंच इतना प्रमुख हुआ कि हिन्दी नाटककार रंग फलक से, पूरी तरह कटता गया। और अब यह कहा जाता है कि हिन्दी में नाटक है ही नहीं। हिन्दी के बहुत से अच्छे नाटक खेले नहीं जाते। अपने नाटककार और निर्देशक के बीच जो संवादहीनता पनपती गयी है उसके घातक परिणाम हुए हैं। लेखक क्षुब्ध हैं। जो लिख रहे हैं

आखिर उनकी स्वत:स्फूर्त चेतना कहाँ समाप्त हो गयी है। एक समय था जब रंगमंच की उर्वरता, क्रान्ति-लहर से उत्तेजित होकर कवि, कथाकार, नाटक, लिखने की ओर मुड़े थे, अब वही सब अपनी विधाओं की ओर चले गये। क्यों लिखें नाटक? यह प्रश्न उठ चुका है बीस-पच्चीस साल से। नाटक दर्शक के लिए है। सारी समृद्धि, विस्तार शिल्प-कौशल के बाद भी हिन्दी रंगमंच का पूरे देश में फैला दर्शक समूह नहीं है। दर्शक को समझने का प्रयास ही नहीं किया गया। हमारा दर्शक संवेदना चाहता है, लगाव चाहता है कथानक, चरित्र, मनुष्य से, संवादों से। तकनीक उसे स्थायी रूप से प्रभावित नहीं करती। बंगाल, महाराष्ट्र की तरह हिन्दी रंगमंच का दर्शक नहीं बन पाया क्योंकि नियमित थियेटर की परम्परा भी नहीं बनी, रंगमंच जीवन की दिनचर्या का, घर परिवार का अनिवार्य अंग भी नहीं बना और सम्मान और आर्थिक सुरक्षा का आधार भी नहीं बन पाया-न वह निष्ठा है न संघर्ष चेतना, न कर्मठता। एक बहुत आत्मसजग, शैलीबद्ध और इकहरी वृत्ति से घिरा रंगमंच स्थापित हुआ जो हिन्दी रंगमंच को व्यापक सामाजिक मान्यता नहीं देता। आज के यथार्थ से गहरा और सीधा संस्पर्श कहाँ हो रहा है? भारत भवन के रंगमण्डल के प्रदर्शनों से हिन्दी प्रदेश की बोलियों पर कार्य भी हुआ। फिर उनसे गाँवों, कस्बों में बड़ा दर्शक-समूह भी जुड़ा। 'एलीट और ठण्डा', 'निष्क्रिय' दर्शक तो अपने में ही प्रसन्न हैं। सड़क नाटक के अलग वर्ग देखे जाने लगे-यह भी बहुत बड़ा भ्रम था। असमंजस, द्विविधा, तेवर और आक्रोश में, फिर आज के समय के आनन्द ने इस मंच को बन्द कर दिया। अवसरवादिता, आत्मसुरक्षा इतनी बढ़ी है कि यह कहना मुश्किल है कि नवें-दसवें दशक में रंगमंच के विभिन्न पड़ावों का उत्कर्ष या बेचैनी दिखाई देती हो। जो 'भीतरी अर्ज' अभिनय की, रंगकर्म की सत्यदेव दुबे, श्रीराम लागू या स्व. शम्भु मित्र में दिखाई देती है वह हिन्दी रंगमंच में क्रमश: क्यों कुन्द हुई है? अगर तकनी की क्रान्ति महत्त्वपूर्ण है तो उसने तापस सेन जैसे अन्वेषी प्रकाश-प्र[illegible]कल्पक पूरे हिन्दी रंग-जगत् को क्यों नहीं दिये जो प्रकाश की 'रचना' करते रहते हैं धुन में, उपकरणों को नहीं ढूँढ़ते। 'रंगसंगीत' का अद्‌भुत व्यक्तित्व थे कारन्त जी पर 'रंगसंगीत' की इस अवधारणा को कितना रंगकर्मी जानता है?

पूरी शताब्दी हिन्दी रंगमंच को बहुत आगे ले जाती है-कई दिशाओं में, लेकिन इस समूचे विकास के बीच कई जरूरी सवाल भी उठते हैं जिनसे हमें ईमानदारी से टकराना चाहिए। इधर पूरे दशक में यह बात बार-बार उभरकर आयी है कि शौकिया रंगमंच बन्द हो जाना चाहिए क्योंकि बिना प्रशिक्षण के रंग-कला का ज्ञान और सही प्रस्तुतीकरण नहीं हो सकता। एक बार को यह मान भी लिया जाए तो यह प्रशिक्षण हो कैसे? इतना बड़ा हिन्दी प्रदेश है और उसमें लगातार आधी शती में सक्रिय शौकिया मण्डलियों ने प्रशिक्षण शिविर कराये भी पर तात्कालिक लाभ और आत्मतुष्टि के

अलावा कुछ नहीं हुआ। फिर हिन्दी रंगमंच के संस्थानों को छोड़कर पूरे प्रदेश के जो हालात हैं कि पचास वर्ष में बेसिक समस्याएँ जड़ से वहीं की वहीं हैं–न प्रेक्षागृह, न रिहर्सल स्थान, न आर्थिक सुरक्षा, न उपकरण आदि। शिक्षित रंगकर्मी भी इन समस्याओं के बीच से भागता है। सीखा हुआ ज्ञान इतनी ऊँची उड़ान का और ऊँची दुनिया का होता है कि रंगमंच की, संघर्ष की जमीन से रिश्ता नहीं बन पाता। प्रशिक्षण के संस्थान हैं ही कितने? सरकारी अनुदानों के स्थान पर छोटे-छोटे प्रेक्षागृह-उपकरण-सम्पन्न बनाना जरूरी था और है। सरकारीकरण और सरकार के हस्तक्षेप से कला, संस्कृति को बचाना चाहिए। सरकार रंगमंच की जरूरतें तो पूरी करे। दिल्ली, कोलकाता, मुम्बई जैसी महानगरी से हटकर पूरे हिन्दी प्रदेश की आधारभूत माँगों को देखें। क्या यह ट्रेजेडी नहीं है कि आर्थिक संकट से जूझते देश में ग्लैमर और उत्सवधर्मिता बढ़ी है? पिछले पच्चीस वर्षों में रंगमंच की जरूरतों को न समझकर लाखों-करोड़ों के प्रदर्शनों और प्रोडक्शंस पर ध्यान केन्द्रित हुआ है। उपभोक्तावादी संस्कृति, प्रदर्शनकारी प्रवृत्तियाँ रंगकर्मी में असुरक्षा, निराशा, हताशा ला चुकी हैं।

हिन्दी में व्यावसायिक और अव्यावसायिक रंगमंच के सवाल कई बार उठ चुके हैं। उनसे फिर टकराना चाहिए। आज का समय व्यावसायिक रंगमंच को समझने-करने का है–फूहड़पन और अश्लीलता से बचकर भी व्यावसायिक थियेटर हो सकता है। पहले हम दर्शक को समझें तो। शौकिया रंगमंच को 'श्रेष्ठ और मौलिक रंगकर्म' में अपने को एकनिष्ठ करना चाहिए। आज के हिन्दी रंगकर्मी स्वयं अपने को तैयार नहीं करते। बहुत कम पढ़ते हैं और प्रसाद और मोहन राकेश की भाषा और उस अभिनय से भागते हैं–विदेशी नाटक या उसके आधार पर लिखी किसी चीज को करना चाहते हैं। क्यों यह चेतना नहीं पैदा हो पायी कि अगर शम्भु मित्र जैसा अभिनेता/निर्देशक टैगोर की मंचीय सम्भावनाओं को स्थापित कर सकता है तो जयशंकर प्रसाद के नाटकों के रंगमंच को निरन्तरता और देशव्यापी दृष्टि देकर हिन्दी रंगमंच भी बड़ा किया जा सकता है। विरोध और सीमित दृष्टि से ऊपर उठकर निष्कर्ष हों–तभी सार्थक हैं। अगर 'उत्तरप्रियदर्शी' जैसी कमजोर रचना या 'विद्यासुन्दर' जैसा सामान्य नाटक, 'स्कन्दगुप्त' जैसा बिखरा नाटक एक सुन्दर और महत्त्वपूर्ण रंग-कृति बन सकता है तो अन्य हिन्दी नाटक क्यों नहीं? साहित्य और रंगमंच के बीच कोई अन्तरंग रिश्ता बना ही नहीं। नाटककार के नाम ही लुप्त होते गये-प्रस्तुति निर्देशक की होती गयी। नाटककार की इस अवमानना का विरोध कई बार हो चुका है। नाटक के साथ मनमानी काट-छाँट का विरोध भी हुआ है। आखिर क्यों क्रमशः सुरेन्द्र वर्मा, गिरिराज किशोर, मृदुला गर्ग, मृणाल पाण्डे, नाट्य लेखन से विरत हो गये और कार्यशाला के नाटकों से काम चलाया जाने लगा? क्यों रामेश्वर प्रेम के पहले के नाटकों की ऊष्मा, चिनगारी उनके अब के नाटकों में नहीं है? क्यों

स्वदेश दीपक के 'कोर्ट मार्शल' नाटक के बाद की रचनाओं में वह प्राणतत्त्व नहीं है? गम्भीर नाटककार का प्रश्न है कि वह क्यों लिखे? किसके लिए लिखे? सही समीक्षा भी नहीं विकसित हुई न साहित्य में, न रंगमंच में। जो नाटक पूरी शताब्दी का केन्द्र था, हिन्दी साहित्य शताब्दी की आन्दोलनकारी तेज विधा थी, वह साहित्य-समीक्षा के केन्द्र में कभी नहीं रही। यह प्रसन्नता की बात है कि अब जाकर साहित्यिक चिन्तन और समीक्षा के बीच नाट्य साहित्य भी प्रविष्ट हुआ है और रचनाकार के मूल्यांकन और रचना-दृष्टि को समझने का आधार भी। ये सब अन्तर्विरोध हमारे अपने हैं। सही रंग-परम्पराएँ नहीं बनीं। पूर्वनिर्धारित रंग-समीक्षा पनपी है और हिन्दी रंगमंच का भ्रामक अधूरा इतिहास रचा जा रहा है। अगर 'हिन्दी रंगमंच के एक सौ पच्चीस वर्ष' में केवल तीन-चार महानगरों के रंगमंच को और विशिष्ट रंगमंच को समेट लेते हैं तो यह पूरे हिन्दी प्रदेश में फैले हुए रंगमंच और उसके स्वरूप, संघर्ष का, विस्तार का मूल्यांकन नहीं है। अब तो सर्वेश्वरदयाल सक्सेना जैसा रचनाकार और उनका 'चरचे और चरखे' भी नहीं है कि कोई बहस उठाता रहे 'टीन की तलवार' पर। बहुत-सी विरोधी चीजें एक साथ चल रही हैं। 'रंगकर्मी' 'प्रशिक्षित' होकर मुम्बई भाग रहा है फिल्म और दूरदर्शन के लिए। प्रशिक्षण तो एक दिशा है, उसका विकास या असली पहचान तो थियेटर करने से होगी। आज हमारा संघर्ष दूरदर्शन से है। कभी पारसी रंगमंच का फिल्म से था। यह तो चुनौती है लेकिन पलायन और चुनौती का क्या रिश्ता? दूरदर्शन भिन्न माध्यम है, हमारा दायित्व उस कैमरे के आगे रंगमंच की 'जीवित शक्ति' को प्रमाणित करना है। वह संघर्ष और निष्ठा माँगता है, अस्मिता से जुड़ा है। दूरदर्शन, रंगमंच और सिनेमा ने परस्पर मिलकर जाने-अनजाने एक नया सौन्दर्यबोध और मानवीय अभिव्यक्ति भी दी है-रची है बिल्कुल वैसे ही, जैसे रंगमंच ने 'लिखित साहित्य' को नयी अर्थवत्ता और सूक्ष्म जटिल सौन्दर्य दिया है। कई नये फिल्म निर्देशकों ने, यहाँ तक कि प्रतिष्ठित शेखर कपूर और प्रकाश झा ने फिल्म और रंगमंच के रिश्ते को खूबसूरती से लिया है-दृश्य-संरचना में, अभिनय शैली समूहन में, संगीत में। ब्रिटिश दासता का सामना करना, उससे लड़ना आसान था लेकिन आजाद भारत की मानसिक दासता को बेधना तोड़ना आसान नहीं। तभी न निराला को कहना पड़ा-'ऐसा' ये पेंच है।'

वैसे नाटक और रंगमंच की बेबाकी सबको डराती भी है फिर वह मसला गाँधी का हो या मजहब का। आज नाट्यलेखन में तुर्शी, खेल, दिलचस्पी, कौतुक, दिल्लगी और साहसिकता के आने की जरूरत है। नाटककार और रंगमंच में आज इस नये रिश्ते और नयी चिन्ताओं का आना सबसे बड़ी चुनौती है जो दर्शक में भी वही दुर्दम्य जिजीविषा और स्फूर्ति ला सके। इसके लिए नाटककार और निर्देशक का अपनी जड़ों से, अपने समय से, मनुष्य से गहरा जुड़ाव जरूरी है। जो स्थितियाँ

हिन्दी नाटक और रंगमंच की आज हैं–न साधन हैं, न स्पर्धा, न विस्तार, न ऊर्जा और सर्जनात्मक द्वन्द्व। ऐसे समय में भाषा सबसे सशक्त माध्यम है पर इस भाषा पर भारतेन्दु, भुवनेश्वर और मोहन राकेश जैसा अधिकार चाहिए– खेल, वाक्‌चातुरी, साहसिकता और लय पर तीखी पकड़। अगर हम मनुष्य के जीवन से, संवेदनाओं से, हिन्दी जुबान की अनेक अर्थच्छायाओं और रंगों से, रंग–परम्पराओं से गहरे जुड़े हैं तभी यह रंगत, यह जीवन्तता आ पाएगी। भाषा बहुत बड़ा सांस्कृतिक और मानवीय प्राणतत्त्व है, राग है। जब–जब बड़े साहित्यकार भाषा के इस मानवीय रूप से जुड़े हैं वे अमर हो गये चाहे कालिदास हों, तुलसी हों, कबीर हों, निराला हों, प्रेमचन्द और रेणु हों या भारतेन्दु और प्रसाद आदि। यह भुवनेश्वर का ही कमाल है कि वह जब कहानी लिखते हैं तो वह कहानी ही होती है, हम उसे नाटक नहीं बना सकते, और जब वह नाटक लिखते हैं तो वह नाटक ही होता है, हम उसे कहानी नहीं बना सकते हैं, क्योंकि वहाँ न कथानक है न शब्दों का निरर्थक बातूनीपन। खेल और कौतुक में जिस एकाग्रता, कौशल, टाइमिंग; थ्रिल और खतरा मोल लेने के साहस और जिन्दादिली की जरूरत है, वह उन्होंने नाटक को दी। आज का दर्शक भी बहुत सजग और बहुत व्यस्त है। उसकी आत्मसजगता को समझते हुए नाटक लिखा और किया जाना, उसके 'कौतुकी स्वभाव' को जगाना आज की पहली शर्त है।

14

नाटककार और निर्देशक : संवादहीनता में संवाद

आजादी के बाद रंग-क्रान्ति का सबसे सार्थक पक्ष था नाटककार और निर्देशक के स्वतन्त्र व्यक्तित्व और आपसी रिश्ते की पहचान? जो नाटककार मात्र 'पाठ्य' बनकर रूटीन ढाँचे में पड़ा था, वह रंगमंच जैसे चुनौतीपूर्ण, जोखिम भरे दायित्व और अनेक कलाओं के अन्तस्सम्बन्ध से भाषा की बेहद नयी बुनावट और फॉर्म से जुड़ा। यह कार्य निर्देशक ने किया। उसके सर्जनात्मक रंगकर्म ने, प्रदर्शन-शैलियों ने रंगमंच के नये मूल्य बनाये, वहीं एक नया इतिहास भी प्रस्तुत किया। स्तानिस्लावस्की, आप्पिया, गार्डन क्रेग, ब्रेष्त, गोटोवस्की, पीटर ब्रुक आदि कई निर्देशकों के रंग प्रयोगों और रंग-चिन्तन ने, अभिनय-कला और लेखन ने बीसवीं शताब्दी के रंगमंच को नयी दिशाएँ, नयी पद्धतियाँ दी, जिससे जितना चुनौतीपूर्ण रंगकर्म हुआ, उतना ही चुनौतीपूर्ण नाट्यलेखन भी। नाटककार और निर्देशक के सह-अस्तित्व का, नाट्य प्रदर्शन में लेखक और सभी प्रदर्शनकारी कला-तत्त्वों के सहयोगी रूप से ही सृजन-प्रक्रिया नवीन सम्भावनाओं की ओर गयी। प्रस्तुतीकरण के लिए नाटक का निर्देशक द्वारा तैयार रंगालेख और नाटककार का नाट्यालेख आज बहस का विषय नहीं रह गया है लेकिन छठे दशक में धीरे-धीरे अनेक प्रश्न अवश्य उठे क्योंकि हिन्दी रंगमंच में सर्जनात्मक प्रक्रिया और निर्देशक के स्वतन्त्र व्यक्तित्व का पहला दौर था। आज यह प्रश्न बहुत महत्त्वपूर्ण नहीं है कि दृश्यात्मक सौन्दर्यान्वेषण में प्राथमिक आधार नाटक है और निर्देशक मौलिक प्रयोग और कल्पनाशील प्रस्तुति के लिए लिखित नाटक में रचनात्मक, गम्भीर मोड़ देने की दृष्टि से काट-छाँट या परिवर्तन के लिए स्वतन्त्र है। क्योंकि साहित्य और रंगमंच में बहुत अन्तर है। फिर भी निर्देशक का यह दायित्व है कि नाटक की मूल संवेदना विकृत और नष्ट न हो। इस दृष्टि से 'अन्धा युग', 'आषाढ़ का एक दिन' के महत्त्वपूर्ण सर्जनात्मक निर्देशकीय प्रयोग हमेशा याद किये जाएँगे। 'लहरों के राजहंस' एक ओर नाटककार मोहन राकेश की आन्तरिक बेचैनी, असन्तोष और परिवर्तन की छटपटाहट के लिए याद किया जाता

है कि किस प्रकार एक रचना, एक बिम्ब, एक द्वन्द्व वर्षों मन के भीतर उमड़ता-घुमड़ता रहता है और पहले एक कहानी ('46 '47) के रूप में फिर 'रात बीतने तक' ध्वनि नाटक के रूप में और फिर (1963) में 'लहरों के राजहंस' पूर्ण नाटक के रूप में तनावपूर्ण स्थिति में लिखा गया। नाटक की लम्बी भूमिका नाटककार और निर्देशक श्यामानन्द जालान की आपसी रचनात्मक संवादात्मकता, रचना-प्रकिया और प्रस्तुतीकरण प्रक्रिया की सहभागिता का मानदण्ड बन गया। प्रतिक्रियाओं के बाद नाटक के तृतीय अंक की सघनता नाटकीय तीव्रता पर फिर कार्य संशोधन और (1968) में उस नाटक का पुनःप्रकाशन ऐतिहासिक घटना बन गया। यह स्वयं मोहन राकेश के व्यक्ति का सर्जनात्मक पक्ष अवश्य था पर निश्चय ही आजादी के बाद नाटककार रंगमंच के प्रति सचेत हुआ। लक्ष्मीनारायण लाल के 'रातरानी' नाटक की भूमिका ने इस अर्थ में पहल की। उन्होंने नाटककार के ड्राइंगरूम से बाहर निकलने, सैद्धान्तिक ढाँचे से नाटक को मुक्त करने की बात पहली बार इतनी खुलकर स्पष्ट शब्दों में लिखी। नाटककार-निर्देशक की साझेदारी, रिहर्सलों में निर्देशक, अभिनेता से संवाद, प्रदर्शन देखना, दर्शकों की प्रतिक्रियाओं का भागीदार होना-यह सब पहले असम्भव सा हो चुका था। रचना पुनर्रचना के ताजगी भरे रिश्ते को भारतेन्दु ने लेखक के साथ-साथ निर्देशक, अभिनेता, रंगकर्मी होने के कारण समझा था। यह बहुत स्वस्थ रचनात्मक दृष्टि थी क्योंकि नाटक तो बार-बार मंच पर बदलता है। यह तभी सम्भव है जब नाटक में सम्भावनाएँ हों, लोच हो और शाश्वत सौन्दर्य हो। ब्रेष्त के अपने सिद्धान्त थे, स्वयं नाटककार निर्देशक दोनों होने के कारण उन्होंने अपने नाटकों के साथ अपने सिद्धान्तों के अनुसार अपनी नाट्यशैली को विकसित किया जिसने विश्वरंगमंच को प्रभावित किया। इसी प्रकार ग्रोटोवस्की ने बाहरी साधनों को नकार कर 'पुअर थियेटर' की परिकल्पना में अभिनेता को स्थापित किया और अभिनेताओं के साथ नाट्यालेख तैयार किये। टैगोर के नाटक प्रसाद के नाटकों की तरह रंगमंच पर असम्भव माने जाने लगे थे, उनके प्रदर्शन की नयी सम्भावनाएँ शम्भु मित्र ने तलाशी, बिल्कुल उसी तरह प्रसाद के नाटकों का रंगमंच, उसका प्राकृतिक रंगस्थापत्य, उसकी उन्मुक्तता, विस्तार और संगीत, उसका भाषा-सौन्दर्य कारन्त ने आविष्कृत किया। के. एन. पणिक्कर के नाट्यप्रयोगों से भास के नाटकों की समसायिकता उजागर हुई। हबीब तनवीर ने मध्य प्रदेश के ठेठ लोक कलाकारों को लेकर छत्तीसगढ़ी लोकनाट्य, संगीत, बोली और आधुनिक रंगमंच के लिए भिन्न आस्वाद की प्रस्तुतियाँ दीं, दूसरी ओर अल्काजी, रतन थियम, एम. के. रैना, मोहन महर्षि, देवेन्द्रराज अंकुर आदि ने 'अन्धा युग', 'तुगलक', 'आषाढ़ का एक दिन', 'चक्रव्यूह' आदि अनेकों प्रस्तुतियों द्वारा और संस्कृत नाटकों की प्रस्तुतियों द्वारा निर्देशक की सृजनशीलता के नये आयाम प्रतिष्ठित किये। प्राचीन परम्पराओं को

खण्डित करते हुए आरम्भ में शेक्सपियर का थियेटर, ब्रेष्त का आपेरा, एलियनियेशन थ्योरी, इब्सन, चेखव का यथार्थवादी रंगमंच, जापान की काबुकी शैली के प्रयोग हुए और बाद में सबका ध्यान हिन्दी रंगमंच की प्रकृति को लेकर उठे प्रश्नों में लोकनाट्यशैलियों और भारतीय नाट्यशास्त्र के विधान, उनके सर्जनात्मक प्रयोगों पर गया। इन प्रयोगों में यह भी स्थिति मुखर हुई कि किसी नाटककार या उसके विशेष नाटक के, नाटकों ने निर्देशकों को सार्थक, विश्वजनीन सम्भावनाएँ उजागर करने को प्रेरित किया। चेखव के नाटक स्तानिस्लावस्की को अपनी प्रदर्शन-शैली बदलने के लिए बार-बार बाध्य करते रहे। यही स्थिति 'अन्धा युग' की रही है। ब. व. कारन्त के शेक्सपियर और प्रसाद के नाटकों के प्रयोगों से, स्थानीय बोलियों में, भारतीयकरण के साथ बहुत से निर्देशकों की रचना-शक्ति, उनके सरोकार, प्रदर्शन पद्धतियाँ अवश्य रंगमंच को विस्तृत आयाम दे सकीं लेकिन उस उत्साह के बीच कहीं नाटककार, हिन्दी का मौलिक नाटक और 'अभिनेता' एवं हमारा 'दर्शक' छूटता गया। बहुत जल्दी ही नाटककार और निर्देशक के बीच अहं की टकराहट से संवादहीनता पैदा हुई। सबने अनुभव किया कि आजादी के बाद का रंगमंच 'निर्देशक का रंगमंच' बनकर ही उपस्थित हुआ। उस समय यह बहुत स्वाभाविक था। हमारे भारतीय नाट्यशास्त्र में निर्देशक की कोई परिकल्पना, कोई सत्ता ही नहीं है, यह तो पश्चिम की दृष्टि है। हमारे यहाँ सूत्रधार ही मुख्य है। पूरा संचालन, दर्शक से सम्बन्ध, अभिनेता, रंगमंच और दर्शक को जोड़ना, नाटककार और नाटक से दर्शक को परिचित कराना, प्रदर्शन से पूर्व नाटक के अनुकूल वातावरण की सृष्टि सब सूत्रधार का ही कार्य है। हमारी लोकपरम्पराओं और शास्त्रीय परम्पराओं में अभिनेता ही मुख्य है, निर्देशक नहीं। इसलिए जब समकालीन रंगमंच में निर्देशक ही एक प्रकार से नियामक बन गया और नाटक में प्रस्तुति-शैली, रंग-शिल्प, दृश्य-सज्जा आदि तत्त्व प्रमुख होने लगे तो उससे बहुत-सी अवांछित स्थितियाँ पैदा हुईं। नाटककार का उपेक्षित होना, उसकी अवमानना में विरोधाभास को जन्म दिया। निर्देशक पूरे नाट्य पर [illegible] होता गया और शैलीबद्धता ने नाटक और रंगमंच को बाँध-सा दिया। यहीं से दोनों की आपसी टकराहट शुरू हुई। मनमानी काट-छाँट, स्वर में अवज्ञा, लेखक व्यक्तित्व की अवमानना के उस समय नाटककार अभ्यस्त नहीं थे और मंचीय प्रक्रिया, उसकी भीतरी जरूरतों का आभास भी नहीं था। अगर महत्त्वपूर्ण निर्देशकों की गरिमापूर्ण प्रस्तुतियों को छोड़ दें तो नये-नये प्रशिक्षित निर्देशकों ने निर्देशन के नाम पर जो अधकचरापन, मनमानी, प्रयोगात्मक उत्तेजना दिखाई, वह असह्य था। 'एण्टीगनी' जैसी विश्वप्रसिद्ध रचनाओं को शैली के नाम पर नष्ट होते देखना यातनापूर्ण अनुभव हो सकता है-किसी भी संवेदनशलील दर्शक के लिए। यही प्रश्न कालजयी भारतीय नाटक 'घासीराम कोतवाल' को नौटंकी शैली के नाम पर भ्रष्ट होते देखकर उठे।

ऐसी अनेक विडम्बनाओं ने नाट्यलेखन को, नाटककार को क्षुब्ध किया। बीच में आवेग, उत्साह, उत्तेजना। आक्रोश के उस दौर में निर्देशक का यह कथन भी बार-बार आता रहा कि हमें कण्टेण्ट नहीं चाहिए। हम नाटक के बिना भी नाटक कर लेंगे। स्वयं कारन्त, बंसी कौल ने ये बातें कई बार कहीं। कारन्त 'चन्द्रगुप्त' को वाराणसी में करके निराश थे। इस प्रतिक्रियात्मक माहौल में 'शब्दमुक्त नाटक' के उदाहरण भी आये। अन्य बोलियों में, शैलियों में देहभाषा या कार्यशाला के नाटक प्रदर्शित होते रहे। उसका प्रभाव आज तक है। अधिकांश निर्देशक प्रदर्शन-आलेख तैयार करके प्रस्तुतियाँ कर रहे हैं। 'दर्शक' की उपेक्षा भी यहीं से शुरू हुई, जबकि नाटक की रचना एक सर्जनात्मक रचना-कर्म है। जिसमें नाटककार, अभिनेता, निर्देशक, दर्शक बराबर साझीदार हैं। अभिनेता ही नाटककार की रचना और निर्देशक की परिकल्पना को क्रियारूप देता है और दर्शकमानस में प्रतिबिम्बित करता है, उसे सचेत भी करता है, क्रियाशील भी। जितना अनिवार्य नाट्यालेख है, उतना ही अनिवार्य प्रस्तुति-आलेख। दोनों का रचनात्मक रिश्ता है। वहाँ प्राथमिकता का सवाल ही नहीं उठता। यही बात नाटककार-निर्देशक को लेकर है। विसंगतियों और सम्बन्धहीनता के पनपते जाने के कारण अनेक अच्छे निर्देशक जिनसे नयी-नयी शैलियों की, रंगमंच की सम्भावनाओं की तलाश बड़ी बेचैनी से बढ़ी, बाद में वह भी ठहर-सी गयी, वह समय छठे-सातवें आठवें दशक का समय जैसे लौटा ही नहीं। भारतीय नाटककारों में हम बादल सरकार को शायद ही कभी भूल पाएँगे क्योंकि उन्होंने नाटककार और निर्देशक के रूप में अपनी नयी रंगभाषा और मंचनशैली रची और अनेक ध्वनियों, दृश्यात्मक गतियों का, अभिनेता का रंगमंच खड़ा किया जो कभी भी, कहीं भी हो सकता है। लक्ष्मीनारायण लाल नाटककार, निर्देशक, समीक्षक, अभिनेता सब एक साथ थे। यही बात दया प्रकाश सिन्हा के विषय में भी सत्य है। वह नाटककार, निर्देशक, अभिनेता, समीक्षक सब रहे हैं। निश्चय ही पहले की स्थिति यहाँ कभी नहीं आयी। नाटककार और रंगकर्मी का क्षेत्र अलग-अलग है; साहित्य और रंगमंच के भी दो खाने बने हुए हैं। नटरंग का संपादकीय ही 'निर्देशक की निरंकुशता' पर था। अीाी नटरंग का 68 अंक नाटककार पर केन्द्रित आया था जिसमें पहली बार दस नाटककारों ने इतना दो टूक, बेबाक लिखा है जो हमारे सामने बहुत सारे प्रश्नचिह्न खड़े करता है। उसी के आस-पास 'वागर्थ' का 'भारत का हिन्दी रंगमंच और नाटक' विशेषांक एक नये इतिहास और शोध का शुभारम्भ बनकर आया। लगा कि शायद पूर्वाग्रह टूटेंगे और रचनात्मक बहस का आरम्भ होगा।

राष्ट्रीय परिप्रेक्ष्य में महत्त्वपूर्ण नाटकों के रंग-इतिहास की संरचना की दृष्टि से नाट्यशोध संस्थान, कलकत्ता ने बहुत ही सर्जनात्मक और आलोचनात्मक बातचीत आरम्भ किया था नाटककार और निर्देशक के बीच संवादहीनता, निर्देशक की प्रधानता

नाटककार की अवमानना आदि गम्भीर मुद्दों पर एक सजग, सहज संवाद की दृष्टि से योजनाबद्ध रूप में यह आयोजन था। नाटक के टेक्स्ट को सभी ने बहुत सशक्त पक्ष मानते हुए रेखांकित किया कि किस तरह मूल नाटक, उसका टेक्स्ट प्रस्तुतीकरण प्रक्रिया में ग्रो करता है, रंग-प्रक्रिया से जुड़ता है और ताजगी भरा आकार लेता है। नाटककार भीष्म साहनी के नाटकों 'हानूश', 'कबिरा खड़ा बजार में', 'माधवी' पर निर्देशकीय वक्तव्यों नाटककारों-निर्देशक के सह सम्बन्ध और 'अभिव्यक्ति की स्वतन्त्रता' के मुद्दे उभरे। 'हानूश' पर केन्द्रित बातचीत में राजेन्द्र नाथ, एम. के. रैना, रवि दवे के निर्देशकीय वक्तव्यों, अनुभवों से अनेकस्तरीय बातें आयीं–सम्पादन, संशोधन, संवर्धन को लेकर, अपनी रचना-प्रक्रिया और रंगशिल्प को लेकर। यह त्रासदी ही है कि एक महान नाट्यकृति होते हुए भी 'हानूश' के जितने मंचन, अनुवाद, मंचनों की प्रक्रिया चलती रहनी चाहिए थी, वह नहीं चली लेकिन नाटककार की उपस्थिति में नाटककार और निर्देशकों को सुनते हुए एक प्रकार से 'हानूश' पर और उसके बहाने हिन्दी के मौलिक नाटक पर पुनर्विचार और उसका पूनर्मूल्यांकन हुआ और बाद में भीष्म साहनी के विचार उन्मुक्त, सहज रूप में मुखर हुए। 'कबिरा खड़ा बजार में' के चूँकि देश भर में प्रदर्शन हुए इसलिए उस पर निर्देशक के अनुभव एक बने बनाये नाटक को नया मोड़ देने वाले थे–साथ ही नाटककार के साथ निर्देशक की कल्पना-शक्ति और सर्जनात्मक क्षमता को प्रतिष्ठित करने वाले थे। एक प्रकार से मुख्य बातचीत एम. के. रैना की ही रही। रैना ने बताया कि मैं भीष्म साहनी की कुछ कहानियों से ही उन्हें जानता था, शेष कुछ नहीं पता था। नाटककार के रूप में तो बिल्कुल नहीं। धीरे-धीरे मैं उनका नाटककार रूप से परिचित हुआ। बहुत ईमानदार लेखक लगे, आज के लिए बेहद प्रासंगिक। एक कमिटमेण्ट मनुष्यता के लिए, मानवीय संवेदना से भरे हुए; कोई प्रचार नहीं। भीष्म साहनी निर्देशक को आजादी देते हैं। मैं उनके नाटक अपने ढंग से करता हूँ और वह अपना टेक्स्ट स्वयं अपने ढंग से प्रकाशित करते हैं। मैंने '77 में 'हानूश' किया। युद्ध का समय था, नयी सरकार बनी थी। बड़े राजनीतिक परिवर्तनों का समय था–इस पीरियड में मैंने 'हानूश' चुना, किया। उन्होंने अपनी परिकल्पना, टाइम, स्पेस, घड़ी के रंगमंच, अभिनय, दर्शक से सह-सम्बन्ध पर, वेशभूषा पर चर्चा की। निर्देशक राजिन्दर नाथ ने भी 'हानूश' का मंचन किया और उसे सम्पादित करके किया। उन्होंने इस मत पर जोर दिया कि 'नाटक का प्रकाशित रूप' भिन्न बात है और प्रस्तुतीकरण रूप या पाठ भिन्न चीज है। दोनों रूप और पाठ अपने में महत्त्वपूर्ण हैं। उन्होंने इस पर भी जोर दिया कि निर्देशक के निर्देशकीय अनुभवों पर बात करते समय हमें अभिनेताओं को भी याद करना चाहिए, रंगशिल्प को आकार देनेवाले को भी। मसलन मेरी प्रस्तुति में रवि वासवानी और सुषमा सेठ की भी महत्त्वपूर्ण भूमिका थी। अशोक भट्टाचार्य

ने साइकिल के पुर्जों से घड़ी बनायी थी। बिल्कुल इसी प्रकार रवि दवे ने भी इक्कीस साल पहले किये 'हानूश' के सन्दर्भ में अपनी चयन-दृष्टि को, अपने अनुभवों को बताया। एम. के. रैना ने इत्तफाक से भीष्म साहनी के सभी नाटक किये हैं। शायद नया नाटक 'आलमगीर' कर रहे हों। 'कबिरा खड़ा बाजार में' नाटक की प्रस्तुति-परिकल्पना पर, अपनी नितान्त स्वतन्त्र अवधारणा पर लम्बी बात करते हुए उन्होंने कहा कि उन्होंने कोई संगीत नहीं लिया। इस नाटक को करते हुए काफी बातें उठीं, रिसर्च हुयीं, 'कबीर में मुझे बहुत लम्बी रेंज मिली। सैकड़ों बिन्दु मेरे सामने थे-दृश्य के लाइट के। दृश्यों को आगे पीछे करके किया। भीष्म साहनी ने स्टेज रिहर्सल देखा और कहा-'तुमने नाटक को क्या बना दिया है?' और उन्होंने सात प्वाइण्ट्स की लम्बी सूची बनाकर दी पर हमने नाटक का प्रोडक्शन अपनी तरह किया और दस साल तक करते रहे। हर प्रकार के दर्शकों ने हर जगह देखा बनारस की, कारन्त जी की, डॉ. भानुशंकर मेहता, संगीत के कैसेट्स, शोध, बहस, विरोध सबकी बातें आयीं और नाटक बहुत सफल हुआ लेकिन 'माधवी' में निर्देशक के रूप में रैना ने अपने को बुरी तरह असफल कहा। ''माधवी' नाटक कई तरह से विचार और श्रम की माँग करता है। मैंने इसे रिचुअल की तरह किया। स्मिता पाटिल ने कहा था मुम्बई आओ तो मैं इसे करूँगी पर उनकी मृत्यु से यह बात रह ही गयी।' इन निर्देशकीय परिकल्पनाओं के बाद नाटककार सुरेन्द्र वर्मा ने भीष्म साहनी से पूछा कि नाटक में निर्देशक द्वारा किये गये परिवर्तन को आप कैसा महसूस करते हैं? भीष्म साहनी की दृष्टि और उत्तर बहुत साफ था कि 'अगर निर्देशक और नाटककार की एप्रोच और एंगिल एक जैसा है तो ठीक है। अगर निर्देशक अपने 'पुनःसृजन' में बाधा नहीं चाहता या सुझाव नहीं चाहता तो एक लेखक को, नाटककार को बहुत दबाव नहीं डालना चाहिए और न विरोध करना चाहिए। थियेटर बहुत बृहद् माध्यम है।' उन्होंने 'तमस' उपन्यास की चर्चा करते हुए गोविन्द निहलानी की निर्देशन-कला और दृष्टि पर बात की। धारावाहिक, दूरदर्शन, फिल्म, रंगमंच बिल्कुल भिन्न माध्यम हैं। उनकी प्रकृति और माँग अलग है। लेखक/नाटककार से ज्यादा निर्देशक बेहतर जानता है कि वह कैसे करे? क्या करे? सवाल निर्देशक की छूट और आजादी का नहीं है, उसके अपने अनुभव, परिकल्पना, संवेदना और सम्प्रेषण का है। वह बदल सकता है और बिना शब्दों के भी कई तरह, कई कोणों से अपने इण्टरप्रिटेशन को प्रस्तुत कर सकता है। भीष्म साहनी ने 'हानूश' की रचना के पीछे चेकोस्लोवाकिया की यात्रा की चर्चा करते हुए बताया कि 'किस तरह 'हानूश' रचा गया। एक बार मस्तिष्क में कोई बात आ जाए तो पीछा नहीं छोड़ती, नाटक पूरा होने पर ही चैन पड़ता है।' उन्होंने यह भी बताया कि किस तरह 'हानूश' पूरा होने पर अल्काजी को दिया गया पर वह उदासीन थे। जब राजिन्दर नाथ ने मंचन किया और स्क्रिप्ट

फेस्टिवल में सर्वश्रेष्ठ गिनी गयी तो मेरा भाग्य बदल गया। भीष्म साहनी के सहज शब्द एक नाटककार के संघर्ष, प्रयास, आकुलता, निराशा और हर्ष को, नाटककार एवं निर्देशक के अनिवार्य सम्बन्धों को, अन्तरंग उल्लास को मूर्त कर गये। उन्होंने 'माधवी' के सन्दर्भ में भी बताया कि त्रिलोचन शास्त्री ने यह कथा सुनायी थी। मुझे उसमें नाटक के बीज लगे और मैं अध्ययन और खोज में लग गया। अभी भी मैं उस पर सोचता रहता हूँ। सोचा था पौराणिक शैली में लिखूँगा फिर रीयलिस्टिक शैली में लिखा। महाभारत में से जो एसेन्स निकलता था, वह मेरे लिए रीयलिस्टिक था–सम्पूर्ण सन्दर्भ नारी व्यक्तित्व का, शोषण का। 'माधवी' का बंगाली वर्जन भी आ चुका है।–इस बातचीत के साथ-साथ 'माधवी' का अंश भी पढ़ा गया। इस बहाने 'माधवी' जो अभी तक उपेक्षित-सा पड़ा है, उस पर अच्छी-खासी चर्चा हुई और अलक्षित नाटक पर उसकी गम्भीरता पर ध्यान भी केन्द्रित हुआ। 'माधवी' पर विमल लाठ ने भी अपने निर्देशकीय अनुभव, प्रस्तुति-परिकल्पना पर बात की जिसमें विशेष ढंग से 'माधवी' की संरचनात्मक जटिलता को भी उन्होंने संकेतित किया। निस्सन्देह 'हानूश' और 'माधवी' पर बातचीत से यह सत्य उभरा कि इस प्रकार एक नाटक का नया ताजा नाट्यपाठ-सा और समीक्षा-सी हो जाती है जो बँधी-बँधायी नहीं होती।

नाटककार मोहित चट्टोपाध्याय के Rayrabta (बांग्ला) नाटक, हिन्दी शीर्षक 'गिनीपिग' 'अच्छा एक बार और' पर और उनकी प्रस्तुतियों पर, निर्देशन पर संवाद हुआ। निर्देशक विभास चक्रवर्ती ने थियेटर वर्कशाप, कलकत्ता की ओर से बांग्ला में, राजिन्दर नाथ ने हिन्दी में, सत्यदेव दुबे ने हिन्दी में (जो आये नहीं थे) 'गिनीपिग' किया था। गिनीपिग पर विस्तृत बातचीत हुई। इसमें लिखित पेपर भी पढ़े गये और ज्यादा बल नाटककार की कृति में निर्देशकीय सम्भावनाओं के अन्वेषण की स्वीकृति पर रहा। इस सत्र में नाट्यरचना के वैशिष्ट्य, चरित्र, फॉर्म, अनुवाद, भाषा पर भी आलोचनात्मक समझ बनी। हिन्दी नाटकों के भारतीय भाषाओं में अनुवाद और मंचन भारतीय भाषाओं के हिन्दी में अनुवाद और विभिन्न निर्देशकों द्वारा नये-नये रूप में प्रस्तुतीकरण से सर्जनात्मकता के स्तर खुले। लिखित पेपर्स से एक प्रकार की स्थिरता अवश्य आती है और आत्मीय संवाद, बात में बात निकलने का सहज क्रम जरूर ठहर-सा जाता है, यह महसूस हुआ।

नाटककार सुरेन्द्र वर्मा के नाटक 'सूर्य की अन्तिम किरण से सूर्य की पहली किरण तक' पर बहुत सार्थक, साथ ही बहुमुखी सन्दर्भ उठे। इस नाटक के निर्देशक राम गोपाल बजाज, गिरीश रस्तोगी, कमल वशिष्ठ, उर्मिल थपलियाल, अमोल पालेकर द्वारा हिन्दी और मराठी, मंच और फिल्म माध्यमों के कारण ताजगी भरी रोचक बातचीत हुई। कई मानों में यह सत्र बहुत महत्त्वपूर्ण लगा क्योंकि एक तो

सुरेन्द्र वर्मा से लेखक विशेषकर नाटककार के रूप में अब तक कभी कोई संवाद ही नहीं बना था इसलिए इस समय उनसे रूबरू बातचीत वाकई उत्सुकता जगा सकी हालाँकि वाणी की दिक्कत के कारण सुरेन्द्र वर्मा कम ही बोल पाये। कुछ नयी सूचनाएँ भी मिलीं कि 'सूर्य की अन्तिम किरण...' नाटक लगभग सभी भारतीय भाषाओं में खेला गया और इसके अनेक प्रदर्शन हुए। क्या यह सच है? सहसा यकीन नहीं हुआ। यह अवश्य या तो शोध का विषय है या हमारी अज्ञानता का। बात बहुत जल्दी में आयी गयी हो गयी। पर इस नाटक के टेक्स्ट को लेकर काफी गहरी बातें हुयीं, चरित्रों और उनकी मानसिकता को लेकर भी, साथ ही उन विवादों पर भी बहस उठी जो साहित्य में इस नाटक पर लगाये जाते रहे, श्लीलता-अश्लीलता को लेकर काफी कुछ कहा जाता रहा है। इस सत्र में पूर्व निर्धारित क्रम उलट गया। बातचीत इस नाटक की निर्देशक गिरीश रस्तोगी से शुरू हुई। उन्होंने कहा कि 'मेरे लिए यह नाटक सामाजिक अवरोधों से लड़ने जैसा था। चरित्रों के भीतरी स्वरों, भावोच्छ्वास से भरी भाषा में धर्म, नैतिकता, पाखण्ड के विरुद्ध साहसिकता का नाटक लगा था। शीलवती की क्रान्ति भीतरी है, शरीर की नहीं। पति-पत्नी के झूठे रिश्तों का मखौल है। धर्म और राजनीति, खासकर राजनीतिक महत्त्वाकांक्षा किस तरह कुचक्र की ओर ले जाते हैं, नारी का शोषण करते हैं सहसा इन बातों ने ध्यान आकृष्ट किया। मैंने 1975 में इसे किया और पुराने संस्कारों को तोड़ता हुआ तेज नाटक लगा था। सबसे ज्यादा सुरेन्द्र वर्मा की नाट्य भाषा ने, अभिनय के अन्तरंग आयामों ने प्रभावित किया था। इसलिए यह नाटक चुना। इसका अन्त जरूर बदला। वहाँ नाटककार कन्फ्यूज्ड लगता है और शायद परम्परा से आशंकित-सा। वैसे सुरेन्द्र वर्मा के नाटकों में, उपन्यास 'मुझे चाँद चाहिए' में अद्भुत संस्कृत नाट्य और लय मिलती है, उसे प्रस्तुति में लाना चाहिए। मेरी मान्यता है कि सुरेन्द्र वर्मा भाषा और अभिनय को मोहन राकेश से आगे ले जाते हैं।' उर्मिल थपलियाल और कमल वशिष्ठ ने भी इस नाटक के कथ्य और शिल्प की विशेषताओं के कारण इसका चयन किया। सबके मंचन लगभग आस-पास के वर्षों में हुए-कई प्रदर्शन हुए। इन निर्देशकों ने इस नाटक की प्रस्तुति में विस्तार से दृश्य-रचना पर, शैया के स्थान, उसके कोण और उसकी सजीव पात्र-जैसी भूमिका पर काफी विस्तृत बातचीत की। दृश्य-रचना में गवाक्ष का, नाट्यसंगीत का प्रयोग भी बार-बार चर्चा में आया। राम गोपाल बजाज ने पुस्तक में छपे अपने निर्देशकीय वक्तव्य की बात छेड़ते हुए कहा कि 'यह फोकस्ड नाटक है। नाटक करने वाले के लिए खतरनाक है। जरा सा भोंडापन आ जाए तो बिगड़ सकता है। यह नाटक केवल दैहिक या पाशविक नहीं रह जाना चाहिए। भाव का शारीरिक पोस्चर से सम्बन्ध और भाव-सम्प्रेषण की चर्चा करते हुए उन्होंने बल दिया कि अभिनेता को उतने भाव-सम्प्रेषण तक पहुँचाना निर्देशक का काम

है।' यह प्रश्न उठता है कि क्या शारीरिक अक्षमता से मानसिकता भी प्रभावित होती है? उन्होंने कहा कि इस नाटक में तीसरा अंक होना चाहिए था पर उसे सुरेन्द्र वर्मा कर नहीं पाये। राम गोपाल बजाज ने यह भी कहा कि 'वैसे इस नाटक से सुरेन्द्र वर्मा प्रतिनिधि नाटककार नहीं रह पाते, वह 'कैदे हयात' और 'आठवाँ सर्ग' से हमारे समय के प्रसिद्ध नाटककार के रूप में प्रतिष्ठित होते हैं।'

अमोल पालेकर की बातों से दूसरा मोड़ पैदा हुआ। उन्होंने सुरेन्द्र वर्मा का 'द्रौपदी' किया और उसे करने में अपने अनुभव विस्तार से बताए। फिर मराठी में करने के लिए उन्हें यह नया नाटक ऑफर हुआ–'सूर्य की अन्तिम किरण...' उनके विचार और प्रोडक्शन स्क्रिप्ट में परिवर्तन बड़े स्पष्ट और बोल्ड थे। अमोल पालेकर ने कहा कि 'मैंने स्क्रिप्ट में बड़े पैमाने पर परिवर्तन किये। प्रतोष का चरित्र ही मैंने हटा दिया था। इसके पीछे मेरी पूरी लॉजिक थी और वह यह कि उसे प्रेम-सम्बन्ध में लाने से नाटक में एक बेहद सामान्य-सा त्रिकोण बनता है और नाटक की सारी समस्या को स्थूल कर देता है। इसके अतिरिक्त प्रतोष के कारण शीलवती के बारे में भी कन्फ्यूजन पैदा होते हैं। जो वास्तविक समस्या, द्वन्द्व, छटपटाहट और सवाल हैं, वे पीछे छूट जाते हैं।' अमोल पालेकर ने बताया कि 'मैंने इस बारे में लेखक से काफी संवाद किया, बहस की, पर वह तैयार नहीं हुए। अब मैं इस पर फिल्म बना रहा हूँ। फिल्म की दृष्टि से इसका पुनर्पाठ पुनःसृजन शुरू किया है। वैसे फिल्म के लिए इस नाटक में अनन्त, विलक्षण परतें ही परतें हैं। फिल्म माध्यम के लिए यह चरित्रों, दृश्यों की अद्‌भुत सम्भावनाएँ लिए हुए है। मैं आज इतने वर्षों बाद इसमें ज्यादा सूक्ष्म बातें, अर्थ और सौन्दर्य देख पा रहा हूँ क्योंकि आज मैं ज्यादा परिपक्व हूँ, अनेक तरह से सोच सकता हूँ, कर सकता हूँ।' उन्होंने कहा वैसे सुरेन्द्र वर्मा एक लेखक के रूप में फेमिनिस्ट नाटककार हैं। 'द्रौपदी' हो या 'सूर्य की अन्तिम किरण...' स्त्री अपने को जानने-समझने की कोशिश करती हुई दीखती है। बीच-बीच में गिरीश रस्तोगी, राजिन्दर नाथ, सुरेन्द्र वर्मा द्वारा 'मुझे चाँद चाहिए' भी चर्चा में आता रहा और 'सूर्य की अन्तिम किरण...' के सन्दर्भ में साहित्य में उठे विवादों, श्लीलता-अश्लीलता के प्रश्नों पर भी बहस होती रही। डॉ. प्रतिभा अग्रवाल ने भी अपने विचार रखे।

नाटककार सुरेन्द्र वर्मा ने स्पष्ट कहा कि 'हमारे यहाँ सेक्स जैसे विषयों को आप लेकर नहीं चल सकते।' उन्होंने '72 के अपने 'सेतुबन्ध' नाटक पर बात करते हुए कहा कि मेरे लिए वह कमजोर नाटक है, सामान्य रचना है। वहाँ स्त्री पुरुष को चुनती है और उसकी शक्ति कम हो जाती है। सुरेन्द्र वर्मा ने कहा, 'वस्तुतः स्त्री भी अपनी शारीरिक जरूरतों, शारीरिक इच्छाओं के अधिकार के लिए जागरूक हो जाती है–हो सकती है। अपनी सेक्सुअलिटी को, शारीरिक स्थिति को वह भी

समझती है। यह मेरी मान्यता है और तब मैं उसकी बाह्य और आन्तरिक द्वन्द्वात्मकता को, उसके अनेक आयामों और स्तरों को तलाशता हूँ। तब वह शीलवती अर्थात् स्त्री और अधिक शक्तिशाली हो जाती है।' उन्होंने ने कहा, 'मैं शीलवती का, वर्षा वशिष्ठ का शुक्रगुजार हूँ कि उन्होंने मुझे बड़ा लेखक बनाया। मुझे माधवी और शीलवती में समानता दीखती है। यह बहुत ही नाजुक बिन्दु है जो इन चरित्रों में लिया गया है। इन चरित्रों में कोई भी विद्रोह तत्त्व नहीं है। आम धारा से वह कितनी अलग हैं। उन्हें समझना जरूरी है। समझने पर आप उन्हें छोड़कर नहीं जा सकते।' सुरेन्द्र वर्मा काफी गम्भीर बातें बोले थे पर उन्हें पूरी तरह सुनने में कठिनाई आयी। पूरी बातचीत सुनने और समझने की थी। निश्चय ही मेरा ध्यान शीलवती, माधवी, वर्षा वशिष्ठ पर केन्द्रित हुआ।

15

ब. व. कारन्त : रंग-व्यक्तित्व

पद्मश्री स्व. ब. व. कारन्त ने अपनी विश्व-प्रसिद्ध प्रस्तुतियों से, अपने बाहर से नितान्त आत्मीय और सामान्य लेकिन भीतर से अत्यन्त मौलिक, असामान्य व्यक्तित्व से सम्पूर्ण भारतीय रंगमंच में नये प्रतिमान स्थापित किये हैं। रंगसंगीत, लोकनाट्यशैली का पुनःसृजन लोक और बोली की स्थानीयता के साथ-साथ नाट्यशास्त्र अभिनय, लेखन, निर्देशन और रंगों के सामंजस्य पर उनकी सूक्ष्म पकड़, साहित्य, रंगमंच, कला और नाट्यसमीक्षा में नये मोड़ों की स्थिति अनायास ले आना रंगमण्डल की परिकल्पना आदि उनके रंगकर्मी व्यक्तित्व के इतने समृद्ध और ठोस पक्ष हैं जिन्होंने एक इतिहास बनाया है। आज उनके निधन के साथ अनेक स्मृतियाँ खुलती चली जाती हैं। अभी रा. ना. वि. दिल्ली और रूपान्तर नाट्यमंच गोरखुपर के संयुक्त संयोजन में संचालित 'रूपान्तर प्रशिक्षण केन्द्र' के एकवर्षीय डिप्लोमा पाठ्यक्रम के दीक्षान्त समारोह पर 15, 16 मई 1998 को गोरखपुर में उनका आगमन नहीं भुलाया जा सकता। रूपान्तर के आमन्त्रण पर वह आये और 'रंगभाषा' और 'रंगसंगीत' पर उन्होंने अद्‌भुत व्याख्यान दिये हालाँकि व्याख्यान उनका स्वभाव नहीं था। हम उन्हें गोरखपुर विश्वविद्यालय के विचार मंच की ओर से भी 'रंगभाषा' पर व्याख्यान के लिए कई साल से बुला रहे थे। व्यस्त तो बहुत थे ही पर यह भी कहते थे कि 'मैं बहुत ऊबड़-खाबड़ आदमी हूँ। डरता हूँ, वह भी विश्वविद्यालय में-विद्वानों के सामने। वैसे भी व्याख्यान स्वभाव नहीं है मेरा।' रूपान्तर नाट्यमंच की ओर से भी हम उन्हें कई सालों से बुला रहे थे। रूपान्तर की रजत जयन्ती (1994) के अवसर पर वह आने वाले थे। डॉ. एल. एम. सिंघवी, नेमिचन्द्र जैन, गिरिराज किशोर आदि आये पर वह नहीं आ सके। लगातार फोन पर बात होती थी। वह दक्षिण में कहीं बहुत इण्टीरियर में प्रशिक्षण और प्रस्तुति में व्यस्त थे, नहीं आ पाये और उन्होंने वायदा किया कि मैं गोरखुपर आऊँगा जरूर। रूपान्तर प्रशिक्षण केन्द्र के अन्तर्गत उनके लिए मैं बराबर सम्पर्क में रही और अचानक एक दिन देवेन्द्र राज अंकुर का फोन

आया कि इन–इन तारीखों में कारन्त जी गोरखपुर आना चाहते हैं और वह आये। तीन दिन रहे। अपना वायदा निभाया। बेहद सहज, आडम्बर विहीन और यायावरी वृत्ति के धनी, ब.व. कारन्त प्रकृति और मिट्टी के कण–कण से सीखना जानते थे। गीता प्रेस, गोरखनाथ, मगहर, कुशीनगर, लुम्बिनी सब घूमे। जहाँ–जहाँ गये सब साहित्य बटोर लाये। मेरा भी सारा साहित्य माँगकर ले गये। हजारीप्रसाद द्विवेदी के 'अनामदास का पोथा' और 'बाणभट्ट की आत्मकथा' पर काम कर रहे थे फिल्म और दूरदर्शन के लिए। जो समीक्षाएँ मिली इकट्ठा करवायीं। 'बाणभट्ट' का नाट्यरूपान्तर और मंचन चूँकि मैं '80–'81 में कर चुकी थी–उसका आलेख लिया–यह उनके चिन्तनशील, उन्मुक्त और सर्जक, जागरूक व्यक्तित्व की पहचान है।

गोरखपुर क्लब के सभागार में नगर के सभी साहित्यकारों, रंगकर्मियों, कलाकारों, नागरिकों के सामने लगभग तीन घण्टे हारमोनियम लेकर पूरी ऊर्जा तल्लीनता और अद्‌भुत गायकी के साथ कारन्त जी ने जो 'रंगसंगीत' पर सोदाहरण व्याख्यान (डिमांस्ट्रेशन) दिया, वह शायद आज समूचे रंग जगत् में एक ऐतिहासिक घटना जैसा है। उस अभूतपूर्व उपस्थिति की जीवन्तता को भुला पाना असम्भव है। मैंने 'रंगभाषा' विषय पर उनसे घण्टों साक्षत्कार लिया है जो मेरी पुस्तक 'रंगभाषा' में संकलित है। बाद में उन्होंने नगर के कलाकारों को भी रंगभाषा का प्रशिक्षण दिया और पूरे अभिनय के साथ संवाद किया। कारन्त जी से प्राप्त ये दोनों अनुभव–'रंग संगीत' और 'रंगभाषा' राष्ट्रीय स्तर पर स्वत: एक ऐतिहासिक दस्तावेज बन गये हैं। 'रूपान्तर' का प्रत्यक्ष–अप्रत्यक्ष रूप में बहुत पुराना रिश्ता कारन्त जी से रहा है। '78 में हम श्रीराम सेण्टर के बेसमेण्ट में 'एक चिथड़ा सुख' कर रहे थे। कारन्त जी कब धीरे से आकर चुपचाप खड़े हो गये पता ही नहीं चला। प्रसाद जन्म शताब्दी समारोह में भोपाल में 'स्कन्दगुप्त' का मंचन भी था और 'ध्रुवस्वामिनी' का भी। 'ध्रुवस्वामिनी' के सभी कलाकारों से प्रस्तुति के बाद उन्होंने लम्बी बातचीत की। यह बातचीत बड़ी क्रियेटिव थी। गिरिजा कुमार माथुर और कई साहित्यकार, दर्शक, कलाकार, उसमें भागीदारी कर रहे थे। हिन्दी रंगमंच को ब.व. कारन्त की बहुत बड़ी देन जयशंकर प्रसाद के नाटकों का प्रस्तुतीकरण, नयी रंग-शैली का अन्वेषण और इस बहाने उनके नाटकों के पुनर्मूल्यांकन उनके रंगमंच पर पुनर्विचार का वातावरण पैदा करना है। 'स्कन्दगुप्त', 'चन्द्रगुप्त', 'विशाख', 'कामना' की प्रस्तुतियों से कारन्त जी ने हिन्दी नाट्य समीक्षा को नयी दृष्टि दी : प्रसाद की भाषा में, अनोखा संगीत, ध्वनियाँ और लयात्मक अभिनय तलाशा जो आज महेश आनन्द, सत्येन्द्र तनेजा की पुस्तकों में और रा. ना. वि. के कार्यों में, नाट्यशोध संस्थान, कलकत्ता के डाक्यूमेण्टेशन, वीडियो, पत्रिकाओं, संकलनों आदि में सुरक्षित है। छठा–सातवाँ–आठवाँ दशक

कारन्त जी के सर्जनात्मक रंगकार्य का स्वर्णकाल है। 'अन्धेर नगरी', 'मैकबेथ', (वरनम वन), 'घासीराम कोतवाल', 'मालविकाग्निमित्र' जैसी उनकी प्रस्तुतियाँ मैं आज भी नहीं भुला पाती। इनमें अनेक चरण हैं नाटक और प्रस्तुतीकरण के, लेखन और सृजन के। आज भी मुझे उनका 'अन्धेर नगरी' सर्वोत्तम प्रस्तुतीकरण लगता है। उनकी भारतीय रंग शैली की खोज और उस प्रहसन की सार्थकता की तलाश को, उनकी बुनावट और सौन्दर्य बोध को हम भुला नहीं पाते। हम प्रसाद के 'स्कन्दगुप्त' को करते हुए निर्देशक कारन्त की उस चिन्ता को भी नहीं भुला पाते जो वह दिल्ली, भोपाल की प्रस्तुतियों की चर्चा-प्रशंसा के बाद भी रवीन्द्रालय, लखनऊ.के मंच पर 'स्कन्दगुप्त' को लाते हुए नहीं समेट पा रहे थे। अन्दर एकान्त कोने में खामोश और बेचैन। फिर मंच पर भी कि पता नहीं हिन्दी भाषी और साहित्य-जगत् प्रसाद की इस कृति के मंचन को किस रूप में लेगा? यह बहुत स्वाभाविक चिन्ता थी एक ईमानदार और संवेदनशील निर्देशक की।

इधर अक्सर कारन्त जी से भेंट होती रही–कभी दिल्ली में कभी कोलकाता और मुम्बई में। निरन्तर सक्रिय थे और व्याख्यान खूब दे रहे थे–कभी उद्घाटन में, कभी समापन में उनकी जीवन्तता अनुकरणीय है। रंगमंच को एक स्वतन्त्र और मानवीय प्रक्रिया मानने वाले ब.व.कारन्त जैसे कालजयी व्यक्तित्व कभी-कभी ही इस धरती पर आते हैं। अनेक भाषाओं के जानकार कारन्त जी ने 'स्कन्दगुप्त' करते समय प्रसाद और उनकी भाषा पर अभिनेता की स्थानीय बोली के प्रभाव पर बहुत कुछ कहा था। 'कलावार्ता', 'नटरंग' में काफी सामग्री निकल रही थी जिसे पढ़कर मैंने कारन्त जी को एक पत्र लिखा था, 'कलावार्ता' ने उस चिट्ठी को ज्यों का त्यों छाप दिया था क्योंकि उसमें बहस के शाश्वत मुद्दे थे। कारन्त जी बराबर अपने रंगकर्म और विचारों से हस्तक्षेप करते थे, पुनर्विचार की पुनःसृजन की शृंखला चलाते थे–यही उनकी शक्ति है।

ब.व.कारन्त के व्यक्तित्व में जो गहराई, जो सादगी, हमेशा खोजती आँखों में जो बेचैनी और जीवन से, मनुष्य से, प्रकृति से राग मिला, वही इस अनन्त जगत में सीखने की, चलते रहने की प्रेरणा देता है। 'नाटक में अनुभव परम्परा है, गुरु परम्परा नहीं। एक गुरु अथवा निर्देशक से नाटक में दक्षता नहीं मिल सकती। अनुभव-दर-अनुभव ही रंगकर्म को श्रेष्ठता और सार्थकता प्रदान करता है।' 'कारन्त जी '98 में रा.ना.वि, दिल्ली और 'रूपान्तर प्रशिक्षण केन्द्र' गोरखपुर के दीक्षान्त समारोह के अवसर पर बोल रहे थे। भाषण को लेकर वह बहुत असुविधा-सी महसूस कर रहे थे। कहा 'ऊबड़-खाबड़ आदमी हूँ। इतने विद्वानों, नागरिकों और रंगकर्मियों के सामने भाषण।' इस संकोच और विनम्रता के बीच जो मुख्य बात उन्होंने कही और कलाकारों को सिखायी भी वह है स्थानीयता का प्रश्न? उन्होंने कहा–'कलाओं में स्थानीयता

महत्त्वपूर्ण तत्त्व है।' नाटक की स्थानीयता पर जोर देते हुए उन्होंने कहा कि नाट्यकला अपनी सम्पूर्णता में सर्वाधिक स्थानीय है। उसकी अलग पहचान के लिए जरूरी है कि उसमें स्थानीय प्रभाव उपस्थित हो। मसलन उन्होंने समझाया कि 'पूर्वोत्तर रेलवे गोरखपुर के जूनियर इन्स्टीट्यूट प्रेक्षागृह में बीच-बीच में अगर रेलगाड़ियों का शोर आता है तो उस शोर को स्थानीय विशेषता बनाया जा सकता है। हमें यह विशेषता बंगलौर में नहीं मिल सकती। भाँगड़ा पंजाब में ही पैदा होगा और कथकली केरल में ही क्योंकि वहीं वह वातावरण है। स्थानीयता से उपजी कला में स्वाभाविकता होती है। साथ ही स्थानीयता के अलावा तात्कालिकता और समकालीनता भी बहुत जरूरी है।' यहाँ सभी रंगकर्मियों और श्रोताओं को उनकी यह बात बहुत पसन्द आयी चूँकि लोक और शास्त्र के वह धनी थे और भ्रमण, प्रकृति-निरीक्षण,जीवन के प्रति अनुराग, प्रत्येक वस्तु, प्रत्येक स्थिति के प्रति सजग दृष्टि उनके स्वभाव का अंग थी इसलिए मैंने देखा कि एक क्षण भी वह निरर्थक नहीं जाने देते थे। बहुत सारा साहित्य मेरा ले लिया साथ ले जाने के लिए और कार में हों या ट्रेन में, या घूमने की प्रक्रिया में, सब पढ़ डाला। इतनी तीव्र गति कि जब तक पूर्वांचल का व्यक्ति हाथ में तम्बाकू लेकर मुँह में दबाए, तब तक वह न जाने कितना आगे जाते दीखते। बहुत से लोग सुस्ती का मजाक उड़ाते हैं पर उनके लिए यह नाट्यसंगीत भी था और स्थानीय विशेषता भी। शायद इसीलिए वह पारम्परिक नाट्यरूपों को लेते थे। स्वयं उन्होंने यक्षगान शैली की गहरी जानकारी के कारण उसमें अद्भुत सर्जनात्मक प्रयोग किये। जिसने भी अन्धेर नगरी, हयवदन, वरनम वन, मालविकाग्निमित्र आदि उनकी प्रस्तुतियाँ देखी हैं, वह पारम्परिक नाट्यशैलियों, संगीत और स्थानीय प्रभावों पर उनकी गहरी सर्जनात्मक पकड़ का अनुभव करने लगता है, क्योंकि दर्शक से अलगाव के स्थान पर उन्होंने उससे मानवीय रिश्ते, संवेदनात्मक तादात्म्य को महत्त्व दिया।

हिन्दी और भारतीय रंगमंच के लिए यह उनकी बहुत बड़ी देन है। उनके रा.ना.वि. के निदेशक-काल में, चारों तरफ अँग्रेजी भाषा, अँग्रेजी व्यवहार का, प्रयोगों का बहुत जोर था, पर, कारन्त जी अपने भारतीय और पारम्परिक नाट्यरूपों को ही महत्त्व देते हैं और उसमें से बहुत कुछ नया निकालते हैं। उन्होंने एक दृष्टि दी कि अध्ययन, भ्रमण, निरीक्षण और जिज्ञासु मन से हम रंगमंच और तत्त्व में निरन्तर नया तलाश लेंगे, रच लेगें। उनके व्यक्तित्व की सादगी और गम्भीरता उनके रंगकर्म में, प्रस्तुतियों में भी थी। अपनी जड़ों से, अपनी भाषा की अस्मिता और प्रादेशिक बोलियों से गहरा राग ही भारतीय रंगकर्म है। इसीलिए उनमें हमें महानगरीय बोध या आभिजात्य या 'इण्टलेक्चुअल का नाटक' जैसी चीजें नहीं मिलतीं, न अमूर्तता और प्रयोग की सायास कोशिश मिलती है। बल्कि अपने परिवेश, अपनी बोलियों के

अनुकूल संस्कृति मिलती है, जो लोक संस्कृति से जुड़ी होने पर भी विश्वमानव संस्कृति का रूप ग्रहण करती है।

स्थानीयता की बात कारन्त जी ने जयशंकर प्रसाद के 'स्कन्दगुप्त' के सन्दर्भ में 'कलावार्ता' में काफी पहले श्रीराम तिवारी से हुई बातचीत में भी उठायी थी। उन्होंने कहा था कि 'अभिनय शैली में प्रादेशिकता या स्थानीयता समाप्त होती जा रही है।' उनकी मान्यता थी कि प्रसाद को मध्य प्रदेश में करते समय छत्तीसगढ़ी प्रभाव, टोन, लय, उच्चारण अगर आते हैं तो हमें उसे स्वीकार करना चाहिए। लेकिन मैं इससे बहुत आश्वस्त न थी, न हूँ। भोजपुरी बोली के अभ्यस्त कलाकारों में अगर उच्चारण या अभिनय शैली में वे रंग-ढंग आते हैं तो उन्हें 'गोरखपुरिया' या 'भोजपुरिया' कहा गया। अगर उस स्थानीय स्पर्श या शैली की जरूरत नाटक में या पात्र विशेष में नहीं है, तो उसे हम क्या मानेंगे? हिन्दी भाषी लोगों को या प्रसाद जैसी काव्यात्मक भाषा के लोगों को पिछड़ापन लगता है। वह अपने कथन या सोच को कितनी दूर तक देख रहे हैं? अभिनय-शैली में प्रादेशिकता/स्थानीयता की कहाँ तक सीमा है? क्या उपयोग है? इस पर प्रत्यक्ष बहस करने का मन था पर वह मौका फिर नहीं आया। 'स्कन्दगुप्त' देखने के बाद सबको स्वाभाविक रूप में लगता है कि जहाँ लोक और शास्त्र की गहरी परख और आधुनिक संवेदना है उन पात्रों और दृश्यों, मन:स्थितियों की कल्पना और संरचना में वह बहुत सफल हैं। प्रपंचबुद्धि, मुद्गल तो स्मरणीय रहे, साथ ही पुरगुप्त, गोविन्द गुप्त, अनन्तदेवी, विजया, जयमाला, शर्वनाग, रामा जैसे पात्र जिनकी समकालीनता, व्यक्ति-वैचित्र्य को उन्होंने गतियों, क्रियाओं में मूर्त किया-ये सब चंचल प्रवृत्ति के पात्र हैं पर स्कन्दगुप्त और देवसेना में जो काव्य, जो द्वन्द्व आधुनिकता और 'प्रसादतत्त्व' है, वह अभी नाटकीय संरचना और दोनों के अभिनय में नहीं आ पाया था-बेहद आन्तरिक काव्य और भाषा की पकड़ चाहिए वहाँ। वैसे भारतेन्दु और प्रसाद के नाटकों को, हिन्दी के सार्वजनीन और क्लासिकल नाटकों को मंच पर लाकर रंगमंच ही नहीं; नाट्यसमीक्षा में उन्होंने एक बहुत परिवर्तन पैदा किया। एक प्रकार से प्रसाद के नाटकों का, उनके रंगमंच का, पुनर्मूल्यांकन आरम्भ हुआ। यह तो निश्चय हो गया कि अभिनेता चाहे प्रशिक्षित हो या अप्रशिक्षित उनका अभिनय करने के लिए भाषिक संवेदना, उच्च मानसिकता और कला एवं साहित्य का गहरा अनुभव तथा प्रकृति से राग चाहिए।

यहाँ रंगकर्मियों को रंगभाषा पर प्रशिक्षण देते हुए उन्होंने ध्वनियों पर बहुत-सी बातें कहीं थीं। ध्वनियों का अद्भुत भण्डार प्रसाद में भी है और उन्होंने प्रकृति-जगत्, मानव जगत् में व्याप्त उन ध्वनियों को सुनने, महसूस करने पर जोर दिया और कहा कि 'सब कुछ सीखा ही नहीं जाता; न सिखाया जा सकता है।' मेरे घर पर ही ठहरे थे। कॉलोनी में सीढ़ियों से उतरते और आते-जाते पहला वाक्य यही

कहा था कि 'बड़ा सन्नाटा है। हिन्दी प्रदेश के लोग तो 'बतरस' के आदी हैं।' इस बात की चिन्ता बात-बात में, पत्रकारों, लोगों के पूछे जाने पर जतायी कि हिन्दी रंगमंच ने अपनी आज तक कोई पहचान नहीं बनायी क्योंकि वे स्वयं हिन्दी रंगमंच और कलाकारों का सम्मान नहीं करते।

हमने कारन्त जी को किसी प्रोडक्शन के लिए नहीं बुलाया था लेकिन उनका आना ही यहाँ बहुत महत्त्वपूर्ण और विलक्षण अनुभव था। दीक्षान्त समारोह के बाद अगले दिन सुबह उन्होंने केन्द्र के कलाकारों और एकत्र सभी रंगकर्मियों को रंगभाषा, बाणी, देह की भाषा के सामंजस्य पर बड़ी ऊर्जा, गति, हाव-भाव, मुद्राओ के साथ समझया। अनौपचारिकता और ऊर्जा देखने लायक थी। किसी प्रकार की महानता का कोई बन्धन नहीं। सबके बीचोंबीच उनकी सक्रियता देखते बनती थी? सब इसीलिए बड़े उत्साहित थे। कभी ताली बजाकर कभी कण्ठ ध्वनियों का उपयोग कर उन्होंने बहुत लम्बा आपसी संवाद किया। 17 मई '98 को वह नगर के सारे साहित्यकारों, नाट्य प्रेमियों, संगीतज्ञों के बीच बोल रहे थे। रंगसंगीत कारन्त जी की बहुत बड़ी देन है, सम्भवत: उनसे पहले नाट्यसंगीत की अलग स्वतन्त्र अवधारणा नहीं थी। हम सब फर्श पर थे लेकिन एक दूरी थी। सबसे उन्होंने कहा, 'दूरी मत रखिए। करीब आ जाएँ तो मैं ज्यादा सुविधानक ढंग से कुछ सुना भी सकूँगा।' नजदीकी होने पर जब उन्होंने बोलना शुरू किया तो लगभग ढाई घण्टा संगीत और हारमोनियम, जिससे उनकी पूरी अवधारणा भी स्पष्ट होती गयी और यह भी कि संगीत मेरे लिए नाटक में भाषा का काम करता है। यह पूरा सत्र अत्यन्त रोचक, सारगर्भित तथा गहरी उत्सुकता जगानेवाला था। 'शास्त्रीय राग गाना, उसकी शुद्धता को तोड़ना ही नाटक का धर्म है'-इस सन्दर्भ में न जाने कितने उदाहरण कभी शास्त्रीय संगीत के, कभी पूर्व रंगसंगीत के, कभी लोकसंगीत, कभी फिल्म, कभी अपनी ही प्रस्तुति के, 'हयवदन' के उदाहरण दे-दे कर उन्होंने जीवन्त ढंग से नाट्यसंगीत का एक नया इण्टरप्रिटेशन अनुभव करा दिया। उनका गम्भीर कण्ठ-स्वर और उनके चेहरे के हाव-भाव की चमक देखते ही बनती थी। मैंने तब उनसे तीन घण्टे का रंगभाषा पर साक्षात्कार लिया था। उससे पहले वह कलाकारों के साथ भी वर्कशाप की तरह काम कर चुके थे और कबीर के मगहर, कुशीनगर, लुम्बिनी, गोरखपुर में गीताप्रेस, गोरखनाथ भी घूम आये थे। उसके बाद उनका इतना श्रम, ज्ञान, अनुभव और कण्ठ स्वर एक ऐतिहासिक घटना बन गया। यह सब मैं अपनी पुस्तक रंगभाषा में भी दर्ज कर चुकी हूँ।

जब भी किसी ने दूरदर्शन के प्रभाव और रंगमंच की मृत्यु की आशंका व्यक्त की-उनका उत्तर हमेशा यही था कि समय-समय पर रंगकर्म की खामोशी को रंगकर्म का मरना नहीं कहा जा सकता। रंगमंच मानवीय है इसीलिए जीवित है। पिछले

वर्षों में उनसे कई बार सेमिनार में भेंट हुई–दिल्ली, कोलकाता, मुम्बई में। धुआँधार व्याख्यान दे रहे थे अब। जल्दी-जल्दी बोलना और असम्बद्ध, बहुत सारी बातों में नये संकेत दे जाना उनकी विशेषता लग रही थी। रचनात्मक संकेत देते जाना–वह भी अचानक बहुत सोच-विचार करके नहीं उनकी खासियत थी। जितनी सर्जनात्मक उनकी चुप्पी, खामोशी होती थी, उतनी ही उनकी आकस्मिक अभिव्यक्ति भी? भारत भवन, भोपाल में उनकी प्रस्तुति 'स्कन्दगुप्त' और अगले दिन हमारी प्रस्तुति 'ध्रुवस्वामिनी' हुई। प्रसाद जन्म शताब्दी समारोह के अवसर पर उन्होंने इस प्रस्तुति के बाद भोपाल रंगमण्डल के सभी कलाकारों से हमारे कलाकारों की बात करायी और स्वयं भी बातचीत की। बातचीत बड़ी आत्मीय और सरल थी। अचानक उन्होंने अमृता (ध्रुवस्वामिनी) के कान में लटके लम्बे कुण्डल को हिला दिया और हँसकर पूछा–यह क्या है? अमृता चौंकी और समझ भी न पायी कि ऐसा क्यों किया? मैंने कहा–हो सकता है इस कुण्डल ने प्रस्तुति में, अभिनय के दौरान उन्हें डिस्ट्रैक्ट किया हो। इसका मतलब दर्शकों को भी डिस्ट्रैक्ट किया हो? दरअसल कारन्त जी ने भारतीय रंगमंच में जो नये-नये प्रतिमान स्थापित किये हैं और खासकर प्रसाद के नाटकों को लेकर जो रंगकार्य किया, जो प्रश्न उठाये, हमें आगे उन पर लगातार संवाद और कार्य करना चाहिए। प्रसाद के नाटकों का रंग-स्थापत्य, प्राकृतिक परिवेश, प्रसाद के नाट्यगीत और रंगसंगीत, प्रसाद के पात्रों के अभिनय का सवाल, अभिनय-शैली, भाषा में स्थानीयता आदि विचार-विमर्श और नवीन प्रयोगों के होते रहने की अपेक्षा रखते हैं।

16

व्यावसायिक रंगमंच पर पुनर्विचार की जरूरत

कालजयी कृति सार्थक रंग-सृष्टि के लिए क्यों नहीं आ पा रही है-यह आज चिन्तन का मुख्य प्रश्न है। निस्सन्देह साहित्यान्दोलन के केन्द्र में नाटक विधा रही है और सशक्त दृश्य माध्यम होने के कारण उसके साथ संस्कृति, भाषा, रंगमंच, लोक जागरण, मनोरंजन और कला के प्रश्न जुड़े रहे हैं जिन पर बदलते हुए समय के साथ नवीन सन्दर्भों में विचार करना अनिवार्य है। नाटक एक संश्लिष्ट कला है, उसके इस संश्लिष्ट कला-रूप में साहित्य अर्थात् नाट्यकृति केन्द्र में है। हिन्दी नाटक और हिन्दी रंगमंच दोनों की दृष्टि से यह बहुत अच्छी स्थिति नहीं है कि हम 'नाटक' और 'नाटककार' के महत्त्व या 'केन्द्रीयता' पर बात कर रहे हैं। संश्लिष्ट कला-माध्यम होने के कारण जितनी चुनौतियाँ नाटककार की हैं, उतनी ही रंगकर्मी की भी। यह बहुत दुखद स्थिति है कि नाटक न पढ़े जाते हैं, न किए जाते हैं, न देखे जाते हैं और न साहित्यिक समीक्षा के केन्द्र में आते हैं। 'कथाक्रम' में 'नाटककार और रंगमंच/चिन्ताएँ आज की' लेख में मैंने वे सारे प्रश्न उठाये थे। नाटककार की सत्ता और सह-अस्तित्व को लेकर बहुत पहले गिरीश कार्नाड, सुरेन्द्र वर्मा, लक्ष्मीनारायण लाल आदि नाटककारों के वक्तव्य नटरंग में आते रहे हैं। वह दौर लेखन और कर्म के उत्साह, उत्सुकता और स्पर्धा का था, सक्रियता और सर्जनात्मक सृष्टि का था। आज पिछले बीस-पच्चीस वर्षों से जो ठहराव और विरोधाभास हैं उन पर निश्चित रूप से गम्भीर संवाद और विचार की अपेक्षा है। इस माने में नटरंग का अंक 68 एक अत्यन्त महत्त्वपूर्ण और उल्लेखनीय अंक है जो नाटककार पर केन्द्रित है। इस अंक में हिन्दी नाटक, हिन्दी नाटककार, हिन्दी रंगमंच, निर्देशक और समीक्षक की समग्र दृष्टि पर ध्यान आकृष्ट होता है। नाटककार और निर्देशक, रंगमंच की विसंगति और विडम्बना, दर्शक की उपेक्षा, सामाजिकता के सवाल, भारंगम का पिछले सभी वर्षों का सन्तुलित इतिहास, वैशिष्ट्य और मूल्यांकन, नाटककार और समीक्षकों के व्यक्तित्व, साथ ही प्रमुख हिन्दी नाटकों की प्रस्तुतियों के निर्देशक और छायाचित्रों

से नाटककार केन्द्रित अंक की पूर्ण छवि उभरती है। दस नाटककारों के विचार के बेबाक, बेझिझक अभिव्यक्ति पहली बार, इस प्रकार गम्भीर पत्रिका के माध्यम से खुलकर सामने आयी। अगर नाटककार क्षुब्ध है और उसके सामने नाट्यलेखन से विमुख होने की स्थितियाँ हैं, या जूझने की निराशजनक, त्रासदपूर्ण स्थितियाँ हैं तो उन्हें व्यक्त करना, उस पर बहस छेड़ना रंगकर्म के, नाट्यलेखन के हित में है।

नाटककार मौन क्यों था? इस मौन का टूटना नाटक जैसी दृश्यात्मक विधा में तो और भी जरूरी था। आखिर कवि और कथाकारों ने लगातार मुखर हस्तक्षेप से काव्य-समीक्षा, कथा-समीक्षा में ही मोड़ नहीं पैदा किये, उसके पठन-पाठन, पाठक-दृष्टि में भी भिन्न प्रकार की सर्जनात्मकता को रेखांकित किया। नाटककार भी अपने सक्षम हस्तक्षेप, अनुभवों, विचारों से नये दिशा-संकेत दे सकता है। अच्छा होता अगर नटरंग के इस अंक में भीष्म साहनी, सुरेन्द्र वर्मा, मृदुला गर्ग, मृणाल पाण्डे आदि अन्य वरिष्ठ नाटककारों के अपने अनुभव और सुझाव भी आये होते। उससे संवाद की, विचारों की समग्रता एक साथ आती। एक प्रकार से यह अंक आरम्भ से अन्त तक चालीस-पचास वर्षों के रंगकर्म का, नाटक-रचना और नाटककार के व्यक्तित्व का पुनर्मूल्यांकन है।

नाटककार और निर्देशक के बीच की दूरियाँ, संवादहीनता असामंजस्य, नाट्यकृति के भीतर अवांछित तोड़ मरोड़, अहं (ईगो) और टकराहट के सवाल नये नहीं हैं और न पहली बार उठाये गये हैं। बीस-पच्चीस वर्षों से लगातार इस पर लिखा भी जाता रहा है और महसूस भी किया जाता रहा है। नाटककार के नाम का ही उल्लेख न करना तो बहुत बड़ा अपराध है। कुछ घटनाएँ भी होती रही हैं। बड़ी-बड़ी संस्थाओं के आयोजनों, उत्सवों, सेमिनारों में सब होते थे, नाटककार, साहित्यकार, समीक्षक नहीं होते थे। बाद में धीरे-धीरे समझ में आया कि ऐसा क्यों है? यह बहुत ही गलत और रंगकर्म की सजीव, सजग सहभागिता की परम्परा के विरुद्ध था और यह तो एक मजाक है, अपमानजनक स्थिति है कि नाटककार के नाम का उल्लेख ही न हो। हमने 'रूपान्तर नाट्यमंच' के 35 वर्ष के इतिहास एवं कर्म में, लेखन में नाटककार को हमेशा केन्द्र में रखा। नाटककार, निर्देशक, समीक्षक सबसे परिसंवाद हुआ। उनके और दर्शक के समीकरण की बातें भी अनेक बार उठीं। नाटककार कोई विवश, लाचार प्राणी नहीं है। नाटक बेहद जटिल विधा है और मैं मानती हूँ कि नाटक लिखना सबके बस की बात नहीं है। कम निर्देशक लेखक होते हैं। जो निर्देशक लेखकीय प्रतिभा से युक्त हैं-वह हैं, जैसे हबीब तनवीर। पर हर निर्देशक लेखकीय प्रतिभा से सम्पन्न होगा, यह भ्रामक है। कोई नाटक लिखना सिखा सकता है-ऐसा मुझे नहीं लगता। लेकिन नाट्यपाठ, चर्चा, बहस (डिस्कशन) परिवर्तन, पूर्वाभ्यास और प्रदर्शनों के दौरान नाटककार निर्देशक, अभिनेताओं का

संवाद, सहभागिता और उन्मुक्तता अनिवार्य है उससे निश्चित रूप से अन्तर पड़ता है। हमारे सामने 'लहरों के राजहंस' का प्रत्यक्ष प्रमाण है। अभंगगाथा (नरेन्द्र मोहन) या कृष्ण बलदेव वैद के नाटकों के साथ निरन्तर यह क्रम चल रहा है। असहमति, मतभेद, परिवर्तन दोनों को स्वीकारना होगा–नाटककार को भी, निर्देशक को भी। नाटक एक 'रचना' है, केवल 'रंग-युक्तियों' का मायावी जाल नहीं। आज उसकी जरूरत भी नहीं है। फिल्म पटकथा केवल तकनीक है हालाँकि सघन संवेदनात्मकता वहाँ भी चाहिए पर नाटक और रंगमंच जीवित माध्यम होने के कारण मात्र नाट्यकला नहीं है। सघन आत्मीय संवेदना और जीवन एवं समाज के बदलते यथार्थ की–बहुत तेजी से बदलते सम्बन्धों और दर्शकों की माँगों की चिन्ता हम नहीं कर रहे हैं। नाटककार और कथाकार गिरिराज किशोर ने बहुत सही बात कही है कि "रंगकर्म में भी तकनीक (टेक्नालॉजी) का समावेश हुआ है लेकिन जीवनानुभव की प्रतिशतता उस अनुपात में नहीं बढ़ी। उसका नतीजा यह हुआ कि नाटक भी कुलीनता के घेरे में घिरकर रह गया। आमफहम की कम गुंजाइश रह गयी।" जीवनानुभव की गहनता और व्याधि आज की सबसे बड़ी जरूरत है। जो अच्छे नाटक, मौलिक हिन्दी नाटक, हिन्दी नाटक-लेखन के इतिहास को बहुत आगे ले जाने वाले सिद्ध हुए थे सातवें-आठवें दशक में, मसलन प्रजा ही रहने दो, हानूश, माधवी आदि, वे कितने, कहाँ रिपीट हुए? ज्यादातर बंसी कौल, एम. के. रैना तक सीमित रह गये। देश भर में प्रस्तुति-शृंखला में जो माहौल बनता है–नाटककार, निर्देशक, समीक्षक, दर्शक के बीच जो दृष्टि बनती है, वह क्यों घटती गयी? ऐसा नहीं है कि ये प्रश्न आये नहीं हैं–बार-बार आये हैं पर हमने इनका सामना नहीं किया। तकनीक (टेक्नालॉजी), भव्यता लाखों की प्रस्तुतियों में मायावी झाँकियों, ग्लैमर की बात सबने कही है। ये विचारणीय मुद्दे हैं। जाने कितने नाट्यालेख, मौलिक हिन्दी नाटक पड़े रह जाते हैं। जो नाटक पत्रिकाओं में छपते हैं अथवा जो पुस्तकाकार रूप में प्रकाशित हैं, वे भी पड़े रह जाते हैं। प्रकाशक के सिवाय बड़े लेखकों-नाटककारों के कोई नाटक छापाना नहीं चाहता। यह अहं तो निर्देशक का भी गलत है और अभिनेता का भी कि उसके कारण अमुक रचना या चरित्र इतना प्रभावी हुआ। दरअसल यह अहं (इगो) का प्रश्न नहीं है–यह तो हर एक की कल्पनाशीलता, क्षमता और सर्जनात्मकता का प्रमाण है।

यह मेरे लिए सचमुच एक खबर है और नयी खबर है कि 'लोकप्रिय नाटक खेले नहीं जाते।' अगर ऐसा है तो यह आश्चर्यजनक, गम्भीर और विचित्र स्थिति है। सचमुच पारसी नाटक भीड़ बटोर सकते हैं–शैलीबद्ध नाटकों से, संरचना (कम्पोजीशन्स) से लोग ऊब चुके हैं। उन्हें क्यों नहीं लगातार करके दर्शक, बटोरे जाते? 'पुराने लोकप्रिय नाटक भी नहीं रिपीट होते'–यह कौन-सा जोड़-तोड़ है?

यह तो बहुत सुखद है दर्शक बनाने के लिए। हमारा दायित्व नाटक को 'सरकारीकरण' से मुक्त करके आत्मनिर्भर, लोकप्रिय बनाना हो तो दर्शक भी उमड़ेंगे और लेखक भी। आज इस पर विचार करना अनिवार्य है कि हमारी मान्यताएँ क्या हैं? क्या हम ऐसा कोई दूरगामी लक्ष्य लेकर चल रहे हैं? प्रशिक्षण के साथ अध्यापन, शिक्षण, इतिहास, अध्ययन का महत्त्व भी प्रतिष्ठित होना चाहिए। प्राय: जयशंकर प्रसाद के नाटकों के प्रति अज्ञानता, अवमानना का भाव, हिन्दी भाषा और उसमें अन्तर्निहित काव्य की लय की अनुभवहीनता, उच्चारण का भ्रष्ट रूप और संवादों की जल्दी-जल्दी अदायगी देखी जाती है। देश भर में ऐसे व्यक्तित्व हैं जो प्रसाद के नाटकों को एक बार करके बन्द करने की नहीं, प्रयोगधर्मिता और भाषा-अधिकार की अपेक्षा है। प्रसाद रंगमंच और प्रसाद नाट्य अकादमी की परिकल्पना की बात बहुत पहले मैंने 'छायानट' के प्रसाद विशेषांक, 'कलावार्ता' और अपनी पुस्तकों में उठायी थी। उसी प्रकार प्रशिक्षित-अप्रशिक्षित रंगकर्मी के भेदभाव, साहित्य से नाटक विधा के बहिष्कृत विधा बन जाने, नाट्यालेख, विषयवस्तु (कण्टेण्ट)की आवश्यकता से अस्वीकार की बात सातवें दशक से चल रही है। मैं ही इन मुद्दों पर बराबर लिखती रही हूँ। नाटक एक मिशन है। संकल्प है। जब रंगमंच ही इतना दरिद्र है कि न साधन हैं, न प्रेक्षागृह तो सरकार का पहला ध्यान छोटे-छोटे प्रेक्षागृहों की जरूरत पर केन्द्रित होना चाहिए। एक ही महानगर में, राजधानी लखनऊ में कई प्रेक्षागृहों के स्थान पर कई नगरों में डेढ़ सौ, दो सौ दर्शकों के प्रेक्षागृहों से रंगकर्म का विस्तार होगा। इधर कुछ वर्षों में राज्य सरकारों की उपेक्षा के कारण शौकिया रंगमंच की स्थिति पर बहुत प्रभाव पड़ा है। चारों ओर हिन्दी रंगमंच में सन्नाटा है। कुछ ही गम्भीर रंगकर्मी हैं जो अपनी संवेदनशीलता, ईमानदारी और सर्जनात्मकता से अपनी-अपनी जगह लगातार काम कर रहे हैं। मेरी दृष्टि से आज के सन्दर्भों में व्यावसायिक रंगमंच पर पुनर्विचार करना चाहिए-बिना जन-संरक्षण के रंगमंच नहीं पनप सकता। नाग बोडस ने महाराष्ट्र के बहुत से संकेत दिये हैं। हम आज गोरखपुर और उससे बाहर एक नाटक के ज्यादा से ज्यादा पन्द्रह-सोलह प्रदर्शन कर पाते हैं। नियमित थियेटर, व्यावसायिक रंगमंच, जन-संरक्षण, राज्य सरकारों की योजनाएँ, दर्शक-रुचि का अध्ययन आज अपेक्षित है। नाटककार, निर्देशक, अभिनेता, दर्शक की ऊर्जा होड़ और कल्पना से ही समर्थ नाट्य-सृष्टि का वातावरण बनेगा।

भारत रंग महोत्सव की परिकल्पना अपने आप में बहुत महत्त्वपूर्ण है। मौलिक नाटकों को, हिन्दी के नये-पुराने श्रेष्ठ नाटकों, नाटककारों और निर्देशकों के रंगकर्म को बड़े फलक पर लाने का वह बड़ा माध्यम है। इसे जितना ही वैविध्यपूर्ण, सशक्त बनाया जाए और परिसंवाद का, सम्मिलन का, विचार-विमर्श का आधार बनाया जाए, उतने ही अच्छे परिणाम होंगे। भारतीय भाषाओं, क्षेत्रीय बोलियों और पूरे हिन्दी प्रदेश

में फैले रंगकर्म को, विदेश की प्रस्तुतियों को एक साथ मंच और संवाद देना दर्शकों को खींचने का बहुत बड़ा आधार है। शायद पहली बार पिछले सभी वर्षों के भारत रंग महोत्सव का समग्र आकलन, सम्पूर्ण एवं स्पष्ट समीक्षा-दृष्टि के साथ नटरंग के इस अंक में किया गया है। अभी तक अधूरे कटे-छटे और सुनिश्चित योजना के साथ ही कई पत्र-पत्रिकाओं में भारंगम (भारत रंग महोत्सव) की रिपोर्ट मिली थी। इस वर्ष (राष्ट्रीय सहारा) ने बहुत विस्तृत लिखा और भारंगम पर प्रश्न भी उठाये। रामजी यादव ने भी इतिहास दृष्टि और समीक्षात्मक दृष्टि से लिखते हुए बहुत से प्रश्न भी उठाये हैं और उसके सकारात्मक पक्षों पर भी विचार किया है। प्रतिवर्ष होने वाला भारंगम सचमुच रंगान्दोलन और देश-भर की गतिविधियों, अभिनेताओं, निर्देशकों, नाटककारों, समीक्षकों, रंगकर्मियों को एक साथ लाने का बहुत प्रमुख सर्जनात्मक आधार के साथ-साथ एक 'कसौटी' बन सकता है।

नटरंग का यह अंक पूर्णत: नाटककार को केन्द्र में रखकर अनेक प्रश्न उठाता है। निर्देशक भी रचनाकार है। वह नाटक की प्रस्तुति की जो अवधारणा करता है, जो भी पुनर्रचना करता है, वह नाटक का ही अविभाज्य अंग है। आश्चर्य यह है कि इतने वर्षों बाद इस प्रकार का तीव्र आक्रोश क्यों मुखर हुआ? सबकी निगाह रा. ना. वि. पर है जो स्वाभाविक है। राष्ट्रीय नाट्य विद्यालय अपने देश का अकेला, बहुत महत्त्वपूर्ण संस्थान है। एशिया के इतने महत्त्वपूर्ण, प्रतिष्ठित संस्थान ने भारतीय रंगमंच और हिन्दी रंगमंच को बहुत विकासमान, सम्भावनापूर्ण और सर्जनात्मक बनाया है। निर्देशक, रंगकला, रंगभाषा, अभिनेता, सभी पक्षों की विशेषज्ञता को उसने प्रतिष्ठित किया है लेकिन रंगान्वेषण के वैविध्य में निर्देशक ही केन्द्रीय व्यक्तित्व होता गया और क्रमश: नाटककार छूटता गया। इस स्थिति को बहुत वैचारिक, संवेदनात्मक एवं सर्जनात्मक, शाश्वत धरातल पर महसूस करना और उस पर संवाद करना हमारा दायित्व बनता है। आज हमारे मूल प्रश्न 'नाटककार की सत्ता' या 'निर्देशक और नाटककार के सह-अस्तित्व' के उतने नहीं हैं, जितने उनके सार्थक सम्बन्ध द्वारा नाटक और रंगमंच की जीवन-शक्ति को आज के सन्दर्भ में पुन:सृजित करने के हैं।

17

सिनेमा और रंगमंच

अक्सर आलोचना पीछे छूटती रही है और रचनात्मक विधाएँ आगे आती रही हैं–साहित्य में भी और सर्जनात्मक कलाओं में भी। स्वयं रचनाकारों को अपनी दृष्टि, अपने चिन्तन, अपनी भाषा और फॉर्म की व्याख्या करनी पड़ी है चाहे काव्यान्दोलन हो, चाहे नयी कहानी, चाहे नाट्यान्दोलन हो। यह स्थिति सिनेमा और रंगमंच, निर्देशक और नाटककार के सामने भी आयी है। भारतीय सिनेमा में जो बदलाव–अभिव्यक्ति के, भाषा के, चरित्रों के–आते रहे हैं, उसे स्वयं फिल्मकारों ने, निर्देशकों ने स्पष्ट किया है। यद्यपि अँग्रेजी में फिल्म समीक्षा जितनी विकसित और समृद्ध है उतनी भारतीय सिनेमा में नहीं है फिर भी अदूर गोपालकृष्णन, सत्यजित रे, ऋत्विक घटक आदि जैसे सिनेमाकार अपने विचार, अपना दृष्टिकोण, अपनी मौलिक भाषा, फिल्म के कथ्य और चरित्रों की संवेदनाएँ को संकेतों और व्यंजनाओं को विश्लेषित करते रहे हैं। भारतेन्दु हरिश्चन्द्र ने नाटक और रंगमंच के प्रति, मुक्तिबोध ने कविता के प्रति सैद्धान्तिक-व्यावहारिक जागरूकता की जिम्मेदारी उठायी, हिन्दी में यह काम सिनेमा और रंगमंच के निर्देशक ने नहीं किया। न उसमें एक समीक्षाशास्त्र विकसित करने के प्रयत्न किसी दिशा से हुए। थोड़ा बहुत हबीब तनवीर से बाचतीत द्वारा यह कार्य अपना गम्भीरता में सामने आया। भारतेन्दु हरिश्चन्द्र और जयशंकर प्रसाद पर रंगमंच की दृष्टि से लगातार एक कार्य-शृंखला ब. व. कारन्त ने की थी–सफल-असफल अनेक प्रकार के अनुभव और प्रयोग शुरू हुए। प्रसाद के नाटकों पर वैसे भी प्रतिक्रियाओं का अभाव नहीं रहा पर इस समय प्रतिक्रियाएँ रूढ़िबद्ध, हठवादी नहीं थीं, सर्जनात्मक थीं और उनसे एक गम्भीर संवाद का, बहस का सिलसिला शुरू हो सकता था। साहित्य और रंगमंच, प्रसाद और अभिनेता, प्रसाद की भाषा और रंगभाषा पर सजग संवाद का यह बहुत सही समय था, प्रसाद को लेकर निर्देशक एवं परिकल्पना, उसके सम्पूर्ण निर्देशन शास्त्र को कला को सामने लाया जा सकता था, मोहन राकेश से वह कोशिश शुरू हुई थी पर वह भी श्यामानन्द

जालान और 'लहरों के राजहंस' की लम्बी भूमिका तक सीमित रह गयी। दरअसल सिनेमा और रंगमंच का सौन्दर्यशास्त्र विकसित नहीं हुआ हिन्दी में उन दोनों कलाओं की आलोचना भी विकसित नहीं है जिसके कारण सामाजिक और सांस्कृतिक है। सिनेमा और रंगमंच के प्रति हमारे यहाँ गम्भीर सोच नहीं, हीनता का, अपनमान का भाव है। अन्य प्रादेशिक भाषाओं में ऐसा नहीं है। सिनेमा और रंगमंच की संस्कृति, उसका आलोचनाशास्त्र, उसका सौन्दर्यशास्त्र, उन दोनों के आपसी रिश्ते और अन्य कलाओं, साहित्य एवं आज के समय से उनके अन्त:सम्बन्धों का अन्वेषण अपने आपमें एक रोमांचक और सर्जनात्मक अनुभव है।

सिनेमा और रंगमंच दोनों माध्यम बड़े जटिल, सूक्ष्म, व्यापक और अन्तर्ग्रथित हैं। रेशे-रेशे तक पहुँचने के लिए गहरी, सघन संवेदनशीलता चाहिए, मनुष्य से, जीवन और समाज से लगाव चाहिए, कलाओं के प्रति साहित्य और विश्वसन्दर्भों की व्यापक समझ और पकड़ चाहिए जो अध्ययन भी माँगती है, शोध भी, चिन्तन-मनन भी, कल्पना का विस्तार भी, सम्भावनाएँ भी, रचनाशीलता भी और एक डाइनेमिक प्रभाव की क्षमता भी। दोनों अत्यन्त संश्लिष्ट माध्यम हैं और उत्कृष्ट समूह कला का परिणाम हैं। सामाजिक प्रतिबद्धता धर्मनिरपेक्षता और मनोरंजन दोनों के सामने है, दोनों देश की जनता और समाज को प्रभावित करनेवाले माध्यम हैं। व्यावसायिकता और तकनीकी पक्ष, खतरे और चुनौतियाँ दोनों के स्वरूप, निर्माण-प्रक्रिया और अन्य पक्षों को प्रभावित करते रहते हैं लेकिन दृश्यात्मक माध्यम होते हुए भी दोनों की अपनी-अपनी प्रकृति है, जरूरत है, शर्तें हैं और उन्हीं से दोनों सर्जनात्मक माध्यमों की निजता, उनकी मौलिकता और प्रभावशीलता निर्धारित होती है। दोनों की अपनी विशिष्टता भी है जो अन्तर भी पैदा करती है। सही मानों में सिनेमा निर्देशक का माध्यम है और रंगमंच अभिनेता का। दोनों में निर्देशक और अभिनेता की अहमियत है। फिल्म बड़े जनसमूह का, देश व विदेश का एक साक्ष्य प्रभावी और बहुत सशक्त माध्यम है पर वहाँ उसका मुख्य सर्जक, निर्देशक वह कैमरे की आँख है जो दृश्य संरचनाओं, तथ्य, संवेदनतत्त्व और पूरी फिल्म के सौन्दर्य को हम सब तक लाती है। हम दर्शक या जनता निर्देशकीय परिकल्पना को कैमरे की आँख से ही देखते हैं। रंगमंच में ऐसा नहीं है-वह यान्त्रिक बन्धन से स्वतन्त्र है और जीवित तथा मांसल है, सामने अभिनेता ही उस मंच का, कथ्य का, संवेदन का, दर्शक का भागीदार भी है सम्प्रेषक भी है, कल्पना और विचार का वाहक, उद्बोधक भी है। यह अभिनेता तत्त्व ही दरअसल रंगमंच का समूचा सौन्दर्यबोध, व्याकरण और सृजन-प्रक्रिया का नित नया घटित होता हुआ रूप रचता है, उसका एहसास कराता है। साक्षात्कार, प्रत्यक्ष अनुभूति, प्रत्यक्ष संवाद और भागीदारी की यही स्थिति रंगमंच को अधिक मूर्त और जीवन्त बनाती है। सशरीर खड़ा अभिनेता अपनी चाल-ढाल आंगिक वाचिक

अभिनय से, हावभाव से भरतमुनि के या लोक के 'अनुमानाश्रित मंच' की साकार अनुभूति कराता है। उसकी गतियाँ हँसना-बोलना, उसकी खामोशी सब वहाँ अर्थग्रहण करते हैं। वह अपनी सम्पूर्ण अच्छाइयों और गतियों के साथ पकड़ में आता है। वह भी निर्देशक और निर्देशकीय परिकल्पना रिहर्सल से अनुशासित है पर स्वतन्त्र भी है। दर्शक का सीधे तादात्म्य उसी से है, निर्देशक यहाँ पीछे है। रंगमंच पर दृश्य सामग्री या अन्य उपकरण न भी हों, दृश्य-परिवर्तन कराना हो तो पूरे परिवेश का, मिथक का, यथार्थ का, फैण्टेसी का, काव्यात्मक-भावात्मक जगत् का अनुभव अभिनेता ही अपने व्यक्तित्व, अभिनय शैली, रिद्म मूवमेण्ट्स, वाक् से इस प्रकार करा देगा कि दर्शक चकित रह जाएगा-यह प्रत्यक्ष, तत्काल बनती उमड़ती कल्पना शक्ति और सजग अनुभूति के साथ 'चकित' होने का आनन्द है, यह रंगमंच की मौलिक शक्ति है। फिल्म में अभिनेता के साथ बहुत से उपकरण हैं जो दृश्य-रचना, परिवर्तन, मूड्स, कथ्य और दर्शक, संवेदना को उभारने में प्रेरक सिद्ध होते हैं। प्रकाश, वेशभूषा, रूपसज्जा आदि का उपयोग, दोनों में है पर रंगमंच की अपनी सीमाएँ हैं उसकी सम्भावनाएँ बनती हैं। निर्देशक वहाँ सम्प्रेषण के तरीके सोचता है। हबीब तनवीर के 'चरनदास चोर' और 'मिट्टी की गाड़ी' में बहुत-सी दृश्य संरचनाएँ निर्देशकीय परिकल्पना के अनुसार अभिनेताओं द्वारा सृजित थीं। 'नहुष' और 'इला' करते समय मैंने अनुभव किया कि अभिनेताओं के पास अगर भरतनाट्यम् का प्रशिक्षण हो और संस्कृत मंच, लोकमंच का वास्तविक ज्ञान हो तो मंच अधिक समृद्ध होगा। गतियों, मुद्राओं, भाव प्रदर्शन में वैविध्य और आत्मविश्वास आएगा। रंगमंच की जीवन्तता का उदाहरण यह भी है कि आवश्यक नहीं कि हर प्रदर्शन के समय वह अभिनेता उसी रूप में उतरे, अभिनय करे। देशकाल, समय, मूड, परिस्थितिवश उसकी कुछ भी स्थिति हो सकती है फिर भी वह नाटक करेगा। निर्देशक ने एक बार उसे मंच पर भेज दिया तो अब मंच की शून्यता को सार्थक, सजीव रचना में बदलते जाना, दर्शक को केन्द्रित करते जाना, उसका काम है। निर्देशक उस समय नितान्त असहाय प्राणी है।

फिल्म में अभिनेता इस रूप में मुख्य नहीं है। यहाँ अभिनेता की स्वतन्त्रता कैमरे से बाधित होती है, लाइट से, भीड़ से, आस-पास के समूह से, कण्टीन्यूटी बार-बार ब्रेक होने से उसका मूड टूटता है व्यवधान होता है पर इस असुविधा में उसे सुविधा मिलती है कैमरे की कैमरामैन, लाइटमैन की क्रियेटिविटी की, कैमरे के एंगिल की। कभी वह क्लोजअप, कभी दूर फैला परिवेश, कभी कट। यह 'कट' की और कैमरे में सुरक्षित हो जाने की स्थिति फिल्म एक्टर को मुक्त भी करती है। मंच अभिनेता कभी मुक्त नहीं है, हर प्रदर्शन से पहले उसकी मन:स्थिति तनाव की होगी, इन्तजार की होगी, उत्सुकता की होगी पर कैमरा एक सुविधा अवश्य

होता है–सात्विक अनुभावों के, एक–एक क्षण, एक–एक शिकन, भाव को निर्देशक–कैमरामैन–लाइटमैन के संयुक्त क्रियेटिव प्रभाव से अनुभव कराता है। इतना सूक्ष्म माध्यम, क्लोज माध्यम रंगमंच नहीं है। कहते हैं सिनेमा नाटकीयता को तोड़ता है, रंगमंच नाटकीयता को सृजित करता है। मृणाल पाण्डे ने कहा कि भारतीय जनमानस उत्तेजना, भावावेग चाहता है। जगदीशचन्द्र माथुर ने भी एकांकी में 'आवेश' की चर्चा की है। पारसी रंगमंच, संस्कृत मंच, लोकमंच में भी भावात्मक आवेग मिलता है स्थितियाँ–घटनाओं के गुम्फन में, भाषा में, संवाद–रचना और अदायगी में विभिन्न शाट्स का विस्तृत स्पेस और उससे बनती कुशल संरचना नहीं होती और उन चीजों को रंगमंच सूत्रधार, नट–नटी, कोरस, नृत्य, संगीत, नेरेटर आदि अनेक रंग–युक्तियों से पूरा करता है। 'इला' और 'नागमण्डल' में ऐसा पूरा–पूरा 'थियेटर' है, थियेट्रिकल सम्भावनाएँ हैं जो रंगमंच पर रची जानी हैं सम्पूर्ण नाटकीय आवेग के साथ। वैसे यह निर्देशक की एप्रोच और कथानक की माँग पर भी निर्भर करता है। 'दामुल' और 'बेण्डि टक्वीन' दो प्रकार की भिन्न स्वभाव और ट्रीटमेंट की फिल्में हैं हालाँकि दोनों का उद्देश्य सामाजिक विसंगति, नारी शोषण और उससे जुड़े पूरे तन्त्र और व्यवस्था को उधेड़ना है। प्रकाश झा यही काम मद्धिम गति में गहरे अँधेरे में प्रकाश पुंज से उभरते कोनों, गुफा जैसे भयानक सन्नाटे में पूरा चाक्षुष बिम्ब रचते हुए करते हैं–दर्शक शब्दों को नहीं उन संकेतों को समझता है। सवाल उठने लगता है दिमाग में कि क्या निर्देशक भी लेखक की तरह लिखता या एक संवाद भी ऐसा नहीं जो लिखा गया हो। मुम्बइया फिल्मों की हिंसा नृशंसता के आवेगपूर्ण दृश्यों के विरुद्ध 'दामुल' का निर्देशक स्थिति की शृंखला रचता चला जाता है, चरित्रों से दूरी बनाये रखता है–पूरी फिल्म 'अण्डरटोन' में है। वहाँ गैर संवेगात्मक चित्रण प्रकाश झा की अपनी दृष्टि है–कैमरा इसीलिए बराबर घूमता रहता है। अक्सर फिल्म एक अच्छी कविता बन जाती है। इसके बिल्कुल विपरीत 'बेण्डिट क्वीन' तन्त्र, क्रूरता, बीभत्सता विकृतियों के प्रति घृणा उकसाना चाहती है। फिल्म शुरू में ही जिस तरह फूलन देवी से अभद्र गाली उच्चारित करवाती है, निर्देशक शेखर कपूर का मकसद, सामने आ जाता है और 'सखाराम बाइण्डर' नाटक की याद आ जाती है। चम्बल घाटी के बीहड़ दृश्यों, डकैती, प्रणय–प्रसंगों को जिस तरह तीव्र प्रखरता से गति–ध्वनि की बड़ी तीखी प्रतिक्रियाओं से व्यक्त किया है वह 'बेण्डिट क्वीन' में जरूरी था–फिल्मकार आज की भ्रष्ट, वीभत्स दुनिया से, एक सच्ची कहानी की कुरूपता से सीधे टकराता है और फिर भी उत्तेजना नहीं पैदा करता हालाँकि भयानक सच्चाई से रूबरू कराता है। मुझे फिल्म और रंगमंच का अद्भुत समन्वय लगा उसमें। अभिनय में ड्रम बीट्स में गतियाँ–समूहन में। सारी बीहड़ स्थितियों में भी प्रणय प्रसंगों में सूक्ष्म भावों पर निर्देशक ध्यान आकृष्ट करता है। फूलन देवी यौन संबंध नहीं

प्रेम की मधुरता चाहती है–एक घृणित शोषण, दरिन्दगी से निकली हुई उसकी यह इच्छा एक तीव्र प्रतिक्रिया–शाब्दिक नहीं, भावात्मक अनुभव के रूप में विक्रम मल्लाह महसूस करता है। अमानवीय हरकतों के बीच मानवीय प्रसंगों को अभिनेता, निर्देशक और कैमरा, म्यूजिक ले जाता है। 'खँडहर' में मृणाल सेन जिन सूक्ष्म स्थितियों, अभिनेताओं को कैमरे से, ध्वनियों से, संगीत से, एक साथ पिरोते चलते हैं वह जीवन के दृश्यों को मूर्त कर देता है और मणिकौल की 'दुविधा' की तरह उसे मात्र पेण्टिंग, बड़ी होती जाती पेण्टिंग की तरह बनने से बचाता है। फिल्म या नाटक वैयक्तिक प्रयोग नहीं है, दर्शक को इन्वाल्व करना जरूरी है इसके लिए हर निर्देशक अपने रास्ते निकालता है। दर्शक को भूलकर आत्ममोह की दुनिया में फिल्म और थियेटर का कोई अर्थ नहीं। वे मानसिक विलास की चीज नहीं है, एक गहरी सामाजिक प्रतिबद्धता उससे जुड़ी है।

हमारे यहाँ अक्सर पारसी रंगमंच और व्यावसायिक हिन्दी सिनेमा के कारण 'मैलोड्रामा' को नकारा जाता रहा पर ऋत्विक घटक ने मैलोड्रामा को लिया। वह फिल्म और रंगमंच के संश्लिष्ट कौशल से विलक्षण रचना करते हैं। उनकी 'मैघेढका तारा' में गजब का आवेग है। आवेग और मैलोड्रामा के संयोजन से उन्होंने उस कहानी को क्या से क्या बना दिया। नाटक की तरह उन्होंने कोरस और आवाजों का बहुत ही सूक्ष्म और श्रेष्ठ उपयोग किया। घटक ने कई जगहों पर आवाजों से जो प्रभाव पैदा किया है वह वाद्यों से सम्भव नहीं था। यह कौशल शेखर कपूर 'बेण्डिट क्वीन' में दिखाते हैं, आवाजों का अजीब तालमेल है। ऋत्विक घटक, गोदार और ग्लाउबर रोशा जैसे फिल्मकारों ने एक शैली की खोज अवश्य की यानी एपिक को सिनेमा में सम्भव करना। विचारों और राजनीतिक थियेटर के लिए जिस तरह 'एपिक' की बनावट प्रभावशाली होती है उसी तरह राजनीतिक और वैचारिक सिनेमा के लिए, कैसे वातावरण को चित्रित करने के लिए रोशा ने जो प्रयोग किये हैं, वे महत्त्वपूर्ण हैं। ब्रेष्त, उत्पल दत्त, बादल सरकार और ब. व. कारन्त, हबीब तनवीर की अपनी-अपनी शैली है और वे एक गतिशील रंगमंच खड़ा करते हैं। रंगमंच की अपनी जीवित शक्ति की खोज ही उसकी ताजगी है। फिल्म में एक निर्देशक का विजन होता है, रंगमंच में भी होता है पर निर्देशकीय हस्तक्षेप के बाद।

फिल्म का प्रमुख अंग है उसका वातावरण, उसका परिवेश। दोनों माध्यमों के लिए जीवन को बहुत करीब से जानना जरूरी है–अपने देश–प्रदेश की संस्कृति को जानना, अपने समाज का सहज अंग होना आवश्यक है। अवध प्रदेश की संस्कृति, वहाँ की बोली, अन्दाज, संगीत, तौर तरीकों, परिवेश की जो पकड़ मुजफ्फर अली में होगी वह सत्यजित राय में नहीं आ सकती। क्यों सत्यजित राय 'शंतरंज के खिलाड़ी' या हिन्दी सिनेमा में उतने सफल नहीं हुए जितने बांग्ला में। श्याम बेनेगल

दक्षिण और आन्ध्र प्रदेश, प्रकाश झा बिहार की संस्कृति ग्रामीण जीवन के यथार्थ में रचे-बसे हैं। यद्यपि यथार्थ सार्वजनीन है पर उसको व्यक्त करने के लिए परिवेश का महत्त्व दोनों में है। दृश्य, स्थानीय बोली, लहजे, चाल-ढाल, रीति-रिवाज, वेशभूषा, संगीत-नृत्य आदि अनेक रूपों के सन्तुलन से पुनर्रचना बनती हैं। अडूर गोपाल कृष्णन इधर, महत्त्वपूर्ण भारतीय फिल्मकार बनकर उभरे जिसका एक बड़ा कारण उनकी जड़ें भारतीय संस्कृति और समाज में गहरे होना है। 'मुखामुखम' में वह वातावरण पर बल देते हैं-सूक्ष्म, और बहुत ही मार्मिक चाक्षुष संकेत देते जाते हैं। परम्परागत प्रचलित फ्रेम से अलग जाकर उनके चरित्र कई स्तरों पर उद्‌घाटित होते हैं। पश्चिमी निर्देशकों या उनकी शैलियों से प्रभावित होना या आधुनिक होना उतना महत्त्वपूर्ण नहीं है, जितना अपनी जड़ों से लगाव। अपनी 'भारतीयता' को, अपनी संस्कृति को पहचानकर ही सच्चा आधुनिक हुआ जा सकता है। गम्भीर निर्देशक अच्छी तरह समझते हैं कि फिल्म में यदि माहौल नहीं है तो सामाजिक यथार्थ नहीं उभर सकता। रंग-निर्देशक भी अपने स्तर पर परिवेश रचने का प्रयास करता है-वह भी आधुनिक हिन्दी रंगकर्म में, जिस समय देशी-विदेशी कृतियों को विभिन्न स्थानीय लोक शैलियों में प्रस्तुत करने के सर्जनात्मक प्रयोग हो रहे हों। रतन थियम ने 'चक्रव्यूह' में मणिपुरी संस्कृति के भीतर प्रवेश, रिद्‌म, शारीरिक गतियों, मुद्राओं, गीत-संगीत लय और स्थानीय अभिनेताओं की सहजता, विलक्षण देह-यष्टि और उसकी क्रियाओं से सफलता पायी। कारन्त जी ने यक्षगान शैली में अगर प्रस्तुतियाँ रचीं तो यहाँ लोक में, दक्षिण में उनकी जड़ें, गहरी होने से उनकी प्रतिभा उभरी। 'स्कन्दगुप्त' में प्रसाद के रंगमंच के लिए सारा संघर्ष कारन्त जी ने किया था पर उसमें अन्तर्निहित प्रसाद का काव्य, उनके उदात्त और जटिल चरित्र नहीं थे खासकर स्कन्दगुप्त और देवसेना। वे पात्र अधिक जीवन्त थे जहाँ गति और बाह्‌य क्रियापक्ष था। ये अभिनेता/चरित्र भी ज्यादा सशक्त थे जिनकी रचना कारन्त जी ने अपने भारतीय लोकसंस्कारों से संस्कृतशास्त्र से, कला और संगीत से की थी-प्रपंचबुद्धि, मुद्‌गल, शर्वनाग, लोक, शास्त्र, वर्तमान सन्दर्भ से रचे गये पात्र थे। नीलम मानसिंह की 'नागमण्डल' की प्रस्तुत अपनी जड़ों और संस्कारों, अपनी भाषा और आत्मा के कारण लोगों को अविस्मरणीय लगी। महाश्वेता देवी की कहानी पर फिल्म, 'रुदाली' भी बनी और मंचीय प्रस्तुति भी हुई। यद्यपि फिल्म और उसका संगीत, अभिनय और कला, रंगों के संयोजन बहुत अच्छे थे पर उषा गांगुली ने महाश्वेता देवी की कहानी की आत्मा को जिस गहराई और प्रत्यक्ष दृश्यानुभूति के साथ, संवेदनात्मक रूप दिया वह फिल्म 'रुदाली' की तुलना में भी अधिक प्रभावी और मार्मिक था। एक अच्छी फिल्म और रंग-प्रस्तुति एक सांस्कृतिक जिम्मेदारी है। यह प्रतिबद्धता और दायित्व बोध साहित्यकार के सामने भी है पर वह कविता या कथा

साहित्य रचकर अपनी दुनिया में वापस लौट आता है, सिनेमा और रंगमंच का सर्जक उसके बन जाने के बाद भी उस 'कृति' से जूझता है। बनने से पहले से ही यह कृति अपने कमरे, अपनी कुर्सी की चीज भी है–लिखित रचना से दो चार होना, उसका अपनी कल्पना से फैलाव, पुनःसृजन दोनों निर्देशकों के मन में कुलबुलाता है, चलते-फिरते, उठते-बैठते, सोते-जागते–यह अन्तहीन प्रक्रिया है जिसमें रचना धीरे-धीरे अनाकार से आकार ग्रहण करने लगती है। खतरों और जोखिम की यह रोमांचक यात्रा बहुत जीवटता चाहती है। बेहतर सिनेमा, बेहतर रंगमंच के लिए जनमानस तैयार करना भी और व्यावसायिक खतरे भी उठाना। फिल्म तो पूरा उद्योग है, रंगमंच उस रूप में एक उद्योग नहीं है पर व्यावसायिकता का संकट और चुनौतियाँ उसके सामने है।

फिल्म और रंगमंच दोनों की असली ताकत है भाषा। लिखित भाषा को ये दोनों नयी भंगिमा, नया अर्थ-सौन्दर्य, विस्तार देते हैं–भाषा का सम्भावनामय संसार खोल देते है। शब्द वहाँ बस आधार है। निदेशक उस शाब्दिक भाषा को जो अर्थच्छवियाँ, ध्वनि-टोन, लय-रंग और कल्पनाएँ देता है, बिम्ब और प्रतीक देता है, उनसे और अन्य बाह्य उपादानों के संयोग से एक नयी भाषा रचाती है। एक सिनेमाई भाषा है और दूसरी रंगभाषा। इस नयी भाषा के सृजन में अभिनेता का व्यक्तित्व, प्रकाश की किरणें, रंगों का तालमेल, पृष्ठभूमि संगीत गीत, नृत्य सब घुलते मिलते जाते हैं। निर्देशक का टीमवर्क, उसकी कल्पनाशक्ति, उसकी सृजनशीलता कहानीकार या नाटककार की भाषा को नये आयाम देती है, एक दृश्यभाषा रचती जाती है, एक ध्वन्यात्मक, गत्यात्मक, जीवन्त भाषा। जहाँ उच्चरित, अनुच्चरित सभी अंशों का, मौन का, प्रत्येक हरकत का अपना महत्त्व है। एक समय था जब पृथ्वीराज कपूर, सोहराब मोदी के संवादों, उनकी अदायगी के लिए लोग हॉल में जाते थे जिसमें उनके कण्ठ, उनकी वाणी और वाक्‌शक्ति, चातुरी का भी आकर्षण था पर फिर बीच में एक दौर आया जब शाब्दिक भाषा का महत्तव घटा बल्कि निर्देशक ने उसे, नाटककार की सत्ता को नकारा भी। इसी दौर में प्रयोगधर्मी, सांकेतिक, अमूर्त, मद्धिम गति की, प्रयोगधर्मी या प्रतीकात्मक फिल्में और नाट्‌यप्रस्तुतियाँ आईं जिसमें निर्देशक का हस्तक्षेप भी बढ़ा और वह प्रतिक्रिया भी कि बिना शब्द के भी काम हो सकता है–शब्द जरूरी नहीं। फिल्म-कला, रंग-कला विकसित होने के साथ-साथ यह लगा कि दोनों में भाषा शब्दों के अलावा भी है जिसके लिए सर्जनात्मक कलाओं की अपनी भाषाई संस्कृति चाहिए शब्दभाषा के लिए जो यह तर्क था फिल्मकार और रंगकर्मी का कि चित्रभाषा, रंगभाषा का शब्द से कोई सघन रिश्ता बनाये बिना भी काम हो सकता है–शब्दभाषा बस प्रसंगवश होती है, इसमें बदलाव आया। मैंने इस बात को बीस-पच्चीस वर्ष पहले भी नहीं माना था जब नाटककार को

'शाब्दिक' कहकर नकारा गया, राकेश की नाट्यभाषा पर मुद्राराक्षस और रंगकर्मी भी इसी प्रकार की बात कहते पाए गये। यह सही है कि फिल्म कैमरे की आँख से, अन्य उपकरणों से भी फिल्म भाषा रचने, रचते चले जाने की अद्भुत क्षमता रखती है, उसी तरह रंगमंच भी अपनी सीमाओं के बीच ही जीवित रंगभाषा की सम्भावनाएँ तलाशता है-रचता है। साहित्य और संस्कृति, शब्द और संस्कार को जो नकारते हैं वह भ्रामक है।

मैंने 'बाणभट्ट की आत्मकथा' और 'छिन्नमस्ता' उपन्यासों का नाट्य रूपान्तर और मंचन किया था तो दोनों में सिनेमाई भाषा और रंगभाषा का, दृश्य-श्रव्य भाषा, दृश्य-श्रव्य बिम्बों का, अन्तःसंगीत और बाह्यसंगीत का अनोखा संसार महसूस हुआ था। वर्णनों में दृश्यों की पूरी सर्जना-कल्पना छिपी हुई थी। शब्दभाषा की भूमिका को लेकर काफी अनिश्चित मन था लेकिन साहित्य और रंगमंच दोनों ने विचारों को स्थिरता दी सिनेमा और रंगमंच दोनों चाक्षुष और वैचारिक माध्यम हैं। एक अच्छी फिल्म, एक अच्छा नाटक लगातार हमसे कुछ कहता है-कहानी के अलावा भी बहुत कुछ देता है, बोलता है। दोनों का हर दृश्य, हर प्रेम, हर स्थिति, हर चरित्र, हर प्रसंग और मोड़ दर्शकों को विश्वसनीय आत्मीय लगे तो भाषा कोई भी हो शब्दभाषा के साथ रची गई 'सर्जनात्मक भाषा' ऊपरी भाषा के बैरियर से सिनेमा और रंगमंच को मुक्त कर देती है। वहाँ रंग, शब्दध्वनियाँ, अन्य ध्वनि संसार नृत्य, संगीत, काव्यात्मक गतियाँ, अँधेरा-प्रकाश, और न जाने क्या-क्या कुछ नहीं कहता, इसका अनुमान देखकर ही किया जा सकता है। गिरीश कार्नाड ने 'उत्सव' में पूरा भारतीय सौन्दर्य, शास्त्र, कला, संगीत, जीवन शैली नाट्य, सम्पूर्ण युग, कामशास्त्र को जीवन्त अभिव्यक्ति दी थी पर उनकी अन्य यथार्थवादी फिल्में दक्षिण के लोकजीवन की जड़ों से जुड़ी होने के कारण सर्वथा भिन्न प्रकार के बिम्ब, ध्वनि-संगीत और अभिनय को लेती है। बासु भट्टाचार्य की सभी फिल्में मैंने देखी हैं-'तीसरी कसम' से 'आस्था' तक। 'तीसरी कसम' साहित्य, फिल्म और कला जगत् में अविस्मरणीय है-एक ही सोच, एक ही मिजाज की, संवेदनात्मक यूनिट की संश्लिष्ट सृष्टि। उसके अनेक दृश्य और गीत-संगीत, नौटंकी का ठेठ ग्रामीण रूप और नृत्य, बैलगाड़ी का दृश्य भूलता नहीं। बड़े दूर तक फैले गाँव के मैदान में नायक-नायिका जिस तरह बैठे थे, कहानी कहते-सुनते हैं वह पूरी परिकल्पना कहानी की मनोरम सांकेतिक व्यंजना है, परिवेश है, लोक का चरित्र है, शैली है। किसी साहित्यिक रचना पर इतनी सार्थक फिल्म बड़ी मुश्किल से बनती है। इसके बिल्कुल विपरीत बासु दा ने 'आस्था' में महानगर, आज के उपभोक्तावाद को, यौन सम्बन्धों को विषय बनाया। इस फिल्म पर काफी बहस हो सकती है पर जहाँ तक बाजार घर में घुस आने का और उस उपभोक्तावादी संस्कृति से मानवीय रिश्तों पर खासकर

स्त्री पर–कुठाराघात और पेचीदगी का सवाल है, फिल्मकार ने उसे कई दृश्यों से, दृश्यों के अन्तराल और कण्ट्रास्ट से, धूमिल और गहरे रंगों और प्रकाश से, तेज संगीत और कविता जैसे गीत की लय से, देह की भाषा से बहुत तीव्र अनुभूति के साथ कहा है। सबसे प्रभावशाली है वह मेले का दृश्य–एक गर्भवती स्त्री के छोड़े जाने, बेचे जाने का दृश्य। उस दृश्य का फिल्मांकन, संयोजन, अर्थपूर्ण और बेहद मार्मिक है। हर निर्देशक के व्यक्तित्व और दृष्टिकोण का प्रभाव पड़ता है।

कविता में, चित्रकला में समय–सीमा नहीं है, दुहराने की सुविधा है। उन्हें टुकड़ों में भी रचा जा सकता है पर सिनेमा और रंगमंच समय सीमा में ही सुन्दर होते हैं। वही उनकी चुनौती है। वह टुकड़ों में नहीं अपनी सम्पूर्णता में, उसी समय वहीं रहती है। इसी कारण फिल्म और नाटक को देखना हॉल में जाना, बैठना, दो–तीन घण्टा साथ रहना वस्तुतः एक सामाजिक कर्म भी है। अलग–अलग वर्ग, आयु, धर्म के लोग उसी समय एक कृति को एक साथ देख रहे होते हैं। अपनी प्रदर्शन–अवधि में दर्शक की क्रिया–प्रक्रिया, विरोध–समर्थन, हँसना–रोना चलता रहता है। ये अध्ययन, शोध का दिलचस्प रोमांचक विषय है यहाँ भी फिल्म और रंगमंच का अन्तर स्पष्ट है फिल्म में बार–बार देखने, दोहराने, रोकने, कट करने, एडिट करने की स्थिति है, रंगमंच में वह भी नहीं–एक स्तर पर वही थियेटर की मौलिक सुन्दरता है, चुनौती है, जोखिम है। मशीन प्रतिदिन एक–सी रह सकती है, पर जीवित और संवेदनशील अभिनेता, जीवित समूह–शक्ति एक–सी कैसे रह सकती है। सारे अभ्यास और रिहर्सल के बाद भी सुन्दरता वहाँ घट–बढ़ सकती है। वहीं उसमें लगातार नया–नया कुछ जुड़ सा भी जाता है यह संरचनात्मक प्रक्रिया रंगमंच को जीवित सौन्दर्य, नित नया संस्कार, मानवीय अर्थ देती है। कलाकार मृत भी हो सकता है, दुर्घटनाग्रस्त भी, नाराज भी यानी कुछ भी अनहोनी उसी समय दर्शक के सामने, पर नाटक तो होना है।

भरत के नाट्यशास्त्र में नाटक को पंचमवेद कहा गया है पर भारतीय संस्कृति और हिन्दी सिनेमा के प्रेमी डॉ. लूत्से ने हिन्दी सिनेमा को भी पंचम वेद कहा है। उनका कहना है कि 'भरत के नाट्यशास्त्र में मनोरंजन और विनोद की अवधारणा की चर्चा हुई है। मैं समझता हूँ कि भारतीय सौन्दर्य शास्त्र की यह अवधारणा भारतीय सिनेमा को समझने के लिए बहुत आवश्यक है। भारतीय रंगमंच में मनोरंजन की अवधारणा बुनियादी रही है।'' डॉ. लुत्से का यह भी कहना है कि कला, फिल्म या साहित्य के साथ प्रतिबद्धता की माँग भारतीय सौन्दर्यशास्त्र की परम्परा में नहीं रही है, प्रतिबद्धता की धारणा इधर की है और मूलतः गैर भारतीय है। वस्तुतः बहुत से ऐसे सवाल हैं जिनको लेकर सिनेमा और रंगमंच के संदर्भ में रचनात्मक और गम्भीर संवाद होना चाहिए। गम्भीर फिल्म समीक्षा और रंग–समीक्षा के अभाव में

दोनों माध्यमों और कलाओं के प्रति सही नजरिया नहीं पनप पाया मुम्बइया सिनेमा और हिन्दी रंगमंच ने पत्रकारिता को बहुत व्यापक, स्तरीय और कलात्मक एवं आधुनिक नहीं बनाया। वह स्थूल, सतही, व्यावसायिक नजरिये में उलझा रहा। फिल्म समीक्षा और रंगसमीक्षा की गम्भीरता उतनी ही अनिवार्य है जितनी सिनेमा और रंगमंच की गम्भीरता।

18

आत्मकथ्य

पता नहीं कहाँ से शुरू करूँ? कुछ भी शुरू करना कितना कठिन होता है? नाटक तो तब से कर रही हूँ जब रंगकर्म शब्द की ही कोई सत्ता न थी। बचपन की जड़ें कितनी गहरी होती हैं। दृश्य-अदृश्य। बदायूँ शहर मुस्लिम संस्कृति, उर्दू जबान, शेरो शायरी शकील बदायूँनी से जो संस्कार मिले-एक खुला नजरिया और नफासत-पसन्दी। पिता जाने-माने एरिस्टोक्रेट वकील, बड़ा गहरा अनुशासन, अँग्रेजी के शैली, कीट्स पढ़ाते हथेली में पेन कोंच-कोंचकर-तब तो फाउण्टेनपेन ही हुआ करते थे, घड़ी की सूई पर काम। माँ विदुषी, संगीत, नृत्य, कविता की ओर बराबर रुख करती रहीं मेरा। पिछड़े शहर में भी हजारों की भीड़ में कवि सम्मेलन में एक लड़की ने कविता पढ़ी। तीन लिटरेचर में बी.ए. किया अपनी ज़िद से। संस्कृत केवल व्याकरण नहीं है, साहित्य है, राग का एहसास गुरु निरूपण विद्यालंकार ने कराया उस भाषा के प्रति। छिप-छिप कर ढेरों उपन्यास पढ़ डाले एम. ए. के दौरान। 'चन्द्रकान्ता' भी। बड़ा विरोध उपन्यासों का। यह तो पता ही नहीं था कि रंगमंच क्या होता है? 56-57 में आगरा में थी। बड़ा हलचल भरा शहर था आगरा-साहित्य और रंगमंच दोनों में। अमृतलाल नागर जी का परिवार, कुमुद, अचला बड़े गतिशील और स्नेही थे। इच्छा बहुत सक्रिय थी। गुरु रामगोपाल सिंह चौहान बेहद सक्रिय शिक्षक और रंगकर्मी थे। मुझे रंगमंच लेखन, नाट्य समीक्षा की ओर ले जाने में उनकी बहुत बड़ी भूमिका है। पत्रिकाएँ, कविता-संग्रह, कवि गोष्ठियाँ एक तरफ। आगरा कॉलेज, आगरा में विष्णु प्रभाकर का सम्राट अशोक नाटक कराया उन्होंने। सनसनी फैल गयी पूरे कैम्पस में। अगले दिन जगह-जगह चर्चे, पोस्टर। अब तिष्यरक्षिता कहाँ जाए? घर वालों को लगा-रोज रात को देर से लौटने वाली क्या पढ़ेगी? पर फर्स्ट डिवीजन ने जान बचा ली। सम्राट अशोक यूथ फेस्टिवल टीम में दिल्ली भी गया। 1959 में लखनऊ यूनिवर्सिटी से हमारी टीम नैनीताल शरदोत्सव में गयी। रीढ़ की हड्डी उस समय का बड़ा पापुलर एकांकी था। एकांकी का जमाना भी था । मंच पर शुद्ध

पूर्ण नाटक की परिकल्पना ही कहाँ थी? 'रीढ़ की हड्डी' में मुझे प्रथम अभिनेत्री का पुरस्कार मिला। मुझे याद है सामाजिक विरोध की नजर से मैंने इसे करते हुए बड़ा इन्ज्वाय किया था। 60-61 तक गोरखपुर यूनिवर्सिटी हिन्दी विभाग में आयी। यूथ फेस्टिवल की टीम लेकर जाना और दीक्षान्त समारोहों या अन्य अवसरों पर नाटक कराना एक क्रम बन गया लेकिन थे वे सांस्कृतिक कार्यक्रमों और उत्सवों का ही एक अंग। नाटक और रंगमंच के प्रति कोई स्वतन्त्र सोच उसके साथ न थी।

रंगचेतना की, रंगमंच और नाटक के अन्दरूनी रिश्ते की चिन्ता बनी 1968 में रूपान्तर नाट्यमंच के गठन के साथ ही। पत्र-पत्रिकाओं से चारों ओर के रंगान्दोलन से लगातार एक सम्पर्क था। लखनऊ, बनारस, इलाहाबाद में लहर सी आयी हुई थी। मोहन राकेश के नाटक, निर्देशकों की प्रतिक्रियाएँ। हमने भी जानबूझकर लहरों के राजहंस चुना-कथानक, चरित्र, दृश्य-सौन्दर्य शायद दर्शकों को आकृष्ट करे। बड़ी आशंका थी। तीन महीने का श्रम अभिनेताओं के साथ। नाटक असफल रहा-दर्शक गम्भीर नाटक संध्या को पचा नहीं पाये। साउण्ड फेल हो गयी पर निराशा नहीं थी। सृजन का सुख-दुख एक साथ था-एक नयी लहर आयी थी रंगमंच की भाषा की, अभिनय की। कॉलोनी में चित्रकार डी.पी.धूलिया के घर उनकी लड़की और रंगमंच के लिए कलाकार थे, संवेदना को, रंगकला को गम्भीरता से लिया। आभा धूलिया और शम्भू तरफदार 'रूपान्तर' के प्रथम कलाकार हुए। एक बड़ा कलाकार दल जुड़ा पूरी चयन प्रक्रिया के साथ। लोग कहते हैं आप विश्वविद्यालय में थीं, महिला थीं, अभिनेत्रियों की समस्या नहीं आयी-कुछ हद तक तो सही है पर बराबर खोज, सजग नजर, फिर ट्रेनिंग और विश्वसनीयता, सुरक्षा कायम रखना।

यहाँ कोई प्रेक्षागृह नहीं है। आर्थिक साधन नहीं थे। घर पर रिहर्सल। सौ सदस्य बने और छोटे-छोटे नाटक कॉफी हाउस में इन्तजार, हाथी घोड़ा, चूहा शुरू किये सौ-डेढ़ सौ दर्शकों के बीच। परमात्मा का कुत्ता कहानी का नाट्यपाठ, परिन्दे और खेल कहानियों का मंचन। पूरे हिन्दी प्रदेश में यह सबसे उर्वर समय था। नये-नये लघु नाटक आ रहे थे 'धर्मयुग' में, 'साप्ताहिक हिन्दुस्तान' में 'नवरंग' में, वे नाक से बोलते हैं, बादशाह गुलाम बेगम, परतें नाटक उठाये-नये विषय, सम्बन्धों के द्वन्द्व और प्रयोगशीलता से दर्शक की मानसिकता भी बदलनी थी और कहीं भीतर ही भीतर हिन्दी के मौलिक नाटकों की प्रतिबद्धता भी थी। नाटककार को हमेशा महत्त्व दिया। बहुत अफसोस होता रहा है मुझे बड़े-बड़े महोत्सवों, सेमिनार और मीटिंग में नाटककार को उपेक्षित देखकर। हो सकता है यह मेरे साहित्य और अध्यापन से जुड़े होने के कारण हो, यह बात मुझे हमेशा परेशान करती रही है कि नाटककार की उपेक्षा और नाटककार का 'इगो' दोनों खतरनाक हैं। उस समय पत्रिकाएँ बराबर नाटककार और रंगकर्मी को साथ लेकर चल रही थीं। रंग-जगत की हलचलों और

स्वस्थ क्रान्ति-धारा से किस तरह 'दिनमान', 'धर्मयुग' व 'सारिका' जुड़े थे और घर-घर में यह इतिहास पहुँच रहा था। धर्मवीर भारती, सर्वेश्वरदयाल सक्सेना, रघुवीर सहाय, नेमि जी ने कितना कुछ दिया, रंगमंच को। बड़ी ताज़गी थी, स्पर्धा थी। अपने को पूरे हिन्दी रंग परिवेश से जोड़ते जाने, तोलते जाने की दृष्टि बनती थी। अन्धा युग की धूम मच गयी थी पूरी रंग-सृष्टि में। सृजन के नये मानदण्ड स्थापित हो गये थे। मैं भी करना चाहती थी पर साहस नहीं हुआ। मैंने '88 में किया। अगर छन्द, ध्वनि, संकेत, व्यंजनाओं और काव्य की लय पर अधिकार न हो तो उस रचना के साथ अनाचार होगा। अब तक कलाकारों का भाषा की कविता पर अधिकार हो चुका था। शौकिया थियेटर में अभिनेता टिकते कहाँ हैं? जब तक उनसे बेहतर निकल पाने की स्थिति आती है तब तक वह आपके पास नहीं होते। लेकिन फिर भी जो रुके रह गये उन्होंने लगातार ग्रो किया। भोजपुरी क्षेत्र है। हिन्दी की रवानी और टोन लाने में बड़ी मेहनत करनी पड़ी फिर भी कुछ कलाकार अपने कण्ठ और संवाद अदायगी के लिए बहुत पसन्द थे। उस समय कोई टेक्नीकल शब्दावली या प्रयोग हमारे पास नहीं थे पर स्व. के.सी.पॉल योग, स्पीच के मास्टर थे। कोई नया कलाकार आता उन्हें सौंप दिया जाता। बहुत सुपठित। जब भी कोलकाता के रुद्रसेन जी और तापस सेन के प्रदर्शन देखकर आते, घण्टों बात होती-निर्देशन और लाइट पर। स्तानिस्लावस्की और ग्रोटोवस्की पर पढ़-पढ़ कर आते। पन्नालाल जायसवाल कब सबके मामा बन गये मंच बनाते-तोड़ते और लाइट लगाते, पता ही नहीं चला। कहाँ-कहाँ तख्त, मेजें डालकर मंच और दृश्य नहीं बनाये। 'रागदरबारी' और 'बाणभट्ट' का दूर-दूर तक फैला मुक्ताकाशी मंच और शास्त्रीय विधान का भव्य मंच सफेद कनातों से घिरी रंगशाला और हजार-दो हजार दर्शक! इसीलिए हम लोगों को अपना गोरखपुर का प्रथम प्रदर्शन सबसे अच्छा लगता। नाटक की जरूरत और परिकल्पना मेरी होती। अभिव्यक्ति वह देते रहे। यहाँ सीमित लाइट्स थी, उन्हीं में से जोड़-तोड़कर प्रभाव-सृष्टि होती रही। लालटेन, गैसबत्ती भी जली, मशालें भी और जरूरत पड़ने पर बल्ब ख़रीदकर टिन और न जाने किन-किन औजारों से वह दृश्य को आकार देते रहे। इस कल्पनाशील प्रकाश-प्रभाव का हमारा पहला नाटक था 'एक और द्रोणाचार्य।' प्रकाश-चक्र, प्रकाश किरणों, रेखाओं और घेरों ने दर्शकों को बहुत प्रभावित किया था। कोई ध्वनि-प्रभाव टेप करना हो, कोई इफैक्ट चाहिए-गुटरगूँ हो या फड़फड़ाहट या पानी की तरंगें, मेरे साथ बराबर वह उसे कैसेट में उतारते। आनन्द राय, कलाकार और सचिव अपनी दूरगामी, योजनाबद्ध दृष्टि और काम से लगातार प्रस्तुतियों को बाहरी दुनिया से जोड़ते रहे। एक लम्बी नाट्य-शृंखला, अपने बूते पर मित्रों के प्रयासों, सहयोग से, बस में पूरा नाट्यदल, लड़कियाँ, सुरक्षा बहुत लम्बा और अजीबोगरीब इतिहास है पर कितना रोमांचक। इस अबूझ आनन्द में सारे

संघर्ष भूलते गये। सचमुच रंगमंच एक संश्लिष्ट कला है। कोई एक कितना अधूरा है।

मैं हमेशा कुछ नया करना चाहती थी। 'आषाढ़ का एक दिन' करने में चरित्रों और नाट्यभाषा की संवेदना को, रंगमंचीय प्रभावों को और पात्रों के कण्ट्रास्ट को करने में बहुत आनन्द आया। अनुस्वार-अनुनासिक की लय-सृष्टि में कलाकारों को दिक्कत हुई थी। इस नाटक में अभिनय के स्तर पर बहुत काम है। 'खामोश अदालत जारी है' पहला, 'कम्पलीट टिकट शो-बोल्ड नाटक'। डर भी था कि गोरखपुर मुझे ही न रिजेक्ट कर दे। बाद में 'सूर्य की अन्तिम किरण...', भी किया। भारतीय रंगमंच में इन नाटकों की तब धूम मची थी। सुरेन्द्र वर्मा के चरित्रों की संवेदना और भाषा की 'वाचिक शक्ति', उच्छ्वास मुझे प्रेरित भी करते रहे हैं। कांशसली मैं उन नाटकों को करना चाहती थी जिनसे यहाँ का ट्रेण्ड बदले अभिनय का, रंगमंच का, दर्शक का, सामाजिकता का। हॉल खचाखच भरे थे। फुसफुसाहट और मूँगफलियाँ खाना बन्द। हमारी प्रस्तुति में बेहद संजीदगी थी, उसे भुनाया नहीं पर लीला बेणारे और शीलवती ने लोगों को बहुत परेशान किया। हमारे बुजुर्ग कुलीग ने बड़ी रसिकता से कहा-'आप क्यों ऐसे ही नाटक चुनती है?' विश्वविद्यालय कैम्पस में कई विषयों के अध्यापकों से स्कूटर रोककर रसिक अन्दाज़ की बधाइयाँ खूब मिलीं। दूसरे नाट्यदलों के लोगों की लाइन की लाइन अवज्ञा से देखती हुई, पैम्फलेट्स बाँटती जिसमें बुद्धिजीवी भी शामिल थे। जिस कलाकार ने-तेजिन्दर पाल-दोनों भूमिकाएँ की थीं, उसका एक प्रकार से बायकाट हो गया। दूसरी महिला कलाकारों के गार्जियन्स ने अपनी बेटियों को अपनी सुरक्षा में बैठा लिया। मेरी स्त्री मित्रों में भी बड़ी खामोशी थी जिसका अर्थ मैं समझ रही थी। उसके बाद तेजिन्दर पाल हमारे नाटकों में नहीं थी, रेडियों में चली गयी। बी.ए. में थी वह, जब मैं उसे अपनी क्लास से ले आयी थी। मुझे उसकी आँखों और आवाज की गहराई ने प्रभावित किया था। अकादेमी की सम्भागीय नाट्य प्रतियोगिता में उसे प्रथम पुरस्कार भी मिला था लीला बेणारे के रोल के लिए। बहुत तनाव होते थे। 'सखाराम बाइण्डर' उन दिनों छाया हुआ था लखनऊ में। मेरा मन बहुत था करने का पर मैंने नाराज बहुत किया है सबको, इसकी चिन्ता नहीं की कि कौन क्या कह रहा है? पति देव का वाक्य बहुत काम करता रहा। 'कहते हैं तो कहने दो'-बल मिला पर चिन्ता न करना और भीतर कचोट न पैदा होना अलग बातें हैं। अमृतलाल नागर जी ने हमेशा दिशा दिखाई, यहाँ आए बेटी की तरह मानकर आशीर्वचन कहे कि 'रुकना मत'।

इस समय प्रो. सत्यमूर्ति का प्रभाव पूरे उत्तर प्रदेश में और बाहर भी था। 'दर्पण' नाट्यसंस्था की कई शाखाएँ थीं। गोरखपुर में भी 'दर्पण' खेलने वह आये। हमारे 'खामोश! अदालत जारी है' से 'दर्पण' की ख्याति से कुछ अपने पुराने भी चले

गये जो बाद में लौट आये। जमें बहुत से कलाकार उधर चले गये। अचानक बड़ा धक्का लगा। नागर जी और नेमि जी को पत्र लिखे। उनके उत्तर हमेशा यथार्थ को झेलने की चेतनता देते रहे। रंगकर्म से अपने को प्रभावित करने का संकल्प। बाहर की दुनिया से बराबर एक सम्पर्क बनाने की, ताजा रखने की तेज कोशिश। अकादेमी, संस्कृति विभाग के नाट्योत्सवों में भाग, प्रस्तुतियों का आमन्त्रण, प्रायोजित कार्यक्रमों में प्रस्तुति लेकर जाना। एक नाटक तैयार और उसकी योजनाबद्ध शृंखला की तैयारी जिससे शोज बढ़ें। नगर में एयरफोर्स लाइंस क्लब, फर्टिलाइजर में शो तय किये जाते। बाहर के महत्त्वपूर्ण निर्देशकों की प्रस्तुतियों को यहाँ कराना। हबीब तनवीर के 'चरनदास चोर', 'मिट्टी की गाड़ी', ब.व.कारन्त का 'स्कन्दगुप्त', देवेन्द्रराज अंकुर का 'खानाबदोश' आदि यहाँ आमन्त्रित किये। असल में मौलिक सर्जनात्मक कार्य को देखना भी जरूरी है और श्रेष्ठ प्रस्तुतियों का आदान-प्रदान भी मैं हिन्दी रंगमंच के लिए जरूरी मानती रही हूँ। इंग्लैण्ड में ब्रेस्ट के नाटक, एब्सर्ड नाटक बहुत देखे, लन्दन में शेक्सपियर की प्रस्तुतियाँ एक नितान्त भिन्न समृद्ध प्रोफेशनल उन्नत थियेटर जीवन-चर्या से जुड़ा हुआ। मुझे याद आता है-रंगमंच की सृजनधर्मिता जब पूरे जोश के साथ छायी हुई थी और के.एन.पणिक्कर और अन्य निर्देशकों के मौलिक प्रदर्शन वाराणसी, लखनऊ में हो रहे थे, डॉ. भानुशंकर मेहता अक्सर लिखते कि तुम्हें आसपास आने वाले प्रदर्शनों को देखने आना-जाना चाहिए-यहाँ आकर रहो। रंग-दृष्टि के विकास के लिए जरूरी है। पर हमेशा परिवार से निकलना नहीं सम्भव था। एक सन्तुलन रखना ही था। आदर्श स्थितियाँ कहाँ बन पाती हैं? फिर भी समय आगे बढ़ने पर रंजीत कपूर, राजेन्द्र नाथ की प्रस्तुतियाँ देखीं लखनऊ जाकर। 'स्कन्दगुप्त'और 'चक्रव्यूह' भी देखा वहीं। इसलिए भी कि मैं उन दिनों 'ध्रुवस्वामिनी' कर रही थी। प्रसाद के नाट्य प्रदर्शनों पर एक सृजन-प्रक्रिया से भी गुजर रही थी। 'कलावार्ता' कारन्त जी की प्रस्तुति-चर्चा और मेरी प्रतिक्रियाओं और टिप्पणियों को छाप भी रही थी। मुझे लगता था 'प्रसाद रंगमंच' के शायद कुछ नए सूत्र हाथ लग जाएँ। दिल्ली, भोपाल में 'स्कन्दगुप्त' की सफलता के बाद लखनऊ रवीन्द्रालय में कारन्त जी खामोश खड़े थे कोने में। प्रसाद के नाटकों को लेकर एक आशंका और प्रश्न तो थे ही उनके मन में। उनकी सहज जिज्ञासु वृत्ति और चिन्ता मुझे बहुत अच्छी लगी यद्यपि 'स्कन्दगुप्त' वहाँ बहुत असफल हुआ। मैं भी बीच में चली आई थी। एक दिन पहले 'चक्रव्यूह' हो चुका था। रंगकर्मियों का हुजूम-स्वदेशबन्धु वगैरह, उसकी ऊष्मा, ऊर्जा, गत्यात्मकता ढूँढ़ रहे थे। मुझे लगा प्रसाद के नाटक फिर घेरे में आ गये या हिन्दी भाषा और अभिनेता की अन्तरंगता, संवेदना अस्मिता की खोज होने लगी? वैसे 'स्कन्दगुप्त' इतना बिखरा नाटक है कि उसे आज से जोड़कर करना ज्यादा चुनौती है। गोरखपुर में उसका शो बहुत सफल रहा यद्यपि दर्शक चरित्रों में

नायक-नायिका की विलक्षण संवेदना, जटिलता ढूँढ़ रहे थे और प्रसाद का काव्य भी। आज की संस्कृति में प्रसाद के नायक-नायिका मूर्त करना हमेशा असम्भव लगा-कहाँ से लाएँ धीरोदात्त लगनेवाले नायक। 'ध्रुवस्वामिनी' मैंने तभी किया जब उसेके अनूकुल साक्षात् व्यक्तित्व मिल गया-डॉ. अमृता। बेला, भट्टिनी से 'छिन्नमस्ता' की प्रिया तक वह भीतर से मेच्योर हुई। उसके कण्ठ से प्रसाद की भाषा की एक-एक ध्वनि-तरंग, लय निकलवाने में मुझे बड़ा आनन्द आया। हम जहाँ-जहाँ 'ध्रुवस्वामिनी' लेकर गये, लोगों ने उसे घेरा। भारत भवन, भोपाल में मनोहर श्याम जोशी ने कहा कि चलो दिल्ली। उनके धारावाहिक बन रहे थे। बहुत सुनहरा अवसर था पर वह तो शौकिया कलाकार हैं। नहीं गयीं। उसके लिए 'चन्द्रगुप्त' ढूँढ़ना हमेशा एक समस्या रही। पाँच शो में चन्द्रगुप्त बदले। जब दिल्ली दूरदर्शन के लिए उसकी रिकार्डिंग हुई तो फिर नये चन्द्रगुप्त। '84 से '90 तक का दौर जुड़ गया प्रसाद के नाटकों से।

वैसे सबसे ज्यादा रोमांचक अनुभव जुड़े हैं 'रागदरबारी' 78 और 'बाणभट्ट की आत्मकथा' 81-82 से। स्वतन्त्र स्वभाव है। सपने देखना बुनना हमेशा अच्छा लगता रहा है पर जीवन से, लोक से हटकर नहीं। 'रागदरबारी' करके बहुत सारे अर्थ खुलते गये। उपन्यास विधा का एक नयी ताजी होती जाती विधा में ढलना। लेखक से बराबर संवाद, खुले मंच की दृश्य-परिकल्पना, पात्रों को मूर्त करने की कोशिश हमारे छोटे पहलवान, बड़े पहलवान, लंगड़ सबको याद रह गये। लोगों ने पूछा क्या असली पहलवान हैं अखाड़े के? तब रंगशिल्प का अलग से बहुत 'ज्ञानपुंज' नहीं था पर वह परिकल्पना रंगशिल्प की प्रमुखता पा गयी। प्रस्तुतियों के साथ अनुभवों और प्रतिक्रियाओं से हर बार इस प्रस्तुति में कुछ बदलता-जुड़ता रहा। बहुत लिखा है इस पर मैंने। लोगों ने कई-कई बार उत्सुक होकर 'रागदरबारी' पढ़ा। जगह-जगह किया इसे। पचास कलाकार का दल। भरा था प्लेटफार्म अभिभावकों से। आनन्द राय लखनऊ जाकर रवीन्द्रालय बुक करा आये थे। लखनऊ में सभी लेखक, रंगकर्मी थे। अपने दर्शक भी थे। बड़े उत्साह का माहौल था। अगले दिन कानपुर में गिरिराज किशोर जी ने 'रागदरबारी' कराया। दोनों जगह के दर्शकों की प्रतिक्रियाएँ भिन्न थीं। यह भी एक रोचक विषय था, हमारे लिए। देवरिया में लायंस क्लब में भी 'रागदरबारी' का शो अविस्मरणीय रहा। हॉल में वह सौन्दर्य नहीं आया जो यहाँ गोरखपुर क्लब की दृश्यात्मक पृष्ठभूमि का रचनात्मक उपयोग करके मिला। अब नियम बन गया-एक नाटक के ज्यादा से ज्यादा प्रदर्शन-शहर में, आसपास कस्बों में, बाहर बड़े शहरों में। 'बाणभट्ट...' करने की इच्छा हुई। उसकी घुमक्कड़ी नाट्यमण्डली लेकर भ्रमण, उपन्यास का संस्कृत, मंच का वातावरण भा गया और सांस्कृतिक स्वर शायद कहीं अचेतन में चारों ओर की उत्तेजित करने वाली सृजनधर्मिता,

प्रयोगों की झड़ी और नयी क्रियाशीलता थी। शास्त्रीय पद्धति में किया। बहुत पढ़ा। इतिहास, कला-संस्कृति पर बातचीत, खोज। वाराणसी पहुँच गयी। डॉ. प्रेमलता शर्मा, डॉ. कमलेशदत्त त्रिपाठी से सीखे उनके अनुभव, संगीत कम्पोज कराया। यहाँ कहाँ वीणा और मृदंग! शास्त्र से हमेशा भय लगता था पर पढ़ने से उतने नहीं, करने से रहस्य खुले। पूरा घर शोध और कार्यशाला-सा बन रहता। उस जोश, टीमवर्क, तलाश का कोई जवाब नहीं है। एक बस का प्रबन्ध हुआ और शोज की चेन शृंखलाबद्ध। आज नागरी नाटक मण्डली वाराणसी, कल मिर्जापुर, रेनूकूट, शो खत्म होते ही बस में सवार! इलाहाबाद चल दिये गाते-बजाते। रास्ते में बस खराब, पेड़ों के नीचे जमीन पर सोये पड़े रहे लोग। इलाहाबाद में खुले मंच पर किया। रंगकर्मी, सरनबली श्रीवास्तव का सहयोग था। सारे साहित्यकार, रंगकर्मी आये थे। वहाँ नाटक करके हमें एक 'बड़ी कृति' को मंच पर साकार करने का सुख मिला। लक्ष्मीकान्त वर्मा और भी कई विद्वान, अन्दर मिलने आये। केशवचन्द्र वर्मा ने 'दिनमान' में बड़ी तीखी टिप्पणी लिखी थी लेकिन विरोध साहित्य को छूने-तोड़ने का भी था जो क्रमश: घटा है। नेमि जी और मोहन महर्षि ने भी प्रश्न उठाये थे कि संस्कृत मंच के प्रयोग क्यों? एक नाटक बहुत सिखाता है। गोरखपुर में श्रीलाल शुक्ल जी ने 'बाणभट्ट' देखा। मध्यान्तर में मुझे बाहर बुलाया था। तब मैं कहाँ हट पाती थी प्रस्तुति से, सेकण्ड भर नहीं। वह पत्र छोड़ गये। प्रयोग, भव्यता, साहस पर जो लिखा अमृत लगा। बहुत रचनाकार आये थे, सेमिनार का शो था, सहज जिज्ञासु मन से देखा। शम्भु तरफदार (बाणभट्ट), भट्टिनी (अमृता), निउनिया (रेणु शुक्ला) ने प्रभावित किया। कुछ दृश्य-वसन्तोत्सव, दरबार, महामाया के-बहुत सुन्दर बने थे। काफी खोज के बाद डिजाइनिंग की थी।

सृजन की यह रोमांचक प्रक्रिया 'धुवस्वामिनी', 'नहुष', 'छिन्नमस्ता', 'मगध', 'जयदोल', 'इला', 'यशोधरा', 'कितना कुछ एक साथ' तक चलती रही। संगीत-वह भी शास्त्रीय संगीत में बहुत कठिनाई आती थी लेकिन वहाँ के हर गुरु ने मदद की। कोरियोग्राफी मेरी बेटी भूमिका ने की। इस माने में 'धुवस्वामिनी', 'नहुष', 'जयदोल' यादगार बन गये। रंगभाषण, अभिनय की रिद्म, प्राकृतिक परिवेश, रंगमंचीय अर्थ क्रियेट करने का क्रम। 'नहुष' पूरी भारतीय काव्यात्मक प्रस्तुति बनी। दृश्य बिम्ब, अनुमानाश्रित शास्त्रीय और 'लोकविधान' उसकी स्क्रिप्ट लिखने और कथावाचक का, व्यंजक प्रयोग करने का अद्‌भुत अनुभव हुआ रिहर्सल में भी और जहाँ-जहाँ गये वहाँ के दर्शकों का भी। 'इला' रिहर्सल के दौरान बहुत संगठित आलेख बना। एक नाटक ने अपने अछूते, आज के विषय से, भारतीय सांस्कृतिक सवालों से, प्रस्तुतीकरण की चुस्ती और विश्वसनीयता से हजारों की भीड़ को हिला डाला भरे जाड़े में खुले आकाश के नीचे अगले दिन छात्रों ने घेर लिया-उद्वेलित

थे अभिनय करने और उसे पुन: प्रदर्शित करने के लिए। अगर कहीं से अर्थिक सहयोग मिलता तो यह लगातार हफ्तों चल सकता था। लेकिन मन मारकर रह गये–हाँ, वि.वि.कन्वोकेशन में 'इला' लगा और कुलपति, शिक्षकों ने सपरिवार, छात्रों की भीड़ ने, कर्मचारी, बाल-बच्चों सबने देखा–उसकी पूरी भाषा समझी। उच्च शिक्षा के बीचोंबीच वर्षों तक 'नाटक' ले गये। व्यंग्यबाण बहुत चले–'पढ़ती लिखती कहाँ है?' नौटंकी करती है। और भी न जाने क्या-क्या? युवा पीढ़ी ज्यादा पिछड़ी दिखी। 'ध्रुवस्वामिनी' देश भर में हुआ, पर अपने वि. वि. में 'प्रसाद जन्म शताब्दी' समारोह में नहीं। भविष्य में मैं उसे और 'राम की शक्ति पूजा' को गम्भीर रंग-कृति के रूप में करना चाहती हूँ। 'छिन्नमस्ता' की स्क्रिप्ट पूरी तरह अव्यवस्थित थी, रिहर्सल में गढ़ती गयी। आकार लेते हुए नाटक, रंग-सौन्दर्य की चमत्कृत करते जानेवाली अनुभूति मैंने इसी नाटक में महसूस की हालाँकि लोग मुझे स्त्री-संवेदना से जोड़ते गये। मैं अपने आप में महिलावादी का तर्क नहीं मानती हाँ मैं उसे समझने और सम्प्रेषित करने में ज्यादा विश्वसनीय हो सकती हूँ। मेरा मकसद हमेशा महिला के जरिये बड़े मानवीय प्रश्न, विश्व-सन्दर्भ उठाना रहा। स्त्री होना, पर मुझे अच्छा लगा है–बहुत अच्छा। यह दूसरी बात है कि जब-जब बाहर प्रदर्शन हुए, छोटी बच्ची को गोद में सँभाले पतिदेव को बैठना पड़ा। पीछे दर्शकों में वह हमेशा सुखदायी एक-सा ही रहा हो, यह जरूरी नहीं। 'आषाढ़ का एक दिन' में घर का पालना ले जा रही थी–ऐन मौके पर नहीं जा सकी। चलो, कुछ और करो। नाटक से उन्हें कोई प्रेम नहीं है, सहयोग रहा। नाटक बहुत पेचीदा चीज है, पूरे समाज को परेशान करता है। शायद लोग रंगमंच की प्रत्यक्ष शक्ति और सौन्दर्य से घबराते भी हैं। हिन्दी प्रदेश का समाज बंगाल, महाराष्ट्र जैसा नहीं है। अस्वीकृति, निषेधों के बीच काम करना होता है। साहित्यिक मित्र कहते रहे–'नाटक लिखती क्यों नहीं?' ठीक कहा। कुछ लिखे भी। लिखना और करना–एक राह यह भी हो सकती थी। कार्यशाला वाले नाटक कभी अच्छे नहीं लगे। सचमुच श्रेष्ठ मौलिक नाटक लिखना बहुत जटिल है–उसका जटिल साहित्य न दिखना चुनौती है।

रंगमंच एक नशा है। जीने-मरने फिर-फिर जीने की दुनिया है यह और इसमें हम अकेले नहीं होते। एक मकसद, एक जुनून के साथ चलते रहते हैं। 'शो मस्ट गो ऑन।' कार एक्सीडेण्ट हो गया शो से तुरन्त पहले बड़ी कशमकश कि क्या हो? पर नाटक हुआ। नायिका के पिता की मृत्यु हो गयी एक दिन पहले पर नाटक हुआ। नायिका शो की तारीख से पहले उपलब्ध नहीं हो पायी। पर जुट गये हम सब सभी 'यशोधरा' के शोज में। दो-एक कलाकार अचानक परेशानी में–पर शो हुए और चुस्त हुए किसी को भनक नहीं लगी।

कभी-कभी ज्यादा आदर्श स्थितियाँ सोचकर काम किया–चारों ओर के

परिवेश की। वैसे किसी भी रचनाकार की तरह उठते-बैठते, सोते-जागते हर क्षण नाटक, अभिनय, दृश्य घूमते रहते हैं। मैं रिहर्सल के दौरान रोज टेबल वर्क भी करती हूँ। एकान्त कल्पना भी, एकाग्र चिन्तन भी। यह दिमाग तो निर्देशन के समय रील बन जाता है और पीड़ा में भी सुख देता है। निर्देशक की हर प्रस्तुति एक इम्तहान है और उसे हमेशा अपने को आजमाना है दर्शक के लिए सजग होकर। जो सवाल मेरे मन में उठे हैं कि लोक में, और संस्कृत में पूरा थियेटर है-हमारा रंगमंच, हमारी अभिनय शैली, गतियाँ-हम क्यों नहीं उनकी गहराई में जाते? उनके भीतर से अपना रंगमंच निकालते? साधनहीन हिन्दी रंगमंच में तकनीक बन्धन क्यों हो? क्या हमें अनुभव के सत्य को, मानवीय संवेदना को न छूना चाहिए? निराला की कविताएँ, प्रसाद के नाटक पढ़ते-पढ़ाते यह लगता रहा कि संवेदनात्मकता चुस्ती, लय, अभिनेता की ताकत और प्रस्तुति की विश्वसनीयता, दर्शक समूह से अन्तरंगता-यानी एक मानवीय रिश्ता, सरोकार-उसकी तराश और चमक क्या आज की जरूरत नहीं है? भोजपुरी के क्षेत्र हैं यहाँ। पूर्वांचल में घरों, समाज में संगीत नृत्य, नाटक का निषेध है, खासकर लड़कों में कहती रही-'भई बजाओ, नाचो गाओ तभी नाटक कर पाओगे।' 'इला' के सुद्युम्न राजनाथ को मुझे नृत्य गुरु, प्रेमशंकर से मिलवाना पड़ा। वह गुरु जी को ही उठते-चलते, हाथ हिलाते, नेत्र-भंगिमाओं, मुस्कान से व्यक्त करते देखता रहा, हाथ की भंगिमाएँ और अन्य गतियाँ, ताल सीखीं। बस अचानक उसमें फर्क आया-सीखने का नहीं मन और शरीर में उतारने का तरल सौन्दर्य। उसका युवक से रूपान्तर होना था, कन्या रूप में और वह मुलामियत अचानक उसके हाथ लग गयी। इसी को विजया मेहता इनर रिद्म कहती हैं। हालाँकि महीना-डेढ़ महीना उस 'रूपान्तरण' से जूझते रहे। कलाकार ईशा गौड़ के साथ गतियाँ करते रहे। 'छिन्नमस्ता' में डॉ. अमृता के बालिका से युवती, प्रौढ़ा के रूप में दर्शक के सामने ही बदलते देखना एक अनुभव था। लगातार परिपक्व होती अभिनेत्री ने प्रस्तुति को भी बहुत अर्थ दिये। मुझे हमेशा लगा कि अगर ये गोरखुपर में न होतीं तो कितना नाम होता इसका? अभिनेता-अभिनेत्रियों का इतिहास भी बने जो लगातार रंगकर्म कर रहे हैं। कितना महत्त्वपूर्ण साहित्य इनसे पहुँच रहा है। जन समाज के बीचोंबीच ढेर सारी बातें हैं, एक पुस्तक के लिए। आत्मकथ्य के लिए अभी बस इतना ही।

19

एकांगी मनोवृत्ति के विरोध में हूँ

(गिरीश रस्तोगी से सुमन अग्रवाल की बातचीत)

सुमन : आपने कई क्षेत्रों में काम किया है, क्योंकि इस समय केवल आपके रंगकर्म पर बात करनी है, अत: मैं उसी से शुरू करूँ। नाटक में आपकी इतनी रुचि देखकर लगता है कि प्रारम्भ से ही आप इससे जुड़ी रही हैं।

गिरीश : नहीं कविता लिखती थी पहले। गीत, कविताएँ, कहानियाँ, निबन्ध, आलोचना, कापियों-पत्रिकाओं में आज भी पड़ी हैं। दरअसल बदायूँ शहर था हमारा। नाटक की कोई परम्परा तो थी नहीं वहाँ, पर हिन्दी, अंग्रेजी, उर्दू, संस्कृत साहित्य पढ़ने का बड़ा माहौल था घर में। परिवार में संगीत का बड़ा जोर था-शास्त्रीय संगीत और तबला। बी.ए. में थी तभी से कविताएँ बहुत लिखती थी। पर्दे का बहुत चलन था पर, उस समय भी कई बार बड़े-बड़े कवि-सम्मेलनों में जाना हुआ। छोटे और दकियानूसी शहर में माँ का यह अनूठा और साहसिक कदम था। नाटक की तो कोई कल्पना ही नहीं थी।

सुमन : फिर नाटक की तरफ झुकाव कैसे हुआ?

गिरीश : जब आगरा, लखनऊ गयी शिक्षा के लिए तब अभिनय के अवसर मिले। आगरा उस समय सांस्कृतिक हलचलों का केन्द्र था। खासतौर से 'इप्टा' बहुत सक्रिय थी। बड़ी जागरूकता और ललक थी। आगरा में अमृतलाल नागर जी का परिवार और गुरु रामगोपाल सिंह चौहान ने बहुत उत्साहित किया। सन् 1957 में आगरा कॉलेज में उनके निर्देशन में जब विष्णु प्रभाकर के 'सम्राट अशोक' नाटक का मंचन किया तो पूरे कॉलेज में एक सनसनी थी-महिला कलाकार के नाते। लखनऊ यूनिवर्सिटी से हमारा 'रीढ़ की हड्डी' नाटक नैनीताल शरदोत्सव में गया। मुझे उसमें

प्रथम अभिनेत्री का पुरस्कार मिला। उसके बाद गोरखपुर विश्वविद्यालय में आकर अभिनय तो छूट गया पर नाटक कराने का सिलसिला बना रहा और नाटक एवं रंगमंच से ही असली रिश्ता बनता चला गया।

सुमन : आपकी रंगयात्रा कब और कैसे शुरू हुई?

गिरीश : सही माने में 1968 से। 'रूपान्तर नाट्य मंच' का गठन हुआ और समग्र रंगान्दोलन की दृष्टि से ठोस दिशा में कार्य हुआ। कुछ स्थायी दिशाएँ बनीं–साहित्य और रंगमंच, लेखन और रंगकर्म, समाज और रंगमंच, दर्शक और रंगमंच। बड़ा नाटक चुना गया मंचन के लिए 'लहरों के राजहंस' ताकि उसके दृश्य, कथानक, विचारों, चरित्रों का द्वन्द्व और आकर्षण सब एक साथ मिलाकर प्रभावित कर सकें। कलाकारों के लिए विश्वविद्यालय का अच्छा उपयोग किया गया। कुछ बातें संकल्प की तरह साफ थीं कि हिन्दी के मौलिक नाटक ही करने हैं। लघु नाटक किये, कहानियों-कविताओं के नाट्य-पाठ भी। यह चिन्ता बराबर थी कि समकालीन समस्याओं से जूझने वाले और दर्शक की सोच बदलने वाले कम खर्चीले नाटक हों। 'खामोश! अदालत जारी है' मेरी रंगयात्रा का वह पड़ाव था जहाँ से दर्शकों को बड़ी संख्या में मेरे नाटक टिकिट लेकर देखना शुरू किया और खूब सराहा। फिर 'सूर्य की अन्तिम किरण से सूर्य की पहली किरण तक' नाटक किया। ये बोल्ड नाटक माने गये। कुछ ने चुटकियाँ लीं; कुछ ने बधाइयाँ दीं। जितने भी नाटक किये गये उनके अनेक प्रदर्शनों की श्रृंखला की शुरूआत हुई।

सुमन : अब तक आपने लगभग पचास-साठ नाटकों के सैकड़ों प्रदर्शन शहरों-कस्बों में किये हैं। अपनी इस लम्बी रंगयात्रा में गम्भीर मोड़ और सर्जनात्मक सुख किस नाटक से मिला?

गिरीशी : 'रागदरबारी' और 'बाणभट्ट की आत्मकथा' के नाट्यान्तरों और प्रस्तुतियों से मुझे आन्तरिक सुख मिला। शायद एक विधा को नये रूप में संचित करने का नया आस्वाद था। 1978 में 'रागदरबारी' के पचास कलाकारों का दल लेकर जिस तरह हमलोग लखनऊ, कानपुर, देवरिया अनेक जगहों पर घूमे बिना किसी सहयोग-साधन के। जो आज अकल्पनीय है। बहुत उत्साही और सक्रिय अभिनेता थे सब। भीड़ का वह सुख अब कहाँ? 'बाणभट्ट की आत्मकथा' को शास्त्रीय शैली में करना था। उसने भी नयी खोज के द्वार खोले। सोचना शुरू किया कि अगर बाणभट्ट मण्डली लेकर घूम सकता है तो क्यों न इस तरह के

नाटक करके बाणभट्ट की तरह भ्रमणशील परम्परा कायम करूँ। यह प्रस्तुति मेरे लिए पूरा एक शोध थी। पुस्तकें, पत्रिकाएँ, विद्वद्जनों से संवाद उस काल की वास्तुकला, मूर्तिकला, चित्र सब देखना बहुत अच्छा लगा। केश-सज्जा, आभूषण, हर वर्ग का वेश-विन्यास सब देख-देखकर डिजाइनिंग की। कलाकारों ने भी कम से कम खर्च में सब कुछ बनाया। कामोत्सव, वसन्तोत्सव के शिरोवस्त्र बनाये। नृत्य-संगीत के लिए वहाँ के शास्त्रीय संगीतकारों से मदद ली गयी और उसी तरह पचास कलाकारों के दल को लेकर बनारस, रेनुकूट, आगरा, लखनऊ, प्रयाग आदि स्थानों पर लगातार यात्रा की। कलाकार भूखे-प्यासे रात भर पेड़ के नीचे कभी सड़क के किनारे पड़े रहे। इलाहाबाद में इसका मंचन खुले आकाश के नीचे तपती धूप में हुआ। टीम वर्क का वह सृजनात्मक अनुभव आज भी रोमांच पैदा करता है। 'नहुष' का आलेख और प्रस्तुति भी बहुत मौलिक और समसामयिक बन गयी थी। उसकी प्रस्तुतियाँ दिल्ली, लखनऊ, वाराणसी आदि कई जगहों पर कई समारोहों में हुईं।

सुमन : इन सबके बीच क्या आपने सोच लिया था कि किस प्रकार के नाटक करने हैं?

गिरीश : नहीं, कुछ निश्चित नहीं किया था लेकिन ये जरूर तय था कि आलेख अच्छे हों जिनमें आज के सवाल हों जिनसे दर्शक सीधे जुड़ें और जिन्हें करने में, जिनको बनाने और बुनने में निर्देशक को सृजन का कुछ आनन्द भी मिले और चुनौती भी। ये जरूर सोचा था कि समय की नब्ज को पकड़ते हुए अपने को बदलते जाना है। एक ही प्रकार की चीज को दुहराते रहना नहीं है।

सुमन : आप आयीं तो थीं अध्यापन में फिर लेखन और निर्देशन से कैसे जुड़ी रह सकीं। तीनों में कोई अन्तर्विरोध?

गिरीश : कैसा अन्तर्विरोध? वैसे भी मैं स्वभाव से ही चीजों को टुकड़ों-टुकड़ों में नहीं देखती। अध्यापन भी रचनात्मक हो सकता है फिर लेखन और निर्देशन में संवेदना और करुणा के साथ-साथ विस्तार की, विचार की जरूरत तो पड़ती ही है।

सुमन : आपकी रंगयात्रा में समस्याएँ तो बहुत-सी आयी होंगी, उनके बारे में बताइए?

गिरीश : दिक्कतें ही दिक्कतें थीं। कोई साधन नहीं थे। न प्रेक्षागृह, न दर्शक, न पैसा, न अभिनेता। शुद्ध रंगमंच की भी कोई कल्पना यहाँ नहीं थी। वैसे भी पूर्वांचल में नाटक, रंगमंच, संगीत, नृत्य आदि कलाओं को

हेय माना जाता है। तीस वर्ष हो गये, मेरा ही घर रिहर्सल का स्थान है। घर के लोग, आस-पड़ोस सब परेशान हुए हैं। अपनों के लिए, दूसरों के लिए बहुत सी अनचाही स्थितियाँ पैदा होती रहीं। महिला कलाकारों के लिए घर-घर जाकर विश्वास पैदा करना पड़ा। अपनी कक्षाओं से भी बहुत को लिया क्योंकि चेहरे की मुलायमियत और आँखों की चिनगारी बता देती हैं कि सम्भावना कहाँ है और इसमें मुझे कभी धोखा नहीं हुआ।

सुमन : कोई रोमांचक अनुभव?

गिरीश : 'बाणभट्ट' का शो आगरा में 'संगीत नाटक अकादेमी' की तरफ से होने वाला था। उसमें नायिका भट्टिनी की भूमिका करनेवाली अभिनेत्री अमृता जयपुरियार मंसूरी में थी और किसी भी तरह से उपलब्ध नहीं हो पा रही थी और 'शो' हम लोग हाथ से जाने नहीं देना चाहते थे। सारी टीम परेशान थी कि क्या किया जाए? भूमिका आसान थी नहीं। भूमिका के अनुकूल कोई कलाकार मिल नहीं रही थी, अचानक किसी से कराया नहीं जा सकता था। हल ढूँढ़े न ही मिल रही था? एक बार ध्यान आया कि 'मैं करूँ' पर लोग क्या कहेंगे कि विश्वविद्यालय की अध्यापक और अभिनय? बड़ी विडम्बना थी, लेकिन शो तो होना ही था। अचानक सारी टीम ने कहा कि आप ही क्यों नहीं कर लेतीं? और रिहर्सल शुरू। आगरा में शो हुआ और शायद भट्टिनी को और अधिक विस्तार मिला। चौंकी तब, जब आचार्य विद्यानिवास मिश्र शो के बाद अन्दर मिलने आये और मैं भट्टिनी की वेश-भूषा में खड़ी थी।

सुमन : एक निर्देशक के रूप में अपकी सृजन-प्रक्रिया क्या है? आप कथ्य को प्रधानता देती हैं या चरित्र को।

गिरीश : चरित्र को। चरित्र की अनेक परतों और उसके प्रदर्शन के रास्ते खोजना मुझे बहुत अच्छा लगता है। चरित्रों के सम्बन्धों, कार्यों से ही मेरी प्रस्तुति में कथ्य प्रस्तुत होता है। रचना-प्रक्रिया में सबसे पहले नाटक की संवेदना पर ध्यान देती हूँ फिर पात्रों और अभिनेता के चयन पर। नाटक में पात्र के अनुकूल अभिनेता-अभिनेत्री चुनने में मैं काफी निर्मम हूँ। लोग नाराज भी होते हैं पर बाद में प्रस्तुति से समझ जाते हैं, रिहर्सल से भी। मैं पात्र के अनुकूल व्यक्तित्व और स्पीच पर बहुत ध्यान देती हूँ। रिहर्सल के दौरान मेरे सामने नाटक का आलेख और चरित्र खुलता जाता है। 'नहुष' और 'छिन्नमस्ता' का आलेख और प्रस्तुति रिहर्सल

के दौरान ही बनती चली गयी और दोनों में मुझे मौलिक रचना का सुख मिला। भाषा की रवानगी ध्वनियों, बलाघात, टोन पर मैं बहुत काम करती हूँ। बाहरी उपकरणों की कमी पूरा करने के लिए भाषा पर जोर देती हूँ। मेरे लिए रिद्म का बहुत महत्त्व है पूरी प्रस्तुति में।

सुमन : नाटक में आप किसे महत्त्व देंगी–निर्देशक को या अभिनेता को?

गिरीश : मैंने हमेशा अभिनेता को प्रधान माना। हमारा शास्त्र भी यही कहता है और हमारी लोक-परम्परा भी। वैसे भी रंगमंच जीवित और मानवीय कला है। हिन्दी रंगमंच के सारे उत्तर अभिनेता में ही हैं। निर्देशकीय कौशल थोड़ी देर ही प्रभावित करता है। 'निर्देशक का रंगमंच' भ्रामक स्थिति है।

सुमन : अक्सर निर्देशक खास शैली में, प्रयोगों में अपने को बाँधते हैं। आपने कौन-सी शैली चुनी?

गिरीश : मैं शैली तय करके नाटक पर विचार और रिहर्सल और प्रस्तुति नहीं करती। रचना के भीतर से ही शैली का रूप निकलता है। 'जयदोल' असमिया शैली में किया क्योंकि वह उसकी जरूरत थी। 'यशोधरा' को भारतीय परम्परा में ही ढाला, लेकिन कभी-कभी एक प्रस्तुति को बनाने में हमें कई अनुभवों, स्रोतों से बहुत कुछ लेना होता है जैसा कि 'नहुष' में था लेकिन उसका मकसद कोई 'नया प्रयोग दिखाना' नहीं था। मैं किसी एक शैली में बँधना नहीं चाहती। 'रागदरबारी' या 'ध्रुवस्वामिनी' का जो मुक्ताकाशी मंच पर सौन्दर्य आया वह भला कहीं प्रेक्षागृह में आ सकता था? शैली-बद्धता सीमित करती है। कब तक हम नये मुहावरे की तलाश करते रहेंगे। दर्शक हर निर्देशक को उसके क्षेत्र-विशेष या प्रयोग के कारण जान जरूर जाता है पर अगर दर्शक भी रंगभाषा का अंग है तो इस दोहराव से क्या उसकी उत्सुकता कम नहीं हो जाती है? क्या यह एक तरह का विशेषीकरण बचाव या शार्टकट नहीं है? और क्या एक समय के बाद ये विशेषता चुक नहीं जाती? उस माने में तो यह ह्रास ही हुआ। कहते हैं दोहराव से कला की चमक मर जाती है।

सुमन : हमारे रंगकर्म में 'रंगभाषण' पर बहुत काम नहीं होता। आपने काफी कुछ किया है, क्यों?

गिरीश : यहाँ पहली बार पाठक 'मुखर' होता है और उसके मुखर रूप में दर्शक और अभिनेता घुलते-मिलते जाते हैं, निर्देशक की परिकल्पना भी उसके साथ-साथ चलती है। नाटक के समूचे वाक्छन्द को अगर हम

समझना-समझाना चाहें तो उसकी जमीन नाट्य-पाठ और रंगभाषण से ही बनती है। कहाँ विराम है, कहाँ अन्तराल है, क्या ध्वनि और संकेत है? सबकी खूबियाँ उभरने लगती हैं। हर नाटक और प्रस्तुति में 'रंगभाषण' पर अलग ढंग से सोचना होता है।

सुमन : आपने विदेश यात्राएँ कीं, नाट्य-प्रशिक्षण लिया...

गिरीश : नहीं, नहीं। प्रशिक्षण नहीं लिया। 1970 में गयी जरूर। बहुत घूमी और खूब नाटक देखे-शेक्सपियर, ब्रेष्त, बेकेट के। खासकर ब्रिस्टल स्कूल ऑफ ड्रामा और लन्दन में। लन्दन में रॉयल शेक्सपियर थियेटर में और दूसरे थियेटरों में भी प्रोफेशनल और नये से नये नाटक भी देखे। लाइब्रेरी में खूब पढ़ने को मिला-नाटक, रंगमंच और भाषा पर। अभिनेताओं और निर्देशकों पर भी किताबें और सेमिनार। उस समय यह नया अनुभव था मेरे लिए।

सुमन : कहाँ-कहाँ गयी आप और वहाँ की कौन-सी चीजें आपको खास लगीं?

गिरीश : इंगलैण्ड, रोम, बेल्जियम, पेरिस, स्विट्जरलैण्ड। सबकी संस्कृति औ प्रकृति अलग-अलग थी। लन्दन में लगा कि दिनचर्या का जरूरी हिस् है रंगमंच। बर्फ से ढँकी सड़कें हों या पानी में भीगी लेकिन बच्चे बूढ़े, स्त्री-पुरुष हर शो में नाटक देखने के लिए एडवांस टिकिट खरीदते दीखे। बहुत प्रोफेशनल, साधन-सम्पन्न और विकसित थियेटर हैं वहाँ। छोटे-छोटे प्रयोगशील नाटकों का भी रिवाज था। शेक्सपियर के प्रति जन-मानस की अगाध श्रद्धा देखी। उनका एक नाटक चारों शो में अलग-अलग निर्देशकों के माध्यम से हो रहा था और दर्शक खूब थे।

सुमन : लेकिन वहाँ भारत के नाटक और रंगमंच के बारे में क्या धारणा थी?

गिरीश : उस समय तो कोई राय नहीं थी। लोग जानते नहीं थे यहाँ के नाटक और रंगकर्म के बारे में। ज्यादातर लोग गीता, रामायण और संस्कृत नाटकों के ज्यादा सवाल पूछते थे। अच्छी बात यह लगी कि विदेशों में लोग जिज्ञासु अधिक हैं।

सुमन : आपने बताया था कि प्रेक्षागृह नहीं था-फिर लगातार नाटक किस प्रकार किये?

गिरीश : अगर हम कुछ करना चाहते हैं तो कारणों के लिए रोना बेकार है। मैं जहाँ भी जाती हूँ-इमारत हो, पार्क हो, क्लब हो या फिर कोई मन्दिर। हर जगह मुझे उसमें नाटक के अनुकूल दृश्य, स्थान, परिवेश दीखने लगता है। यहाँ कोई प्रेक्षागृह आज भी नहीं है। अनुकूल पृष्ठभूमि

चुनकर उसके आगे प्लेटफॉर्म बनाकर उस पृष्ठभूमि का सार्थक उपयोग करने की, सीढ़ी, खिड़की, दरवाजे सबका इस्तेमाल करने की कोशिश बेहद सफल रही। उसने रंग-स्थापत्य का काम किया। बिल्डिंग और खँडहर भी दृश्य बन गये। आज तो मन करता है कि कहीं भी नाटक कर लें।

सुमन : आपको व्यावहारिक तकनीकी दिक्कतें तो आयीं पर शौकिया रंगमंच के अभिनेता तो रुकते ही नहीं, तब कैसे इतने वर्ष नाट्य-कर्म करती रहीं?

गिरीश : शौकिया रंगमंच में अच्छे अभिनेताओं की कमी नहीं है पर यह बहुत बड़ा संकट है कि वे टिकते नहीं। सैकड़ों निकल चुके हमारे यहाँ से। एक-एक पर बेहद श्रम होता है जब कुछ सार्थक करने लायक होते हैं तो चले जाते हैं-नौकरी, शादी, पलायन। बहुत संवेदनशील सम्भावनापूर्ण और तैयार कलाकार के चले जाने का बेहद कष्ट होता है। कुछ पुराने कलाकार बराबर रंगकर्म कर रहे हैं और नये अभिनेताओं के आने का क्रम बराबर बना रहता है। कई शिविर कराकर और अपने प्रशिक्षण केन्द्र के जरिये प्रशिक्षण होता रहता है।

सुमन : तो क्या प्रशिक्षित अभिनेता ही नाटक कर सकते हैं, अप्रशिक्षित नहीं?

गिरीश : ऐसा कोई नियम नहीं है कि प्रशिक्षण के बाद हर अभिनेता अच्छा हो और अप्रशिक्षित अच्छा न हो। अभिनेता को स्वयं को ढालने की क्षमता विकसित करते रहना जरूरी होता है। कभी-कभी दोनों ही खास मैनरिज्म के शिकार हो जाते हैं। दरअसल वास्तविक और सूक्ष्म अभिनय सीखने से ही नहीं, करते रहने से आता है। कई नाटकों में करते करते और भीतर से अपनी परिपक्वता आने पर कलाकार जो अभिनय करते हैं वह अविस्मरणीय रहता है। सही बात है कलाकार पहले गुरु से सीखता है, फिर अनुभव से और बाद में अपने भीतर से ही।

सुमन : शौकिया रंगकर्म, व्यावसायिक रंगकर्म, वर्तमान रंगकर्म और मीडिया को आप किस रूप में देखती हैं। क्या मीडिया के आक्रमण से थियेटर जिन्दा रह पाएगा?

गिरीश : हमारे यहाँ की परिस्थितियों में शौकिया रंगकर्म जरूरी है। वही जनशक्ति है। आज रंगमंच को व्यावसायिक होना चाहिए लेकिन दृष्टि प्रोफेशनल ढंग से काम करने की और अच्छा नाटक करने की होनी चाहिए। समझौता और सस्तापन नहीं। नियमित थियेटर करो। मीडिया से भय आशंका क्यों? यह तो एक चुनौती है। चेतावनी भी है रंगकर्म

के लिए कि हम अपने को कम समझें, दर्शक को ज्यादा। मीडिया के कारण श्रेष्ठ रंगकर्म की जरूरत है जिसके लिए अच्छा आलेख, अच्छा अभिनेता, वर्तमान दर्शक की जरूरतें जरूरी हैं और सबसे ज्यादा यह रंगमंच को जो अपनी जीवित कला की ताकत है उसे प्रमाणित करें।

सुमन : आज के युवा भारतीय मानस के लिए राजनीतिक चेतना से सम्पन्न नाटकों की आवश्यकता है और यह भी कि नाटककार को कमिटेड होना ही पड़ेगा। इस विषय में क्या कहना चाहेंगी?

गिरीश : उदय प्रकाश की लम्बी कहानी 'और अन्त में प्रार्थना' अपने शिल्प और विषय के तीखेपन के कारण चर्चित हुई। इसमें सवाल भी उठा। इसका राजनीतिक फलक विस्तृत है और नजरिया है उत्पीड़न का, दमन का, भ्रष्टाचार का। जन-जीवन के सामने उठे हुए सवाल भी हैं तो उसको दिखाना आसान नहीं था। लोगों ने कहा-इसका मंचन कैसे होगा? बैन हो जाएगा। लेकिन समय की जरूरत देखते हुए जोखिम उठाना अच्छा लगा। फिर लगा कहानी की बात को अपने ढंग से कहने के तरीके निकाल सकते हैं रंगकला में और वह कोशिश भी की। लोग उद्वेलित हुए इस प्रस्तुति से। गम्भीर रंगकर्म को राजनीतिक प्रतिबद्धता से जुड़ना चाहिए प्रचार के स्थान पर। कहीं न कहीं अप्रत्यक्ष रूप में एक कमिटमेण्ट तो होता ही है समय और मनुष्य के साथ।

सुमन : नाट्यकर्म एक ओर तो धन के अभाव में नहीं चलता तो दूसरी ओर दर्शकों की उदासीनता से। क्या उसके लिए वे ही जिम्मेदार हैं यानी दर्शक, या हमारा रंगकर्म या हमारी सामाजिक-आर्थिक स्थितियाँ या क्या?

गिरीश : वे सारी बातें सही हैं। यद्यपि मैं मानती हूँ कि सरकारी अनुदानों पर आश्रित रंगमंच की अपनी प्राणशक्ति नहीं होती। खुद बनो, खुद जियो और जिन्दा बने रहो। दर्शकों को मैं दोष नहीं देती। रंगमंच ने अपने आपको प्रमाणित ही कहाँ किया है? कम से कम हिन्दी में। फिर भी अगर सरकार 'संस्कृति विकास के लिए' है तो उससे जुड़े सवाल उठना लाजिमी है। नीतियाँ स्पष्ट नहीं हैं। इतने बड़े हिन्दी प्रदेश में जीवन-भर खपते रहे बहुत सारे लोगों का नाम इसलिए नहीं लिया जाएगा क्योंकि वे शौकिया हैं। भारतेन्दु तो शौकिया ही थे या भिखारी ठाकुर हों। ट्रेनिंग के बाद साल-दो साल सुविधाओं के बीच काम करने वाला कलाकार, निर्देशक, अभिनेता, पटकथा-लेखक और थियेटर के अन्य सभी पक्षों का अधिकारी हो जाता है। बंगाल और महाराष्ट्र में तो रंगमंच

की एक लम्बी परम्परा रही है और वह जनता से पूरी तरह जुड़ा है।

सुमन : नाट्य-समीक्षा और रंगकर्म प्रकृति में अलग हैं। आप दोनों से जुड़ी हैं। इनका तालमेल कैसे होता है। इस परस्परता से क्या आपका लेखन और रंगकर्म प्रभावित होता है?

गिरीश : बहुत अच्छा सवाल है। दोनों सर्जनात्मक हैं। एक-दूसरे से अलग भी, मुखातिब भी और घुलते-मिलते भी। जब थियेटर किया तो नाट्य-समीक्षा ज्यादा सहज हुई और धीरे-धीरे अपने आप खुलती गयी। रंगकर्म में आलोचना को ज्यादा आत्मीय, ज्यादा सघन बनाया और आज लगता है मैं रेशे-रेशे को पकड़ पाती हूँ-आपसी विरोधों को भी और पेंचों को भी। बनावट खत्म हुई है-शब्दों की, सिद्धान्तों की, भाषा की और ये सब अनायास हुआ है। क्रमशः मुझे पता भी नहीं लगा लेकिन अपने पहले के लेखन और इधर के लेखन में साफ अन्तर दिखता है। बिल्कुल इसी तरह नाट्य-समीक्षा के कारण भी रंगकर्म की प्रक्रिया में मैं बराबर सजग रहती हूँ। सिर्फ थियेटर करने के लिए थियेटर नहीं कर पाती। चरित्रों को, नाटक की बुनावट को, सरोकारों को समझने के लिए गहराई भी चाहिए और सन्तुलन भी।

सुमन : क्या आप यह पसन्द करती हैं कि किसी कृति के संपादन या रूपान्तरण में काट-छाँट की जाए?

गिरीश : रूपान्तरण या काट-छाँट को मैं गलत नहीं समझती बशर्ते कि साहित्य और रंगमंच की गहरी समझ हो। किसी नाटककार और निर्देशक का रिश्ता एक रचनाकार का ही होता है। लिखित कृति एक सामग्री देती है। उसे मंच पर लाने के लिए गम्भीर निर्देशक को एक दूसरे प्रकार की रचना-यात्रा से गुजरना पड़ता है। 'ध्रुवस्वामिनी' को सम्पादन की जरूरत नहीं थी मेरी दृष्टि में। 'अन्धा युग','इला', 'एक घूँट' और 'यशोधरा' को सम्पादित करके प्रस्तुत किया।

सुमन : आप एक रंगकर्मी और महिला रंगकर्मी/निर्देशक हैं। हिन्दी थियेटर में महिला रंगकर्मी की स्थिति क्या है?

गिरीश : महिला रंगकर्मी को पूरे समाज में अनेक प्रकार के दबावों से जूझना पड़ता है। घर और बाहर दोनों के दबाव। महिलाओं की अभिव्यक्ति की स्वतन्त्रता लोग स्वीकार नहीं कर पाते। अगर कोई महिला पत्रिका निकालती है तो वह महिलाओं की पत्रिका कह दी जाती है। किसी महिला की अध्यक्षता या निर्देशन में लोग काम करना नहीं चाहते। मुझे निर्देशन में हालाँकि इस तरह की कोई समस्या नहीं आयी लेकिन

मैंने अपने को कभी महिला लेखक या निर्देशक के रूप में नहीं देखा।

सुमन : लेकिन आपने नाटक तो बहुत से किये जो महिलाओं पर केन्द्रित थे। जैसे–'इला', 'ध्रुवस्वामिनी', 'छिन्नमस्ता', 'यशोधरा' आदि?

गिरीश : वहाँ मेरे सामने सवाल व्यापक और मानवीय थे जिन्हें मैं स्त्री पात्रों के माध्यम से देखती हूँ लेकिन यह महिलावादी होना नहीं है। हाँ, मैं महिला के अन्तर्मन को ज्यादा विश्वसनीय ढंग से महसूस कर सकती हूँ–यह सच है परन्तु नजरिया व्यापक है। सवाल उनमें मूलभूत हैं। भावना और कर्म की शक्ति स्त्री में पुरुष से ज्यादा ही है फिर भी महिला रंगकर्मी को सामाजिक कारणों से कई मोर्चों पर बहुत जूझना पड़ता है।

सुमन : क्या आपको अपनी रंग-प्रस्तुतियों में असफलता का भी सामना करना पड़ा? असफल होने पर आपको कैसा लगा?

गिरीश : असफल होना बहुत जरूरी है और बहुत स्वाभाविक-सी चीज है, वह भी सृजन में। बर्नार्ड शॉ बहुत लिखते थे पर सब सफल रचनाएँ नहीं थीं। वैसे भी रंगकर्म के निश्चित पैमाने नहीं होते। 'एक चिथड़ा सुख' अमूर्त और आधुनिक मनोविज्ञान का जटिल उपन्यास था। शायद उस समय गम्भीर साहित्य हावी रहा होगा। काफी पहले किया था। उसके लिए तब अभिनेता भी उतने तैयार नहीं थे फिर भी उसकी जो प्रस्तुति यहाँ के मुक्ताकाशी मंच पर की वह सफल हुई लेकिन वही श्रीराम सेण्टर के बेसमेण्ट में सफल नहीं हो पायी। 'अन्धा युग' और 'ध्रुवस्वामिनी' नाटक 85 के बाद किये क्योंकि कलाकार मानसिक और वाचिक पक्ष में तैयार थे। कभी-कभी यह भी होता है कि दर्शक प्रस्तुति को बहुत पसन्द कर रहा होता है और निर्देशक स्वयं बहुत सन्तुष्ट नही होता। हमारा 'नागमण्डल' दर्शकों को बहुत भाया पर मैं प्रसन्न नहीं थी।

सुमन : रंगकर्मी फिल्मों की ओर जा रहे हैं–आपकी प्रतिक्रिया?

गिरीश : बिल्कुल गलत है। फिल्मों की ओर जाएँ पर रंगमंच का संघर्ष भी झेलें। दोनों में सन्तुलन बनाएँ। आखिर मराठी अभिनेता अपनी नौकरी, टी.वी. फिल्म, रंगमंच में कैसे तालमेल रखता है? निष्ठा चाहिए। यह बहुत निराशा और संकट की बात है। प्रशिक्षण रंगमंच का, जीवन फिल्म का।

सुमन : नाटक के अतिरिक्त आपके और क्या शौक हैं?

गिरीश : पढ़ना और घूमना बहुत अच्छा लगता है। संगीत और नृत्य कलाओं

में गहरी रुचि है। थोड़ी-बहुत पेण्टिंग भी करती हूँ। बहुत अच्छी चित्रकार या संगीतज्ञ हूँ-ऐसा भी नहीं हे पर समय कभी खाली नहीं जाने दिया। मेरठ में जे.पी.सिंघल मिल गये तो पेंटिंग सीख लिया। गोरखपुर में आते ही शास्त्रीय संगीत-ढोलक, घड़ा बजाना सीखने का मौका मिल गया। लखनऊ में 'भरतनाट्यम' सीखने का। इस तरह गाना-बजाना, ग़ज़ल-गोष्ठियाँ सब चलता रहा। तरह-तरह की वेश-भूषा बनाना और घर सजाने का बड़ा शौक है।

सुमन : आपने इतना लिखा, मंचन किया, रूपान्तरण किया फिर भी इतनी चर्चित नहीं हो पायी तो क्यों?

गिरीश : मुझे तो ऐसा कभी नहीं लगा कि मैं चर्चित नहीं हो पायी। ये विसंगतियाँ हमारे हिन्दी जगत् की हैं। स्वस्थ रंग-समीक्षा विकसित नहीं हुई। लोग सही बात कहते नहीं, सुनना भी नहीं चाहते। 1970-72 में 'दिनमान', 'सारिका', 'धर्मयुग' सबमें लगातार यहाँ की, बल्कि देशभर के रंगकर्म की चर्चा हो रही थी। सर्जनात्मक नजरिया था, मूल्य थे। धीरे-धीरे दूरियाँ बढ़ीं, अलगाव बढ़ा है। 'छोटे शहर बड़े लोग', 'उत्तर प्रदेश और दिल्ली', 'उत्तर प्रदेश और पूर्वांचल' की नीतियाँ उपजीं। मैंने हमेशा हस्तक्षेप किया है। काम किया सच्चाई से, ईमानदारी से। खरी बात कही भी, लिखी भी। अब सृजन में भी सच नहीं बोलेंगे तो फिर कहाँ बोलेंगे?

सुमन : क्या आपको नहीं लगता कि हिन्दी-प्रदेश खुद भी इसके लिए जिम्मेदार है?

गिरीश : बिल्कुल है। हम अपना नुकसान आप करते हैं। जितना समय सुस्ती और एक-दूसरे की काट में लगाते हैं उतना रचना में नहीं। इतना बड़ा प्रदेश है, इतना उर्वर और समृद्ध है, इतनी बोलियाँ हैं और इतना अनोखा संगीत है, लय है। उनमें से हमने क्या निकाला यह सोचने की बात है-केवल 'प्रयोग'। मैंने जहाँ रहकर रंगकर्म किया, उस जमीन को मैं छोटा नहीं मानती यहाँ की सीमाओं से बाहर निकलने के लिए बहुत संघर्ष करना पड़ा, यानी अतिरिक्त श्रम-ये शक्ति का ह्रास है।

सुमन : कौन से मुद्दे हैं जिन पर आप अवश्य कहना चाहेंगी?

गिरीश : बहुत-सी बातें कह दीं मैंने फिर भी नाटककार से कहीं कोई संवाद नहीं है। न रंगमंच में न साहित्य में। नाटककार-निर्देशक के बीच इस शून्य से बहुत नुकसान हो रहा है। देश भर में हो रहे रंग प्रयोगों और कार्यों का रंग-जगत् में फैलाव नहीं है। कुछ ऐसा अवश्य होना चाहिए

पत्रिकाओं के जरिये और रंगकर्मियों की ओर से भी कि छोटे-छोटे कस्बों, महानगरों में फैले रंगकर्म का आपसी सम्बन्ध जुड़े। गाँव का नारा महज एक फैशन की तरह आया है। गाँव की मिट्टी की गन्ध तो पहचानो, खिचड़ीनुमा प्रदर्शन जायज नहीं। वर्षों से दुहरा रही हूँ कि रंग-प्रशिक्षण को प्रतिदिन की शिक्षा से जोड़ो। अभिभावकों और समाज में ग्रन्थियाँ कैसे टूटेंगी? वर्कशाप्स बहुत कराये। सबका तात्कालिक और अस्थायी प्रभाव पड़ता है। किशोरों और युवाओं के साथ रंगमंच का रिश्ता बहुत जरूरी है। अपनी रंग प्रक्रिया में मैं तो गोरखपुर विश्वविद्यालय में 'नाटक विभाग' ले भी आयी थी पर वह सपना ही बनकर रह गया। पता नहीं कहाँ गुम हो गया? फिर 'रंगमण्डल' लिया। इन रंगमण्डलों का विस्तार होना चाहिए। कभी-कभी लगता है कि कोई कुछ सोच नहीं रहा। जो हो रहा है, होता जा रहा है तात्कालिक बुद्धि से, लेकिन फिर भी हम आशा और आस्था से काम किये जा रहे हैं। पूरे देश के हिन्दी रंगमंच के बीच कोई रिश्ता नहीं है। जो इतिहास लिखा जाता है वह भी एकांगी है। वही नाम, वही काम सब एक ही प्रकार का लिखा गया। निर्णीत तथ्यों को दुहराने से अधूरा, गूँगा इतिहास बनता है। कोई बहस नहीं चाहता, उल्टे स्ट्रैटिजी बनती है कि चर्चा ही मत करो, चुप्पी साध लो। तो क्या होगा-'बात बोलेगी, हम नहीं।'

20

कितना कुछ एक साथ : एक नाटक का रचा जाना

(मोहन राकेश के 'आषाढ़ का एक दिन', 'लहरों के राजहंस', 'आधे अधूरे' के आधार पर रचित आलेख और प्रस्तुति-प्रक्रिया)

कभी-कभी वर्षों तक कुछ स्मृतियाँ कुछ रचनाएँ कहीं-न-कहीं प्रतिबिम्बित होती रहती हैं। कुछ कविताएँ तो कभी भूलती ही नहीं-अँधेरे में, सरोज-स्मृति और बहुत सारी कविताएँ। हालाँकि कविता, कहानी में बहुत बड़े परिवर्तन आ चुके थे और आ रहे थे लेकिन नाटक और रंगमंच की दृष्टि से छठा दशक मोहन राकेश का ही जमाना था। पहली बार एक नया उत्साह, उमंग। मोहन राकेश ने नाट्यक्षेत्र में न सिर्फ गतिरोध तोड़ा, उसे जीवन्त नाट्यभाषा दी, आन्तरिक शिल्प दिया, रंगमंच की सर्जनात्मकता और गतिशीलता ही नहीं दी भारतीय रंगमंच, हिन्दी रंगमंच की प्रकृति को तलाशा, नयी नाट्य समीक्षा को अपना स्वरूप और प्रतिमान मिले-यानी चारों ओर नयी चेतनता, क्रान्ति-लहर का, ताजगी का विस्तार। हमने '68 में अपनी पहली नाट्यप्रस्तुति के लिए 'लहरों के राजहंस' ही उठाया। उस समय 'लहरों के राजहंस' के प्रथम संस्करण, द्वितीय संस्करण दोनों चर्चा में थे। रचना-प्रक्रिया और प्रस्तुतीकरण-प्रक्रिया की हलचल, नाटककार, निर्देशक, अभिनेता की सहभागिता से जन्मी ऊष्मा और बहस के खुलेपन ने नये अनुभव-स्रोतों तक पहुँचने, चरित्रों और अभिनय के जटिल स्तरों को व्यक्त करने की नयी सम्भावनाएँ दीं। दो-तीन महीने की मेहनत, शोध, प्रशिक्षण के बाद भी हमारी यह नाट्य प्रस्तुति पूरी तरह असफल रही-हमारी पहली प्रस्तुति होने के कारण नहीं, यहाँ का दर्शक अभ्यस्त नहीं था-स्वतन्त्र नाट्यसन्ध्या का। सांस्कृतिक कार्यक्रम के साथ अन्त में घण्टे-पौन घण्टे के हलके-फुलके एकांकी का आदी था। वह भी शुद्ध हिन्दी का, ऐसा 'साहित्यिक' और जटिल नाटक। सूक्ष्म सांकेतिकता, प्रतीक वैसे भी बाधित करते हैं-ऊपर से साउण्ड फेल।

दर्शक काफी थे पर एक असन्तोष था। प्रेक्षागृह यहाँ कोई नहीं है आज भी। बड़ी पीड़ा थी। '73 में 'आषाढ़ का एक दिन' किया। सारी संरचना सुन्दर बन गयी पर कालिदास जैसे महान संवेदनशील रचनाकार के अभिनय के लिए जैसा मानवीय सूक्ष्म कण्ठ-ध्वनियों वाला, हिन्दी भाषा की 'कविता' पर लय पर अधिकार रखने वाला अभिनेता चाहिए वह यहाँ ही नहीं, पूरे हिन्दी रंगमंच में नहीं है। पात्र बदलती रही। मेरी चिन्ता थी कि कालिदास को रोमाण्टिक, भावुक व्यक्ति भर न बना दे-उसके व्यक्तित्व की गरिमा, सघन संवेदना और रचनात्मकता प्रतिष्ठित होनी चाहिए और उन्हीं के साथ उसमें अन्तर्निहित आधुनिक मानवीय द्वन्द्व, उसके स्तर। भोजपुरी प्रदेश होने के कारण शुरू-शुरू में हिन्दी की अपनी लय, ध्वनियों, वैचित्र्य और काव्य में, उच्चारण में यहाँ दिक्कतें आती थीं, अब तो कलाकार अभ्यास, प्रशिक्षण से, स्वयं प्रयास से भी तैयार हैं। शायद राकेश को करने की बात कहीं अचेतन में रह गयी थी या क्या? पता नहीं। यह जरूर है कि जब शुरू-शुरू में नाटक चुनने हुए प्रस्तुति के लिए तो लघु नाटक, एकांकी चुने। धर्मयुग में 'वे नाक से बोलते हैं', 'नींद क्यों रात भर नहीं आती', 'बादशाह गुलाम बेगम' आदि बराबर छप रहे थे। उनके शीर्षकों, कथ्य के पैनेपन, रंगशिल्प की मौलिकता ने प्रभावित किया। ताजगी भरा अनुभव, भिन्न प्रकार का आस्वाद। इन्हें सिर्फ इसलिए नहीं चुना कि हमारे पास साधन नहीं थे या आर्थिक संकट थे-वह भी एक बड़ा कारण था पर भीतर से कहीं लगाव था अपनी भाषा का और प्रतिबद्धता कि इन्हें करना चाहिए। लोग तब तक भारतीय भाषाओं, विदेशी रचनाओं की ओर भागने लगे थे। आज तक यह एहसास पूरी ताकत के साथ बना हुआ है कि हिन्दी रंगमंच की अपनी प्रकृति हिन्दी भाषा की अस्मिता के साथ ही हम दर्शक समूह तक पहुँच सकते हैं। 'कुछ नया करना है' हर बार इस चुनौती में, श्रेष्ठ कृतियों के नाट्यालेख की रचना और निर्देशन द्वारा उनकी पुनर्रचना की ओर झुकाव बढ़ता गया। 'रागदरबारी', 'बाणभट्ट की आत्मकथा', 'छिन्नमस्ता', 'नहुष' और 'अन्त में प्रार्थना', 'यशोधरा' के नाट्यालेख और प्रस्तुतीकरण रोमांचक रंगयात्रा के पड़ाव हैं जहाँ विरोधाभासों, विषमताओं का अथाह संसार है पर विरोध ही 'रचना' बनते गये। यह एक लम्बा इतिहास है पर आज भी सोचकर अच्छा लगता है।

एक ही कृति को बदलकर भी करने की गहरी तमन्ना थी। अखबार में कहीं पढ़ा कि शेक्सपियर के सारे नाटकों के चरित्रों को लेकर एक आलेख तैयार करके एक प्रस्तुति की गयी जो अपने प्रयोगात्मक स्वभाव के कारण दर्शकों के लिए प्रभावहीन रही। स्तानिस्लावस्की को, उसके रंगचिन्तन को बहुत पहले पढ़ा था। इधर पुनः मौका लगा उसे पढ़ने का, नाट्यालेख, अभिनेता, निर्देशन, रंगयात्राओं को उसने जिस रूप में जिया, देखा और किया मुझे लगा कि कहाँ हैं हम? भरतमुनि

के नाट्यशास्त्र जैसी विश्व-सम्पदा के होते हुए भी? पूरी दुनिया को जो समग्र नाट्यदर्शन, व्यावहारिक क्रियाएँ दे सकता है, अभिनय का, वाणी, गति आदि का विशद संसार दे सकता है, उसकी पूर्ण गहराई और प्रयोगों तक तो हम पहुँचे ही नहीं अभी।

स्तानिस्लावस्की ने अपने को कितना बदला, जाँचा-परखा बार-बार। नाटक के आलेख में परिवर्तन की छूट ली। चरित्रों के दूर-दूर तक आयाम खोजे, उनकी अभिव्यक्ति की नयी रंगभाषा, शिल्प तलाशे। किसी एक 'प्रकार' को, 'शैली' को पकड़कर वह नहीं बैठे। वर्षों की राजनीतिक-सामाजिक-आर्थिक उथल-पुथल के बाद उन्हीं रचनाओं को नये परिप्रेक्ष्य में देखा, जिन्हें वह पहले कर चुके थे। विश्व की, महायुद्ध के परिणामों से उत्पन्न परिस्थितियाँ उन्हें व्यथित करती थीं। सारी विश्वव्यापी प्रशंसा, सम्मान के बावजूद उनका आन्तरिक बाह्य संघर्ष रंगकर्म, लेखन, रंग-दर्शन अपनी जगह था।

बस निरन्तर चलते-फिरते दिमाग में मोहन राकेश के तीनों नाटक घूमते रहते थे। 'लहरों के राजहंस', 'आषाढ़ का एक दिन', 'आधे अधूरे' में प्रश्न तो एक ही हैं संघर्ष और द्वन्द्व हैं, विरोधी परिस्थितियाँ हैं। उनके पात्र अपने-अपने ढंग से उनसे जूझते हैं। लगा क्यों नहीं तीनों नाटकों के स्त्री-पात्रों को लेकर एक नया आलेख तैयार किया जाए। पुरुष पात्र भी हो सकते थे-कालिदास, नन्द और महेन्द्र। यह भी एक यात्रा है पर मैं स्वयं राकेश के इन तीनों पात्रों से कभी आश्वस्त नहीं हो पायी थी। संघर्ष, द्वन्द्व, सघन संवेदना, आत्ममन्थन, आत्मविश्लेषण, आत्मालोचन, आत्मालाप, अभिनय का उत्कर्ष सब है पर राकेश उन्हें अपने व्यक्तित्व के प्रभाव से बचा पाये होते तो? फेस क्यों नहीं करते ये पात्र? महेन्द्र जिस तरह फेस करते भी हैं-उस अर्थ में वह बड़ा हास्यास्पद लगता है। जिनसे मैं ही आश्वस्त नहीं हो पायी, उन्हें नये सन्दर्भों में कैसे रचा जाएगा? मैं कोई रिस्क लेने को तैयार नहीं थी। हमारी पुरानी कलाकार डॉ. अमृता जयपुरियार ध्रुवस्वामिनी, प्रिया (छिन्नमस्ता) के रूप में जगह-जगह के प्रदर्शनों में अपने अभिनय को, गहराई और विस्तार दे चुकी थी। उनकी कुछ विशेषताओं पर मुझे विश्वास था कि वह निकाल ले जाएगी अकेले तीनों पात्रों के द्वन्द्व स्तरों और व्यक्ति को। '99 में फोन किया था उसे कि ऐसी-ऐसी योजना मेरे दिमाग में चल रही है-करोगी? तुम करने को तैयार हो तभी मैं आलेख पर ध्यान केन्द्रित करूँ। अमृता हर चुनौतीपूर्ण भूमिका के लिए तैयार रहती थी। मेडिकल डॉक्टर होने की वजह से समय बिल्कुल नहीं है उसके पास। कहा कि अगर अकेले मुझे करना है तो ठीक है। आप ही को मुझसे एडजस्ट करना होगा। करूँगी बताइएगा। स्वर की दृढ़ता ने मेरा मनोबल बढ़ाया। बस आलेख बनाना शुरू। कई-कई बार पढ़े गये, किये गये नाटकों को फिर बार-बार पढ़ा नयी दृष्टि से, नये

आलेख के सन्दर्भ में। यह शुरू से ही निश्चय था दिमाग में कि तीनों पात्रों का अभिनय एक ही कलाकार से कराना है ताकि रोमांचक क्षण भी बनें, चैलेंजिंग भी लगे, एकतानता भी न टूटे और मल्लिका, सुन्दरी और सावित्री से बड़ा फलक, देशकाल, इतिहास, मानवीय संवेदना पर प्रहार अस्तित्व-संकट आदि जैसे प्रश्न स्थापित हों। इस नये आलेख में मुख्य दृष्टि है विश्व को स्त्री की नजर से देखने की। यह मात्र नारी प्रधान नहीं है। इसका विरोध मैंने 'छिन्नमस्ता' में भी किया था। महिलावाद कहकर सरलीकरण करना गलत है। मेरे सामने मल्लिका के माध्यम से सत्य की मानवीय अभिव्यक्ति रही। मल्लिका समग्र भारतीय संस्कृति की आधुनिक संवेदनापूर्ण 'कविता' है। उसी में शाश्वत सौन्दर्य है। मुख्य समस्या थी कि तीनों नाटक और तीनों पात्र जुड़ेंगे कैसे? सूत्रधार, नट नटी जैसी घिसीपिटी रंगयुक्ति नहीं चाहती थी-चाहिए वही था जो इस नाट्यालेख की प्रकृति से, भाषा से जुड़े। लाचारी भी न लगे, बहुत विश्वसनीय लगे। मनन चिन्तन लगातार चलता रहा। लोगों से बातचीत भी होती रही कि अचानक वरिष्ठ रंगकर्मी राजेश वर्मा ने कहा कि क्यों न राकेश की नायिका को ही यह काम दे दें? सूत्र देने और टिप्पणी करने की। बात जँच गयी। एकल अभिनय-को नये स्तर मिलेंगे-मुझे लगा और इस तरह नायिका चौथी पात्र हो गयी-मात्र कथा सूत्रों को, अलग-अलग नाटकों के बीच के अन्तर और सम्बन्धों को जोड़नेवाला ही नहीं-नाटककार आलेखकार निर्देशक, अभिनेता का सारा दर्शन व्यक्त करने के लिए। इस चौथी नायिका को भी वही कलाकार करेगी और यह तीनों से भिन्न लगेगी। दर्शकों से उसका प्रथम संवाद होता है और यहीं से नाटक शुरू-

मैं नायिका हूँ। कोई भी समझ लीजिए-मल्लिका, सुन्दरी या सावित्री या शकुन्तला, लीला, कमला कोई भी। आप मुझसे कई बार मिल चुके हैं-ग्राम प्रदेश में, राजप्रासाद में, नगर में, घर में, परिवार में-वर्षों से युगों-युगों से-कहीं भी संसार के किसी भी कोने में।-पता नहीं कितने रूप हैं मेरे। भार्या, भगिनी, पुत्री, प्रेमिका, वारांगना-माँ।...सृजन ही मेरा स्वरूप है, मानव रचना मेरी शक्ति है।...क्या तुम जीवन को मेरी दृष्टि से देख सकते हो? तुम तटस्थ हो सकते हो, कालिदास तटस्थ हो सकते हैं पर मैं तटस्थ नहीं हो सकती।

मल्लिका की पंक्ति में ही जीवन का रहस्य, इस नये बनते नाट्यालेख का मूल सत्य मिल जाता है। मल्लिका समग्रता में भारतीय चरित्र है-बहुत संवेदनशील और आधुनिक भी। उसके साथ पूरे समाज का खाका खिंचता चला जाता है-लोकापवाद, आर्थिक संकट, राजनीति व्यवस्था-तन्त्र, धर्म, संस्कृति, मूल्यों के प्रश्न, कालिदास जैसे महान रचनाकार की संवेदना। कालिदास से उसका प्रेम त्याग और समर्पण से भरा है। कालिदास स्थानीय कवि बनकर न रह जाएँ, यह उसकी चिन्ता

है। 'भावना में भावना का वरण' यह उसकी विशेषता है। वर्षों तक अकेली जूझती मल्लिका माँ की मृत्यु के बाद आर्थिक दृष्टि से जर्जर हालत में एक वारांगना का जीवन बिताती है–एक बच्ची की माँ बनती है और आनेवाले व्यवसायियों से कालिदास की नयी रचनाएँ मँगवाकर रखती जाती है। अन्त में वर्षों बाद लौटकर आये कालिदास के सहसा चले जाने पर वह उन्हें भी अपने मातृत्व, अपनी पीड़ा और सृजन की चुनौती देती है–

तुम तो अथ से आरम्भ करना चाहते थे?...और चले गये? (बच्ची को छाती से चिपकाये, उसे देखकर)...मैं नहीं जानती महाकाव्य क्या होता है पर मैं इसे जानती हूँ। (चूमती है)–तुमसे ज्यादा। यह मेरा सृजन है–यह मेरी पीड़ा है (उसे चूमती चली जाती है)।

बादलों की गर्जना, धारासार वर्षा और मल्लिका के चीत्कार के बीच यह 'आषाढ़ का एक दिन' का समापन न लगे, अगले यानी 'लहरों के राजहंस' के आरम्भ से मल्लिका के बाद सुन्दरी के व्यक्तित्व और नाटक के कथ्य से जुड़ जाए इसलिए तुरन्त दर्शकों के समक्ष उसका व्यक्तित्व-रूपान्तरण होता है। मल्लिका से नायिका के रूप में आकर वह दर्शकों से पुनः संवाद करती है–बहुत ही संक्षिप्त, चुस्त, पैनी और अर्थपूर्ण संवाद की जरूरत थी–

अभी मैंने भावना में भावना का वरण किया था जिसकी परिणति आपने देखी। अब व्यक्ति का वरण करूँ तो?...आइये, देखिये।

और सारा दृश्यविधान, संगीत, प्रकाश एक साथ एक लय कायम रखे और दर्शक को सुन्दरी के सौन्दर्य-लोक में, रूप-दर्प और प्रणय के अखण्ड विश्वास में ले जाए–दो, विरोधी मूल्यों का संघर्ष उभरे। इधर कामोत्सव का आयोजन, उधर देवी यशोधरा का भिक्षुणी के रूप में दीक्षित होना। नन्द का सुन्दरी के सौन्दर्य और गहन अनुराग एवं भाई गौतम बुद्ध के अनुराग में विभाजित व्यक्तित्व। उसका अनिश्चय सुन्दरी को भीतर से खण्डित कर डालता है। सुन्दरी भी मल्लिका की तरह प्रश्न उठाती है। 'यह कहा है उन्होंने'...बस इतना ही तो समझ पाते हैं ये लोग। और फिर तुरन्त नायिका के रूप में वह दर्शकों से पूछती है–

क्या यह मात्र रूप-दर्प था? अधिकार भाव था? बस इतना ही?...यह अनिश्चय क्यों? तब कालिदास और अब नन्द?

और पुनः नाटक दृश्य, संगीत, प्रकाश-परिवर्तनों की भिन्न लय के साथ आज के यथार्थ में 'आधे अधूरे' की स्त्री-सावित्री में पहुँच जाता है। मध्यवर्गीय परिवार की स्त्री-अकेली जूझती हुई, आर्थिक दृष्टि से पूरा घर सँभालती हुई, संघर्ष और आक्रोश से भरी पर बड़ी प्रखर। सब उसे एक्सप्लायट कर रहे हैं–पति, बेटा, समाज के लोग। उसके लिए संवेदनशील कोई नहीं है। अन्ततः वह एक फैसला लेती है–

नया जीवन शुरू करने का पर वह अकेली ही लौटती है। कुछ अनुभव बार-बार टकराते हैं-'सबके सब एक से...' क्रमशः ये अनुभव जीवन जगत् की, अलगाव की, भौतिकतावाद की, हिंसा, घृणा, स्वार्थ-लिप्सा, नारी शोषण की, असुरक्षा, बेकारी, महत्त्वाकांक्षा की, विघटन और कुण्ठा की, तनाव की कहानी कहते हैं। मनुष्य अपनी पहचान के लिए भी कभी राजनीति की ओर दौड़ता है. कभी दर्शन की ओर। इस आलेख को रचते समय आज के समय के लगातार भयानक दबाव की अभिव्यक्ति भी है। अन्त में सावित्री का लम्बा स्वगत केवल उसकी परिणति नहीं है-मल्लिका, सुन्दरी से होते हुए देशकाल से परे सबकी परिणति है। उसकी हँसी उसका पागलपन भी है-सबका मजाक भी है-पीड़ा और विद्रूपता दोनों हैं।

अन्त में फिर नायिका के संवाद दर्शकों को बेचैन करते हैं, दूसरे लोक में ले जाते हैं-भ्रम और मायामृग से परे।

मैं जिन्दगी जीना चाहती हूँ अपने ढंग से, अपने विश्वास से।...तुम सब मुझे बार-बार मेरी सत्ता के बोध से वंचित करते रहे। जीवन को मेरी दृष्टि से भी तो देखो कालिदास। क्यों सबकुछ खण्डित होता है नन्द? क्यों जीवन अथ से आरम्भ नहीं होता?...मैं तो अनिश्चित नहीं हूँ शायद स्त्री अनिश्चित होती भी नहीं।... मैं जिन्दगी जीना चाहती हूँ। जीवन बहुत सुन्दर है।

प्रकृति और मातृत्व इस सृष्टि का अलौकिक अनुभव है। जो मैंने पाया। स्त्रीत्व की अबूझ, कोमलता और सुन्दरता को इस प्रकृति में, इस सृष्टि में महसूस करना और कराना कितना रोमांचित करता है-उस धारासार वर्षा की तरह।

इस तरह नायिका एक केन्द्रीय पात्र बन जाती है। आलेख की मूल चिन्ता मानवीय सम्बन्धों की, प्रकृति के निश्छल सौन्दर्य, मातृत्व के अछूते अनुभव की, विश्व में मनुष्यता को रचाये रखने की है। नायिका दर्शकों से एक सहज रिश्ता और सीधा संवाद स्थापित करते हुए इन तीनों पात्रों को साकार करती हुई उस अछूते अनुभव से रोमांचित करती है। इस तरह आकार तो उन्हीं नाटकों का है पर यहाँ नायिका उन्हें नये रूप में देखती है और तब मल्लिका, सुन्दरी, सावित्री तीन नाटकों के तीन अलग-अलग पात्र नहीं रह जाते बल्कि एक नायिका द्वारा तीनों के माध्यम से एक पूरी आलोचना बनती है आज के समय की, एक दृश्यानुभव बनता है इसलिए इसे एक ही कलाकार द्वारा कराया।

अन्य पात्रों, कलाकारों का सहयोग है पर पृष्ठभूमि से या कोरस स्वर से। मंच पर एकल अभिनय और नेपथ्य से अनिवार्य दृश्यों और पात्रों के स्वरों की परिकल्पना। कोरस महत्त्वपूर्ण अंग बना पर मैंने उसे पृष्ठभूमि में ही रखा। बहुत से छोटे-छोटे दृश्य वहीं से उभरते हैं-चिन्ता यह थी कि वे रेडियो नाटक से भी न लगें-लगें उतने ही जीवन्त और मंच पर होते हुए। आलेख और निर्देशन दोनों दृष्टि से सबसे

ज्यादा चिन्ता, आशंका इन दृश्यों की थी पात्र मंच पर नहीं है फिर भी जिन पात्रों को अनुभूत कराना है दर्शकों तक, मसलन अम्बिका और कालिदास बहुत ही आवश्यक हैं। क्या वह दर्शक तक सम्प्रेषित होगा या क्या दर्शक उसे इस रूप में स्वीकारेंगे। तीनों नाटकों के कथानक, पात्रों, संवादों, कुछ ही दृश्यों को लिया। यह स्पष्ट था–शुरू से ही कि न तो नाट्यरूपान्तर करना है न सारे पात्रों को साकार करना। बस कथानक के मोड़ों को अर्थ देते जाना, मूल आलेख की व्यंजनाओं को, नाटकीय आवेग को बढ़ाते जाना। बहुत से पात्र छोड़ दिये जो लिये भी उनका नाम, व्यक्तित्व स्थापित करना इस आलेख और प्रस्तुति का उद्देश्य नहीं था। मेरा नजरिया आरम्भ से ही यह था कि जो पात्र लिये भी जाएँ, उन्हें उन सभी विषम परिस्थितियों, मानवीय विडम्बनाओं के रूप में देखना होगा नन्द, मातुल, विलोम, महेन्द्र आदि के रूप में नहीं। जो भी पात्र हों उनसे समकालीन विसंगतियाँ व्यक्त हों तभी प्रस्तुति की माँग पूरी होगी।

चूँकि एकल अभिनय में नाटक रचा गया इसलिए बड़े सन्तुलन वैचित्र्य, तीव्रता, नाट्य और श्रव्य दृश्यों और मंच की एकमात्र कलाकार के अभिनय में जीवन्त क्रिया–प्रतिक्रिया, लगातार दर्शकों को भी साथ लेकर चलना खतरे से खाली नहीं था। बहुत छोटे–छोटे दृश्य, डाइनैमिक रूप और आकस्मिक विस्फोट से काम लिया। वर्षों का अन्तराल क्षण भर में सिर्फ तबले की रिद्म, प्रकाश–परिवर्तन, काला शाल और अभिनय से मूर्त हो गया। घोड़े की टापों से जगह–जगह पूरी दृश्य–संरचना ही नहीं, करुणा और त्रासदी भी व्यक्त हो गयी। कई जगह नाटक के पूरे बड़े दृश्य से एक छोटा–सा व्यंजक दृश्य बन गया–जैसे सुन्दरी का प्रसाधन–प्रसंग और यशोधरा और गौतम बुद्ध को भिक्षार्थ द्वार तक आकर लौट जाना, नन्द का केश कटने के बाद लौटने का प्रसंग या 'आधे अधूरे' में किन्नी, बिन्नी, अशोक के दृश्य और महेन्द्र के फाइल पटकने और सावित्री के संघर्ष के दृश्य। वे ही दृश्य और संवाद जो लोगों की स्मृति में, जुबान पर रवाँ हो गये हैं। आषाढ़ का एक दिन में बहुत दिन तक यह संघर्ष चला कि रंगिणी संगिणी को छोड़ दिया जाए पर मानवीय विडम्बनाओं को, आज की विसंगतियों को मल्लिका की त्रासदी और द्वन्द्व को वे कितना गहरा और मानवीय करती है? यहाँ अन्ततः मैंने आलेख में उस लम्बे दृश्य को, उसके मूल भाव को संक्षिप्त पर 'थियेट्रिकल गीत' में बाँधना शुरू कर दिया। उसी समय उसकी धुन भी दिमाग में आयी और शब्द उस धुन में ढलते चले गये। संवाद, संगीत, दोनों का परिचय, हँसी सब उसी में मिलते चले गये–

'मैं–रंगिणी।
और मैं–संगिणी
आये हैं हम घूमने कालिदास का ग्राम प्रदेश।...' पूरे गीत में प्रश्न उत्तर है

जिससे कोरस भी जुड़ जाता है और मंच पर मल्लिका भी। इसी प्रकार अनुस्वार-अनुनासिक का लम्बा दृश्य भी आलेख-रचना के समय ही आवश्यक संवादों को लेते हुए कथानक की सूचनाओं के साथ बोलचाल के स्वर में थियेट्रिकल गीत की तरह, लोकगायकों की अदायगी और कुछ पारसी थियेटर के अन्दाज में बन गया और इन दोनों गीतों का असली रूप तो रिहर्सल के दौरान निखरता गया। पूरा कोरस उस व्यंग्य, वैषम्य, हास्य को, अमानवीय तन्त्र, राजनीति, व्यवस्था के आडम्बर को, अहंकार को व्यंजित कर सका। इससे चरम परिस्थिति में उत्तेजना और ट्रेजेडी दोनों आयीं–

राजमहिषी इस प्रदेश में कुछ दिन रहेंगी।
यहाँ का वातावरण साथ ले जाएँगी।
यहाँ के हरिणशावक साथ ले जाएँगी।
यहाँ की औषधियाँ वहाँ लगवाएँगी।

यह गीत बहुत कुछ कह गया। पूरे कोरस ने इसे इन्ज्वाय भी बहुत किया। बहुत से दृश्य केवल छोटे-छोटे संवादों में थे लेकिन इतने विस्फोटक और प्रत्यक्ष से कि एकरसता न बनने पाये। विलोम के बहुत कम बहुत छोटे संवाद लिये। संवाद अदायगी और विकृत हँसी ने, स्वर की विशेषता ने उस चरित्र को, मल्लिका की त्रासदी और स्थितियों के वैषम्य को खोला।

'लहरों के राजहंस' और 'आधे अधूरे' को आलेख में लाने में ज्यादा समस्या नहीं थी। 'लहरों के राजहंस' में वैसे भी ध्वनि प्रभाव बहुत है और बहुत वैविध्यपूर्ण है। मैंने इसी 'विविधता' और 'कण्ट्रास्ट' को पकड़ा। संस्कृत श्लोक-गायन और भिक्षुओं के स्वर आगे चलकर गुटुरगूँ, पक्षियों के पंखों की फड़फड़ाहट, पानी में कंकड़ फेंकने की आवाज, हंसों का क्रन्दन, हवा आदि से उत्पन्न होने वाला वैषम्य, द्वन्द्व। कामोत्सव, उसकी असफलता के बाद सुन्दरी की करुणा, पीड़ा, दर्पण में चेहरा देखना और गुनगुनाना 'स राजपुत्रः प्रियाविहीनः...' और फिर प्रसाधन दृश्य 'बुद्ध शरणं गच्छामि' के गायन के अन्तर और सुन्दरी के संघर्ष से दृश्य बना–संक्षिप्त, चुस्त और आवेगपूर्ण। नन्द को मंच पर नहीं दिखाना है–आगे महेन्द्र को भी नहीं पर दर्शकों को बहुत ही सहज भी लगना है। यहाँ भी अलका, श्यामांग भिक्षु आदि को छोड़ दिया पर नन्द और मैत्रेय के संवाद लिए जो बहुत जरूरी हैं और बुद्ध के आने, उनके साथ नन्द के चले जाने, दीक्षित होकर लौटने का प्रसंग अनायास ही सुन्दरी के 'स्वप्न-दृश्य' में ढल गया–मुझे स्वयं बहुत आश्चर्य हुआ। उससे नन्द की रुण्डमुण्ड आकृति देखकर चौंकने और फिर आगे का नाट्य स्वतः बँधा हुआ निकला गति पूर्ण भी। सारा संघर्ष स्थलों के चुनाव, फिर उनकी संगत बैठाने में, अभिनय में था। बहुत सी चीजें रिहर्सल में अपने आप होती गयीं। मल्लिका ने गहरी

संवेदना और ठहराव लिया पर कोमलता और काव्य भी, सुन्दरी में रूपदर्प, तेजस्विता, तनाव, तीव्रता, संशय पर निरन्तर 'अनिश्चय' के विरुद्ध निश्चय की लड़ाई को लिया। इसमें सुन्दरी ही ज्यादा सक्रिय थी, प्रश्नाकुल भी। द्वार पर जा-जाकर उसका ऐसे पूछना नन्द से बात करना जैसे वह वहीं खड़े हैं। इस तरह बनते-बनते यह नाटक भी वहीं पहुँचता है-'इतना ही समझ पाते हैं ये लोग।' और फिर वही अभिनेत्री नायिका के रूप में अचानक दर्शकों से प्रश्न करती है-

क्या यह मात्र रूप-दर्प था? अधिकारभाव था। बस इतना ही?...यह अनिश्चय क्यों? तब कालिदास और अब नन्द।

और फिर आलेख 'आधे अधूरे' के बिखराव आज के यथार्थ संकट में पहुँचता है। इसमें मेरी कोशिश, टूटन, शोर, आर्थिक प्रश्नों, सम्बन्धहीनता, कुण्ठा और एक्सप्लायटेशन के बीच स्त्री की नियति, संघर्ष और व्यक्तित्व को बचाने-बनाने की थी। मेरी चिन्ता यह भी थी कि सावित्री खाली चिड़चिड़ी, गुस्से से भरी, कमजोर, लड़ाकू और परिवार से विच्छिन्न नारी न लगे। पहले दोनों नाटकों की स्त्री से भिन्न उसका आक्रोश, आक्रामकता, सार्थक संघर्ष-तीव्रता आत्मनिर्णय-शक्ति उभरे। नये आलेख में तीसरे पात्र सावित्री तक आते-आते नाटक समूचे विडम्बनाओं के साथ तीव्र संघर्ष, पीड़ा और निर्णय बनकर विकसित हो और परम उत्कर्ष पर पहुँचे। पहले दोनों नाटकों में संगीत का बहुत योगदान है, इसमें ये सब नहीं है पर छोटे-छोटे दृश्यों, बड़े तेज-तर्रार स्वरों की, सावित्री और महेन्द्र की नोक-झोंक, हताशा, मध्यवर्गीय यथार्थ की भरपूर गुंजाइश है। कई बार दृश्य बड़े लगे, रिहर्सल में काँट-छाँट चलती रही। कई बार इसकी आशंका भी केवल इस नाट्यांश में लगी कि कहीं रेडियोनाटक तो नहीं लग रहा है? कुछ अनुभव बार-बार टकराते हैं-'सबके सब एक से, मुखौटे अलग-अलग पर चेहरा सबका एक ही' या स्त्री हृदय को इतना ही समझ पाते हैं ये? 'अन्त में सावित्री का लम्बा स्वगत केवल 'आधे अधूरे' का नहीं रह जाता, वह मल्लिका, सुन्दरी, सावित्री से होते हुए एक लम्बी काल-यात्रा, उसमें नारी संवेदना का और नये नाट्यालेख कितना कुछ एक साथ' का अन्त बनता है। सावित्री का संघर्ष नायिका के संवाद से जुड़ ज़ाता है जो विश्व-व्यापी सत्य है।

'तुम सब मुझे बार-बार मेरी सत्ता के बोध से वंचित करते रहे।'

'मैं शुरू से चाहती रही हूँ कि इस आलेख या प्रस्तुति को मात्र नारी-प्रधान मानकर न देखा जाए बल्कि मूल स्वर यही उभरे कि जीवन को मेरी दृष्टि से भी तो देखो...'

इस आलेख को बनाते समय और प्रस्तुति की नजर से भी बहुत से सवाल थे-क्यों, कैसे? किस रूप में? एक तो एकल अभिनय। दृश्य-कल्पना और संरचना

कुछ ऐसी कि तीनों नाटकों का अन्तर, पृष्ठभूमि भी स्पष्ट होती चले, मंचीय व्यवधान न हो, आलेख की मूल संवेदना और काव्यात्मक एकतानता न टूटे क्योंकि मेरा ध्यान उस लय और एकान्विति पर ज्यादा था, बहुत ही सांकेतिक और प्रयोगात्मक, अमूर्त भी न हो, शीघ्र परिवर्तन हो सके–वह भी दर्शकों के सामने ही। इस तरह कि दर्शक भी उस परिवर्तन से जुड़ें, एक नाटक से दूसरे नाटक की मानसिकता से, पात्र के व्यक्तित्व परिवर्तन से जुड़े। महीनों पूरे नाट्यदल के बीच इस पर बहस चली। कई कलाकारों ने डिजाइन किया। हम न बहुत महँगा चाहते थे, न यात्रा की दृष्टि से असुविधाजनक। रंगों और 'पोएटिक रिद्म' का ध्यान रखना था। 'रूपान्तर' के स्टेज डिजाइनर और प्रकाश–अभिकल्पक राजनाथ वर्मा से मैंने इस आलेख और इसके लिए दृश्य–परिकल्पना की चर्चा साल–भर से कर रखी थी। वह जो डिजाइन लाये–बस उस पर काम शुरू हो गया था। टाट बड़ा सा; उस पर मल्लिका का ग्रामप्रदेश, सुन्दरी के राजप्रासाद के स्तम्भ अलग से वगैरह। डिजाइन में मुख्य स्थल थे दो गवाक्ष, सामने द्वार, बायें किनारे द्वार, पीछे गैलरी। रवि लोककला के नमूने बना रहे थे तो अपर्णेश, जयन्त राजसी स्तम्भ पेण्ट कर रहे थे। निशिकान्त पाण्डे सारे उपकरणों की रचना कर रहे थे। तीनों नाटकों के लिए वही अभिनय–स्थल प्रयोग में लाये गये। इसी तरह मंच पर उपकरणों का सेट–एक पलंग, एक पार्टीशन, कुछ क्यूब्स भूरे और गहरे ब्राउन रंगों में और अन्य आवश्यक उपकरण, छोटी–छोटी चीजें। कोरस के पात्र ही चीजों का रुख रूप बदल देते थे। क्षण–भर में लगता था कि अरे कहाँ गया ग्रामप्रदेश? और आर्थिक जर्जरता से टूटा घर और गोबर मिट्टी से लिपी–पुती दीवारें? सब सुन्दर राजमहल और वैभव में, रंगों की चमक में बदल गया और फिर मध्यवर्ग के बिखरे, अत्यन्त सामान्य घर में। सावित्री के प्रवेश के साथ ही किन्नी की तोड़–फोड़, चीख–पुकार गवाक्ष से, पार्टीशन से आने लगती है। किताबें, चाय के प्याले, बिखरे कपड़े, किताबें, बैग के साथ सारा मंच बदल जाता है।

इस प्रकार के नाट्यालेख की सारी समस्या के समाधान और सौन्दर्यबोध संगीत में भी तलाशे गये। एक नाटक से दूसरे नाटक पर आने का अर्थपूर्ण क्रम भूपेश के तबला–वादन और ईशा गौड़ की संगीत रचना और गायन से निकलकर आया। आरम्भ में मृदंग भी लिया था पर वह बहुत कल्पनाशील चीजें–नाटक के अनुसार–निकाल नहीं पाये। नये प्रतिभावान संगीतज्ञों से नाटक की आवश्यकताओं, मूड्स के अनुसार निकलवाना आकर्षक और दिलचस्प लगा। शुरू–शुरू में भूपेश के तबला–वादन और ईशा के गायन में एक शुद्धता, शास्त्रीयता और अलग–थलग रूप था, मतभेद भी थे, उन दोनों के अतिरिक्त प्रयास भी थे लेकिन जैसे–जैसे वे 'क्रियेटिव' मूड से जुड़े, रिहर्सल में हर परिवर्तन, हर क्षण के भाव–लय से गहरे जुड़े–अनायास एक दिन लगा बस यही चाहिए। भूपेश के तबला–वादन ने उनके अमूर्त क्षणों, दृश्यों

को मूर्त करने, देशकाल के अन्तराल को, दर्शकों तक सम्प्रेषित करने में मदद की। शुरू में ईशा संस्कृत के श्लोकों को माधुर्य तरलता और 'नाट्य संगीत' की तरह नहीं गा पा रही थी हालाँकि, इससे पहले वह 'इला' और खासकर 'यशोधरा' की भावपूर्ण संगीत-रचना कर चुकी है। 'कितना कुछ एक साथ' में 'आषाढ़स्य प्रथम दिवसे' साथ में बादलों की गर्जन वर्षा (सब तबले और कोरस से), 'कुवलयदलनीलैसन्नतैस्तोय नमै:...' गुनगुनाने में अनेक भावों का संस्पर्श और फिर मल्लिका के अभिनय से उसका सटीक तालमेल, 'लहरों के राजहंस' को आरम्भ करने में 'तं गौरवं बुद्धगतं चकर्ष...' से पूरी भाव-संरचना और 'बुद्धं शरणं...' पर आ जाना नाटक को बनाने में बहुत सहायक रहा किसी भी दृश्य-संरचना में दृश्य-परिवर्तन, संगीत, प्रकाश, अभिनय, कोरस, टाइमिंग का संगुम्फन, सन्तुलन ही मुख्य था जो हर प्रदर्शन में एक जटिल और खतरों से भरा भी रहता है। 'लहरों के राजहंस' में जगह-जगह दृश्यों की गति, अभिनय के आवेग से तबले की गतें बनी हुई थीं। इस प्रकार एक नाटक की समाप्ति, दूसरे नाटक का आरम्भ संगीत, प्रकाश, दृश्य-परिवर्तन तीनों से जुड़ा-ये सारी रवानगी रिहर्सल के दौरान ही आयी। राजनाथ वर्मा ने प्रकाश-योजना को आलेख की जरूरतों, दृश्य-परिवर्तनों, एकल अभिनय, संगीत सबसे मिलकर अर्थपूर्ण बनाने की कोशिश की। दिक्कतें आयीं भी, पर उन पर अनुशासित, कल्पनाशील काम करने का क्रम हर शो में जारी रहा। सबसे बड़ी चुनौती तो थी एकल अभिनय की। तीन पात्रों को, नाटकों को, लम्बी काल-यात्रा को और अलग-अलग व्यक्तित्वों को भी अभिनीत करना और नये नाट्यालेख की मनोभूमि को भी, नायिका को भी। अमृता को सुन्दरी की भूमिका करने में स्वयं बहुत आनन्द आया। वह 'ध्रुवस्वामिनी', 'छिन्नमस्ता' में विरोध, नारी स्वाभिमान, संघर्ष की भूमिका बहुत लगन से कर चुकी है। मल्लिका की शुरू में कम आयु का माधुर्य, निश्छल रूप, उसके टोटल व्यक्तित्व की सघन संवेदना, उसका काव्यत्व, आधुनिकता, भारतीयता सबको पकड़ने और चरितार्थ करने में और फिर काल का अन्तराल लाने में उन्होंने बहुत श्रम किया, डूबीं उसमें। बैठने के स्थल, मुद्राओं, क्रियाओं जेस्चर्स पर काफी सोचा गया। सावित्री में मध्यवर्ग की परिपक्व स्त्री लगना है-ये सारे व्यक्तित्व रूपान्तरित हों और नाटक की एकसूत्रता में कहीं बाधा न पड़े-'आषाढ़ का एक दिन' के बाद तुरन्त 'नायिका' रूप में दर्शकों से संवाद, 'अभी आपने भावना में भावना का-वरण देखा। अब अगर व्यक्ति का वरण करूँ तो? आइए, देखिए।'...फिर सुन्दरी के रूप में आना। यह क्रम अन्त तक चला। मुश्किल से दो मिनट का अन्तराल और पुनः प्रवेश एक नयी भूमिका में। मल्लिका, सुन्दरी, सावित्री तीनों की भूमिकाएँ तीव्र आवेग, संवेदना, आत्मसंघर्ष और वाणी एवं मुख के भावों की अनेकता की है-जाहिर है अभिनेता को जितनी ऊर्जा चाहिए उतना ही अपनी मानसिक स्थिति, मस्तिष्क, इन्द्रियों, वाणी

पर भी अपना अधिकार और आत्मविश्वास। मैंने अमृता से पूछा, 'इज़ इट पॉसिबिल' या 'विल इट बी पॉसिबिल?' वह आश्वस्त थी। स्क्रिप्ट पर उसका हमेशा बहुत कण्ट्रोल होता है–सधा हुआ, पैना। आलेख बनाते समय वह सवाल बार-बार आता था कि एकल में तीनों पात्रों की वेशभूषा क्या होगी? परिवर्तन का तो प्रश्न ही नहीं। समय कहाँ? फिर मूल नाटक की एकतानता न बिखरे। इसलिए शुरू से निश्चित था कि वह एक साड़ी में होगी। उसी में सांकेतिक और शीघ्र बदलाव होता रहा अभिनय से बेहद जुड़कर। इस तरह फूल, शाल, शाल का बदलना राजसी उत्तरीय, गजरा, सावित्री में फिर पर्स, शाल, जूड़ा, फाइलें आदि और पुनः नायिका में केवल साड़ी। नायिका बार-बार हस्तक्षेप करती है, तन्मयता को तोड़कर झकझोरती है। शायद मुझे लगता है कि आज हमारी जरूरत दर्शक को बराबर यह एहसास दिलाने की है कि यह नाटक आप ही का है, आप ही के लिए है। आलेख में प्रायः वे क्षण भी आते हैं जिनकी कमियाँ रिहर्सल में ही उजागर होती हैं। उदाहरणार्थ कालिदास का मंच पर आने का एहसास कराना। कालिदास के संवाद बहुत सुन्दर हैं–भाषा भी बड़ी सघन है। काफी संक्षिप्त किया मैंने फिर भी लखनऊ शो में उसकी शिथिलता पता चल गयी। नहीं यह मोह नहीं चलेगा। कालिदास का अन्त में आना 'अनिवार्य स्थिति' थी। पर कैसे? बहुत परेशान हुए सभी। जो बना, बार-बार कटा, छँटा। निर्मम होकर नपे तुले स्वर शम्भु तरफदार (कालिदास) को दिये–प्रकाश बहुत केन्द्रित भाव को उभारने वाला रखा गया। अन्ततः मैसूर में इसका चौथा प्रदर्शन निखार पर आया। राष्ट्रीय नाट्य विद्यालय, दिल्ली द्वारा आयोजित भारत रंग महोत्सव 2001 में इसकी प्रस्तुति हुई। प्रस्तुतियाँ होते रहना और उस पर रंग-चर्चाओं का, बहस का क्रम जारी रहना रचनात्मक स्थिति हो सकती है। रंगमंच अपने इसी प्रत्यक्ष सौन्दर्य में अनूठा है। हर प्रस्तुति आलेखकार, अभिनेता और निर्देशक के सम्बन्ध की दर्शक से जागरूक रिश्ते की है।

❑❑❑